ABORDAGENS PEDAGÓGICAS DO ESPORTE:

MODALIDADES CONVENCIONAIS E NÃO CONVENCIONAIS

VILMA NISTA-PICCOLO
ELIANA DE TOLEDO
(ORGS.)

ABORDAGENS PEDAGÓGICAS DO ESPORTE:

MODALIDADES CONVENCIONAIS E NÃO CONVENCIONAIS

PAPIRUS EDITORA

Capa	Fernando Cornacchia
Ilustração de capa	Paulo Branco
Coordenação	Ana Carolina Freitas
Copidesque	Mônica Saddy Martins
Diagramação	DPG Editora
Revisão	Cristiane Rufeisen Scanavini, Edimara Lisboa e Isabel Petronilha Costa

Dados Internacionais de Catalogação na Publicação (CIP)
(Câmara Brasileira do Livro, SP, Brasil)

Abordagens pedagógicas do esporte: Modalidades convencionais e não convencionais/Vilma Nista-Piccolo e Eliana de Toledo (orgs.). – Campinas, SP: Papirus, 2014.

Vários autores.
Bibliografia.
ISBN 978-85-308-1141-9

1. Esportes – Estudo e ensino 2. Pedagogia 3. Prática de ensino
I. Nista-Piccolo, Vilma. II. Toledo, Eliana de.

14-05847 CDD-796.07

Índices para catálogo sistemático:

1. Esportes: Ensino	796.07
2. Pedagogia do esporte	796.07

1ª Edição – 2014

Exceto no caso de citações, a grafia deste livro está atualizada segundo o Acordo Ortográfico da Língua Portuguesa adotado no Brasil a partir de 2009.

R. Dr. Gabriel Penteado, 253 – CEP 13041-305 – Vila João Jorge
Fone/fax: (19) 3272-4500 – Campinas – São Paulo – Brasil
E-mail: editora@papirus.com.br – www.papirus.com.br

SUMÁRIO

PARTE II
MODALIDADES ESPORTIVAS CONVENCIONAIS

PREFÁCIO

É com imenso prazer e honra que prefacio o trabalho de duas grandes amigas.

A obra organizada pelas professoras Vilma Nista-Piccolo e Eliana de Toledo brinda a área e reafirma sua presença e contribuição para a pedagogia do esporte por meio deste livro que traz vasta diversificação em modalidades esportivas.

O diferencial desta obra é justamente a aproximação e o diálogo com o cotidiano do esporte, ou seja, a prática. Posso afirmar que poucos autores ousaram essa interlocução com tamanha competência e sensibilidade científica e artística.

As professoras acumulam experiência única no campo do esporte, especialmente na ginástica, e sempre acompanharam a trajetória de (trans) formação e legitimação do esporte no país. Elas se despiram de vaidades e preconceitos e tratam, equitativamente, as diversas modalidades esportivas por meio da contribuição de seus respectivos especialistas.

Esta obra poderia findar-se em métodos para o ensino das modalidades. Porém, em vista da inquietude acadêmica e científica das professoras, elas foram muito além e desejaram provocar reflexões e discussões e levantar temas atuais, por vezes polêmicos, como a especialização precoce, a ludicidade na prática esportiva, o esporte na infância, a autonomia e o significado do esporte, entre outros. Entretanto, não se limitaram a pensar no fim, ou seja, em produto ou resultados; colocaram em voga o processo que forma e transforma crianças e jovens no mundo esportivo e clama os profissionais a reexaminarem suas ações.

No âmbito da pedagogia do esporte, sobretudo a preocupação com procedimentos e relacionamentos entre praticantes/atletas, profissionais e pais e a adequação do ambiente são alguns dos tópicos importantes para a qualidade da prática esportiva.

A realização dos Jogos Olímpicos de 2016 no Brasil e o sonho olímpico brasileiro têm alimentado crianças, jovens e adultos e despertado diversas ações e investimentos em frentes diversas. Entretanto, em muitos discursos de profissionais, dirigentes, políticos e investidores, a pedagogia não é destacada nem percebida como o cerne da orientação esportiva. Tampouco se advoga o potencial qualitativo e quantitativo da pedagogia no crescimento do esporte, seja ele participativo ou de alto rendimento.

Ainda estamos presos a algumas práticas e condutas ultrapassadas pela ciência. Entre muitos profissionais, observa-se certo ceticismo em relação à aplicação da ciência a seus campos de atuação e prevalecem, em muitos cenários, equívocos em respeito aos valores e benefícios da participação esportiva de crianças e jovens.

Entre as tantas mensagens pretendidas nesta obra, destaco a urgência de um olhar pedagógico sobre o nosso esporte, a tentativa de desmistificar afirmações e quebrar paradigmas enraizados há tempos, além da compreensão de que o esporte é tanto arte quanto ciência. Assim, aprendemos a ser profissionais, praticando, observando, refletindo, estudando e compartilhando experiências e conhecimento.

Convido todos, em especial aqueles comprometidos com a promoção do esporte, a apreciar cada página desta obra e refletir sobre ela.

Saudações,

*Myrian Nunomura**

* Mestre em Educação pela Yokohama National University e doutora em Ciências do Esporte pela Unicamp, tem pós-doutorado pela University of Tsukuba e livre-docência pela USP. Leciona na Escola de Educação Física e Esporte da USP e atua na área da pedagogia do esporte e formação profissional no esporte, além da ginástica e suas manifestações.

APRESENTAÇÃO

De maneira cada vez mais intensa, o Brasil busca preparar atletas olímpicos que possam representá-lo em eventos internacionais. Após sua confirmação como sede de grandes acontecimentos esportivos, como a Copa do Mundo de Futebol e os Jogos Olímpicos, parece haver uma corrida desenfreada em busca de novos talentos, além de muita especulação a respeito dos benefícios que esses eventos poderão trazer ao esporte brasileiro. Todos nós sabemos que a formação de atletas é um processo que vai muito além de uma preparação técnica ou tática, que envolve as diferentes dimensões e intensas demandas exigidas na prática de um gesto esportivo. O que é certo, porém, é que, desde a iniciação ao treinamento esportivo, há sempre a necessidade de um olhar pedagógico para a prática de qualquer modalidade.

Os planos da preparação pela qual passa o país são, muitas vezes, verdadeiros remendos dos buracos descobertos no desempenho de nossos atletas. Desenvolver trabalhos de massificação do esporte sem analisar a pedagogia utilizada no ensino das modalidades pode resultar em altos prejuízos, pagos pela criança. As consequências de um treinamento rigoroso, que força a especialização precoce, não se mostram no curto prazo; portanto, muitas vezes, são menosprezadas. Antes da prática esportiva, devemos considerar os direitos da criança. Ela precisa primeiramente brincar, e pode brincar de praticar esportes.

Se interpretarmos o esporte como um fenômeno sociocultural, será possível analisar que sua prática envolve uma série de exigências básicas, com diferentes situações para as quais há necessidade de diversos participantes. O ato de ensinar uma prática esportiva implica certos cuidados pedagógicos, que podem influenciar diretamente o processo de aprendizagem.

A pedagogia do esporte é uma área de estudo que permite compreender como se dão as manifestações esportivas pedagogicamente, e faz isso interpretando as ações de quem executa os movimentos esportivos em jogos, treinos e outras situações de aprendizagem. Por meio de investigações nessa área de conhecimento, também é possível refletir acerca do processo de ensino e aprendizagem desses gestos esportivos, das relações interpessoais que ocorrem nessas situações e, ainda, investigar elementos facilitadores do ensino de técnicas e táticas, com alertas ao desenvolvimento motor.

Ao olhar cuidadosamente para seu atleta, ou para seu aluno, um técnico, ou um professor, pode detectar quais são as necessidades básicas de aprendizagem, os interesses de cada um, assim como reconhecer as características específicas correspondentes à idade do atleta ou aluno. São orientações pedagógicas que fornecem aos técnicos e professores meios para compreender como o aluno aprende, aspectos considerados diretrizes essenciais para uma prática de esporte eficiente e de boa qualidade. São as questões pedagógicas que permeiam toda essa prática, da iniciação esportiva ao treinamento de alto rendimento, que nos ajudam a interpretar melhor o desempenho dos praticantes.

Para identificar as peculiaridades das práticas esportivas nas quais atuam diversos personagens é preciso entender a relevância das tecnologias científicas que, atualmente, subsidiam o trato com o esporte. Por meio de modelos internacionais que vêm sendo copiados há várias décadas, mantemos a ilusão de que quanto mais cedo começar o treinamento, maior será o índice técnico alcançado, sem observar que alguns países desenvolvidos no esporte já abandonaram esse referencial. Talvez isso ainda aconteça por ignorarmos os conhecimentos científicos disponíveis para essa temática. Na verdade, usamos o esporte demagogicamente, para atender às nossas ambições de técnicos, bem como às ansiedades dos pais, submetendo crianças a terríveis pressões, fazendo que poucas se tornem atletas e muitas percam a infância. Se as crianças aprenderem esporte brincando e, quando adultas, treinarem do ponto de vista de uma concepção humana consciente, talvez continuem a brincar no esporte, por mais sério que ele possa parecer.

Ensinar a praticar esportes tornou-se um trabalho interessante e, de certo modo, compensatório, pois a evolução dos atletas brasileiros em nível internacional, quando bem divulgada pela mídia, desperta em muitas crianças a vontade de chegar ao topo esportivo. Há, atualmente, muitas "escolas de iniciação ao futebol", em que o proprietário da escola, o organizador das atividades desenvolvidas ou, ainda, o professor é atleta conhecido, jogador popular. É claro que o problema não está no fato de a pessoa que dirige ou que ensina ser conhecida, mas de não estar preparada para o que faz.

Não basta saber praticar um esporte para poder ensinar. Parece simples e óbvio que qualquer jogador de basquete saiba ensinar uma criança a jogar basquete ou, ainda, que um ex-jogador de futebol tenha habilidade suficiente para ensinar essa modalidade esportiva ou até mesmo ser técnico de uma seleção de futebol. Na verdade, não é bem isso o que acontece. Ex-jogadores nem sempre são capazes de adaptar suas habilidades a "exercícios educativos" que possam preparar novos atletas hábeis. Para isso, é preciso elaborar procedimentos pedagógicos adequados à realidade que encontramos, isto é, com base nas experiências motoras que as crianças apresentam, vivenciadas por elas anteriormente. É assim que se torna possível estruturar nosso trabalho. Ainda, com base nas dificuldades demonstradas, podemos criar meios, caminhos viáveis para a aprendizagem de todos.

O esporte ensinado deve estar adequado às características de desenvolvimento da criança. Isso quer dizer que não basta ter sido um bom atleta na modalidade para que a pessoa esteja apta a formar novos atletas. É preciso conhecer quais são as necessidades básicas de cada faixa etária, que vão desde as questões posturais até os aspectos afetivos e sociais que permeiam uma prática esportiva, ou seja, é preciso entender dos fatores relacionados ao crescimento da criança, para que se possa trabalhar com ela.

Um ex-atleta terá sempre as vantagens de ter vivido momentos muito próximos àqueles que sua equipe também experimentará. Conhecendo o sabor tanto das vitórias quanto das derrotas, o caminhar se torna mais ameno, mas não garante sucesso nem mesmo dá certeza de que o trabalho está sendo benfeito.

Ensinar a praticar esporte é preparar o aluno para executar determinadas habilidades por meio da descoberta do prazer de se exercitar. É conscientizá-lo de suas capacidades e limitações. É mostrar diferentes maneiras de aprender um movimento. A ludicidade da proposta pode ser o caminho dessa conscientização.

Treinar certo esporte tem seus momentos de glória, mas exige um trabalho árduo do atleta, que, muitas vezes, precisa ultrapassar os limites de seu corpo. Só o prazer, a sensação de alegria em buscar o seu máximo podem levá-lo ao pleno sucesso.

A inadequação da aplicação de uma proposta pode impedir que um futuro atleta possa enxergar seu potencial, desconhecendo seu real limite. A falta de respeito de um professor pelas dificuldades encontradas pelo aluno na prática esportiva pode propiciar desmotivação na execução, por maior paixão que se possa sentir por determinado esporte.

Assim, a preocupação de um professor que vai ensinar determinado esporte deve estar centrada nas questões pedagógicas que permeiam essa aprendizagem: nas propostas em si, no ambiente do trabalho e no método a ser desenvolvido na aplicação das atividades.

Desde meados da década de 1980, têm sido publicados vários trabalhos científicos sobre os aspectos pedagógicos que envolvem o processo do ensino e da aprendizagem de diferentes modalidades esportivas. Há publicações tanto para os professores de educação física que atuam na área escolar como para aqueles profissionais do esporte de outros campos de intervenção, como clubes, associações, dentre outros. São estudos e pesquisas que geraram diversas abordagens, divulgados num momento em que ocorreram muitas rupturas epistemológicas e paradigmáticas na área da educação física, às vezes, em contraponto aos discursos tecnicistas.

No entanto, a terminologia "pedagogia do esporte" só começou a ser utilizada no país no final da década de 1990, influenciada por tendências europeias, especialmente pelo autor português José Olimpio Bento. Nesse contexto, surgiu a obra pioneira *Pedagogia dos esportes*, em 1999, pela Papirus Editora, organizada pela professora doutora Vilma Nista-Piccolo. Nesse livro, foram apresentadas algumas modalidades esportivas, com foco nas questões pedagógicas.

Após 15 anos de seu lançamento, é possível encontrar outros livros com essa mesma nomenclatura, com enfoques diferentes, ampliando-se o espectro de pesquisas, diálogos e propostas em esporte. Diante do momento especial que nosso país vive, preparando-se para grandes eventos esportivos, e da importância que tem o apoio literário para fundamentar trabalhos de iniciação e de treinamento das modalidades esportivas, faz-se necessário ressignificar essa área de conhecimento no contexto do século XXI.

Assim, elaboramos este livro convidando professores especialistas na área para desenvolver capítulos que traduzem abordagens pedagógicas sobre diferentes modalidades esportivas, destinado tanto para aqueles que ensinam o início de uma prática esportiva como para quem treina uma equipe da modalidade com o objetivo do alto rendimento. Nesse universo de modalidades, encontram-se tanto aquelas chamadas "clássicas" ou tradicionais, como o futebol de campo, o futsal, o handebol, o basquetebol, o voleibol, a natação, o atletismo e o tênis de campo, como as modalidades de vanguarda ou as não convencionais, com menos divulgação, como as ginásticas rítmica, artística, acrobática e de trampolim, as lutas, o *rope skipping*, a roda ginástica, o nado sincronizado e as práticas corporais de aventura.

Embora com identidades diferentes no contexto esportivo, o leitor conseguirá perceber o eixo transversal que perpassa todas essas modalidades, que é justamente a abordagem pedagógica que permeia toda a prática esportiva dessas modalidades citadas. Os autores convidados para divulgar aqui suas propostas são estudiosos do tema e têm grande experiência nas modalidades que apresentam, como professores, como técnicos ou, ainda, como ex-atletas que se debruçam sobre a temática para se especializar.

Este livro busca oferecer às pessoas interessadas em trabalhar com esporte estratégias pedagógicas para diferentes modalidades. Como ensinar futebol visando formar atletas-cidadãos críticos, conscientes, educados e criativos; aprender a nadar brincando com a água e na água, trazendo os sonhos e as fantasias do mundo infantil para as propostas de aprendizagem; ensinar voleibol com outro olhar, com foco em outra perspectiva, que não apenas a cópia de métodos de treinamento de grandes equipes, sem compreender as ações desenvolvidas em campo. Este livro mostra, também, como é possível ensinar as diferentes ginásticas (artística, rítmica, acrobática e de trampolim) a todas as crianças que queiram aprender, desmistificando o tabu em relação à prática das atividades gímnicas. Em relatos de experiências positivas em projetos de extensão, projetos extracurriculares, pesquisas, além de análises e reflexões sobre as práticas de diversas modalidades esportivas, oferecemos ao leitor a oportunidade de conhecer mais sobre elas, enfatizando a ludicidade como ponto fundamental de qualquer trabalho. As modalidades não muito conhecidas, não muito trabalhadas, mas que começam a ser praticadas no Brasil, são as que mais carecem de estudos pedagógicos. Por meio de propostas coerentes, voltadas à aprendizagem de iniciantes, este livro oferece aos interessados nessas práticas esportivas – *rope skipping*, roda ginástica, atividades físicas de aventura, nado sincronizado – possibilidades de desenvolver atividades adequadas. O handebol é descrito numa experiência vivida pela autora, na qual ela declara sua própria iniciação docente. O tênis de campo, o basquetebol, o atletismo, o futsal e as lutas trazem olhares cuidadosos para essas práticas, descrevendo aspectos didáticos e metodológicos que podem auxiliar um professor ou técnico dessas modalidades.

Dessa forma, apresentamos a seguir abordagens pedagógicas de várias modalidades esportivas, com a intenção de dar a professores e técnicos subsídios teóricos e práticos para que eles elucidem diferentes propostas de ensino, visando facilitar aprendizagens de práticas de esporte com foco nos atletas e nos escolares, do início ao ápice de suas carreiras esportivas.

Vilma Nista-Piccolo
Eliana de Toledo

PARTE I
MODALIDADES ESPORTIVAS NÃO CONVENCIONAIS

UM OLHAR PEDAGÓGICO PARA UMA CULTURA ESPORTIVA DIFERENCIADA

Conforme anunciado na Apresentação desta obra, objetivamos reunir textos que trouxessem propostas de abordagens pedagógicas dos esportes para diferentes contextos de ensino e de aprendizagem. Nesta primeira parte do livro, especificamente, trazemos textos voltados a modalidades esportivas pouco conhecidas ainda no ambiente do esporte brasileiro, mas que merecem mais visibilidade e maior oferta de propostas pedagógicas, como já acontece em vários países.

Denominamos de modalidades "não tradicionais" justamente aquelas que ocupam pouco espaço nos diferentes contextos de prática esportiva, a saber, escolas, clubes, associações, entidades sociais, praças e ginásios públicos, dentre outros.

Vale ressaltar que algumas delas percorreram uma trajetória interessante no país, em virtude de sua longínqua prática e de suas formas de difusão, mas que, por motivos distintos (políticos, econômicos, organizacionais etc.), não conseguiram alçar voos maiores nem atingir grande número de adeptos ou locais de prática, como outras modalidades consideradas "tradicionais" no país (futebol, voleibol e outras).

Algumas são realmente desconhecidas da maioria das pessoas, porque chegaram ao Brasil e se consolidaram apenas em alguns locais de prática. Outras, por sua vez, tiveram ícones no alto rendimento, alcançando mais visibilidade na mídia, mas, mesmo assim, não conseguiram se legitimar como esportes importantes para a vivência e o conhecimento do cidadão, como direito social, conforme preconiza a ONU.

A maior parte desses esportes não faz parte da formação dos profissionais da educação física e da ciência do esporte, pois não é ofertada nas instituições de ensino superior públicas e privadas do Brasil. Esse fato colabora ainda mais para que haja um distanciamento entre a vivência do graduando e sua atuação profissional, ou seja, a não vivência dessas modalidades acaba por impactar a oferta delas, o que, no nosso modo de ver, é compreensível, mas não justifica o futuro professor não as ensinar. Assim, os capítulos desta primeira parte constituem subsídios que vêm preencher essa lacuna na formação docente, com base em novos olhares pedagógicos.

Nesse contexto, um dos desafios desta obra é avançar na oferta de propostas pedagógicas de modalidades ainda pouco praticadas no país ou ainda muito novas, mesmo em nível mundial.

Esperamos que os leitores interessados na temática do ensino dos esportes considerados não tradicionais que almejem ofertar em seus contextos de atuação novas possibilidades de vivência do esporte possam desfrutar da partilha de saberes e experiências pedagógicas trazidas pelos autores deste livro sobre modalidades esportivas como as ginásticas (acrobática, artística, rítmica e de trampolim), as lutas, as práticas corporais de aventura, o nado sincronizado, a roda ginástica e o *rope skipping*.

1
PRÁTICAS CORPORAIS DE AVENTURA: ALGUMAS POSSIBILIDADES PEDAGÓGICAS

Laercio Franco

Introdução

De todo o universo das modalidades esportivas e atividades da educação física, quais conteúdos dariam conta de transitar por temas relacionados ao meio ambiente? Será que a educação física pode caminhar nas discussões sobre desenvolvimento sustentável, preservação ambiental e outros conceitos levantados na Conferência das Nações Unidas sobre o Meio Ambiente e Desenvolvimento, realizada em 1992, no Rio de Janeiro – a Rio 92 – e que vêm se desdobrando até os dias de hoje? Achamos que sim. Quando falamos em esporte ou práticas de atividades na natureza, ao que aqui chamamos de práticas corporais de aventura (PCAs), é possível fazer relações com todos esses conceitos e adentrar transversalmente nas discussões de ponta que abrangem as mais diversas áreas do conhecimento.

Constantino (1997, p. 121) afirma que "o aumento das práticas do desporto que supõe a presença de elementos naturais, como espaço indispensável à sua realização, faz de imediato surgir a óbvia necessidade de defesa da natureza, o que supõe um código de conduta desportiva na sua utilização". Valendo-nos dessa afirmação, acreditamos que seria possível trabalhar tanto com os nossos alunos nas aulas de educação física escolar como em treinamentos desportivos com nossos atletas, ou no contexto do lazer, permitindo que estejam próximos à natureza, enquadrando a preservação e valorização dela nos prazeres inerentes a uma prática esportiva e lúdica. Ao capacitá-los nas incursões na natureza, viabilizamos maior contato com fatores que envolvem o meio ambiente, a ecologia e a manutenção da biodiversidade. Com isso, atendemos as intenções interdisciplinares citadas, além daquelas objetivadas em diferentes setores de nossa sociedade: o educacional, por meio dos temas transversais sugeridos nos Parâmetros Curriculares Nacionais (PCNs); o político, expresso no Protocolo de Quioto; o socioambiental, divulgado por ONGs como SOS Mata Atlântica; as atividades ecoturísticas, entre outros.

Atletas de modalidades esportivas de aventura já convivem com esse panorama diariamente, adotando, na maioria das vezes, uma postura de vida condizente com esses conceitos. As PCAs oferecidas por operadoras de turismo de aventura ou ecoturismo também têm controles para a preservação e a educação ambiental. Porém, os conteúdos tradicionalmente desenvolvidos na educação física escolar não têm abordado essa temática do meio ambiente e da natureza com a frequência merecida. Isso acontece pouco e, sobretudo, quando o professor relaciona as atividades de resistência e outras capacidades físicas com caminhadas, remadas, pedaladas e algumas outras atividades presentes nos chamados "estudos do meio" ou "estudos de campo" e quando estes ocorrem na natureza.

O afastamento dessas práticas na escola é um fator deficitário na formação integral do futuro cidadão, porque diminui a variedade de opções do adolescente na educação básica e suas escolhas de o que fazer nos momentos de lazer e no tempo livre quando se tornar adulto ou, ainda, no leque de escolhas de modalidades esportivas para ser um atleta, caso assim deseje. Talvez, com uma abordagem do ponto de vista da cultura corporal de movimento, a educação física na escola possa aprofundar mais esse tema nas aulas regulares e em seu currículo (FRANCO, 2011), pois essas atividades estão paulatinamente fazendo parte do cotidiano de alunos e professores.

As PCAs já são uma realidade no Brasil, fruto de grande desenvolvimento nas duas últimas décadas. São eventos relacionados a surfe, skatismo, paraquedismo, enduro, corrida de aventura, entre muitos outros, vivenciados por várias faixas etárias. Além disso, essas atividades estão sendo largamente difundidas em documentários sobre expedições e reportagens ecoturísticas que envolvem várias técnicas e modalidades, tais como: rapel, tirolesa, *trekking*[1] e outras, chamadas de esportes radicais.

---

1. De acordo com Gomes (2007), o verbo *trekken* foi instituído no vocabulário inglês a partir dos *vortrekkers*, que era a designação dada aos trabalhadores holandeses que foram

Essas modalidades têm atraído grande parte dos jovens e adultos brasileiros que participam de competições de esportes tradicionais, como vôlei, basquete e futebol, fazendo-os migrar para esportes ou vivências na natureza. Já existem até mesmo periódicos especializados, como as revistas *Camera Surf*, *Cemporcento Skate*, *Invicto*, *Mundo Aqua*, *O2*, *RunningBR*, *Trip* e *Webventure*, que tratam desses temas e conquistam muitos adeptos e curiosos.

No meio acadêmico, também tem aumentado o número de publicações a respeito dessa temática, por exemplo: Schwartz (2002), Germignani (2004), Marinho e Bruhns (2003), Costa (2000), Franco (2008, 2011, 2013), Pereira e Amrbrust (2010), entre outros, discutem a origem e importância dessas novas práticas em nossa sociedade. A maior parte dos autores pesquisados concorda que, a partir dos anos 1970, houve um grande desenvolvimento das PCAs, tanto na diversificação quanto na organização dessas modalidades.

Da Costa (1997) cita temas que ligam o esporte e a natureza no Congresso Mundial Científico "Desporto na Sociedade Moderna" e na "Carta Europeia do Desporto para Todos", do Conselho da Europa, ambos os documentos da década de 1970, mostrando que o interesse pela temática natureza-esporte vem crescendo há muito tempo, porém, vagarosamente.

Todo esse processo teve impulso determinante em 1992, com a Conferência das Nações Unidas sobre o Meio Ambiente e Desenvolvimento, a Rio 92, na qual mesas-redondas debateram temas sobre homem, cidade e natureza. Além disso, na Assembleia do Comitê Olímpico Internacional, no mesmo ano, foram discutidos os compromissos relacionados ao respeito pelo meio ambiente. Da Costa (1997, p. 66) resume:

> A reconciliação factual do desporto com a natureza submetida a ameaças é, todavia, reflexo do que ocorre com a sociedade como um todo. Neste particular, a evolução do desporto nos anos 90 mostrava expansão das soluções contratualistas, destacando-se casos localizados de normatização da proteção ambiental apoiados por recomendações gerais, ao estilo dos documentos emitidos pelo Conselho da Europa.

---

enviados para trabalhar na África do Sul, no século XIX. O verbo *trekken* possui significado de migração, caminhada longa ou sofrida, portanto o termo *trekking* na atualidade tem o significado de longas caminhadas.

O mesmo autor ainda cita o comitê organizador dos Jogos Olímpicos de Inverno em Lillehmmer, em 1994, que decidiu transformar o evento numa demonstração de como compatibilizar, em alto nível de exigência, arquitetura, cultura e meio ambiente. Acrescenta, também, que diversas federações alemãs definiram normas para a prática e a construção e readaptação de instalações esportivas, voltadas para a proteção ou conservação da natureza. Modalidades como ciclismo, orientação, vela e motor, montanhismo e corridas, entre outras, constavam dessa normatização. De lá para cá, esses procedimentos vêm sendo realizados na maioria dos grandes eventos esportivos.

Toda essa preocupação, já demonstrada há mais de dez anos na Europa, demorou a chegar ao Brasil e, sobretudo, aos programas de clubes, aos currículos de educação física escolar e até mesmo às universidades. No entanto, tem sido absorvida por outros setores de diferentes segmentos sociais, que estão se movimentando e ganhando espaço. Esse movimento da sociedade foi aproveitado, por exemplo, pela mídia, que percebeu a possibilidade de transformação dessa ligação esporte-natureza em esporte de espetáculo e em fins mercadológicos, propiciando um bom espaço para os esportes radicais, de aventura e de natureza em vários setores, especialmente nos canais de TV (aberta e fechada), nos jornais, nas revistas e em programas de turismo.

Sabemos que muitas dessas modalidades estão sendo exploradas na área do turismo. Na verdade, na educação física ainda há escassez de profissionais preparados para atuar com essa diversidade. Além disso, a incorporação desse tema tem sido muito lenta e deixa de se apropriar de discussões e práticas relacionadas à natureza e às modalidades esportivas urbanas tradicionais.

O Ministério do Turismo, entendendo que essas atividades estão associadas ao ecoturismo, adotou o termo turismo de aventura,[2] observando que esse segmento tem características estruturais e consistência mercadológica próprias e grande vulto financeiro. Consequentemente, seu crescimento vem

2. "O conceito de turismo de aventura se fundamenta em aspectos que se referem à atividade turística e ao território em relação à motivação do turista, pressupondo o respeito nas relações institucionais, de mercado, entre os praticantes e com o ambiente. Nesse contexto, define que turismo de aventura compreende os movimentos turísticos decorrentes da prática de atividades de aventura de caráter recreativo e não competitivo" (BRASIL, 2006, p. 9).

se abrindo, num novo leque de ofertas, possibilidades e questionamentos que precisam ser compreendidos para a viabilização e qualificação do segmento (BRASIL, 2006).

Enquanto a educação física e as ciências do esporte dormiam nas modalidades tradicionais, o turismo adiantou-se e assimilou a maior parte das iniciativas nesse novo setor. A capacitação de pessoas nas atividades de aventura é dirigida, especialmente, pela Associação Brasileira das Empresas de Turismo de Aventura (Abeta), ligada ao Ministério do Turismo. Foram criadas comissões de estudo sobre os diversos temas ligados ao turismo de aventura e aberta uma consulta nacional para cada um deles.

O termo adotado pelo Ministério do Turismo para designar essas práticas é *atividades de aventura*, conceituado da seguinte forma:

> A palavra aventura – do latim *adventura*, o que há por vir – remete a algo diferente. Neste conceito, consideram-se atividades de aventura as experiências físicas e sensoriais recreativas que envolvem desafio, riscos avaliados, controláveis e assumidos que podem proporcionar sensações diversas como liberdade, prazer; superação, a depender da expectativa e experiência de cada pessoa e do nível de dificuldade de cada atividade. (BRASIL, 2006, p. 9)

Portanto, essa conceituação deixa de fora a expressão esporte de aventura. O próprio documento do ministério justifica isso, afirmando que "as atividades denominadas esportivas, sejam ou não de aventura, quando entendidas como competições, denominam-se modalidades esportivas e são tratadas no âmbito do segmento Turismo de Esportes" (BRASIL, 2006, p. 10).

Com base nessa afirmação, que, por sinal, demonstra a excelente organização do turismo, surge uma nova discussão: O que cabe, então, à educação física? As PCAs, dentro da educação física, são as esportivas competitivas? E as realizadas no contexto do lazer? Nossa concepção dessa área de conhecimento permite ir além dessa limitação declarada no conceito, inserindo em seu conteúdo as diversas práticas das modalidades de aventura, ampliando, portanto, sua atuação nesse setor.

A questão da nomenclatura

Todas essas discussões são recentes e ainda estão ganhando corpo. A sociedade ainda não adotou um termo único para essas práticas, que, dependendo do lugar e da modalidade, trafegam por uma babel de nomes que se referem às mesmas coisas. Em países como Austrália e Nova Zelândia, a expressão empregada é algo como recreação ao ar livre (*outdoor recreation*). Já nos Estados Unidos, no Canadá e na Inglaterra, é mais usual atividades ao ar livre (*outdoor activities*). De acordo com Betrán (2003), essas atividades já foram chamadas de:

- *esportes californianos*, em razão de várias dessas modalidades terem suas origens na Califórnia;
- *novos esportes*, considerando-os inovadores e diferentes dos tradicionais;
- *esportes tecnoecológicos*, fazendo referência à associação dos equipamentos utilizados para a prática de diversas modalidades na natureza;
- *esportes em liberdade*, negando regulamentações típicas de outros esportes vinculados às federações e aos ambientes delimitados por linhas, quadras, ginásios, estádios etc.;
- *esportes selvagens*, pelo caráter natural e numa comparação com os locais típicos, urbanos e estruturados, dos outros esportes;
- *esportes radicais*, em gíria específica de surfistas e skatistas da década de 1980, pelo cunho fundamental das sensações e da exposição aos perigos relacionados a altura, vertigens, deslizamentos, entre outros;
- *esportes extremos*, em razão do grau de exposição a situações em que ocorrem descargas de adrenalina, grau máximo de medo, susto e superação de limites;
- *esportes de ação*, numa provável referência à manifestação de força e energia do corpo sobre implementos, na tentativa de controlar os efeitos da natureza;
- *esportes alternativos*, aludindo à conveniência de escolher atividades físicas não tradicionais em locais fora do comum.

Amplia-se, assim, a terminologia empregada, de acordo com o público que pratica essas atividades e os locais onde são praticadas. Esportes de aventura, radicais, de ação... Qual seria a melhor denominação para essas práticas?

Para utilização na educação física, em virtude de sua área vasta de saberes, é necessário um termo que vá além do conceito esportivo, que contemple o lazer e a recreação, com maior flexibilidade na regulamentação e na adaptação de espaço e material.

Esporte, segundo definição dos PCNs, são "práticas em que são adotadas regras de caráter oficial e competitivo, organizadas em federações regionais, nacionais e internacionais que regulamentam a atuação amadora e a profissional" (BRASIL, 1998, p. 70). Vemos, então, que várias modalidades de aventura não competitivas e aquelas não vinculadas às federações estão excluídas da definição de esporte dos PCNs. Isso mostra a necessidade de buscar um termo que possa abranger outras práticas além da esportiva.

O filósofo espanhol Javier O. Betrán influenciou muitos pesquisadores brasileiros ao discutir as atividades de aventura no âmbito do lazer e do turismo e sua prática no que chamou de ócio ativo. Ele defende a terminologia "atividades físicas de aventura na natureza" (Afan), mas podemos analisar que, com a inclusão do complemento *na natureza*, modalidades como o skatismo, notadamente uma prática urbana, além do motociclismo e das práticas com veículos 4x4, que afetam gravemente a natureza, tornam o termo Afan discutível do ponto de vista geral e da preservação do meio ambiente.

A expressão atividades de aventura pode ser considerada suficiente nas várias possibilidades da área, e tem sido muito utilizada por vários autores, tais como Marinho (1999), Marinho e Bruhns (2003), Tahara e Schwartz (2003). Porém, a expressão atividades de aventura já foi registrada na ABNT pelo Ministério do Turismo, excluindo as modalidades esportivas e reduzindo, portanto, seu leque de abrangência.

Mesmo sem a pretensão de unificar os termos ou especificar uma definição, ressaltamos a necessidade de uma nomenclatura que atenda a área da educação física e tenha amplitude de utilização nos diversos segmentos. Pode ser que, com o tempo, apareça um termo que unifique o entendimento sobre as atividades de aventura tanto na área acadêmica como no senso comum.

Neste capítulo, adotamos a expressão "práticas corporais de aventura" (PCAs), diferentemente do Ministério do Turismo, que entende essas práticas somente como entretenimento, e também dos diversos nomes que acompanham a palavra esporte.

Ao vislumbrarmos nessas práticas diversas possibilidades educativas, esportivas e recreativas, ampliamos as experiências vividas dentro da escola, das academias, dos clubes, das praças esportivas, dos hotéis, entre outros locais em que a atuação do profissional de educação física seja legitimada. Portanto, é possível concluir que os profissionais de educação física podem dar conta tanto dos currículos escolares, do treinamento e da orientação de atletas que praticam competitivamente uma modalidade de aventura como da aplicação das diversas modalidades no âmbito da recreação e no contexto do lazer proposto pelo turismo de aventura, que atualmente emprega muitos guias especializados e, por que não, profissionais de educação física.

Se fôssemos situar as PCAs nos conteúdos da educação física, poderíamos situá-las como uma categoria nova, de acordo com seus próprios saberes e características ou aproximá-las de um dos conteúdos tradicionais, como esporte, jogo, ginástica etc.

Considerando os apontamentos de Freire (2002) e Scaglia (2005), quando afirmam que o esporte pertence ao universo do jogo, podemos enquadrar várias PCAs, sua aplicação e seu entendimento também no mundo do jogo. Poderíamos considerar as PCAs práticas que aliam o prazer e os atributos da cultura corporal de movimento a outra visão, outro estilo de vida, fora do cotidiano, que integra o homem e sua tecnologia ao meio natural e urbano, utilizando o universo do jogo e suas concepções de lazer, ludicidade e competição com atividades de risco controlado, e à conscientização da necessidade de preservação ambiental (FRANCO, 2008).

Essa é uma discussão nova e permite o aparecimento de outras definições, que alarguem conceitos e esclareçam cada vez mais essa área tão atrativa e de imenso potencial para os profissionais de educação física.

Classificação das práticas corporais de aventura

Além das dezenas de modalidades de aventura praticadas na natureza e nos espaços urbanos, ainda continuam aparecendo frequentemente outras, novas, derivadas das antigas. Só no paraquedismo, por exemplo, existem diversas variações: *free fly*, *free style*, *sky surf* e trabalho relativo (TR), sem contar os derivados, como *B.A.S.E. Jump* e outras especialidades. Imaginemos os esportes com prancha ou os diferentes tipos de escalada. Como classificar essas numerosas atividades físicas peculiares?

Há várias possibilidades de agrupamento: por tipo de impacto no meio ambiente; por características motoras envolvidas; por níveis de perigo; por tipo e quantidade de equipamento; por tipo de energia envolvida, entre outras. Certamente, cada classificação deixa de contemplar algum aspecto específico, em razão da enorme quantidade de modalidades e de suas especificidades.

Aparentemente, os espanhóis escolheram um modelo que facilita a categorização dessas modalidades tão variadas. Eles organizaram o conteúdo de aventura em três ambientes principais: o pessoal, o social e o físico. Segundo Betrán (2003, p. 175), a escolha da classificação utilizada na Catalunha e, posteriormente, na maioria das publicações no Brasil, baseou-se na "lógica aristotélica que assinalava os três grandes meios, terra, água e ar, como 'a origem de todas as coisas'; as diversas ramificações que derivam desses três meios físicos se distinguem claramente e sua classificação lógica permite uma classificação útil". Dessa categorização, selecionamos diversas modalidades de aventura, enquadrando todas nesse modelo com grande clareza, conforme o Quadro 1.

Essa classificação das muitas modalidades de PCAs oferece uma visão ampla das possibilidades desse conteúdo, mas é questionável. Há modalidades que poderiam transitar por mais de uma classificação, como prática específica que engloba várias outras. A "corrida de aventura", por exemplo, é uma competição multidisciplinar, que existe há cerca de três décadas e vem crescendo muito no Brasil e em todo mundo, com um calendário anual de vários eventos e provas espalhados por diversas regiões. Podemos encontrar várias técnicas e modalidades nessas provas, mas principalmente canoagem, *mountain bike*, rapel (descida de penhascos, preso num cabo) e tirolesa (travessia de um ponto a outro, pendurado em um cabo), em trajetos que variam de dezenas a centenas de quilômetros. Normalmente, são atividades realizadas em locais de natureza bem preservada, de ambiente rústico. Algumas provas contam também com veículos *off road* e animais, como camelos ou cavalos.

Quadro 1: Classificação das Práticas Corporais de Aventura

Classificação quanto ao ambiente físico	Exemplos de modalidades
Modalidades terrestres	*Trekking* (ou caminhada), escalada, skatismo, esqui, trenó, *mountain bike* (pedalar em trilhas), *caving* ou espeleologia (exploração de cavernas), *raids* de jipes 4x4 e outros veículos *off road* (veículos fora de estrada) etc.
Modalidades aquáticas	Canoagem, *rafting* (descida de corredeiras em bote inflável), *canyoning* (exploração de rio ou cânion), mergulho, surfe, windsurfe (prancha a vela), *kitesurf* (surfista preso com sua prancha a uma espécie de pipa), *jet ski* (moto aquática) etc.
Modalidades aéreas	Paraquedismo, *bungee jump* (salto de uma plataforma, preso por cordas elásticas), *rope swing* (salto pendular, preso por corda), asa-delta, balonismo, *paragliding* ou parapente (aeroplano, semelhante ao paraquedas), ultraleve (aeroplano motorizado) etc.

Fonte: Baseado em Betrán (2003).

Outra modalidade tem ajudado muito a difundir as PCAs no Brasil, pois, em geral, os membros de uma família podem praticá-la juntos. Além disso, a montagem não apresenta grandes dificuldades nem precisa ser realizada em locais de difícil acesso, podendo ser facilmente adaptada à estrutura escolar. Trata-se do arvorismo, ou arborismo, que é a travessia entre plataformas montadas no alto das copas das árvores, em que os praticantes percorrem um trajeto suspenso, ultrapassando diferentes tipos de obstáculo, como escadas, pontes suspensas, tirolesas e outras. Além das árvores, postes e colunas também podem servir de base para a prática dessa modalidade.

Enfatizamos que essas duas atividades podem auxiliar na popularização das PCAs justamente por serem ofertadas em parques temáticos, hotéis e balneários; por aparecer em vários meios de divulgação nos últimos tempos e, ainda, por julgarmos que podem ser desenvolvidas no ambiente escolar e nas praças de esportes.

Apresentadas as categorias que, de acordo com nossa visão, melhor definem as PCAs, é preciso comentar sobre os profissionais que podem atuar nessas práticas.

Possibilidades de atuação do profissional da educação física

Até pouco tempo atrás, as PCAs não estavam presentes nos currículos dos cursos de formação em educação física e ciências do esporte. Portanto, é possível dizer que, atualmente, a maioria dos profissionais que atua na educação física nada ou pouco aprendeu sobre esse conteúdo em sua graduação. Nas mudanças ocorridas recentemente nos currículos dos cursos dessa área do conhecimento, muitas instituições inseriram disciplinas que tratam especificamente desse assunto. Com isso, temos boas perspectivas, pois os novos profissionais estarão entrando no mercado de trabalho com capacidade de inserir as PCAs no cotidiano de sua prática docente. Os professores formados há mais tempo podem aprender sobre esse tema em inúmeras publicações (periódicos e livros), cursos de extensão, especialização e outros, investindo numa educação continuada.

Um profissional da educação física que atue como preparador físico, por exemplo, pode inserir em alguns ciclos do treinamento de qualquer modalidade esportiva atividades de aventura, com os mais diversos objetivos: trabalhos de resistência com corrida de orientação, escalada, canoagem e outros são possíveis, a fim de aperfeiçoar o desempenho, e garantem um diferencial no desgastante cotidiano dos treinamentos repetitivos e enclausurados que a prática esportiva exige.

Aspectos que envolvam liderança, confiança, superação de limites, união de equipes, coletividade, cooperação etc. são marcas constantes da maioria das PCAs e fazem parte das estratégias de cursos para empresas e de treinamentos de executivos. Por que não realizar trabalhos desse tipo em equipes de futebol, vôlei, basquete, atletismo, natação e em todo o universo do esporte competitivo? Está comprovado que há um aumento no rendimento de quem participa desse tipo de trabalho em aspectos motivacionais, de cooperação e de liderança.

Na educação física escolar, atualmente, o professor não pode se limitar a desenvolver conteúdos exclusivamente esportivistas (DARIDO; RANGEL, 2005). Chicati (2000) analisou o nível de motivação dos alunos nas aulas de educação física no ensino médio e verificou que um dos fatores desmotivantes era o próprio conteúdo desenvolvido nas aulas, as modalidades esportivas tradicionais: futsal, vôlei, basquete e handebol.

Nos últimos 16 anos, trabalhando na educação básica em algumas instituições de ensino de Campinas, São Paulo, inserimos modalidades de PCAs, não só como vivências, mas como conhecimento sistematizado, presente no currículo anual da educação física. Modalidades como montanhismo, arvorismo, *parkour* e skatismo fazem parte de um bimestre, partilhando os espaços e os gostos dos alunos com os esportes tradicionais e superando em preferência a maior parte deles.

Ferreira (2006) pesquisou aulas de educação física no ensino médio, nas quais eram abordadas atividades como o montanhismo, e entrevistou os alunos de uma escola, constatando que 77% elegeram essa modalidade como a de maior afinidade em primeiro, segundo ou terceiro lugar. Essa pesquisa fez uma série de outras comparações, que, no final, sugerem a inserção do montanhismo nas aulas. Um aspecto importante é que, para a aplicação dessa modalidade na escola, o professor não teve de superar o obstáculo dos espaços adequados. A instituição pesquisada tinha apenas duas quadras descobertas, portanto, é viável a adaptação dos espaços escolares comuns.

Há, ainda, a atividade de treinamento nas diversas modalidades de aventura, que necessita de um bom profissional, de preferência, especializado. É raro encontrar profissionais da educação física e das ciências do esporte capazes de elaborar um treinamento específico para competidores de nível médio e alto nas diferentes PCAs. A maioria dos preparadores baseia-se em condicionamentos gerais, que servem para várias modalidades esportivas.

Em nossos estudos, encontramos planilhas de treinamento de escaladores quase idênticas àquelas elaboradas para os lutadores de jiu-jítsu e, ainda, planos de treinamento para atletas de corrida de aventura desenvolvidos somente dentro de academias, excluindo várias das especificidades encontradas nos equipamentos e na natureza. Essa é uma função do profissional de educação física que tem ficado aquém do desejado, talvez por falta de conhecimentos especializados (na formação acadêmica ou continuada). Nosso alerta é para a abertura de mais um espaço no mercado de trabalho, gerado pela prática das PCAs, uma área que tem saberes próprios, mas presentes na cultura corporal de movimento, típicos da educação física e próximos das discussões de preservação ambiental e sustentabilidade.

Possibilidades das práticas corporais de aventura

Práticas corporais de aventura na escola, adaptáveis a clubes ou espaços de recreação

Apresentamos alguns exemplos de PCAs já desenvolvidas no ambiente escolar, como parte dos conteúdos do currículo comum da educação física, definidas no formato de aula. Todas foram possíveis e bem-sucedidas, o que nos motiva a partilhá-las nesta obra, para que sejam aplicadas e ressignificadas em diferentes contextos de ensino.

Os exemplos apresentados deverão ser adequados à realidade do contexto social no qual forem inseridos, pois um mesmo conteúdo sistematizado pode ter efeito e receptividade diferentes, de acordo com o perfil dos frequentadores e gestores, com a história da comunidade ou região, com as diretrizes pedagógicas (o que se aplica à escola, aos clubes e às associações), dentre outros aspectos.

Corrida de orientação, trekking *ou enduro a pé* – A corrida de orientação é uma modalidade competitiva, em que o praticante tem o objetivo de encontrar pontos preestabelecidos num terreno, no menor tempo possível, utilizando instrumentos de navegação. Há várias formas de trabalharmos uma corrida de orientação, dependendo do nível de conhecimento dos alunos, do tamanho e da localização da escola, da possibilidade de ser um "estudo do meio" e, consequentemente, de estar mais próximo da natureza. Um dos poucos equipamentos necessários é uma bússola – existem bússolas de vários preços e tipos, mas não é necessária uma que ofereça mais recursos. Há, ainda, outras possibilidades de orientação, com mapas, cartas topográficas e croquis (mapas feitos à mão) ou mesmo tudo isso somado à bússola.

O enduro a pé pode ser uma conjugação de corrida de orientação com *trekking*, ou algo mais ameno, como os enduros de regularidade, nos quais a intensidade da atividade pode ser baixa e de acordo com os interesses do grupo ou do professor. Diferentemente da corrida de orientação, o enduro prevê um tempo para alcançar pontos num terreno. Seguem alguns exemplos.

Vivência 1: Corrida de orientação com ou sem bússola

Previamente, o professor prepara uma *pista de orientação*, que deve variar de acordo com o espaço disponível, o nível dos alunos e as dificuldades do terreno.

Na parte teórica da aula, o professor relembra (ou ensina) os pontos cardeais Norte (N), Sul (S), Leste (L ou E) e Oeste (O ou W), os pontos básicos para determinar as direções, conforme a rosa dos ventos. Há, ainda, os pontos colaterais Nordeste (NE), Noroeste (NO), Sudeste (SE) e Sudoeste (SO).

O professor ensina os alunos a se orientar usando a bússola e a medir distâncias usando passos, barbante etc., e separa-os em equipes.

De posse de um ângulo inicial dado (formado pela direção que a agulha aponta e o rumo que o professor deseja que o aluno siga), chamado azimute,[3] e da distância do ponto a ser descoberto, as equipes deverão achar outros pontos, orientando-se pela bússola.

Exemplos:

1) Considerando que possuímos uma bússola graduada, como um transferidor, devemos igualar a direção apontada pela agulha com a marca 0° ou 360° (N). A isso se chama orientar a bússola.

3. Azimute: Medida angular de um rumo ou de uma direção com relação ao N magnético, contado em 360 graus no sentido horário, ou seja: N=0° ou 360°; E=90°; S=180°; W=270°. O nome é de origem árabe, de *as-sumut*, traduzido: *caminho* ou *direção*. Fonte: <http://www.papoescoteiro.na-web.net/oqueeumazimute.htm>. Acesso em: 7/2008. O *site* trata dos conteúdos do escotismo.

2) Desejamos que o aluno vá na direção 60°, então, devemos manter a agulha apontando para 0° e olhar na direção da graduação 60°; nesse rumo, encontraremos um ponto de referência à frente.
3) O professor fornece o primeiro ponto, por exemplo: a distância de 70 metros, com azimute 60°. Então, basta o grupo caminhar sempre nesse rumo até percorrer os 70 metros e encontrar o primeiro ponto. Ao chegar a esse ponto, no local estarão os dados do próximo ponto: segundo ponto, 110 metros, azimute 270°, e assim por diante.

- A equipe encontrará em cada ponto o ângulo e a distância do próximo ponto a ser descoberto.
- Colocam-se quantos pontos forem necessários para percorrer a distância ou dificuldade desejada.
- A dificuldade pode ser regularidade (cumprir determinada expectativa de tempo) ou velocidade (achar todos os pontos no menor tempo).
- Um detalhe importante: a equipe deve terminar a corrida com todos os componentes juntos na chegada.

Há bússolas bem baratas no mercado, em diversos tipos de lojas, supermercados e até em bancas de jornais. Existem chaveiros com bússola (foi o que usamos na pesquisa). Caso não haja essa possibilidade, podem-se trocar os ângulos pelos pontos cardeais aproximados. Por exemplo, utilizando os dados anteriores: o azimute 60° equivale à direção nordeste, aproximada; 270° equivalem exatamente ao oeste, e assim por diante.

Para turmas de adolescentes, podem ser feitas pistas pelo bairro em torno da escola ou da praça esportiva, desde que não esteja localizada em local movimentado ou com riscos. Pode-se usar a estrutura física do local até como obstáculo para triangulações, mas é importante que as dificuldades estejam no nível da capacidade de resolução dos participantes, para evitar frustrações.

É fundamental que a atividade seja desenvolvida em equipe, preferencialmente mista, pois o processo de avaliação da planilha, de tomada de decisão, as descobertas e os desafios são os momentos mais ricos e criativos. Mais importante que a colocação final das equipes nessa atividade são as discussões realizadas antes e depois pelo grupo e conduzidas pelo professor.

Dependendo do público-alvo com que trabalha, o professor pode determinar quem vai ficar com a bússola ou o mapa.

*Práticas corporais sobre rodas (*skate*, patinete e patins)* – Houve uma popularização dessas atividades. Patins e *skates* passaram a ser vendidos não só em lojas especializadas, como também em lojas de brinquedos, supermercados e assemelhados, a preços bem mais acessíveis do que há alguns anos. Portanto, é possível realizar algum tipo de trabalho sobre rodas na escola ou até uma sequência interessante de desenvolvimento desse conteúdo.

Há questões de segurança importantes. De todas as PCAs adaptadas à escola, as práticas sobre rodas são as que necessitam maior gerenciamento de riscos. É fundamental estabelecer a regra do *uso de equipamentos de segurança*, coletivos, patrocinados, adaptados ou de qualquer outra forma possível. É importante que o professor possa diminuir todas as chances de acidentes nesse tipo de atividade. São válidas até mesmo as adaptações, como, por exemplo, improvisar cotoveleiras, joelheiras, caneleiras com papelão ou outro material semelhante.

- Prática 1

  É condição para evitar acidentes a equiparação das propostas de acordo com o nível de habilidade mais básico da turma. Portanto, antes de tudo, deve ter sido feita a preparação e construção das regras de utilização dos equipamentos, do espaço e do conteúdo. A primeira prática de aula sobre rodas deve privilegiar a exploração dos espaços, a organização da segurança, a criação de obstáculos, entre outros. Há uma fascinação na exploração sobre rodas dos espaços cotidianos, normalmente proibidos para essa atividade.

- Prática 2: Circuito

  Fazer demarcações na quadra onde os alunos deverão fazer a troca do equipamento utilizado. Essa troca dependerá do tipo e da quantidade de equipamento disponível. Exemplo: no primeiro ponto, um patinete; no segundo, um *skate* (o aluno poderá fazer o trajeto sentado); no terceiro, uma bicicleta, e assim por diante, até todos os alunos vivenciarem a prática de todos os equipamentos.

Há ainda a possibilidade de adaptar uma infinidade de jogos sobre rodas; basta usar a criatividade. Pode-se tanto desenvolver adaptações de jogos tradicionais como criar jogos novos. Começando, por exemplo, com as ideias dos alunos, da apresentação deles à classe e com discussão da viabilidade das práticas. O ideal é começar por uma atividade proposta pelo professor, que, com bom senso, deve nivelar o jogo de acordo com as habilidades da turma.

- Prática 3: Estafeta

  A turma divide-se em grupos de seis ou sete colegas; cada equipe deve ter um *skate*, bicicleta ou patinete; de preferência, todas as equipes terão o mesmo tipo de equipamento.

  As equipes enfileiram-se no fundo da quadra (ou do pátio).

  Ao sinal do professor, o primeiro aluno de cada equipe, que deve estar *sentado* no equipamento sobre rodas, precisa ser empurrado pelo segundo aluno até uma marca ou um cone do outro lado da quadra e retornar até o ponto inicial.

  O primeiro aluno vai para o fim da fila e o segundo se senta no equipamento; o terceiro aluno o empurra no mesmo trajeto, e assim por diante; a equipe encerrará a prática quando todos realizarem a tarefa; a primeira rodada não precisa ser competitiva, para adaptação ao equipamento, mas, a partir da segunda rodada, aplica-se a competição.

  Detalhe: o aluno que estiver sobre o equipamento não deve auxiliar o colega que está empurrando; essa regra diminui a possibilidade de acidentes.

Realizamos jogos desportivos tradicionais sobre rodas, como basquete e handebol, criando regras para incluir todos os alunos da turma, mesmo os que não tenham *skates*, patins etc. Basta usar o bom senso e desenvolver adaptações ao espaço.[4]

---

4. Há produções do autor em outras publicações, sugerindo outras práticas e adaptações (FRANCO, 2010, 2011, 2013).

Há outros exemplos de atividades já testadas, montanhismo, escalada, arvorismo, *parkour*, *mountain bike* e boia *cross*, aplicados no ambiente escolar ou em estudos de campo.

Treinamento de atividades físicas de aventura

Como são muitas as modalidades de aventura, é inviável discutir todas elas. Apresentamos apenas duas possibilidades. Para desenvolvê-las, o professor deve levar em conta a individualidade do atleta e os pré-requisitos.

Escalada – Há várias modalidades de escalada e variados locais para sua prática, com diversidade de rochas e texturas. Hoje, encontram-se paredes de escalada artificiais em diversos ambientes, como academias, clubes, escolas, hotéis e até ginásios específicos para a modalidade. Há escaladas que duram alguns segundos (em campeonatos) e outras que demandam dias; algumas com poucos equipamentos e outras que demandam grandes estruturas, como as expedições de conquista de picos de grande altitude.

Iniciamos a descrição da escalada com algumas dicas da consagrada atleta Janine Cardoso (*WEBVENTURE*, [20--?]).[5] Ela afirma que um treinamento, antes de tudo, deve ter um objetivo específico que não esteja muito além das possibilidades do praticante, para que ele se mantenha motivado. Por exemplo, um atleta que deseje escalar vias difíceis em rocha, que durem dias, e não tenha condições de viajar constantemente por motivos pessoais ou um escalador que tenciona buscar resultados em campeonatos esportivos, mas, à primeira vista, não está preparado para vias de estilos variados na primeira tentativa. O professor preparador deve conhecer detalhes como esses, que implicam motivação e preparação psicológica, a fim de auxiliar as decisões sobre as metas do atleta.

Quando o escalador percebe que chegou ao seu limite de evolução natural, provavelmente as dicas de outros escaladores já não o ajudam. Aí

5. A atleta de escalada esportiva Janine Cardoso, considerada a melhor do Brasil, dá algumas dicas na seção de reportagens do *site* do periódico *Webventure*, especializado em atividades de aventura, disponível em: <http://www.webventure.com.br>. Acesso: em 21/5/2014.

começa a atuação do *profissional de educação física*. Janine Cardoso aponta, ainda, que o escalador deve "montar um treino individual e específico, priorizando a melhora de seus pontos fracos e mantendo seus pontos fortes. O ideal é a variação dos treinos para não forçar seguidamente os mesmos músculos e articulações" (*WEBVENTURE*, [20--?]). O professor deve trabalhar capacidades que visem ampliar e aperfeiçoar o repertório de movimentos do escalador, tais como força, resistência, explosão, técnica, alongamento, concentração, sem se esquecer de aprimorar táticas, sempre respeitando a individualidade do atleta.

É importante lembrar que a musculatura hipertrófica pode atrapalhar, "porque o volume muscular aumenta o peso e qualquer quilo a mais acarreta mais esforço para subir" (PEREIRA, 2007, p. 141). Esse autor afirma também que, para escalar, precisamos de dois tipos de força: a força resistente e a força potente ou explosiva. É a força resistente que nos permite passar longos períodos pendurados pelos braços, tendo ou não o apoio dos pés.

> Para desenvolvê-la – a força resistente – o treino consiste em escalar várias vias verticais em sequência, com poucos descansos entre uma e outra. Também pode ser feito em paredes de *boulders*[6] ou em travessias, escalando por longos períodos sem descer da parede. Já a força potente ou explosiva é necessária para executarmos movimentos rápidos (...). Pode-se desenvolvê-la repetindo movimentos de grande dificuldade, próximo de nosso limite técnico, mas com descanso entre cada tentativa. (PEREIRA, 2007, p. 139)

Sem dúvida alguma, um treinamento específico pode conduzir um atleta ao requinte de seu desempenho.

Há, ainda, aparelhos com pegas diferentes, nos quais se pendura o corpo, no intuito de exercitar os membros superiores e as especificidades musculoarticulares da escalada. São conhecidos como *fingerboard* ou prancha para dedo – um, dois, três ou quatro dedos – e *campusboard* ou prancha para treinos. Essas pranchas podem ser encontradas em ginásios de escalada e em lojas de aventura, mas podem ser adaptadas em paredes comuns, árvores, com exercícios em espaldares ou barras.

---

6. *Boulders*, em português, algo como "bloco de pedra", são rochas ou paredes de dois a cinco metros de altura, que dispensam a maior parte dos equipamentos de escalada.

As atividades aeróbicas e de resistência são excelentes coadjuvantes do atleta escalador nos dias de intervalo entre os treinos. Corridas moderadas de 30 a 40 minutos ou pedaladas de uma a duas horas, duas vezes por semana auxiliam no aumento da capacidade cardiorrespiratória, muito exigida em grandes altitudes e na recuperação de possíveis acidoses.

É importante seguir uma dieta equilibrada, rica em carboidratos, para as escaladas longas (a fim de manter as reservas de glicogênio muscular) e dar atenção especial às proteínas nas competições de velocidade, sem contar os cuidados com o sono e a qualidade de vida. Manter uma vida social equilibrada e horas de sono adequadas podem refletir na vida do atleta, e sobretudo no bem-estar geral da pessoa.

Janine Cardoso (WEBVENTURE, [20--?]) ainda declara que o resultado em competições nem sempre reflete fielmente o desempenho obtido nos treinos. Muitas vezes, é possível utilizar a competição como estratégia de motivação e, nas derrotas, ficam mais nítidos os erros ou falhas na preparação. É quando se torna extremamente importante a reavaliação do professor, para correções ou alterações metodológicas.

Corrida de aventura – Poderíamos optar por apresentar neste capítulo outra modalidade de aventura tradicional, como a canoagem, o paraquedismo ou o surfe, porém, em virtude da grande quantidade de PCAs esportivas, decidimos apresentar um exemplo de maior complexidade, justamente pela conjunção de modalidades e locais diferentes. É um exemplo de treinamento de PCA que tem como peculiaridade a simbiose de várias modalidades numa mesma prova competitiva: a corrida de aventura. É importante esclarecer que são descritos apenas detalhes, para dar uma noção do que é ser um técnico ou *personal trainer* iniciante.

Existe uma variedade imensa de provas de corrida de aventura,[7] com locais e modalidades diferentes, mas a maior parte reúne quatro esportes de aventura principais: *trekking*, canoagem, *mountain bike* e técnicas verticais.

7. Algumas corridas de aventura tradicionais acabaram e outras novas aparecem anualmente, mas, segundo o *Ranking* Brasileiro de Corrida de Aventura, as principais, de acordo com o calendário de corridas de aventura, são: a) brasileiras: Adventure Camp; Haka Race e

Normalmente, as técnicas verticais são simples, não exigem grandes conhecimentos técnicos do atleta, mas têm exigências maiores nos aspectos emocionais, tais como: superação de medos, paciência e confiança. Talvez um ou dois dias inseridos no mesociclo de treinamento já sejam suficientes para a absorção confortável das técnicas e o treinamento dos aspectos emocionais. Isso depende, principalmente, da personalidade e dos pré-requisitos do atleta.

Concentrando-nos, portanto, na tríade básica *mountain bike*, *trekking*-corrida e canoagem, escolhemos um microciclo de choque de um atleta profissional, embora a maioria dos participantes desse tipo de prova não se sustente como atletas dessa modalidade. Essa adaptação do profissional para o amadorismo pode simplificar o trabalho.

O *personal trainer* professor e mestre Marco Antonio Barbosa,[8] preparador físico de triatletas, sugere que se pode utilizar em provas combinadas, a estruturação do mesociclo, que deve ter, em média, de 21 a 35 dias, caracterizando de dois a cinco microciclos de treinamento, possibilitando uma evolução correta do nível de treinamento do atleta. Nos primeiros microciclos, ocorre a reação ativa do organismo, entre o 1º e o 14º dia. Após essa etapa, o organismo começa a estabilizar seu processo evolutivo, quando se dá uma sobrecarga maior que as utilizadas normalmente – é o microciclo de choque – para evitar a estagnação do treinamento, que deve ocorrer entre o 10º e o 20º dia. Após essa fase, inicia-se um período de recuperação do organismo, chamado de *reação residual*, quando não deve haver ação de cargas intensas, pois as estruturas do organismo precisam ser regeneradas. Por essa razão, deve-se ter um microciclo de recuperação, que possibilitará que, no próximo mesociclo, os processos fisiológicos envolvidos no treinamento comecem a evoluir.

Com a intenção de apresentar um modelo como proposta de trabalho, a fim de mostrar diversas possibilidades e especificidades de cada atleta e

---

Expedition; Ecomotion/Pro, entre outras; b) internacionais: Geoquest; Gold Rush Mother Lode; Raid Gaspésie International; Endurance Quest; Lycian Challenge, entre outras (disponível em: <http://www.rbca.com.br/2014>. Acesso em: 3/3/2014).

8. Especialista em treinamento desportivo pela UCB-RJ; coordenador técnico do Laboratório de Avaliação Física da UCB-RJ; especialista em Somatotipia; *personal trainer*. Fonte: <http://www.totalsport.com.br>. Acesso em: 3/2008.

das competições, confeccionamos um quadro geral de exemplo. O modelo de microciclo de choque mostrado a seguir apresenta um volume aumentado de treino da semana, para evitar a estagnação das capacidades metabólicas do organismo envolvidas no treinamento realizado em dois períodos, conforme o Quadro 2.

Quadro 2: Modelo de microciclo de choque para a corrida de aventura

	Manhã	Tarde	Noite
Domingo	*Bike* 4 h – Estradas e trilhas com subidas e descidas na natureza – médio contínuo		
Segunda	Repouso		
Terça	Canoagem 2 h – médio – contínuo	Corrida 60 min – submáximo	Musculação – resistência
Quarta	Canoagem *fartlek* 5.000 m #500 – médio 3.000 m #500 – submáximo 1.000 m – médio	*Bike* 2h30 plano – médio	Regenerativo – Massagem, piscina etc.
Quinta	Corrida 60 min – submáximo	*Bike* 1h30 – médio	Técnicas verticais – moderado
Sexta	Canoagem 3h30 – submáximo		Musculação – resistência
Sábado	*Bike* e corrida 3 h – Intercalando 2x30 min corrida e 2x1 h *bike* na natureza – submáximo subida e descida Técnicas verticais – moderado		

Segundo Marco Antonio Barbosa, em competições longas, que podem durar dias, as reservas hepáticas (do fígado, local onde o glicogênio é armazenado e de onde é distribuído para o organismo) e a glicose, fabricada pela neoglicogênese, têm como função manter a taxa de glicemia (nível de glicose no sangue) do organismo durante a prova. Logo, fica claro que, em provas de quatro a cinco dias, como as organizadas pela Ecomotion – uma das corridas de aventura mais importantes do Brasil –, a manutenção do nível de glicemia é fundamental. Isso é treinado quando se faz a ingestão correta de nutrientes, possibilitando ao organismo se adaptar, no intuito de manter a glicemia e também a utilização mais rápida da gordura, levando o organismo a produzir mais enzimas, que transformam a gordura em fonte de energia. Fatores como esses determinam a velocidade em uma prova de corrida de aventura e ainda definem se o atleta vai conseguir completá-la.

Há outros fatores importantes, que diferenciam um corredor de aventura de, por exemplo, um triatleta, como a alternância do tipo de terreno, a duração da prova e as condições climáticas, que exigem adaptação rápida à diversidade. Porém, um dos diferenciais de quem busca resultados importantes talvez sejam as condições fisiológicas em situação de *endurance*, com pouquíssimas horas de sono. É comum o atleta desse tipo de competição dormir de duas a três horas por dia, em provas de três a cinco dias de duração. Portanto, o preparador deve levar em consideração essas características no momento de planejar o treinamento e orientar o competidor durante a preparação.

Considerações finais

Com base nessas descrições de trabalhos com as PCAs, é possível demonstrar a viabilidade da inserção dessas práticas no currículo da educação física escolar na maioria das escolas do país, em clubes e hotéis, e também o desenvolvimento de treinamentos específicos nas modalidades de esportes de aventura em academias ou equipes de competição.

O mais importante é propiciar essas práticas à população, não só como um direito social, mas também por sabermos que novos adeptos poderão surgir e dar continuidade às práticas que têm o prazer como razão maior, algo que, com recorrência, ouvimos daqueles que já aderiram a elas.

Abordamos as PCAs no ócio, no tempo livre, na recreação e no lazer, como conteúdo escolar, como prática esportiva em associações ou simplesmente como prática voltada ao prazer e ao bem-estar, pois é isso que procuram os praticantes. Espera-se que alguém escolha para praticar recreativamente em seu tempo livre uma atividade de deleite, que encante e na qual o praticante possa, ao mesmo tempo, desfrutar dela e fugir do estresse cotidiano.

Há vários estudos que buscam identificar as razões da procura pelas PCAs como lazer, recreação e uso do tempo livre. Um deles, desenvolvido por Tahara e Schwartz (2003), descreve uma coleta de dados baseada num questionário estruturado. Os autores estudaram quais as principais atividades de aventura na natureza, usufruídas no âmbito do lazer, e procuraram identificar os motivos de aderência, os interesses da população e a frequência semanal da prática em tais manifestações. Eles acreditam que

> a busca pelo prazer, pela emoção e pela aventura podem representar importantes elementos potenciais na perspectiva de alterações de atitudes e valores, características fundamentais ligadas ao hábito destas práticas, capazes de interferir na perspectiva de mudanças de estilos almejada no mundo contemporâneo. (TAHARA; SCHWARTZ, 2003, p. 1)

De acordo com os dados apresentados, quase metade dos entrevistados busca a melhoria da qualidade de vida, vislumbrando prazer nessas práticas. Os autores constataram que, do total, 25% desejam emoções prazerosas, em busca de felicidade.

Segundo Csikszentmihalyi (1992), prazer é a sensação agradável que vem da satisfação de necessidades fisiológicas e felicidade é a sensação agradável não oriunda das necessidades fisiológicas, passível de ser alcançada intencionalmente. Sabemos que é possível as pessoas estarem felizes no dia a dia, mas a ida para a natureza, numa fuga das atividades do cotidiano, pode, no mínimo, servir como um diferencial em suas vidas, propiciando animação e motivação para a prática da atividade física. Certamente, também pode servir para a mudança de valores, algo tão almejado pela pedagogia do esporte.

Schwartz (2002), em outra pesquisa, constatou que os praticantes de PCAs encontram mais estímulos e sensações de prazer nas modalidades na natureza do que nas atividades esportivas convencionais.

Com os dados dessas pesquisas, essa mesma autora concluiu que aqueles que buscam modalidades de aventura na natureza procuram vivências mais espontâneas e significativas, numa fuga da rotina estressante e do caos urbano, integrando necessidade e prazer, ou seja, visando melhorar sua qualidade de vida.

Em suma, a popularidade de algumas modalidades esportivas, somada ao prazer e à busca por atividade física nas horas de lazer, são razões que nos incitam a incluir as PCAs nas discussões atuais da educação física e na prática dos profissionais dessa área. Dentre essas razões principais, destacamos as seguintes, algumas já citadas:

- a questão de serem um conteúdo pouco explorado na área da educação física, mas bem difundido na mídia e presente na sociedade;
- a inclusão das PCAs na escola, que permite ampliar o leque cultural dos alunos, aumentando as possibilidades de escolha sobre o que fazer nos momentos de lazer, o uso do ócio e do tempo livre;
- a atuação dos professores como preparadores/treinadores das diversas modalidades de PCAs, ressaltando a importância de conhecimentos específicos, para que se tornem profissionais qualificados no mercado de trabalho;
- o alinhamento da educação física com as propostas de preservação ambiental.

A analogia das PCAs com o meio ambiente é um tema de grande relevância para qualquer iniciativa que tenha orientação ética. Seguindo esse rumo, a promoção de intervenções de educação ambiental em atividades de aventura, como a adoção de práticas de mínimo impacto ambiental, permite a ampliação do caráter educacional dessas atividades e o desenvolvimento significativo de competências para a melhoria e a manutenção da qualidade do meio ambiente.

Um bom profissional de educação física tem a obrigação de ensinar, daí o chamarmos de professor. Dentro da vastidão da área, seja no treinamento, na recreação ou na escola, não podemos deixar de alinhar nossas atribuições profissionais diretas com questões éticas, políticas, econômicas, entre outras. Em virtude da proximidade de ambientes naturais e do fato de os praticantes de aventura estarem em situação de considerável potencial educacional, as intervenções educacionais encontram nas PCAs um ambiente propício para a realização de debates e para a transmissão de informações sobre educação ambiental. Aproveite o assunto.

Referências bibliográficas

BETRÁN, J.O. "Rumo a um novo conceito de ócio ativo e turismo na Espanha: As atividades físicas de aventura na natureza". *In*: MARINHO, A.; BRUHNS, H.T. (orgs.). *Turismo, lazer e natureza*. Barueri: Manole, 2003, p. 157-202.

BRASIL. Secretaria de Educação Básica. *Parâmetros Curriculares Nacionais: Educação Física*. Brasília: MEC/SEB, 1998.

______. Secretaria Nacional de Políticas de Turismo. Coordenação Geral de Segmentação. *Turismo de aventura: Orientações básicas*. Brasília: Ministério do Turismo, 2006.

CHICATI, K.C. "Motivação nas aulas de educação física". *Revista da Educação Física UEM*, Universidade Estadual de Maringá, v. 11, n. 1, p. 97-105, 2000.

CONSTANTINO, J.M. "Desporto, cidade e natureza: Espaço público e cultura ecológica". *In*: DA COSTA, L.P. (org.). *Meio ambiente e desporto. Uma perspectiva internacional*. Portugal: Faculdade Ciências do Desporto e Educação Física da Universidade do Porto, 1997, p. 116-124.

COSTA, V.L.M. *Esportes de aventura e risco na montanha*. Barueri: Manole, 2000.

CSIKSZENTMIHALYI, M. *A psicologia da felicidade*. São Paulo: Saraiva, 1992.

DA COSTA, L.P. *Meio ambiente e desporto: Uma perspectiva internacional*. Portugal: Faculdade Ciências do Desporto e Educação Física da Universidade do Porto, 1997.

DARIDO, S.C.; RANGEL, I.C.A. *Educação física na escola: Implicações para a prática pedagógica*. Rio de Janeiro: Guanabara Koogan, 2005.

FERREIRA, D.L. "Montanhismo: Conteúdo possível na educação física escolar para alunos do ensino médio". Trabalho de conclusão de curso, licenciatura em Educação Física. Campinas, 2006. Faculdades Integradas Metropolitanas de Campinas.

FRANCO, L.C.P. "Atividades físicas de aventura na escola: Uma proposta pedagógica nas três dimensões do conteúdo". Dissertação de mestrado em Ciências da Motricidade. Rio Claro, 2008. Instituto de Biociências, Universidade Estadual Paulista.

______. "A adaptação das atividades de aventura na estrutura da escola". *In*: PEREIRA, D.W. *Entre o urbano e a natureza*. São Bernardo do Campo: Lexia, 2010.

______. "Atividades físicas de aventura: Possibilidades no contexto escolar". *In*: DARIDO, S.C. (org.). *Educação física escolar: Compartilhando experiências*. São Paulo: Phorte, 2011, p. 265-285.

______. "Atividades físicas de aventura nas escolas". *In*: BERNARDES, L.A. (org.). *Atividades e esportes de aventura para profissionais de educação física*. São Paulo: Phorte, 2013, p. 207-226.

FREIRE, J.B. *Jogo: Entre o riso e o choro*. Campinas: Autores Associados, 2002.

GERMIGNANI, P.S. "Esportes de aventura: O *trekking*". Trabalho de conclusão de curso de bacharelado em Educação Física. São Paulo, 2004. Escola de Educação Física e Esporte, Universidade de São Paulo.

GOMES, N. *Fuja da rotina: 51 atividades de ação e aventura*. Rio de Janeiro: Corifeu, 2007.

MARINHO, A. "Natureza, tecnologia e esportes: Novos rumos". *Conexões: Educação, Esporte e Lazer*, Faculdade de Educação Física da Unicamp, Campinas, v. 1, n. 2, dez., p. 62-74, 1999.

MARINHO, A.; BRUHNS, H.T. (orgs.). *Turismo, lazer e natureza*. Barueri: Manole, 2003.

PEREIRA, D.W. *Escalada*. São Paulo: Odysseus, 2007.

PEREIRA, D.W.; ARMBRUST, I. *Pedagogia da aventura: Os esportes radicais, de aventura e de ação na escola*. Jundiaí: Fontoura, 2010.

SCAGLIA, A. "Jogo: Um sistema complexo". *In*: VENÂNCIO, S.; FREIRE, J.B. (orgs.). *O jogo dentro e fora da escola*. Campinas: Autores Associados, 2005.

SCHWARTZ, G.M. "Emoção, aventura e risco: A dinâmica metafórica dos novos estilos". *In*: BURGOS, M.S.; PINTO, L.M.S.M. (orgs.). *Lazer e estilo de vida*. Santa Cruz do Sul: Edunisc, 2002, p. 139-168.

TAHARA, A.K.; SCHWARTZ, G.M. "Atividades de aventura na natureza: Investindo na qualidade de vida". *Revista Digital Buenos Aires*, ano 8, n. 58, mar., 2003.

WEBVENTURE. Periódico *on-line*, especializado em esportes e atividades de aventura, [20--?]. [Disponível em: <http://www.webventure.com.br>. Acesso em: 21/5/2014.]

2
A GINÁSTICA ACROBÁTICA: UMA ANÁLISE DA PRÁTICA PEDAGÓGICA

Fernanda Vieira Merida

Introdução

Pude viver a ginástica acrobática (Gacro)[1] em suas mais diversas dimensões, especialmente após ter sido atleta de ginástica artística (GA). Essa vivência se intensificou quando fiz parte de uma equipe da modalidade durante a graduação em educação física e iniciei minha participação num grupo de pesquisa, o que me possibilitou aprofundar meus conhecimentos sobre o tema. Depois de formada, atuei como técnica da modalidade e continuei como pesquisadora, vinculando-me a outro grupo de pesquisa e optando por dissertar sobre a ginástica acrobática no mestrado, ao fim do qual dei início às publicações sobre o tema.

Toda essa experiência me motivou a desenvolver este capítulo, que nasce da identificação da necessidade de promover vivências com os conteúdos da modalidade esportiva ginástica acrobática, em virtude do potencial da Gacro tanto no âmbito esportivo (da iniciação à *performance*) como no artístico (circo, teatro, ópera, dança etc.) ou do lazer (recreativo,

1. A autora, em suas publicações, opta pela abreviação Gacro, em vez de GAC, como se encontra em muitos meios de divulgação, incluindo os da Federação Paulista de Ginástica. Essa escolha se deve ao fato de a terminação *acro* estar imbuída de significado histórico para os estudiosos dos primórdios dessa modalidade e por vincular sua identidade. Observa-se, com base na evolução histórica dos termos e das modalidades, que o complemento *acro* sempre esteve presente: *acro*bacias, *acrosport*, esportes *acro*báticos e, por último, ginástica *acro*bática. Vale situar que a Confederação Brasileira de Ginástica já não utiliza abreviações em seu *site* oficial e que a Federação Internacional de Ginástica faz uso da abreviação *acro*.

contemplativo etc.). Essa modalidade nos oferta um grande espectro de áreas e objetivos para ser desenvolvida em diferentes ambientes (escolar, clubístico, associativo, do poder público etc.).

Minha intenção é compartilhar com os profissionais da educação física e das ciências do esporte, assim como com os demais interessados, aspectos importantes das práticas pedagógicas relativas à Gacro, baseadas na literatura, no *modus fazendi* dos técnicos da modalidade e na minha própria experiência na área.

A seguir, serão apresentados o cenário da modalidade, os seus fundamentos, as diretrizes para uma prática pedagógica, sugestões de atividades e, finalmente, um exemplo de aula de Gacro pautado nessas diretrizes.

Apreciação do cenário da ginástica acrobática no Brasil e no mundo

Há relatos de acrobatas e acrobacias desde a Antiguidade. Na Grécia, em Roma e na China antigas, bem como no Egito, as acrobacias já eram praticadas e foram registradas em paredes e utensílios diversos. Sobre a história da modalidade ginástica acrobática, podemos destacar alguns marcos:

- 1939 – Início dos campeonatos de "mano a mano", antecessor do *acrosport* (POZZO; STUDENY, 1987).
- 1950 – Ginastas, bailarinos e artistas de circo da Polônia, da Bulgária e da antiga União Soviética realizam turnês de espetáculos compostos de práticas ginásticas que vieram influenciar o *acrosport* (BROZAS; NOWOTYNSKI, 2002).
- 1973 – É criada a Federação Internacional de Esportes Acrobáticos (IFSA), primeira entidade organizativa internacional da modalidade (SOUZA, 1997).
- 1974 – É realizado o primeiro Campeonato Mundial de Ginástica Acrobática, em Moscou (BROZAS; NOWOTYNSKI, 2002).
- 1998 – A IFSA é incorporada à Federação Internacional de Ginástica (FIG), responsável por organizar e promover a Gacro mundialmente.

- 2010 – É realizado o 22º Campeonato Mundial de Ginástica Acrobática, na cidade de Wroclaw, na Polônia.

A Rússia é a atual campeã mundial de Gacro; seguida pela Grã-Bretanha, vice-campeã; pela Ucrânia, no terceiro lugar; pelos Estados Unidos, em quarto; pela China, na quinta colocação; e, por último, pela Bielo-Rússia, na sexta posição. Vale dizer que não há atletas brasileiros de destaque no panorama mundial.

Apreciando esse cenário, é possível notar que a Gacro é uma modalidade recente e, mais ainda, que apresenta pouca expressividade no cenário esportivo competitivo, o que é deflagrado também por sua não participação no programa dos Jogos Olímpicos.

No Brasil, de acordo com um levantamento na Confederação Brasileira de Ginástica, realizado em 2008, existem 18 federações estaduais de ginástica cadastradas, das quais seis têm *sites* de divulgação e apenas uma, a Federação Paulista de Ginástica (FPG), apresenta o ícone ginástica acrobática (MERIDA, 2008). Tal fato evidencia que a Gacro não vem sendo fomentada e divulgada de maneira apropriada no país.

Ainda analisando o panorama nacional, o número de cursos de formação de técnicos e árbitros é reduzido. Apenas os estados de São Paulo, Minas Gerais, Rio de Janeiro e o Distrito Federal participaram das últimas edições do Torneio Nacional de Ginástica Acrobática, o evento de maior destaque no país nessa modalidade, organizado pela Confederação Brasileira de Ginástica (CBG).

Portanto, cabe a todos os envolvidos com a modalidade no país – CCBG, Liga Nacional de Desportos Acrobáticos e Ginástica Geral (Lindagg), federações estaduais, clubes, técnicos, atletas, profissionais da educação física e estudiosos da ginástica – investir na sua divulgação, incluindo essa modalidade na formação de futuros professores, a fim de ampliar os estudos voltados à Gacro, para que ela possa crescer quantitativa e qualitativamente. Uma das mais importantes razões para esse investimento é que essa é uma das práticas gímnicas mais fáceis de ser introduzida em qualquer ambiente esportivo, sem grandes exigências de pré-requisitos, especialmente com relação à infraestrutura e material.

Reconhecimento da modalidade

Embora possa ser praticada com fins artísticos, de demonstração, de formação geral, entre outros, a Gacro *é uma modalidade* gímnica com regras específicas, organizada por uma federação e, portanto, parte do universo competitivo da ginástica.

A modalidade é constituída por três princípios fundamentais: a formação de figuras acrobáticas; a execução de acrobacias, de elementos de força, flexibilidade e equilíbrio, para transitar de uma figura à outra; e a composição de elementos de dança, saltos e piruetas ginásticas como componentes coreográficos (SANTANA; BEDOYA; PANADERO, 1996).

Outra característica da Gacro é estar orientada sobretudo para as tarefas motoras coletivas, e não à atuação com aparelhos, como nas demais modalidades ginásticas (BOELSEMS, 1982; CRILEY, 1984; NISSEN, 1991). Ainda assim, há muitos elementos que as assemelham, como os exercícios de *tumbling* (sequência de exercícios acrobáticos), de força, de flexibilidade, de equilíbrio e a existência de uma coreografia.

Os praticantes de Gacro podem ser beneficiados pela obtenção e pelo aperfeiçoamento de (ALMEIDA, 1994; ASTOR, 1954; GARDNER, 1999; PINHEIRO *et al.*, 2005): noções espaçotemporais; esquematização corporal; controle motor; flexibilidade; coordenação estática; coordenação coletiva (cadência e ritmos individuais em sincronia no grupo); equilíbrio; força e resistência muscular localizada; cooperação; autonomia; prazer; autoconfiança; responsabilidade de zelar pelo outro; inteligência corporal cinestésica.

Competições e arbitragem

A Gacro competitiva é composta oficialmente por cinco disciplinas: 1) duplas masculinas; 2) duplas femininas; 3) duplas mistas; 4) grupos femininos (trios); e 5) grupos masculinos (quartetos). Nessas disciplinas, os ginastas podem exercer uma das três funções a seguir, de acordo com suas características físicas e psicológicas:

- a função de base, exercida pelo ginasta que suporta ou projeta seus companheiros;
- a função de intermediário, exercida pelo ginasta que ajuda a suportar ou projetar os companheiros ou por aquele que executa posições intermediárias nas figuras;
- a função de volante ou *top*, exercida pelo ginasta que é suportado e projetado pelos demais e geralmente está no topo das figuras.

Figura 1: Funções dos ginastas[2]

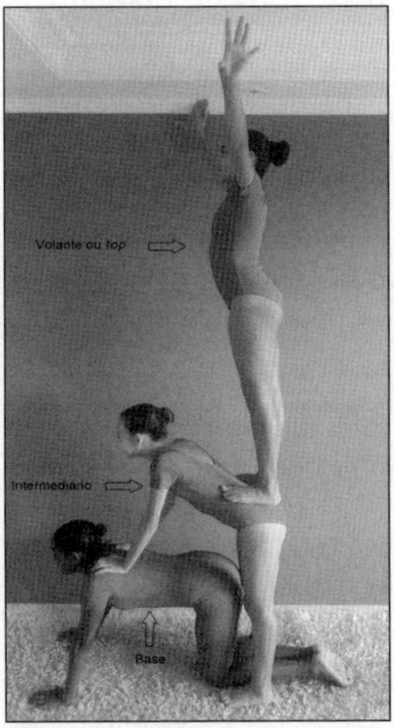

Nas competições oficiais, os ginastas devem seguir as principais regras da modalidade, estabelecidas no código de pontuação da ginástica acrobática (FÉDÉRATION INTERNATIONALE DE GYMNASTIQUE, [20--?]):

- Acompanhamento musical: Com exceção da disciplina Grupos Masculinos (quartetos), na qual não é permitido o acompanhamento

2. Todas a fotografias deste capítulo pertencem ao acervo pessoal da autora e foram devidamente autorizadas pelos participantes e seus responsáveis.

musical, as séries de Gacro são realizadas com música instrumental, que pode, também, utilizar a voz como instrumento.

- Tempo das séries: O tempo regulamentado para a execução das séries estáticas e dinâmicas é de, no máximo, dois minutos e meio. Nas séries combinadas, o tempo máximo é de três minutos.
- Área da competição: É utilizado um tablado, que deve medir 12x12 metros.
- As séries: São compostas por coreografia, acrobacias coletivas e por exercícios individuais (*tumbling*, flexibilidade, equilíbrio e coreografia), executados de maneira harmoniosa. Existem três tipos de séries:
  - série estática, composta por figuras acrobáticas estáticas, nas quais os ginastas devem permanecer em contato uns com os outros durante todo o tempo. O tempo de permanência nas figuras estáticas varia de dois a quatro segundos;
  - série dinâmica, constituída por exercícios dinâmicos, que devem demonstrar fases de voo, lançamentos e recepções;
  - série combinada, formada pelos dois tipos de exercícios, estáticos e dinâmicos, realizados de maneira combinada, na mesma coreografia.

  O número de figuras estáticas, dinâmicas e de exercícios individuais exigidos em cada rotina varia de acordo com a disciplina, com a categoria e com os campeonatos que estão sendo disputados.
- Avaliação das séries: A dificuldade, a execução e a parte artística das séries são avaliadas por árbitros especializados e auxiliares, que julgam as séries pelos seguintes quesitos:
  - valor de dificuldade dos exercícios;
  - composição das séries;
  - execução das séries, incluindo recepções;
  - impressão geral, abrangendo coreografia, execução artística e música;
  - tempo das séries e tempo de manutenção dos equilíbrios.

Diretrizes para a prática da modalidade com enfoque pedagógico

Esta seção traz informações essenciais para o desenvolvimento de uma prática pedagógica que permeie o "fazer" na Gacro. As diretrizes aqui apresentadas são oriundas de uma detalhada pesquisa de campo com os profissionais mais renomados no estado de São Paulo, que competitivamente é representativo do Brasil. Com base nas observações das aulas desses técnicos, na realização de entrevistas com eles, na literatura estudada sobre essa temática e na minha experiência, é que tais diretrizes foram idealizadas, almejando auxiliar o dia a dia de outros profissionais da área, para que a modalidade cresça e se fortaleça no país.

Como organizar turmas de ginástica acrobática?

Num grupo com objetivos competitivos, é indicado que as turmas sejam formadas de acordo com o nível de habilidade dos praticantes, e não com a idade cronológica (MERIDA, 2008). Nas regras de competição, há certa flexibilidade em relação à idade diferente dos integrantes de uma dupla, de um trio ou, ainda, dos quartetos. Além disso, a Gacro demanda trabalho em grupo, com ginastas que desempenhem funções variadas, determinadas por suas capacidades físicas e psicológicas específicas.

A definição das turmas deve ser estabelecida com base num conjunto de procedimentos avaliativos e não apenas numa análise isolada, seja ela um teste inicial ou resultados competitivos. Recomenda-se uma análise diagnóstica, seguida de uma avaliação processual, registrada em caderno de campo ou filme, com aproximadamente um mês de treinamento, a fim de definir a turma adequada para o ginasta ingressante na equipe, posteriormente a essas ações (MERIDA, 2008).

O gráfico a seguir apresenta a nomenclatura mais utilizada para as turmas de Gacro no Brasil, bem como a média de horas semanais de treinamento de cada uma.

Gráfico 1: Nomenclatura das turmas de Gacro e respectivas horas semanais de treinamento

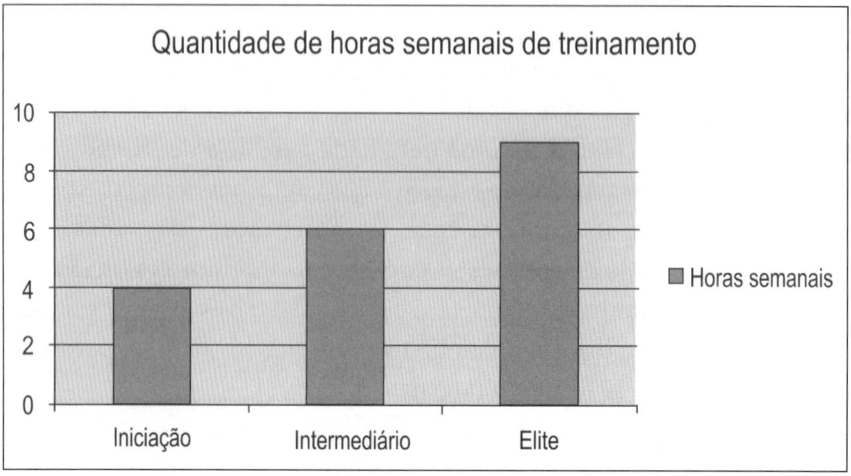

Como realizar a escolha dos parceiros – O técnico deve interferir na escolha dos parceiros para garantir a qualidade técnica, o cumprimento das regras e a segurança de duplas, trios e quartetos. Apesar disso, é interessante encorajar os alunos a se reunir por afinidade, aumentando a produtividade dos grupos (MERIDA, 2008).

Nas turmas de iniciação ou fora do contexto competitivo, é interessante que os "praticantes troquem de duplas, trios e quartetos frequentemente, corroborando assim para as reequilibrações e readaptações mentais, motoras e afetivas, causadas pelos estímulos diferenciados e pela convivência com diversas pessoas" (MERIDA, 2009, p. 199).

No contexto competitivo, é indicado que tanto os parceiros quanto suas funções dentro do grupo sejam fixos, visando à automatização e à execução ajustada das figuras e ao aprimoramento da coordenação coletiva.

Como estruturar uma aula de ginástica acrobática – O modelo de estrutura de uma aula de ginástica acrobática, demonstrado a seguir, nasceu da identificação dos elementos indispensáveis para a boa formação de um ginasta. Por essa razão, esses elementos não precisam ser fixos nem seguir determinada ordem, mas devem estar presentes nas aulas de Gacro.

Figura 2: Modelo de estrutura de uma aula de ginástica acrobática

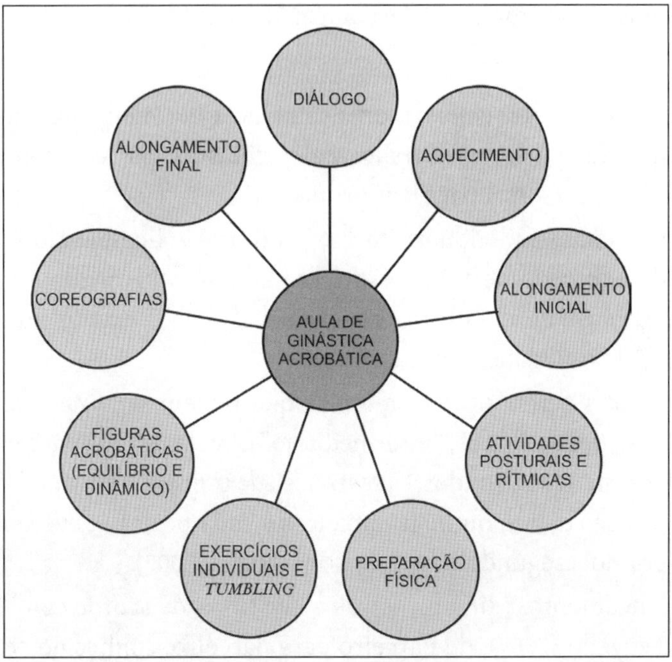

O tempo de duração de cada elemento deve variar de acordo com a duração da aula, com o nível de habilidade da turma, com os objetivos da aula e com o planejamento do professor (mensal, semestral e anual).

Que conteúdos ensinar nas aulas – Todo ginasta requer uma base motora, que é comum às ginásticas e deve conter os seguintes fundamentos, de acordo com Nunomura e Tsukamoto (2005):

- ações musculares, tratadas por Carrasco em 1982;
- padrões de movimento, tratados por Schembri em 1983;
- padrões básicos de movimento da ginástica, tratados por Russel e Kinsman em 1986;
- ações motoras, tratadas por Leguet em 1987;
- habilidades temáticas, tratadas por Werner em 1994;
- categorias do movimento, tratadas por Malmberg em 2003.

Paralelamente a isso, os fundamentos específicos da Gacro que devem ser ensinados, de acordo com Merida (2008), são:

- exercícios de *tumbling*, uma sequência dos elementos acrobáticos que devem ser executados pelos ginastas, por exemplo: rodante, flic-flac, mortal para trás grupado;
- exercícios individuais (força, equilíbrio e flexibilidade); exemplo de exercício de força: esquadro ao apoio invertido; exemplo de exercício de equilíbrio: prancha facial (avião); exemplo de exercício de flexibilidade: espacato frontal.
- figuras acrobáticas (estáticas), que podem ser *fixas*, nas quais as posições de "base", "intermediário" e "volante" devem ser mantidas por quatro segundos, ou estáticas *de transição*, em que há troca de posiç*ão* de um ou mais parceiros e cada posição deve ser mantida por dois segundos (BROZAS; NOWOTYNSKI, 2002).
- lançamentos (dinâmicos), de cinco tipos, de acordo com Gallardo e Azevedo (2007): de parceiro para parceiro, conhecido como *catch*; do chão para o parceiro, também chamado de *catch*; do parceiro para o chão, isto é, um desmonte; do parceiro para o chão, após um breve contato com o parceiro, também um *catch*; do chão, com uma breve assistência do parceiro, para o chão outra vez, ou seja, um elemento dinâmico puro; quando dois ou mais elementos dinâmicos são executados em sequência, sem que o volante tenha contato com o solo, essa sequência recebe o nome de *link*.

Para que os ginastas consigam executar as figuras acrobáticas e os lançamentos com precisão e segurança, é necessário que tenham domínio de outros conteúdos essenciais da Gacro: as pegas e os suportes.

> As pegas são a maneira como as mãos são posicionadas no parceiro para facilitar a subida (monte), a execução (manutenção) e a descida (desmonte) das figuras acrobáticas. Já a palavra suporte é utilizada apenas para os lançamentos, isto é, para os exercícios dinâmicos. (MERIDA, 2008, p. 30)

Seguem-se exemplos das principais pegas e suportes utilizados na Gacro.

Figura 3: Tipos de pegas e suportes

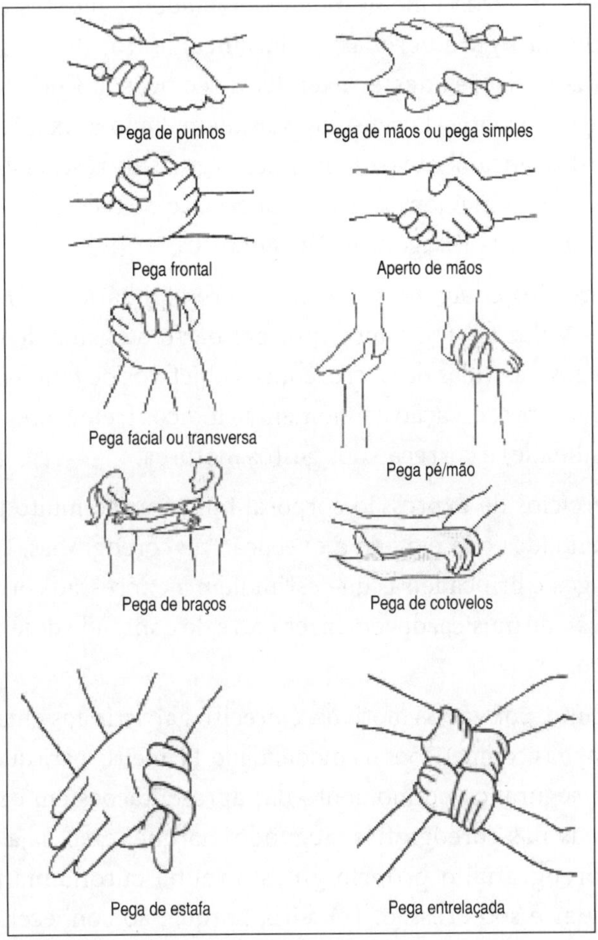

Fonte: Adaptado de Merida (2009, p. 177-178).

Depois de conhecer as pegas e os suportes, é fundamental aprender sobre o monte e o desmonte, visando à excelência na prática da Gacro.

O *monte* é um exercício técnico que permite a subida do ginasta em seu parceiro. Essa subida pode aproveitar os segmentos do corpo do parceiro como apoio ou apresentar uma fase aérea (ALMEIDA, 1994).

O *desmonte*, segundo o mesmo autor, é um exercício técnico, no qual o ginasta é projetado pelo parceiro, perde o contato com ele, delineia uma fase aérea e, em seguida, é recepcionado pelo parceiro novamente.

Pode ser utilizada uma grande diversidade de montes e desmontes para uma mesma figura acrobática ou lançamento. Os técnicos podem criar inúmeras variações desses exercícios técnicos, a fim de favorecer a conscientização corporal de seus ginastas, bem como a fixação das figuras acrobáticas e dos lançamentos. Além disso, os ginastas costumam se motivar com a criação desses elementos (sob a supervisão do técnico) e desenvolver sua criatividade e seu protagonismo na ginástica.

Os exercícios educativos e os jogos pré-acrobáticos, lembrados por Brozas Polo e Vélez (2007), também fazem parte da gama de conteúdos a serem ensinados nas aulas de Gacro, com os objetivos de familiarização com exercícios novos, preservação de momentos lúdicos (relevantes em todos os níveis de habilidade) e correção dos gestos motores.

Os exercícios de expressão corporal também são muito importantes para as modalidades que exigem a execução de coreografias. Dessa forma, exercícios, jogos e brincadeiras que estimulem a expressão corporal, com e sem a utilização de música, devem fazer parte do conteúdo desenvolvido nas aulas de Gacro.

Por último, por vários motivos, é preciso garantir aos ginastas noções sobre as regras das competições na modalidade. Primeiro, para que os ginastas tenham mais segurança no momento das apresentações em campeonatos, focando apenas nas coreografias. Segundo, porque, caso haja algum erro durante a coreografia, o próprio ginasta tenha autonomia para tomar decisões rápidas e sob pressão. Terceiro, porque, ao conhecer os detalhes da modalidade, é provável que o ginasta se apaixone cada vez mais pelo que faz, sentindo-se capaz de buscar elementos mais difíceis de executar, pelo conhecimento que é apresentado no código, o que estimula a automotivação.

Como criar as coreografias – Em algumas equipes, há um coreógrafo (especialista) para a elaboração das coreografias. Esse profissional deve trabalhar em parceria com o técnico, para preservar a especificidade e as exigências da modalidade e harmonizá-las com as características dos ginastas.

Apesar disso, no Brasil, é o técnico que, na maioria das vezes, acumula essa função nas equipes. Assim, vale a pena conhecer algumas sugestões para a criação das coreografias.

Primeiramente, devem-se escolher as músicas, que precisam ser coerentes com a coreografia, isto é, com o ritmo da execução de elementos e transições. Para isso, sugerimos os seguintes passos: os técnicos trazem um amplo repertório de músicas adequadas à modalidade; os alunos escolhem as músicas que mais lhes agradam e que combinam com o grupo; por fim, o técnico faz a escolha definitiva da música. Esse processo alia a experiência do técnico e a opinião de quem vai executar a série (MERIDA, 2008).

Em segundo lugar, o momento de criação das coreografias deve ser visto como uma oportunidade de estimular a criatividade dos ginastas. Para isso, é preciso elaborar um roteiro com critérios claros, para que eles mesmos possam criar suas coreografias. O técnico passa a ser um tutor que questiona e sugere, mediando todo o processo, o que requer tempo e planejamento adequados. Esse método apoia-se numa teoria fundamentada na aprendizagem baseada em problemas (*problem-based learning*), de Jones e Turner (2006).

Terceiro, os ensaios devem ser regulares, servindo como mais um momento de aprendizagem e de exploração das potencialidades dos ginastas. É importante que esse processo seja iniciado com bastante antecedência e que alterações significativas não sejam incorporadas às coreografias perto da competição (ALMEIDA, 1994).

Quais estratégias utilizar para ensinar a Gacro – A importância da utilização de estratégias variadas de ensino já é amplamente divulgada no âmbito acadêmico, por exemplo, por Mosston e Ashworth (1999), ao desenvolver os estilos de ensino.

Na ginástica, Sherman e Hassan (1986) enfatizam o estilo recíproco (MOSSTON; ASHWORTH, 1999) como o mais recomendado. Nesse estilo, enquanto um ginasta executa sua *performance*, o outro observa e oferece *feedback* a cada execução do colega. Com essa intervenção, diminui-se o número de comportamentos antissociais, aumenta-se o número de *feedbacks* positivos e diminui-se o número de *feedbacks* negativos.

Nos treinamentos de Gacro, algumas estratégias foram mais citadas pelos técnicos e identificadas na observação das aulas. São elas:

a) Procedimentos de acordo com as características dos alunos.
b) Vivência de todas as figuras.
c) Evolução gradativa de complexidade.
d) Uso de filmes e fotos.
e) Aprendizagem individual.
f) Aprendizagem por meio de demonstração.
g) Aprendizagem por meio de educativos.
h) Diferentes procedimentos pedagógicos dos técnicos.
i) Auxílios na prática da Gacro. (MERIDA, 2008, p. 207)

Além dos métodos já apresentados, Almeida (1994) destaca:

a) O método global, que consiste na execução completa do exercício proposto, após explicação verbal detalhada e demonstração com auxílio do professor ou dos colegas. É mais indicado para os exercícios mais simples.
b) O método das etapas, que consiste na execução sucessiva de exercícios preparatórios, de complexidade crescente, que representem etapas do processo de ensino do exercício a ser aprendido. É utilizado para os exercícios mais complexos.
c) O método das partes, que consiste na divisão do exercício a ser aprendido em três partes (preparação, ação e recepção), executadas separadamente. É empregado nos exercícios de alto nível de complexidade, geralmente exercícios dinâmicos.

Visando ao prazer nos treinos e à continuidade no esporte, é indicado promover um ambiente criativo, lúdico e desafiador. Quanto melhor for a estimulação do ambiente, maior será a possibilidade de desenvolvimento do potencial humano dos ginastas envolvidos.

Vale destacar que os técnicos que apresentam a mesma tarefa (ou exercício) de diferentes maneiras conseguem geralmente os melhores resultados.

Isso ocorre porque é mais fácil atingir uma das "rotas de acesso" de aprendizagem do aluno quando há uma variedade grande de maneiras de descrever um determinado exercício (analisando-o, experimentando-o, discutindo-o, desenhando-o, explicando-o, demonstrando-o, fotografando-o etc.).

Para finalizar, deve-se atentar para os potenciais e para as diferenças (personalidade, motivações, medos etc.) que caracterizam cada aluno no momento de ensinar, favorecendo a aprendizagem e a relação professor-aluno.

Como identificar se o aluno aprendeu – A aprendizagem é um tema amplo e com opiniões diversas. No entanto, é consenso que pode ser identificada pela observação da execução do aluno, verificando se se aproxima de um padrão estabelecido como perfeito e se há consistência na execução, isto é, pouca variabilidade. Além disso, quando o aluno é capaz de aplicar o que foi aprendido em novos contextos, construindo outros conhecimentos, considera-se que ele aprendeu.

Sugestões de atividade

A seguir, apresentamos atividades que contemplam os conteúdos específicos da Gacro, a fim de nortear as ações pedagógicas dos profissionais da área.

Atividade I: Aquecimento com utilização de pegas e suportes

Objetivos: Aprender e aprimorar as formas de deslocamento, familiarizar-se com as diferentes formas de pegas e suportes e conhecer sua aplicação.

Desenvolvimento: O técnico deve colocar uma música, enquanto os alunos executam as diversas formas de deslocamentos expressos a seguir, na Coluna 1. Ao parar a música, os alunos se reúnem em duplas e executam pegas e suportes expressos na Coluna 2. A execução dos exercícios de cada coluna deve ocorrer de forma alternada, conforme indicação do professor.

COLUNA 1
Corrida para frente
Anfersen (educativo de corrida)
Skipping (educativo de corrida)
Corrida para trás
Galope lateral
Andar em meia ponta
Quadrupedia

COLUNA 2
Pega aperto de mãos
Pega de punhos
Pega de tesoura
Pega de ombros
Pega transversa
Pé/mão
Suporte para lançamento

O professor precisa orientar os alunos sobre as possibilidades de aplicação de pegas e suportes durante a atividade.

Por que a atividade é importante: além de servir de aquecimento para as demais atividades, desenvolve os deslocamentos relevantes para a composição coreográfica e a postura do ginasta. Aprimora, ainda, a técnica das pegas e suportes, melhorando as condições de segurança de figuras e lançamentos, ampliando o repertório motor, importante para a tomada de decisão no momento da escolha de pegas.

Atividade II: Travessia com situações-problema

Objetivos: resolver os problemas motores propostos, aprimorar a coordenação coletiva e desenvolver a criatividade.

Desenvolvimento: os alunos, dispostos de um lado do tablado, devem atravessar para o outro lado, seguindo as instruções do professor:

1. Individual: apoiando as duas mãos e apenas um pé no solo.
2. Em duplas:
   a) apoiando apenas dois pés no solo, no total;
   b) apoiando duas mãos e dois pés no solo, no total.
3. Em trios:
   a) apoiando quatro pés, no total;
   b) apoiando três pés e duas mãos, no total.

4. Em quartetos:
a) apoiando quatro mãos e quatro joelhos, no total;
b) apoiando seis pés apenas, no total.

O professor necessita estar atento à segurança das respostas motoras demonstradas pelos alunos e incentivar a criatividade deles.

Por que a atividade é importante: incentiva a criatividade e a resolução de problemas, essenciais para a formação de um atleta consciente. Permite, ainda, que o professor analise a utilização e a execução das diversas técnicas e conteúdos aprendidos, bem como o refinamento da coordenação coletiva e do trabalho em grupo.

Atividade III: Construção de figuras acrobáticas

Objetivos: criar e construir figuras acrobáticas com base em imagens.

Desenvolvimento: o professor mostra algumas imagens impressas em papel para os alunos. Exemplos: a imagem da torre Eiffel, a imagem de uma mesa, de uma bicicleta etc. Os alunos, divididos em grupos, recebem uma das imagens. O professor estipula um tempo para que os alunos representem a imagem recebida com uma figura acrobática formada por todos os integrantes do grupo. Ao final do tempo, os alunos dos demais grupos devem adivinhar quais imagens estão sendo representadas.

Por que a atividade é importante: exige dos ginastas diversos tipos de inteligências e habilidades para representar a imagem, estimula o trabalho em equipe e instiga a utilização dos conteúdos aprendidos em outros contextos.

Atividade IV: Criação de monte

Objetivos: conhecer ou reforçar o conceito e a execução dos montes e ampliar a criatividade.

Desenvolvimento: com base na Figura 4, que deve ser mostrada aos alunos, o professor pode apresentar uma forma de monte para cada função de ginasta. Por exemplo:

- o ginasta base executa uma vela e se posiciona da maneira que está na figura;
- o ginasta intermediário executa um movimento de dança e uma descida de ponte e se posiciona da maneira que está na figura;
- o ginasta volante executa uma parada de mãos à força e se posiciona da maneira que está na figura.

Dessa forma, o trio terá montado a figura acrobática em questão.

Figura 4: Figura acrobática de grupos femininos

Depois de esclarecer o conceito de monte e exemplificar, o professor solicita que cada trio crie, execute e demonstre aos demais colegas outros montes diferentes. A mesma atividade pode ser proposta para outras figuras acrobáticas de duplas ou quartetos.

Por que a atividade é importante: além de treinar determinada figura acrobática (que pode ser uma figura obrigatória de competição), os ginastas estão experimentando diversas formas de montes, criados por eles. Estão, ainda, identificando suas limitações e suas habilidades individuais e grupais; por fim, estão treinando as variadas pegas já aprendidas.

Atividade V: Criação de desmonte

Objetivos: conhecer ou reforçar o conceito e a execução dos desmontes, enfatizar a segurança dos colegas e ampliar a criatividade.

Desenvolvimento: com base na Figura 5, que deve ser mostrada aos alunos, o professor explica que o volante deverá ser lançado e recepcionado pelos dois parceiros. Para garantir a segurança do volante, o professor deve estabelecer a regra de criação e execução de desmontes sem inversão do corpo na fase aérea. Por exemplo: O volante executa um salto afastado e é recepcionado pelos colegas.

Figura 5: Figura acrobática de grupos femininos

Depois de criar e executar seus desmontes, os trios devem apresentá-los aos demais colegas. A mesma atividade pode ser proposta para outras figuras acrobáticas de duplas ou quartetos.

Uma progressão dessa atividade seria permitir os lançamentos com inversões utilizando lonjas.

A lonja permite que o professor auxilie os alunos de forma mecânica, sustentando-os na fase aérea, se necessário, para evitar quedas.

Por que a atividade é importante: além de permitir o treino de determinada figura acrobática (que pode ser uma figura obrigatória de competição), os ginastas podem treinar os lançamentos e os desmontes criados por eles. Ao mesmo tempo, recebem instruções sobre segurança, exercitando a responsabilidade em relação aos demais companheiros.

Exemplo didático: Uma sessão de Gacro

Esta parte tem a finalidade de condensar todo o conteúdo já discutido na forma de uma sessão de Gacro. Será possível observar a estrutura de aula sugerida anteriormente (Figura 2), bem como a presença dos conteúdos e das estratégias já descritas. Todos os aspectos apontados estão pautados em propostas pedagógicas.

Objetiva-se que o profissional que trabalhe com a modalidade possa visualizar os conteúdos deste capítulo concretizados numa aula, o que certamente o auxiliará na orientação de sua prática pedagógica.

- ✓ Turma: Intermediário
- ✓ Horas semanais de treino: 10 horas
- ✓ Duração de uma aula: 2 horas
- ✓ Número de alunos: 19 alunos (divididos em 1 quarteto, 3 trios, 3 duplas).

- Diálogo ou conversa inicial (5 min): O professor deve relembrar o que foi realizado na aula anterior e relacionar esse conteúdo com os objetivos da aula e os objetivos de curto prazo.
- Aquecimento e alongamento inicial (20 min):

  Pega-pega do alongamento: O professor escolhe um ou dois pegadores, enquanto os demais alunos são fugitivos. O espaço utilizado será o tablado ou a sala de ginástica. O pega-pega será dividido em etapas:

  1ª etapa: Circundução de pescoço (20 repetições);

  2ª etapa: Circundução de ombros (20 repetições);

3ª etapa: Circundução de quadril (20 repetições);

4ª etapa: Circundução de punhos e tornozelos (20 repetições);

5ª etapa: Alongamento de cadeia posterior (fechamento de tronco e MMII unidos – 30 segundos);

6ª etapa: Alongamento de parte interior dos MMII (fechamento de tronco e MMII afastados lateralmente – 30 segundos);

7ª etapa: Alongamento de ombros, abdômen e lombar (ponte – 30 segundos).

Toda vez que um aluno for pego, deverá executar o movimento exigido naquela etapa. Os alunos que não forem pegos e os pegadores deverão executar os movimentos sugeridos ao final de cada etapa.

Sugerimos que cada etapa dure cerca de dois minutos. A cada etapa, os pegadores devem ser trocados.

No final da brincadeira, todos devem estar aquecidos e alongados.

- Atividades posturais e rítmicas (10 min):

  Poses variadas: O professor escolhe uma música instrumental. Toda vez que a música tocar, os ginastas devem executar os passos rítmicos ou os deslocamentos contidos em sua coreografia. Quando a música parar, o professor demonstra uma pose individual ou uma expressão facial a ser imitada pelos alunos. Num segundo momento, o professor pode escolher determinado aluno para que este passe a ser o modelo para os demais.

- Preparação física (20 min): A preparação física deve ser planejada para o longo prazo, de maneira individualizada e levando-se em conta as diferentes funções dos ginastas.

  Bases:

  1) Salto rã (5 diagonais de tablado).
  2) Flexão de cotovelo (3 séries de 20 repetições).
  3) Canoinhas abdominais, dorsais e laterais (3 séries de 15 repetições).
  4) Elevações de calcanhar com sobrepeso (3 séries de 15 repetições).
  5) Vela seguida de esquadro afastado (10 repetições com manutenção de 10 segundos em cada posição).

6) Chutes altos no espaldar (frente, lado, costas – 10 repetições com cada MI).
7) Apoio invertido com MMII unidos, em afastamento lateral e em afastamento anteroposterior (10 repetições com manutenção de 5 segundos).
8) Agachamento unilateral com MI em manutenção (3 séries de 10 repetições).

Volantes:

1) Saltitos estendidos com MMSS ao longo do corpo (50 repetições).
2) Saltos com MMII alternados na caixa de plinto (30 repetições).
3) Apoio invertido com alternância de MS (séries de 10 repetições).
4) Parada à força (10 repetições).
5) Esquadros com MMII unidos e com MMSS afastados (5 séries com 10 segundos de manutenção).
6) Canoinhas abdominais, dorsais e laterais (3 séries de 15 repetições).
7) Saltos afastados consecutivos (10 repetições).
8) Equilíbrio em "Y" (5 repetições com manutenção de 10 segundos).

Intermediários: Devem-se enumerar exercícios destinados aos ginastas bases e exercícios destinados aos volantes.

- Exercícios individuais e *tumbling* (15 min): Os exercícios individuais e a sequência de *tumbling* da aula serão executados em forma de circuito:

  1ª estação – Força: esquadro alto afastado no "taquinho" (aparelho de apoio da ginástica).

  2ª estação – Equilíbrio: prancha facial (avião) sobre uma linha ou sobre uma gaveta de plinto seguida de afundo.

  3ª estação – Flexibilidade: ponte com elevação de MI direito ou esquerdo.

  4ª estação – *Tumbling:* chamada – rodante – salto estendido, partindo do trampolim Reuther.

  5ª estação – *Tumbling:* chamada – reversão para frente, finalizando com os MII unidos.

  6ª estação – Saltos: jeté seguido de salto 360°.

  7ª estação – Saltos: salto tesoura seguido de salto carpado.

Cada estação deve ser realizada com os parceiros (em duplas, trios e quartetos) para que treinem juntos ou até sincronizados. A duração de cada estação é de 1 minuto e 30 segundos.

Quando os ginastas já tiverem suas coreografias prontas, os elementos de cada estação passam a ser os que estão presentes em cada coreografia, tornando o circuito mais específico.

- Figuras acrobáticas (equilíbrio e dinâmico – 25 min):

  As figuras acrobáticas, tanto as de equilíbrio como as dinâmicas, podem ser ensinadas com as estratégias que já foram amplamente descritas. Tais estratégias devem ser escolhidas conforme as características do grupo de ginastas, do técnico, do conteúdo a ser ensinado, da fase de aprendizagem em que tais alunos se encontram e da dificuldade dos movimentos a serem ensinados.

  O Código de Pontuação da Ginástica Acrobática, em seu apêndice, apresenta diagramas com as posições fundamentais do base e com as posições fundamentais do volante. Ao cruzar esses dois diagramas, é possível montar uma infinidade de figuras acrobáticas. A literatura especializada também costuma trazer opções de figuras acrobáticas ilustradas. Mesmo assim, seguem-se exemplos de figuras estáticas e de lançamentos para cada disciplina.

Duplas

Figura 6

Figura 7

Figura 8

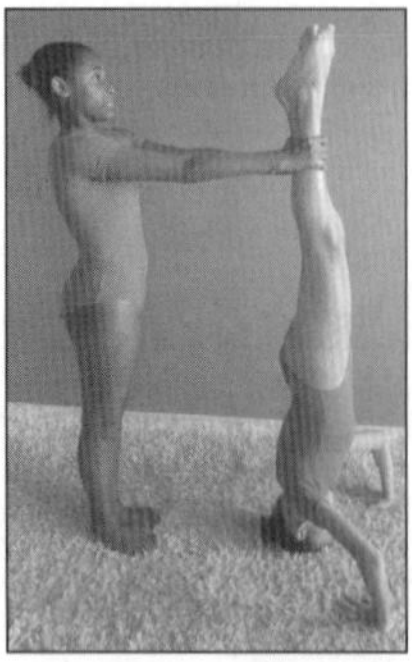

Figura 9

Figura 10

Figura 11

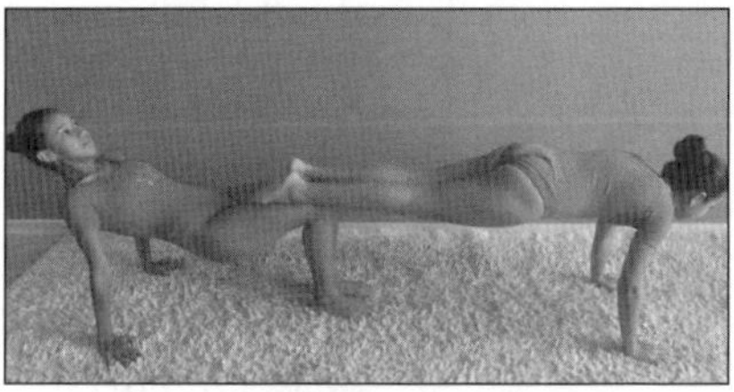

Figura 12

Figura 13

Figura 14

Figura 15

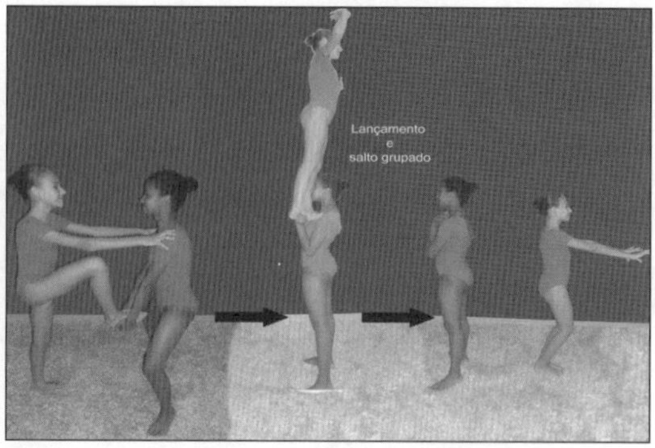

Trios

Figura 16

Figura 17

Figura 18

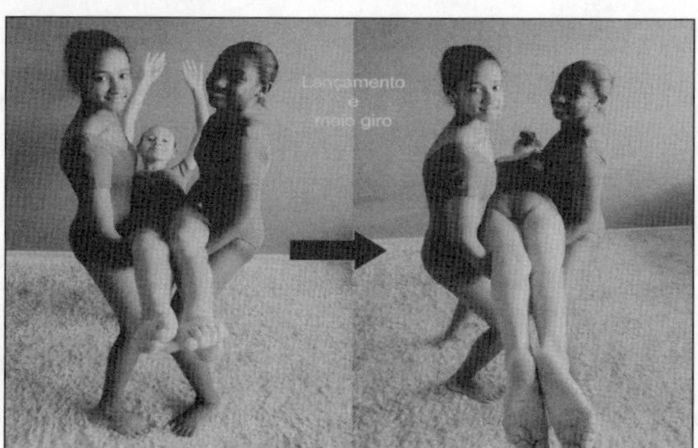

Quartetos

Figura 19

Figura 20

- Coreografias (20 min): Esta parte da aula é utilizada, num primeiro momento, para criar as coreografias de cada dupla, trio ou quarteto. A seguir, apresenta-se um exemplo de brincadeira que auxilie na montagem da coreografia, com a participação dos ginastas.

  Brincadeira "Coreografia com o nome": O professor explica que cada componente da dupla, trio ou quarteto deverá criar um movimento de dança para cada sílaba do seu nome. Por exemplo: a ginasta Fer-nan-da tem de criar três movimentos de dança e executá-los falando o seu nome. Tais criações devem ser filmadas pelo técnico, para que sejam aproveitadas, se possível, no momento da elaboração das coreografias.

  Num segundo momento, quando as coreografias já estão prontas, essa parte da aula deve ser utilizada para treinar, corrigir e alterar cada apresentação, tornando-as impecáveis.
- Alongamento final (5 min): Neste momento da aula, pode-se optar por apenas alongar as partes do corpo mais utilizadas ou por utilizar técnicas de "forças opostas", visando aumentar os ganhos de flexibilidade dos alunos. Exemplo: realizar os espacatos de direita, de esquerda e lateral com um dos pés num plano elevado; o professor

auxilia individualmente o alongamento de ombros na posição de decúbito ventral com os MMSS posicionados ao longo do corpo.

Considerações finais

A Gacro tem grande importância no quadro das modalidades gímnicas pelos seguintes motivos:

- desnecessidade de materiais, que, em geral, são caros e de difícil aquisição;
- aplicável aos diferentes ambientes esportivos;
- não impõe limite de idade para as competições, podendo formar duplas, trios, quartetos e grupos com integrantes de idades diferentes;
- pode ser executada unindo gêneros e separando-os para determinadas execuções;
- dá mais liberdade para a criação de figuras em coreografias;
- possibilita aprendizagens tardias, diferentemente de outras práticas gímnicas, que precisam de um início muito precoce na modalidade;
- não precisa de muito espaço para a prática e estimula novos participantes; o espaço destinado às competições é grande, mas os treinamentos não exigem que a execução das séries aconteça num local com as mesmas proporções;
- modalidade que pode ser ensinada nos conteúdos curriculares do ensino formal.

Há muitos outros pontos a serem destacados, que favorecem a oferta dessa prática a crianças, jovens e adultos, mesmo ela não sendo ainda um esporte muito divulgado no Brasil. Pela facilidade de aplicação, é preciso criar meios que permitam ampliar o número de participantes na modalidade.

Como consideração final da apresentação dessa proposta, recomendamos os cuidados pedagógicos que devem fundamentar a prática docente, apontados como diretrizes neste capítulo. Para isso, é preciso que o professor ou técnico da modalidade se aproprie desses cuidados, por meio de estudos individuais ou pela participação em cursos específicos sobre o ato de ensinar. Além disso, é importante que saiba planejar suas atividades de acordo com as necessidades e o perfil do seu grupo. Destacamos, ainda, a necessidade de o professor conhecer bem seus alunos, a fim de identificar quais são os caminhos facilitadores para que aprendam. A partir daí, os conteúdos a serem trabalhados nas aulas devem respeitar as rotas de acesso ao conhecimento de cada um dos alunos.

Ensinar pautando-se em teorias pedagógicas exige comprometimento do professor que ensina; atualização dos conteúdos da modalidade; responsabilidade em verificar se o aluno aprendeu e qual a maneira de continuar motivando-o para a prática.

Referências bibliográficas

ALMEIDA, A. "Ginástica acrobática: Iniciação na escola e no clube". *Revista Horizonte*, Portugal, v. XI, n. 62, Dossier, jul.-ago., p. 1-8, 1994.

ASTOR, C. *Metodologia do ensino da ginástica acrobática*. Rio de Janeiro: Ministério da Educação e Cultura, 1954.

BOELSEMS, P. "Characteristics of sports acrobatics competition exercises". *International Gymnast*, Norman, Oklahoma, Estados Unidos, v. 24, abr., p. 52, 1982.

BROZAS POLO, M.P.; NOWOTYNSKI, W. "Los portés como componente técnico específico del acrosport". *Rendimiento Deportivo*, n. 2, Espanha, 2002. [Disponível em: <http://www.rendimientodeportivo.com/N002/Artic011.htm>. Acesso em: 8/3/2007.]

BROZAS POLO, M.P.; VÉLEZ, A.G. *Conteúdos do curso Actividades Acrobáticas*. Leon: Faculdade de Ciências da Atividade Física e do Desporto, 2007.

CRILEY, D. "Safety in sports acrobatics". *International Gymnast*, Norman, Oklahoma, Estados Unidos, v. 26, abr., p. 62-65, 1984.

FÉDÉRATION INTERNATIONALE DE GYMNASTIQUE – FIG. Código de pontuação da ginástica acrobática 2005-2008, 2005. [Disponível em: <http://www.fig-gymnastics.com/doc/code-acro-0705-ezip>. Acesso em: 30/9/2005.]

______. Figuras, [20--?]. [Disponível em: <http://www.fig-gymnastics.com>. Acesso em: 1/7/2011.]

______. Resultados dos últimos campeonatos mundiais de ginástica acrobática, [20--?]. [Disponível em: <http://www.fig-gymnastics.com>. Acesso em: 1/7/2011.]

FODERO, J.M.; FURBLUR, E.E. *Creating gymnastic pyramids and balances*. Champaign: Leisure Press, 1989.

GALLARDO, J.S.P.; AZEVEDO, L.H.R. *Fundamentos básicos da ginástica acrobática competitiva*. Campinas: Autores Associados, 2007.

GARDNER, H. *O verdadeiro, o belo e o bom: Os princípios básicos para a nova educação*. Rio de Janeiro: Objetiva, 1999.

JONES, R.L.; TURNER, P. "Teaching coaches to coach holistically: Can problem-based learning (PBL) help?". *Physical Education and Sport Pedagogy*, v. 11, n. 2, p. 181-202, 2006.

MERIDA, F.V. "Reflexões sobre a pedagogia da ginástica acrobática". Dissertação de mestrado em Educação Física. São Paulo, 2008. Curso de pós-graduação em Educação Física, Universidade São Judas Tadeu.

______. "Fundamentos da ginástica acrobática". *In*: NUNOMURA, M.; TSUKAMOTO, M.H.C. (orgs.). *Fundamentos das ginásticas*. Jundiaí: Fontoura, 2009, p. 173-200.

MOSSTON, M.; ASHWORTH, S. *La enseñanza de la educación física: La reforma de los estilos de enseñanza*. Trad. Núria Sabartés, Jordi Barrés e Fernando Ruiz Gabás. Barcelona: Hispano Europea, 1999.

NISSEN, G. "Twenty advantages sports acrobatics has over gymnastics". *International Gymnast*, Norman, Oklahoma, Estados Unidos, v. 33, jan., p. 36-37, 1991.

NUNOMURA, M.; TSUKAMOTO, M.H.C. "Fundamentos da ginástica artística". *In*: NUNOMURA, M.; NISTA-PICCOLO, V.L. (orgs.). *Compreendendo a ginástica artística*. São Paulo: Phorte, 2005, p. 37-58.

PINHEIRO, E.G. *et al.* "Ginástica acrobática e formação humana: Um encaminhamento metodológico". *In*: AYOUB, E.; SOUZA, E.P.M. (orgs.). *Anais do III Fórum Internacional de Ginástica Geral*. Campinas: Sesc/Faculdade de Educação Física da Unicamp, 2005.

POZZO, T.; STUDENY, C. *Théorie et practique des sports acrobatiques*. Paris: Vigot, 1987.

SANTANA, M.V.; BEDOYA, J.L.; PANADERO, F.B. *El acrosport en la escuela*. Barcelona: Inde, 1996.

SHERMAN, M.A.; HASSAN, J.S. "Behavioral studies of youth sport coaches". *In*: PIÉRON, M.; GRAHAM, G. *The Olympic scientific congress: Proceedings sport pedagogy*. Champaign: Human Kinetics, 1986, p. 103-108.

SOUZA, E.P.M. de "O universo da ginástica: Evolução e abrangência". *Coletânea do V Encontro de História do Esporte, Lazer e Educação Física* – ETFA/Unicamp. Maceió, 1997.

3
ROPE SKIPPING: DO "PULAR CORDA" À MODALIDADE ESPORTIVA NUMA PROPOSTA PEDAGÓGICA

Luís Otávio Mendes
Elaine Prodócimo

Introdução

O *rope skipping* – pular corda, em inglês – é uma nova modalidade esportiva competitiva e/ou demonstrativa, que consiste em pular corda das formas mais variadas possíveis. O que era considerado uma brincadeira exclusiva do público infantil tornou-se um esporte praticado atualmente em vários países por crianças e adultos de ambos os sexos. Trata-se de uma modalidade que cresce, ano após ano, no mundo esportivo, com oportunidade para a prática em diferentes ambientes, os mesmos onde já havia brincadeiras com corda: ruas, parques, escolas, clubes, associações, entidades sociais, dentre outros.

Historicamente, essa atividade começou a se constituir de fato como modalidade esportiva no final da década de 1970. De acordo com o *site* da Federação Internacional de Rope Skipping (FISAC-IRSF, [20--?]), o jogador de futebol americano Richard Cendali passou a criar novas formas de pular corda em seus treinos de preparação física. Como Cendali também era professor de educação física, decidiu desenvolver com seus alunos as experiências que vinha praticando individualmente com a corda. A ideia do professor teve tamanha aceitação que os estudantes, além de executar os saltos que lhes foram ensinados, passaram a inventar novas maneiras de saltar. Com o tempo, essa prática foi ganhando novos adeptos, sistematizando-se e difundindo-se para outras localidades dos Estados Unidos e do mundo.

O *rope skipping* como prática esportiva caracteriza-se pela realização de acrobacias, giros, saltos e diversos movimentos oriundos da ginástica, conciliados com a corda. A combinação dessas habilidades corporais à multiplicidade de manejo da corda propicia "truques" que variam em complexidade e acabam impressionando o público espectador.

Saltos com manobras variadas são realizados na sequência escolhida pelo praticante e geralmente em grande velocidade. A forma como a corda é batida e saltada no *rope skipping* é variada, e segundo Sato (2002, p. 10), as três formas mais comumente encontradas são:

> Single Rope (corda simples): quando uma pessoa salta com apenas uma corda; (...) Chinese Wheel (roda chinesa): quando duas ou mais pessoas, cada uma portando uma corda, executam saltos combinados sobre a sua própria corda, entretanto com uma ponta batida por ela mesma e a outra ponta por outra pessoa; (...) Double Dutch (corda dupla holandesa): quando uma ou mais pessoas saltam entre duas cordas, normalmente grandes, batidas alternadamente por outras duas pessoas que se defrontam. (Ver Figura 1)

Figura 1: Corda simples, roda chinesa e corda dupla holandesa[1]

Com base nessas três formas de batida de corda, e dependendo do nível de criatividade e habilidade dos praticantes, é possível o desenvolvimento de diversos saltos combinados. No que se refere à competição, o *rope skipping* é avaliado em seus aspectos de criatividade, velocidade, sincronismo e combinação dos elementos executados durante uma apresentação (*performance*), que pode se dar individualmente ou em equipe. Essa apresentação costuma vir acompanhada de música, caracterizando-se, assim, como composição coreográfica (FISAC-IRSF, [20--?]).

1. Todas as figuras foram fotografadas pelos próprios autores para a produção deste texto e devidamente autorizadas pelos participantes.

Segundo Sato (2002), para cada forma de competição - individual ou em equipe -, existem várias provas específicas. Na individual, as provas avaliam predominantemente a velocidade, a dificuldade e a precisão dos saltos, ao passo que, nas provas em equipe, valorizam-se a coordenação, o sincronismo e a criatividade. Apesar de a realidade do *rope skipping* no Brasil ainda não nos permitir realizar competições nos moldes das que ocorrem na Europa e nos Estados Unidos - pois ainda somos carentes de praticantes -, algumas das provas são realizadas aqui.

Uma delas é a de velocidade individual. O competidor, dentro de um tempo estipulado, salta a própria corda, impulsionando-se alternadamente com cada pé, como se estivesse correndo sem sair do lugar. Todavia, o competidor dessa prova é tão veloz que acaba tocando várias vezes o solo seguidamente, o que dificulta a contagem dos juízes. Convencionou-se, então, para efeito de pontuação, contar apenas os toques do pé direito do competidor no solo. Mesmo assim, para facilitar o trabalho dos árbitros, costuma-se fazer essa contagem eletronicamente, por meio de um aparelho colocado no solo.

Outras provas de velocidade existentes na competição individual são as de saltos duplos ou triplos. Nos saltos duplos, a corda tem de passar duas vezes por baixo do competidor a cada vez que ele sai do solo e, nos saltos triplos, três vezes. Na prova de saltos duplos, estipula-se um tempo (normalmente 30 segundos) e contam-se quantos saltos duplos são realizados nesse período. Já na prova de saltos triplos, não importa o tempo, mas, sim, a quantidade de saltos realizados em seguida sem erros.

Também há provas de velocidade em equipe, realizadas com duas cordas grandes (*Double Dutch*). No entanto, as provas em equipe que mais chamam a atenção do público são as que se dão na forma de apresentações/*performances*, utilizando tanto cordas pequenas quanto grandes. Acompanhadas de música, essas apresentações trazem o que há de mais atraente no *rope skipping*, que são os movimentos acrobáticos e as demais manobras criativas que podem ser realizadas em grupo nessas cordas, que batem alternadamente, algumas delas de difícil execução. A avaliação, nesse caso, assemelha-se à que ocorre nas provas de ginástica rítmica, pois o que está em questão é a criatividade dos saltos, a perfeição dos movimentos e o sincronismo da equipe. Diferentemente do que ocorre nas provas de velocidade, a avaliação das apresentações se dá por critérios bem mais subjetivos.

Em países em que o *rope skipping* já existe há algum tempo, podemos encontrar instituições e federações incumbidas de regulamentar a prática. São elas também que organizam os campeonatos nacionais e regionais. A Fédération Internationale de Saut à la Corde – International Rope Skipping Federation (Fisac-IRSF) é a maior de todas essas instituições e tem a função de coordenar o *rope skipping* no mundo. Até 2012, foram realizados oito campeonatos mundiais de *rope skipping*: Sydney, Austrália em 1997; Saint Louis, Estados Unidos em 1999; Gent, Bélgica em 2002; Tallebudgera, Austrália em 2004; Toronto, Canadá em 2006; Cape Town, África do Sul em 2008; Loughborough, Reino Unido em 2010; e Flórida, Estados Unidos em 2012. Baseando-se apenas nessa peculiaridade organizacional do *rope skipping*, é possível afirmar que ele apresenta características de um esporte de alto nível.

Quanto ao espaço físico destinado à prática dessa nova modalidade, não há muitas restrições a fazer. Pode-se praticá-la em qualquer área com terreno plano, livre apenas de saliências, para que sejam evitadas possíveis lesões (torções), e teto alto (se a área for coberta), para que a corda não bata na cobertura.

Já o material utilizado – as cordas – tem de ser leve e maleável, permitindo agilidade e rapidez de movimento. As cordas fabricadas especificamente para esse fim não são comumente encontradas no mercado nacional; no entanto, é possível produzir artesanalmente, com baixo custo, cordas bem similares. Muitas vezes, confeccionamos nossas próprias cordas com fios como aqueles utilizados em varal para roupas, encapados com mangueiras de borracha de diâmetro pequeno, como as de chuveiro, previamente cortadas em pedaços de cerca de cinco centímetros. Para as manoplas, usamos canaletas cilíndricas de alumínio ou plástico ou até mesmo brotos de bambu recortados. Todos esses materiais são encontrados em diversos estabelecimentos comerciais como supermercados, casas de pesca, casas de artigos de borracha, lojas de material de construção, armarinhos etc.

Com isso, podemos inferir que o *rope skipping* é uma modalidade esportiva que apresenta plenas condições de ser praticada no Brasil, sobretudo pelo fato de não requerer local muito específico e não exigir grandes investimentos pelo praticante. Soma-se a esses argumentos o de que a prática de brincadeiras com corda ainda é bem corriqueira no universo infantil em quase todo o país. Atualmente, o que essa modalidade necessita é de mais divulgação, para encontrar mais pessoas interessadas em se tornarem adeptas dela. Para tanto, convém que haja concomitantemente uma preparação profissional adequada por parte daqueles que se propuserem a trabalhar com o ensino do *rope skipping*.

O rope skipping *no Brasil*

Em 1995, o Grupo Ginástico Unicamp (GGU <http://www.ggu.com.br>), da Faculdade de Educação Física (FEF) da Universidade Estadual de Campinas (Unicamp), participando de dois eventos da área de Ginástica e Esporte para Todos (Festival de Alicante, Espanha, organizado pela International Sport and Culture Association – Isca e pela X World Gymnaestrada, em Berlim, Alemanha, organizado pela Federação Internacional de Ginástica – FIG), pôde assistir a numa apresentação dessa modalidade, realizada por um grupo belga de ginástica. Nesses eventos, a professora doutora Elizabeth Paoliello, então docente da FEF-Unicamp e uma das coordenadoras do GGU, estabeleceu contato com a professora Nadine de Rider, coordenadora do referido grupo belga, Rivierenhof. Com os esforços dessas duas professoras, o *rope skipping* chegou ao Brasil em 2000, com apresentações e oficinas. No intuito de divulgar essa modalidade aos brasileiros, a professora Elizabeth Paoliello mediou a vinda do Rivierenhof ao Brasil, contatando a professora Nadine de Rider, além de alguns clubes e faculdades de educação física do estado de São Paulo, para receber os atletas, visando à realização de cursos, *workshops* e apresentações (*performances*). Dentre os locais escolhidos, estava a FEF-Unicamp. Na ocasião, o grupo belga pôde oferecer um *workshop* aos alunos dessa faculdade, interessados na modalidade.

Logo no ano seguinte, 2001, um grupo restrito de alunos da FEF-Unicamp, empolgado com a nova modalidade esportiva, passou a se reunir para praticá-la, fundando o grupo de *rope skipping* da Unicamp – Unijump, com a coordenação de Ana Paula Barbosa Sato, então aluna da graduação. Talvez esse tenha sido o primeiro grupo com esse propósito no Brasil. Naquele mesmo ano, no I Fórum Internacional de Ginástica Geral (SOUZA; AYOUB, 2001), a professora Nadine de Rider, em companhia do professor Geert Hoost, ministrou cursos de *rope skipping* para todos os congressistas.

Posteriormente, em 2002, a coordenadora do Unijump, ainda graduanda da FEF-Unicamp, criou na faculdade um projeto de extensão, com o objetivo de ensinar o *rope skipping* a toda a comunidade da Unicamp e demais interessados (SATO, 2002).

Desde que foi criado, esse projeto vem sendo oferecido todos os semestres à comunidade, coordenado por diferentes pessoas comprometidas com essa prática e com a FEF-Unicamp. Nessa trajetória de mais de dez anos, o projeto tem se mostrado um espaço extremamente importante para a difusão da modalidade. Foi especialmente por meio dele que se formaram os primeiros adeptos do *rope skipping* e que, ainda hoje, muitos são incentivados a atuar nessa modalidade.

Pautados na experiência que tivemos nesse projeto, relatamos a seguir um método de ensino dessa modalidade esportiva.

Princípios didático-pedagógicos

Independentemente de qual seja a iniciação na prática de um esporte, o trabalho do profissional de educação física é sempre repleto de dificuldades a serem superadas. Ensinar modalidades esportivas de maneira eficaz, respeitando algumas características do ser humano, como criticidade, criatividade, autonomia e sensibilidade, não é uma tarefa tão simples quanto possa parecer. Requer que o profissional tenha embasamento teórico profundo, a fim de alimentar sua prática.

No nosso caso específico – a iniciação do *rope skipping* –, utilizamos como referencial teórico alguns dos princípios didático-pedagógicos fundamentados na psicologia histórico-cultural de Vygotsky (1998). Optamos por tal referencial como subsídio para nossas práticas pedagógicas com o *rope skipping* por dois motivos principais. O primeiro consiste no fato de que, da perspectiva das proposições formuladas por esse referencial, o ser humano é visto como "sujeito de sua vida, que interfere na natureza, criando e recriando sua cultura na relação com o outro e sofrendo as influências desta relação no seu comportamento" (PEREIRA, 1997, p. 57), o que julgamos ser necessário considerar no exercício profissional de qualquer docente. O segundo motivo – talvez o mais relevante para nossa escolha – deve-se à apresentação por Vygotsky (1998, p. 112) do conceito de *zona de desenvolvimento proximal*, que em muito tem contribuído para a solução de problemas de ordem pedagógica em diversas áreas, inclusive na educação física:

> (...) a distância entre o nível de desenvolvimento real, que se costuma determinar através da solução independente de problemas, e o nível de desenvolvimento potencial, determinado através da solução de problemas sob a orientação de um adulto ou em colaboração com companheiros mais capazes.

O nível de desenvolvimento real da pessoa refere-se às funções já amadurecidas nela (retrospectiva), ao passo que a zona de desenvolvimento proximal define as funções que ainda estão em processo de maturação (prospectiva). Assim, o autor sugere que o processo de ensino-aprendizagem oriente-se na direção de um novo estágio de desenvolvimento da criança e não na direção dos estágios já concluídos. Para ele, "o bom aprendizado é somente aquele que se adianta ao desenvolvimento" (VYGOTSKY, 1998, p. 117).

A zona de desenvolvimento proximal passa a ser entendida, então, como um ponto de referência para o professor na hora de estruturar esse peculiar ambiente pedagógico. Nessa estruturação, conforme sugerido por Vygotsky, consideramos importante a atenção do professor a alguns aspectos da aula: *a escolha do conteúdo*, *a geração de situações problemáticas* e a *facilitação da interação entre os alunos*.

Particularmente no que se refere à escolha do conteúdo, levando em consideração as proposições de Vygotsky, ressaltamos o fato de estar em plena conformidade com a atividade selecionada para se trabalhar durante as aulas e a zona de possibilidades do aluno. Da mesma maneira que as atividades pedagógicas que fazem parte do conteúdo da aula não devem focar aquilo que os alunos já conseguem realizar, também não é correto e eficaz propor tarefas com grau de dificuldade muito além do que eles são capazes de resolver.

Seguir a orientação de organizar o conteúdo com base no que é mais simples, avançando para o que é mais complexo ainda é o mais recomendado. Não obstante, também devemos ter em mente que "os conteúdos não podem ser considerados fins em si mesmos, mas meios para modificações qualitativas nas potencialidades dos alunos" (VELARDI, 1997, p. 116).

Mosston (1978), nesse aspecto, também contribui para nosso trabalho, quando escreve sobre diversos métodos de ensino na educação física. O autor discute várias propostas, das mais às menos diretivas. Especificamente, quando trata de uma das menos diretivas, a descoberta orientada, sugere que o instrutor jamais ofereça ao aluno, diretamente, a resposta da situação proposta. Para o autor, questionar o aluno sobre as possibilidades de ação é mais frutífero como meio de promover o aprendizado. Desse modo, o professor cria uma situação (problemática) que propicia a descoberta da resposta pelo aluno, o que, de certa forma, denota a construção do conhecimento por ele mesmo.

Todavia, diante de todas as proposições apresentadas por Vygotsky, o que realmente nos desperta fundamental interesse é o fato de o aluno ser capaz de resolver tarefas mais difíceis quando colocado em situação de colaboração. Isso, mais uma vez, implica diretamente na forma como o profissional de educação física deve atuar e organizar suas aulas, favorecendo o máximo possível a interação entre os aprendizes.

> É o professor quem coloca ou até mesmo prepara essa organização, na qual são postos em relação os conhecimentos e os alunos, dentro de um contexto de interações. Esse contexto permite aos alunos realizar atividades coletivas, nas quais suas ações são coordenadas e instrumentos cognitivos são elaborados. Fundamentalmente, a construção de conhecimento pelos alunos resulta da interação de processos interindividuais e intraindividuais, que se desenvolvem dentro de um contexto no qual o professor concebe situações que otimizam essas interações, dando-lhes a oportunidade de desenvolver-se para atingir o objetivo visado. (GARNIER *et al.*, 1996, p. 215)

Em decorrência, entendemos que a maneira como se estabelece a interação entre professor e aluno e dos próprios alunos assume um significado de maior relevância. A intervenção do professor e a cooperação entre os companheiros de aprendizado constituem, desse modo, fatores determinantes na nossa conduta pedagógica.

Vale ressaltar também que, além de todas essas considerações, para o nosso trabalho em especial, torna-se igualmente importante destacar o real sentido e significado da imitação de um modelo durante o processo de ensino-aprendizagem. O *rope skipping* é uma modalidade recente e encontra-se ainda em fase de difusão; por esse motivo, está repleto de movimentos "novos" e, portanto, desconhecidos dos aprendizes, daí a necessidade de utilizarmos também o recurso da imitação de modelos.

Como ressaltam Garnier *et al.* (1996, p. 211), entenda-se, nesse caso, por modelo "um elemento central em torno do qual vai articular-se a atividade proposta, na medida em que ele constitui uma porta de entrada para o desenvolvimento do pensamento teórico generalizado". Ainda segundo os mesmos autores, o modelo é realmente necessário e útil "quando permite produzir conhecimentos que outra via não nos ofereceria com a mesma facilidade", ou seja, é caracterizado mais como um objetivo do que como um meio.

Ao contrário do que normalmente é dito sobre a imitação, Velardi (1997, p. 168) entende-a como "um instrumento que pode fornecer referenciais concretos na busca de novas aprendizagens e de novos desafios". Vygotsky (1998, p. 115) também levanta esse ponto e argumenta que a imitação de um modelo durante a aprendizagem desempenha outros papéis mais significativos: "As crianças podem imitar uma variedade de ações que vão muito além de suas próprias capacidades. Numa atividade coletiva ou sob a orientação de adultos, usando a imitação, as crianças são capazes de fazer muito mais coisas".

Velardi (1997), em sua dissertação sobre um modelo metodológico para aulas de ginástica artística e ginástica rítmica, pautado nas proposições de Vygotsky, apresenta um referencial de apoio à proposta metodológica idealizada por Nista-Piccolo (1995) em três momentos. Essa proposta divide, embora não de forma rígida nem tão nítida, a construção do conhecimento pelos alunos em três momentos. O *primeiro* se caracterizaria pelo contato inicial do aluno com o tema a ser desenvolvido na aula. A autora sugere que seja um momento tipicamente exploratório:

> Num primeiro momento, as crianças tomam contato com o tema que será desenvolvido naquela aula, sem contudo receber nenhuma proposta dirigida; é o tempo da exploração dos possíveis movimentos que a criança é capaz de criar e executar. Na maioria das vezes, as idéias surgem das próprias brincadeiras das crianças com o tema ou o material que está sendo trabalhado. Esse é o momento em que o professor não interfere, apenas estimula a ação perguntando o que é possível fazer, outras maneiras de fazer, observando sempre seus alunos. (NISTA-PICCOLO, 1995, p. 117)

Já no *segundo* momento, a característica principal seria a solução de problemas promovidos pelo professor, ou seja, a função do professor consiste em gerar situações desafiadoras centradas nas possibilidades emergentes dos alunos, associando o que já foi aprendido ao que ainda está por vir nos ensinamentos. Também estão presentes nesse momento dicas do professor: "(...) com base na observação atenta e detalhada do momento anterior o professor estabelece o desenvolvimento das pistas, as 'perguntas-guia' citadas por Vygotsky" (VELARDI, 1997, p. 144).

De acordo com Toledo, Velardi e Nista-Piccolo (2009, p. 81), o segundo momento desse método é caracterizado pelo maior número possível de pistas. Explicando melhor, ressaltam o papel do professor nessa intervenção:

> O que foi aprendido é uma etapa que já foi superada. Neste momento, o maior número de pistas sobre os conteúdos propostos (que não nega o efetivado, mas aplica-o e o modifica) fornece subsídios para ações mais complexas. O fornecimento de informações deve ser suficiente para que os alunos sejam capazes de avançar na "reconstrução" do conteúdo sobre o qual estão trabalhando. A mediação do professor nesse caso é crucial. Colocando dicas e outras perguntas acerca das hipóteses dos alunos, eles terão oportunidade para revelar seus pontos de vista, oportunidades para formular novas respostas.

Com relação ao *terceiro* momento dessa proposta metodológica, Nista-Piccolo (1995, p. 118) declara:

> (...) é o momento em que todas as atividades que deixaram de ser contempladas nos dois primeiros momentos são agora propiciadas de forma adequada às

características da faixa etária que está sendo trabalhada; eu conduzo meus alunos a executarem as propostas, sem perder a perspectiva lúdica. Atividades que considero de extrema importância para alcançar os objetivos pretendidos naquela aula devem fazer parte desse momento, que finaliza sempre trocando com as crianças comentários sobre o conteúdo abordado.

Velardi (1997, p. 152) complementa esse momento, caracterizando-o assim:

> Um terceiro momento relaciona-se a propostas de atividades dirigidas diretamente pelo professor, que irá sugerir atividades que considerar pertinente ao trabalho e que ainda não tenham sido representadas anteriormente, os elementos que não apareceram como resultado dos momentos anteriores, mas que segundo a observação do professor estão emergindo.

É justamente nesse momento que, visando a um aprendizado mais profundo, considera-se ser proveitosa a utilização do recurso da imitação de modelos.

Por fim, estamos cientes de que transpor todos esses princípios e proposições teóricos para a prática não é uma ação tão trivial, haja vista que "não existem teorias tão dinâmicas quanto a prática pedagógica" (VELARDI, 1997, p. 166). Contudo, também podemos perfeitamente afirmar que esses estudos que fornecem indicadores de uma proposta de ação, em muito, são capazes de contribuir para o nosso trabalho de iniciação no *rope skipping*.

Uma proposta de ação pedagógica

Como forma de ensino do *rope skipping*, tratamos dos três aspectos relevantes abordados: a escolha do conteúdo, a geração de situações-problema e a facilitação da interação dos alunos (MENDES, 2004).

Com relação à escolha do conteúdo a ser trabalhado na iniciação do *rope skipping*, podemos ter vários exercícios tanto com cordas simples (individuais) quanto com cordas grandes (coletivas). Em nossas experiências, no que diz respeito às cordas simples, costumamos iniciar os ensinamentos verificando o ritmo com que cada aluno salta. Normalmente, constatamos diferença entre os ritmos de salto de cada um e, baseados nessa constatação, sugerimos, como fator complicador, que cada aluno experimente saltar num ritmo diferente do qual vinha saltando. Em seguida, apresentamos alguns exemplos de saltos mais simples, ou seja, que requerem menos habilidade/agilidade por parte do praticante. Os saltos das figuras a seguir são alguns exemplos desses saltos com corda individual e de baixa complexidade na execução.

Figura 2: Salto abre e fecha (pernas)

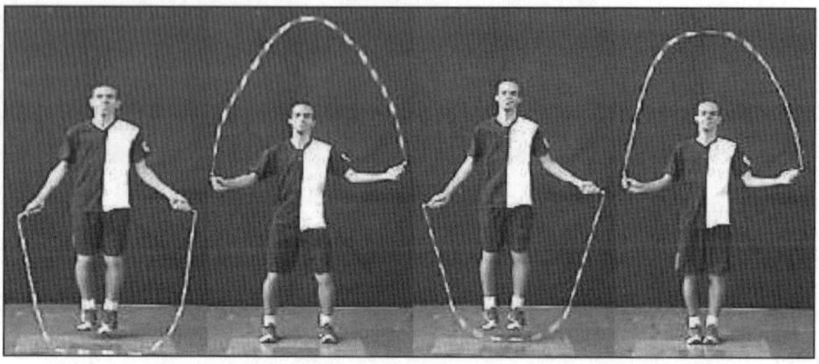

Figura 3: Salto frente e trás (pernas)

Figura 4: Salto abre e cruza (pernas)

Figura 5: Salto lado e salta

Figura 6: Salto cruzado simples (braços)

Figura 7: Salto lado cruza (braços)

Figura 8: Salto cruzado para trás (braços)

Figura 9: Salto com giro para trás

Figura 10: Salto com giro para frente

Os saltos apresentados nas Figuras 2, 3 e 4 consistem em alternar o movimento das pernas, enquanto a corda é batida de maneira uniforme e constante. São saltos simples, facilmente executáveis no início do processo e que podem ser combinados, alternando a ordem, por exemplo, abre-fecha, frente e trás, abre-fecha, cruza e abre, dando efeito ao movimento.

O salto 5 consiste em um salto simples, com a união das pontas das cordas numa lateral, batida com as pontas unidas nas duas laterais alternadamente, abertura das pontas das cordas e salto simples. Também é um salto de fácil execução numa composição coreográfica. Executado com rapidez, causa um efeito bonito.

O salto apresentado na Figura 6 consiste no cruzamento dos braços à frente do corpo, de forma que a mão direita se posicione do lado esquerdo do corpo e vice-versa. Faz-se a batida da corda nessa posição e, logo em seguida, os braços são descruzados. Esse mesmo movimento pode ser repetido com a corda batida de frente para trás, como mostrado na Figura 8. Um erro comum cometido nesse salto cruzado para trás é a elevação dos cotovelos quando a corda é batida, o que dificulta o movimento.

Da combinação dos saltos das Figuras 5 e 6, temos o salto mostrado na Figura 7, com a corda batida na lateral e aberta cruzada para o salto, que também pode ser feito para trás.

Nas Figuras 9 e 10, é apresentado o giro, em que é feito o salto simples. Em seguida, a corda é posicionada aberta lateralmente e é completada a batida, enquanto o praticante gira o corpo 180 graus e retoma o salto, agora com a batida para trás. O mesmo movimento é repetido para completar o giro.

De acordo com o grau de desenvolvimento dos alunos nesses saltos é que o professor deve se programar para a elaboração das tarefas seguintes. Esses saltos são considerados básicos e deles deriva toda a sequência de movimentos mais elaborados. O domínio deles é importante para o avanço em movimentos mais complexos. Cabe ao professor, em sua programação, conhecer os alunos, a fim de listar os saltos mais adequados.

Também com a corda simples, podemos explorar a criatividade dos alunos, distribuindo uma corda para cada dupla e solicitando que descubram maneiras próprias de saltar. Tal prática mostra-se muito proveitosa para o trabalho, pois vários são os modos que as duplas inventam. Agindo dessa forma, o professor problematiza sua aula, permitindo que o aluno descubra formas de realizar os movimentos apresentados, bem como crie novos movimentos de acordo com sua criatividade.

Figura 11: Salto *traveller*

Aproveitando a mesma situação, é possível perfeitamente introduzir o que, no *rope skipping*, chamamos de *traveller*. Trata-se de uma pessoa pulando a corda e passando pelas demais, enfileiradas, saltando sem corda (Figura 11).

Ainda utilizando a corda simples, temos a possibilidade de trabalhar com a roda chinesa, *Chinese Wheel* (Figura 12). Essa maneira de saltar em dupla e com duas cordas batidas alternadamente, quando comparada com as demais, requer um pouco mais de treino até que seja executada com perfeição. Porém, após assimilada, sua realização proporciona um belo efeito visual para quem assiste.

Figura 12: Roda chinesa (*Chinese Wheel*)

Os exercícios e atividades realizados com as cordas simples (individual), de uma maneira geral, são mais fáceis de serem trabalhados, pois os alunos, mesmo diferentes na capacidade de aprendizado, podem perfeitamente praticar e aprimorar os saltos sozinhos, em ambientes que não sejam os da aula. Já as tarefas que envolvem as cordas grandes (coletivas) nem sempre permitem isso. Essas tarefas, por serem coletivas, requerem sincronismo entre os executantes.

Uma maneira muito comum de saltar com as cordas grandes no *rope skipping* é a corda dupla holandesa, *Double Dutch* (Figura 13).

Figura 13: Corda dupla holandesa (*Double Dutch*)

É nela que se originam outras manobras mais arrojadas do *rope skipping*. Enquanto dois alunos batem as cordas, um ou mais saltam ao meio e, dependendo do grau de habilidade dos praticantes, chegam até a realizar certos movimentos acrobáticos simultaneamente. De início, a corda dupla holandesa, *Double Dutch*, exige razoável prática do aluno, principalmente por parte de quem está batendo. Sugerimos que todos aprimorem tanto a batida quanto a entrada na corda para saltar, pois nas coreografias verificamos vários revezamentos entre os batedores e os saltadores e convém que todos pratiquem ambas as funções.

Além da corda dupla holandesa, podemos trabalhar outras maneiras de bater as cordas grandes. A seguir apresentamos três delas.

Figura 14: Salto com duas cordas cruzadas

Figura 15: Salto com corda grande e pequena

Figura 16: Salto intercalado em forma de "w"

Esses movimentos podem ser intercalados, formando uma coreografia, alternando as cordas simples e as cordas duplas, cordas pequenas e cordas grandes, de acordo com as habilidades dos praticantes. Uma possibilidade de enriquecer ainda mais o trabalho é usar a música, que, nas composições coreográficas, mostra-se muito importante.

Quanto à problematização da aula, um ponto já mencionado é a possibilidade de o aluno experimentar os movimentos apresentados antes que o professor explique como devem ser feitos. Da observação do movimento realizado, o aluno faz sua própria análise, tentando repeti-lo, buscando "desmembrá-lo", para compreender a sua dinâmica e, então, executá-lo.

Se isso não ocorrer, caberá ao professor atuar como mediador do processo, intervindo por meio de pistas, auxiliando o aluno a compreender o movimento e sua execução. A compreensão é muito relevante, pois permitirá ao aluno a criação ou variação sobre os movimentos aprendidos.

O professor também pode solicitar aos alunos que elaborem pequenas coreografias com os movimentos aprendidos, mesmo que sejam os mais simples, podendo, até, inserir "truques" por ele criados. Essa é uma forma de estimular a criatividade dos alunos, bem como de promover sua autonomia em relação à modalidade, agindo como elemento motivador, pois os alunos percebem que, mesmo com poucos movimentos, já conseguem elaborar um trabalho com bonito efeito visual.

Quanto à facilitação da interação com os colegas, também o professor deve atuar de forma a estimular os alunos a trocar experiências, auxiliar-se mutuamente. Esse tipo de procedimento, além de favorecer os relacionamentos sociais, fortalecendo laços dentro do grupo, permite que os colegas atuem como mediadores do processo de aprendizagem de seus pares, favorecendo o processo criativo.

Considerações finais

Por se tratar de uma modalidade que exige material de baixo custo e fácil adaptação, e por não necessitar de local específico para a prática, o *rope skipping* é facilmente praticável em diferentes ambientes, desde escolas, parques (projetos públicos) até clubes com ótima infraestrutura. Como algumas habilidades com a corda podem ser úteis e, em geral, o professor não tem familiaridade com essa prática, o fato de não conseguir realizar os movimentos mais complexos não deve impedi-lo de propiciar aos alunos essa vivência.

Pular corda já se apresenta como atividade prazerosa para a maioria das crianças e é importante que o ensino de novas técnicas não ocorra em detrimento desse prazer. Temos percebido em nossa prática docente que mesmo os adultos interessam-se em aprender mais sobre "pular corda". Esse aspecto lúdico tem sido um grande fator motivador para a prática dessa modalidade esportiva.

Referências bibliográficas

FISAC-IRSF. Fédération Internationale de Saut à la Corde. International Rope Skipping Federation, [20--?]. [Disponível em: <http://www.disac-irsf.org>. Acesso em: 20/05/2014.]

GARNIER, C. *et al.* "A aprendizagem como atividade coletiva: Escolha e organização das atividades segundo as correntes soviéticas e sócio-construtivistas". *In*: GARNIER, C. *et al. Após Vygotsky e Piaget: Perspectiva social e construtivista. Escolas russa e ocidental.* Porto Alegre: Artes Médicas, 1996, p. 207-222.

MENDES, O. "A iniciação esportiva ao *rope skipping*: Uma avaliação da proposta desenvolvida junto ao projeto de extensão da FE-Unicamp". Trabalho de conclusão de curso de graduação em Educação Física. Campinas, 2004. Faculdade de Educação Física, Universidade Estadual de Campinas.

MOSSTON, M. *La enseñanza de la educación física: Del comando al descubrimiento.* Buenos Aires: Paidós, 1978.

NISTA-PICCOLO, V.L. "A educação motora na escola: Uma proposta metodológica à luz da experiência vivida". *In*: DE MARCO, A. (org.). *Pensando a educação motora.* Campinas: Papirus, 1995, p. 113-120.

PEREIRA, S.R.C. "A dança na escola: Princípios didático-pedagógicos fundamentados na psicologia histórico-cultural de Vygotsky". Dissertação de mestrado em Educação Física. Santa Maria, 1997. Faculdade de Educação Física, Universidade Federal de Santa Maria.

SATO, A.P.B. "*Rope skipping*: Uma nova modalidade esportiva". Trabalho de conclusão de curso de graduação em Educação Física. Campinas, 2002. Faculdade de Educação Física, Universidade Estadual de Campinas.

SOUZA, E.P.M.; AYOUB, E. (orgs.). *Anais do I Fórum Internacional de Ginástica Geral.* Campinas: Sesc/Faculdade de Educação Física da Unicamp, 2001.

TOLEDO, E.; VELARDI, M.; NISTA-PICCOLO, V.L. "Como ensinar esses conteúdos nas aulas de educação física?". *In*: MOREIRA, E.C.; NISTA-PICCOLO, V.L. (orgs.). *O quê e como ensinar educação física na escola.* Jundiaí: Fontoura, 2009, p. 63-89.

VELARDI, M. "Metodologia de ensino em educação física: Contribuições de Vygotsky para as reflexões sobre um método pedagógico". Dissertação de mestrado em Educação Física. Campinas, 1997. Faculdade de Educação Física, Universidade Estadual de Campinas.

VYGOTSKY, L.S. *A formação social da mente.* Trad. José Cipolla Neto, Luís Silveira Menna Barreto e Solange Castro Afeche. 6ª ed. São Paulo: Martins Fontes, 1998.

4
A GINÁSTICA ARTÍSTICA COMO PROPOSTA EDUCACIONAL

Vilma Nista-Piccolo
Laurita Marconi Schiavon

Introdução

É difícil conseguir expressar em palavras as sensações prazerosas vividas por quem pratica ginástica artística (GA), de acordo com os discursos dos próprios ginastas. Em quem assiste a uma apresentação ou, ainda, a uma competição, é perceptível o encantamento diante da plasticidade dos movimentos de ginastas que executam suas acrobacias artisticamente.

A GA é composta por séries livres, desenvolvidas nos seis aparelhos masculinos – solo, salto sobre o cavalo, barra fixa, barras paralelas, cavalo com alças e argolas – e nos quatro aparelhos femininos – solo, salto sobre o cavalo, trave de equilíbrio e barras assimétricas.

Os giros, os passos de dança, os saltos e saltitos, as poses e marcações compõem a coreografia dos ginastas, que têm ainda a possibilidade de mostrar suas *performances* acrobáticas em giros de corpo no ar, sem o apoio das mãos ou dos pés no solo ou nos aparelhos. É essa sensação de "voar" que desafia os praticantes a executar movimentos mais difíceis do que aqueles que já executavam. Assim, a GA é uma modalidade que está sempre em mudança. O que era complexo de ser executado rapidamente torna-se um elemento mais simples. Essa evolução nunca cessa. Cada vez mais, os ginastas buscam superar suas próprias marcas.

Pela beleza de seus movimentos, pela motivação natural que provoca nas pessoas diante do desafio de realizar acrobacias mirabolantes e pela coragem que a execução dos fundamentos manifesta, a GA torna-se "a expressão máxima do esporte", em que todas as capacidades e habilidades devem ser trabalhadas harmoniosamente, sem eleger qualquer potencialidade em detrimento das outras. Há um perfeito domínio corporal no desempenho dos ginastas. A composição estética dos movimentos corporais, associada à expressão que o ginasta demonstra em seus gestos, únicos e específicos, consolida-se na beleza das formas que o corpo define no tempo e no espaço.

A GA é considerada um esporte básico para o desenvolvimento motor das crianças, por aprimorar as capacidades e habilidades físicas dos praticantes. O pleno domínio do corpo, a segurança e a elegância são as características fundamentais desse esporte.

No entanto, a dificuldade de obter todos os aparelhos e um local adequado para a prática e a escassez de profissionais preparados impedem a massificação desse esporte. Podemos dizer que a GA tem sido aplicada em poucos lugares, se compararmos com outras modalidades esportivas. Mesmo assim, é possível observar um aumento na oferta dessa prática nos últimos anos. Não se pode negar que há uma contribuição da mídia para esse crescimento, ao transmitir campeonatos internacionais. Porém, na verdade, isso se deu depois do destaque de ginastas brasileiros em eventos oficiais. A vinda de técnicos estrangeiros, visando ao aperfeiçoamento dos nossos praticantes, somada a um tímido investimento do governo em infraestrutura têm resultado em conquistas significativas para a GA.

Muitos professores de educação física e técnicos dessa modalidade a consideram complexa demais e, quando aplicam um programa de GA em clube, escola ou instituição municipal de esporte, o objetivo é a busca da perfeição técnica dos movimentos, ou seja, esses profissionais não conseguem enxergar o esporte além das características competitivas. Isso, de certo modo, pode criar dificuldades de execução para os iniciantes, pela exigência de treinamento rígido e, muitas vezes, sem um olhar pedagógico, com o foco da iniciação voltado apenas para a detecção e seleção de talentos.

Os clubes, em sua maioria, não têm como fim a educação da criança e, portanto, quando investem nessa modalidade esportiva, buscam quase sempre a promoção de equipes para um rendimento perfeito, a fim de conquistar resultados excelentes em campeonatos. No entanto, se pensarmos quão difícil é encontrar um talento e quantos fatores convergentes são necessários para desenvolvê-lo, podemos dizer que pouquíssimas pessoas serão ginastas de alto rendimento, ou seja, é preciso também olhar para a maioria dos alunos, aqueles que participarão apenas da iniciação esportiva e que podem aprender muito com ela, se bem conduzidos. Algumas escolas que desenvolvem a ginástica em seus programas curriculares, muitas vezes, não têm em suas propostas um objetivo educacional, mesmo sendo um espaço institucionalizado de formação humana. Alguns professores evidenciam as habilidades específicas da ginástica para desenvolver "estrelismos", desrespeitando as necessidades da criança, substituindo uma educação motora por uma especialização de fundamentos.

A dificuldade que muitos professores de educação física encontram para ensinar a GA decorre da ausência de vivências anteriores no esporte, o que os difere um pouco dos técnicos de GA, que, em sua maioria, são ex-atletas. De certo modo, é difícil vermos trabalhos de alto rendimento que privilegiem a formação da criança, pois o foco direciona-se, muitas vezes, para a execução das exigências do código de arbitragem. Já os professores que atuam em escolas geralmente desconhecem os benefícios que a execução desses movimentos pode trazer ao desenvolvimento das crianças, assim como os processos pedagógicos que facilitam a aprendizagem das acrobacias da modalidade, o que se torna motivo de impedimento da aplicação desse conteúdo em suas aulas (NISTA-PICCOLO, 1988).

A prática dos elementos básicos da GA propicia alto nível de percepção corporal, amplia a bagagem motora da criança e aperfeiçoa suas habilidades. Um trabalho de iniciação nessa modalidade, com fins educativos, pode ser um fator de estímulo à prática de atividade física. Portanto, se é uma atividade na qual a criança sente prazer na execução das acrobacias, uma atividade que estimula a criatividade numa manifestação corporal expressa pela combinação dos elementos ginásticos e acrobáticos, uma atividade que socializa o educando desde as situações de aprendizagem, quando há necessidade de ajuda mútua entre os companheiros, ela não pode e não deve deixar de fazer parte de um contexto educacional.

As práticas esportivas devem visar ao aprimoramento por meio de instrumentos de ação pedagógica, e não apenas buscar o rendimento motor. Entretanto, é importante que, ao ser ensinada com uma proposta educacional, a criança possa, além de aprender o movimento em si, descobrir suas capacidades, conhecer suas potencialidades e trabalhar com elas, transformando simples movimentos em grandes habilidades. Por exemplo, numa situação de correção da execução dos movimentos, é importante que ela só aconteça depois que a criança alcançou certo domínio daquele movimento. Não convém corrigir uma execução sem que a criança tenha passado pela fase de "imprecisão do movimento" em qualquer processo de aprendizagem. Portanto, a observação do professor torna-se o ponto forte durante a execução dos alunos. Só ele poderá saber se aquele é o momento adequado para uma interferência. O professor não deve se preocupar com a execução perfeita, tecnicamente correta, enquanto o aluno não tiver condições para isso.

Um dos princípios fundamentais do desenvolvimento motor da criança é que lhe sejam proporcionadas vivências corporais em novas experiências de movimento. Os exercícios executados em todos os aparelhos da GA contribuem para essa possibilidade de exploração motora. Trabalhar com a criança com propostas baseadas na GA é compensador não só pelos resultados que podem ser alcançados, mas também pelo ser humano que se pode formar.

As características básicas dos fundamentos dessa modalidade podem facilitar o desempenho motor, além de permitir uma expressão corporal com domínio, leveza e segurança na execução dos movimentos, que, combinados, produzem séries ginásticas e acrobáticas. Porém, poucos sabem como esse esporte pode ser significativo, o que sua prática pode propiciar à formação das crianças e qual o valor e a relevância da aprendizagem dos elementos básicos.

O processo de evolução de seus fundamentos, cada vez mais complexos, apresentados no código de pontuação determinado pela Federação Internacional de Ginástica (FIG), não permite que todas as pessoas consigam executá-los, dadas as tantas exigências, que impedem o acesso à enorme diversidade de combinações corporais. Essa oportunidade pode ser oferecida a todos se for desenvolvida sem fins competitivos, em projetos que se apoiem nos elementos que compõem a GA, sistematizados por professores, em aulas permeadas de ludicidade, pautadas em ações pedagógicas.

Por isso é que, tencionando colaborar com possíveis mudanças do olhar voltado à prática esportiva de GA em diferentes contextos, esse texto busca mostrar as possibilidades de essa modalidade ser desenvolvida como proposta educacional, tendo sempre a criança como centro de preocupação e estudo.

A prática da ginástica artística numa visão pedagógica

Com base em uma visão educacional, queremos retirar a imagem predominante de ginástica de competição, pois ela perde a essência do esporte quando é inculcada nas crianças, ginastas em potencial, e deixa de possibilitar a espontaneidade para se transformar em esporte-espetáculo, regrado convencionalmente, quando o que interessa é a comparação de *performances* e proezas, porque a intenção é designar um campeão. Esse sistema elitista, que só valoriza os talentosos, não pode e não deve ser desenvolvido durante a iniciação esportiva, muito menos em aulas de educação física.

Não é possível adotar em escolas um sistema de seleção de crianças, quando se sabe que todas têm direito de aprender e necessidade de movimento também. Em treinamentos de GA, a seleção acontece naturalmente, em virtude do potencial do praticante, mas, para chegar nesse nível, é preciso que todos tenham chance de experimentar as sensações que a prática da GA promove.

Ao se pensar na elaboração de propostas que possam atender às características específicas de uma faixa etária, devem-se levar em consideração as expectativas que as crianças trazem e as potencialidades que apresentam, respeitando suas limitações. Estruturar um programa "adequado" ao desenvolvimento do aluno requer, portanto, certo cuidado na determinação dos objetivos, que devem estar centrados nas necessidades básicas da criança.

> É importante no planejamento que os objetivos das aulas estejam claros e que sejam possíveis de serem atingidos, pois, muitas vezes, objetivos são colocados de forma generalizada, distanciando-se do cotidiano das aulas. Eles servem para auxiliar o professor na mediação, na condução da aula, pois utilizando métodos mais abertos, o professor sabe onde quer chegar, mas o caminho trilhado no decorrer da aula deve levá-lo a atingir as metas traçadas. (SCHIAVON; NISTA-PICCOLO, 2011, p. 155)

Se o objetivo de uma aula é ensinar o aluno a "saltar com afastamento dos membros inferiores", isso significa que, ao término da aula, ele deve "ser capaz de executar os saltos básicos da ginástica que envolvem afastamentos ântero-posterior e/ou lateral dos membros inferiores", como, por exemplo, salto jeté, salto afastado, impulsionando e aterrissando com os pés unidos e/ou salto sissone, entre outros. Portanto, desde a distribuição do material disponível no ambiente proposto para a aula até os processos escolhidos para o seu desenvolvimento, tudo deve visar à estimulação da aprendizagem de saltar. "Se não houver o que saltar, não há por que saltar" (VELARDI, 1997, p. 137).

Sabe-se que, dos seis aos dez anos de idade, as exigências de movimento, segundo autores da teoria desenvolvimentista, como Gallahue (1982), são compatíveis com as atividades propostas na prática da GA (SCHIAVON, 1996). Embora essa modalidade esportiva tenha sido sempre apresentada como "mera reprodução de atletas dotados de qualidades especiais", numa visão mais ampla, em que as manifestações corporais têm caráter de transformação cultural, essa atividade pode assumir uma posição relevante, que fundamente um programa educacional completo.

Como exemplo de prática de GA pautada numa visão pedagógica, baseada nos conceitos já expressos, apresentamos um projeto de extensão a toda a comunidade infantojuvenil, desenvolvido com propósitos educacionais, chamado "Crescendo com a ginástica" (PCG), vinculado a uma universidade. Ele foi criado visando ao desenvolvimento integral da criança por meio de propostas lúdicas fundamentadas na GA e na ginástica rítmica (GR).

Esse projeto não tinha como meta a formação de ginastas, embora também preparasse para tal. Em virtude de trabalhar com diferentes movimentos, necessários para a execução das habilidades esportivas, os conteúdos desenvolvidos no projeto ainda preparavam as crianças para a prática de qualquer outro esporte. O alcance do domínio e da segurança na execução dos movimentos permitia que muitas crianças obtivessem sucesso em outras práticas esportivas.

A ideia do projeto PCG era proporcionar a crianças de ambos os sexos, dos 4 aos 12 anos, atividades motoras que lhes permitissem explorar diferentes possibilidades corporais. Eram vivenciadas propostas de manipulação de aparelhos, apoios e suspensão, assim como a execução de acrobacias diversificadas, em duplas, trios ou grupos, visando à descoberta de seus potenciais, experiências práticas, capazes de enriquecer o vocabulário motor de cada criança que passasse por esse projeto.

A filosofia do projeto

Todas as atividades gímnicas eram trabalhadas de uma perspectiva lúdica, em que o objetivo era o desenvolvimento global da criança. Respeitando as características de cada faixa etária, a criança sempre foi o ponto central de todos os objetivos e conteúdos planejados e aplicados nas aulas. Suas necessidades embasavam a elaboração do programa.

A aprendizagem dos elementos dava-se por meio de exercícios educativos que, num processo pedagógico, levavam a criança a executá-los com maior domínio. As crianças eram sempre estimuladas a tentar, mas, muitas vezes, precisavam ultrapassar barreiras enormes, por medo ou, ainda, falta de experiências motoras anteriores. Nesse momento, as iniciativas de colaboração dos colegas mostravam-se altamente significativas.

As atividades em duplas, trios ou pequenos grupos, bem orientadas em relação à segurança do colega, além de motivadoras, pela interação com os outros participantes, dinamizam as aulas, já que possibilitam que todas as crianças estejam em ação ao mesmo tempo, sem depender apenas do auxílio do professor, que deve estar coordenando a proposta e observando se algum grupo precisa ser ajudado. Dessa forma, as crianças não se desmotivam nem se dispersam, esperando em "filas", e o mais importante é que têm mais oportunidades de experimentar.

Sentir-se capaz, derrubar obstáculos, aprender a ser solidário, respeitar regras e brincar de fazer ginástica foram aspectos determinantes desse programa, que não só ensinava, mas dava oportunidade à criança de estimular sua expressão corporal.

Ao andar sobre a trave de equilíbrio, executar uma acrobacia, saltar sobre o plinto, a criança se sente importante, pois está enfrentando desafios concretos de execução dos exercícios de GA. Além disso, ela supera medos, sente-se útil ao auxiliar colegas e lida com o enfrentamento e, ao mesmo tempo, o prazer da exposição nas apresentações de ginástica. Segundo Leguet (1987), o "mostrar" é uma das características importantes da GA. Basta observar uma pessoa que aprende a fazer estrela ou roda (reversão lateral). Logo em seguida à conquista, ela quer mostrar ao professor, aos colegas e, depois da aula, quer mostrar o que aprendeu em casa, sobretudo porque se trata de um exercício que nem todas as pessoas conseguem executar. Ela se sente importante e valorizada.

Um dos princípios fundamentais do projeto era permitir a vivência corporal por meio de novas experiências de movimento, pois sabemos que "quanto mais numerosas e mais ricas forem as situações vividas pela criança, maior será o número de esquemas motores por ela adquirido" (LAGRANGE, 1977, p. 25).

As estratégias utilizadas visavam à criatividade, possibilitando às crianças a troca de ideias entre si, sempre em busca de outro jeito de fazer. As tarefas tinham como objetivo estimular o raciocínio, a solução de problemas cada vez mais complexos. Um exemplo de atividade com essa característica é a brincadeira de inversão do corpo com diferentes partes dele no chão. O professor diz algumas partes do corpo, por exemplo: três mãos, três pés e duas cabeças. As crianças, em grupos de cinco ou seis, precisam formar uma figura estática (os participantes precisam se tocar de alguma forma) apenas com as partes do corpo que foram ditas pelo professor, não podendo colocar nenhuma outra parte do corpo no apoio. Valendo-se de sua criatividade, os alunos devem resolver esse problema, pensar e executar uma figura e mostrar aos colegas. Os diferentes grupos atingem o mesmo objetivo por caminhos diferentes e sempre mostrando para todos, para que percebam outras possibilidades criativas de alcançar um mesmo objetivo.

As propostas eram oferecidas sem finalidade competitiva, procurando sempre utilizar as formas mais naturais de movimento. Leguet (1987) diz que é possível ensinar ginástica criando um ambiente gímnico em que os processos de desenvolvimento das atividades estejam centrados na motricidade, cujas ações e coordenações extrapolem os objetivos da competição.

Em propostas vivenciadas em barra fixa, argolas ou, até mesmo, saltando num trampolim acrobático, a criança pode experimentar com seu corpo sensações diferentes dos movimentos que executa no dia a dia. As possibilidades de ação corporal que esses aparelhos proporcionam levam à tonicidade muscular, que se desenvolve quando a criança vivencia exercícios que implicam controle do tônus dos músculos. Um bom exemplo da percepção da criança em relação à necessidade da contração muscular na execução dos exercícios é o uso do trampolim acrobático. Qualquer postura diferente do corpo muda completamente o resultado do exercício. Se o aluno olhar para baixo e projetar a cabeça um pouco à frente, já se desequilibra para frente; se flexionar demais o quadril ao se impulsionar, não consegue saltar no mesmo lugar. Assim, em busca da execução de determinados movimentos, como uma sequência de saltos simples em posturas básicas (estendido, grupado, carpado, afastado) no trampolim, o participante estimula o tônus muscular com equilíbrio dinâmico e recuperado.

É extremamente importante aprimorar o equilíbrio corporal e ele foi desenvolvido em muitas atividades vivenciadas pelas crianças nesse projeto, atividades que exigiram equilíbrio dinâmico, estático e recuperado. A trave de equilíbrio, trabalhada com movimentos simples e de fácil execução, oferece grandes possibilidades para se atingir esse objetivo, desde que se aumente sempre a complexidade dos exercícios, buscando aperfeiçoar o equilíbrio da criança.

Os exercícios na trave de equilíbrio necessitam de muita concentração, pois precisam ser executados sobre uma trave de apenas dez centímetros de largura. É importante que a criança tenha muitas oportunidades de estar sobre o aparelho ou em outras superfícies de área restrita, adaptadas, como banco sueco, tampas de plinto, linhas no chão da quadra ou cordas no chão, a fim de desenvolver o equilíbrio.

Andar em diferentes direções é outra atividade básica, variando planos e posições de membros superiores para facilitar ou dificultar o equilíbrio. Brincadeiras de equilíbrio, como "trocar de lugar com o colega", ambos sobre a trave de equilíbrio e sem tocar o chão, é uma das possibilidades de situações-problema no tema do equilíbrio, que, ao mesmo tempo, desenvolve paulatinamente uma maior aproximação da criança com o aparelho.

Na evolução sensório-motora, a criança elabora seu esquema corporal. Para tanto, é preciso que tenha noções espaciais e temporais bem trabalhadas. Para organizar essas percepções relativas ao próprio corpo, é imprescindível que vivencie atividades no solo, em colchões ou gramados. Os elementos de GA desenvolvidos no solo propiciam experiências fantásticas em relação à noção espacial. Perceber os pés na posição vertical invertida da parada de mãos pode proporcionar consciência do corpo, difícil de ser experimentada.

A GA é uma modalidade essencialmente coordenativa e com movimentos diferentes, sobretudo aqueles que possibilitam voos ou que invertem o corpo. Eles proporcionam experiências bastante distintas das comumente praticadas em outras atividades diárias. Há necessidade de perceber o corpo no ar ou invertido e, ao mesmo tempo, dissociado, ou seja, com comandos diferentes para membros superiores e inferiores, com a cabeça em determinada posição. Além disso, é preciso não esquecer a extensão das pontas dos pés nem de se preparar para uma boa aterrissagem, a fim de finalizar o movimento. Esses exercícios possibilitam que a criança conheça cada vez melhor as ações de seu corpo e consiga coordená-lo em diferentes situações.

Os elementos ginásticos e acrobáticos que compõem os fundamentos da GA são básicos para a evolução motora de qualquer criança, mas, para que isso aconteça, é preciso que o processo de ensino esteja integrado com as capacidades de compreensão e desempenho apresentadas por ela. As atividades gímnicas podem contribuir para a formação integral da criança desde que as situações de aprendizagem vividas não tenham ocorrido num sistema de adestramento convencional.

Baseado nesses preceitos, o PCG foi desenvolvido durante dez anos, proporcionando sempre outra visão da vivência da ginástica. Permeado por um trabalho altamente pedagógico, seus objetivos estavam focados na criança, com conteúdos ricos e relevantes para a aprendizagem, respeitando as características de cada idade.

A questão metodológica

O método de ensino utilizado em aulas dessa natureza precisa ser especial, isto é, deve ser coerente com a filosofia do trabalho e o processo de aprendizagem da criança. Por essas razões, é que, baseados nas experiências vividas desde a implantação do projeto, desenvolvemos nosso próprio método de trabalho, que busca enfatizar a importância da exploração dos próprios movimentos pela criança, criando sempre oportunidades para que ela descubra todas as possibilidades que seu corpo tem de se expressar. Assim, foi determinada a passagem por três momentos em cada aula (NISTA-PICCOLO, 1995).

Após diferentes situações experimentadas com muito sucesso, a professora doutora Marília Velardi foi buscar em Vygotsky a sustentação teórica para essa trajetória metodológica, que se consolidou em uma pesquisa de mestrado. Velardi (1997) conseguiu associar de forma extremamente competente as teorias de desenvolvimento humano propostas pelo autor aos momentos experimentados na prática pedagógica do projeto. Ela fundamentou sua proposta metodológica na ênfase à necessidade de percorrer os três momentos, descritos a seguir, para que se possa atingir uma aprendizagem mais eficaz.

O primeiro momento é caracterizado pela exploração dos movimentos corporais de acordo com um tema proposto ou pela descoberta do que se pode fazer com determinados materiais. Sem regras convencionais, sem modelos, de maneira individual, sem o auxílio direto de grupos, colegas ou professores, a criança se baseia em conhecimentos anteriores, na bagagem que traz consigo, para iniciar sua própria exploração. É a partir desse momento que o professor começa a conhecer cada aluno, suas capacidades e potencialidades de execução. Ele tem, ainda, a oportunidade de verificar e enaltecer aspectos como criatividade, sociabilidade, iniciativa individual, entre outros. Exemplo desse momento em uma aula: distribuíamos vários plintos no espaço e pedíamos às crianças que brincassem usando aquele material, perguntando: O que é possível fazer com isso? Esse momento pode ser realizado com qualquer material ou tema, mesmo sem material, sempre perguntando aos alunos o que se pode fazer, para que possam explorar baseados no que sabem e ampliar seu repertório motor.

O segundo momento se baseia nas pistas fornecidas pelo professor. Fundamentado no objetivo da aula e nas observações do momento anterior vivenciado pelos alunos, o professor deve propor "dicas" que possam sugerir diferentes formas de ação motora. Não é preciso detalhar a pista oferecida, pois o objetivo é que o aluno a execute sem medo do insucesso, conforme sua capacidade. A observação feita pelo professor é imprescindível tanto para determinar as pistas que serão oferecidas como para um conhecimento mais aprofundado das reais condições dos alunos. Vygotsky (1994) ensina que é preciso oferecer aos alunos meios que lhes permitam chegar próximo dos potenciais que estão emergindo, para que possam associar o conhecimento que já possuem ao novo que está sendo proposto. Isso se dá sempre por meio de uma situação-problema, que os leva a refletir sobre o modo de executar ou modificar uma execução. Ao seguir a pista dada pelo professor, a criança deve resolver como poderá agir para solucionar mais um problema. O que foi aprendido é uma etapa já superada. O novo momento deve se caracterizar como um desafio a ser ultrapassado. As dicas apresentadas devem servir como subsídios para a elaboração de ações mais complexas. Executar um movimento de diferentes maneiras, seguindo apenas um comando, dá oportunidade à criança de desempenhar sua ação motora conforme sua própria bagagem, somada às experiências vivenciadas no primeiro momento da aula. A interferência do professor nesse momento deve se mostrar como um estímulo às novas descobertas que a criança pode realizar ao lado dos colegas e, muitas vezes, até mesmo por intermédio deles. Lerner (1996) vem completar, enfatizando a importância do papel do professor nessa ação, para explicitar pontos de vista, facilitar a compreensão, definir conclusões, rememorar conteúdos anteriores e, ainda, deixar claras as normas previamente estabelecidas. Um exemplo desse momento: após o tempo necessário para as crianças explorarem os plintos espalhados no espaço definido para a aula, dávamos pistas, enfatizando o que fazer sem dizer como fazer. Sugeríamos que era preciso passar para o outro lado do plinto, da forma como conseguissem. Era perceptível que algumas crianças copiavam os colegas e outras ultrapassavam o plinto sempre na mesma forma. Daí surgiam nossas mediações, perguntando se não havia outra forma de passar: Será que só existe esse jeito de passar o plinto? Para chegar do outro lado, o que eu posso fazer? Quando um aluno insistia numa execução sem sucesso, por algum erro de posicionamento, perguntávamos se já havia tentado de outra forma, até que, sozinho, ele conseguisse encontrar a maneira mais adequada para o movimento escolhido, a fim de obter sucesso.

O terceiro momento acontece quando os alunos esgotaram suas possibilidades de executar os movimentos dentro do que foi proposto. É o momento da interferência do professor como dinamizador da aula. Sua intervenção se dá para que o objetivo seja atingido, ou seja, para que todas as formas pretendidas sejam contempladas. Se os alunos não tiverem alcançado essas formas, o professor deve propô-las ou lhes dar meios para que consigam executá-las. Se, ao contrário, todas as metas já tiverem sido atingidas, então, é o momento de ampliar esse conhecimento, aumentando a complexidade das ações. Os alunos poderão imitar os gestos ensinados não como uma reprodução fiel, mas como uma apropriação de conhecimento, ou seja, apenas como um referencial para elucidar a ação. Se esse processo de imitação é o desenvolvimento potencial da criança, provavelmente aparecerá no primeiro e no segundo momentos das próximas aulas. Esse também é o momento das informações mais detalhadas e do retorno ao aluno, especificando sua atuação diante do que foi proposto. Todos os movimentos a serem executados devem, antes de tudo, passar pela imaginação do executante, formando conceitos subjetivos. O exemplo desse terceiro momento em nossa aula com plintos se deu depois da observação de que os alunos não conseguiam expressar formas adicionais diferentes de ultrapassar os materiais. As maneiras mais comuns que apareceram em suas manifestações foram os saltos, ou seja, corriam, subiam no plinto e saltavam nos colchões. Foi uma aula rica em possibilidades de saltar, mas não fizeram nenhum salto próximo ao que desenhamos como objetivo desse encontro. A meta dessa aula era que todos conseguissem saltar de cima do plinto, terminando com os dois pés unidos na maior distância possível e, ainda, que tentassem a combinação de saltar com girar o corpo no ar antes da queda final nos colchões. Como isso não ocorreu, fizemos o salto para que repetissem em seguida, visando aperfeiçoar suas observações e interpretações do que viam para expressar como repetições.

Conteúdos da ginástica artística

A prática da GA contempla grande diversidade de elementos fundamentais, nascidos do rolar, do equilibrar-se, do saltar, do girar, entre muitos outros. Seus elementos são de apoio, suspensão, giros no eixo transversal, longitudinal e anteroposterior (com ou sem apoio das mãos), saltos, volteios, equilíbrios e aterrissagens. A combinação dos elementos executados em uma sequência de movimentos pode aprimorar as capacidades físicas e, ainda, ampliar o desempenho de habilidades motoras.

Para cada exercício a ser aprendido, devem ser criadas amplas oportunidades de exploração, gerando curiosidade inicial e mantendo o interesse naquela proposta durante todo o tempo em que se trabalha com aquele tema.

Gardner (1999) oferece algumas sugestões, dentre as quais destacamos: que o professor estimule a aprendizagem do aluno, sem que a forma de ensinar seja sempre igual. Um mesmo tema de aula pode ser analisado, experimentado, discutido, narrado, desenhado, explicado, isto é, devemos ensinar determinado conteúdo por caminhos diferentes. Essa variação na maneira de ensinar deve acontecer porque são muitas as "portas de entrada" pelas quais o aluno pode receber um conhecimento. No entanto, é preciso também variar as possibilidades que o aluno tem de expressar o seu conhecimento, ou seja, para avaliar seu conhecimento, devemos oferecer diferentes tipos de manifestação, para que ele nos mostre aquele conhecimento. Um exemplo de aula que contemple esses conhecimentos sobre o processo de aprendizagem propostos por Gardner (1999) deve considerar que os alunos são diferentes e aprendem por caminhos diferentes também. Nesse caso, após oferecer a oportunidade para a exploração do tema, possibilitando que os alunos atinjam a resolução dos problemas criados com base no tema da aula, podemos oferecer educativos diferentes, alguns que contemplem o toque do professor ou do colega, auxiliando as crianças a chegar à posição vertical do corpo invertido na estrela. Outro tipo de atividade é aquela na qual o aluno tem de visualizar o colega executando a estrela e deve corrigi-lo. Outra é a proposta em que ele tem de ultrapassar cordas no chão e se sente seguro em tentar. E outra, ainda, é aquela em que o aluno deve executar a estrela em um espaço estreito, designado por um corredor de colchões formando uma parede, para que se sinta desafiado a realizar.

Todos esses aspectos pedagógicos podem facilitar a aprendizagem não só da GA como também de qualquer conhecimento a ser adquirido. Há outras questões que merecem destaque em nossas atuações tanto na iniciação esportiva como no treinamento de diferentes modalidades. Um exemplo é o aspecto lúdico que permeia as propostas. Desenvolver atividades de uma perspectiva lúdica pode se traduzir na participação do aluno que demonstre prazer naquilo que faz. De certo modo, uma prática lúdica estimula a automotivação dos alunos, permitindo uma participação mais eficaz. Toda atividade realizada com significado para quem a executa permite uma vivência mais prazerosa. É a partir do prazer que tem pelo que faz que o indivíduo se torna mais interessado e mais envolvido com a busca do sucesso de sua realização.

O prazer na prática da GA pode ser proporcionado pela própria forma como o ambiente é organizado ou montado. Sempre comentamos sobre a impressão de uma criança que entra em um ginásio de GA. Muitas vezes, esse espaço representa para ela um verdadeiro parque de diversões. O próprio ambiente se torna motivador e o professor precisa verificar como é possível estimular os alunos quando não possui todos os aparelhos de uma sala específica para GA. Obstáculos como caixas ou pneus, que podem ser pintados, que proporcionam o "subir sobre" ou "passar entre", sempre auxiliam bastante e tornam as aulas mais prazerosas.

Além dos materiais, outra estratégia que pode ajudar a encantar os alunos, especialmente os menores, são as aulas historiadas, nas quais o professor pode, por exemplo, inventar histórias para ensinar a rolar, como se estivessem num jardim, no qual se tornaram tatus-bolinhas e onde só podem se deslocar rolando. Outra estratégia são as atividades em grupo, que também despertam a interação dos participantes e permitem que se auxiliem para executar os movimentos, como a brincadeira de joão-bobo, na qual os alunos precisam segurar o colega que está no centro da roda e deve cair como um joão-bobo para os lados, com o corpo totalmente contraído. Essa brincadeira desenvolve uma postura que interessa diretamente à prática da GA, mas, quando executada numa atividade lúdica de interação, torna-se mais prazerosa.

Se a atividade proposta desafiar a capacidade do ser humano, poderá estimulá-lo a buscar a própria superação. O interesse em fazer mais, em participar com maior eficácia, está atrelado ao desafio proposto à sua potencialidade.

Iniciação esportiva precoce *x* especialização esportiva precoce

Outro importante aspecto pedagógico a ser abordado diz respeito a um dos pontos mais conflituosos que a prática da ginástica artística gera, que é a questão da especialização precoce. Esse tema está sempre presente onde se ensina GA, nas conversas entre pais, professores, coordenadores e gestores de um ambiente esportivo.

Há muitos questionamentos, sobretudo expressos por pais e professores, em relação à idade mais adequada para praticar essa modalidade esportiva. Alguns se preocupam em levar os filhos o mais cedo possível para conhecerem a GA, espelhando-se em ginastas de alto nível que se destacam mundialmente ainda muito jovens, ao passo que outros não permitem que os filhos participem de competições antes dos dez anos. Quem está certo? Afinal, podemos dizer que, para praticar a GA, é preciso começar muito cedo? Isso configura a especialização precoce da criança?

Um dos problemas da especialização precoce é a pouca variedade de movimentos pela dedicação a uma única modalidade esportiva. A prática de diferentes modalidades pode ser um caminho para a diversificação de movimentos, mas também é possível desenvolver uma variedade de movimentos em uma modalidade específica, ou seja, a diversificação na especialização, valorizando esse aspecto no planejamento das aulas de iniciação ou de especialização de ginastas (SCHIAVON, 2009).

Em relação à participação em competições, é possível observar os muitos benefícios para a criança, desde que sua participação aconteça de forma adequada e crescente, especialmente desenvolvendo em atletas jovens o gosto pela competição e pelo esporte.

Atualmente, há várias estratégias utilizadas no ensino das habilidades ginásticas que demonstram um olhar pedagógico em relação ao aprendizado da criança. Muitos exercícios começam a ser ensinados por meio de educativos que podem facilitar a execução do iniciante, como: auxílio do professor, segurando o ginasta; início do exercício num trampolim acrobático; queda em fosso de espuma; *tumble track* para melhorar a impulsão nas acrobacias. Outros procedimentos e aparelhos podem ajudar na realização de um elemento, quando o ginasta ainda não tem capacidade de executá-lo sozinho nos aparelhos oficiais. Assim, são treinados tecnicamente os movimentos da GA, por meio de processos facilitadores.

Sobre a necessidade de especialização esportiva em faixa etária baixa na GA, Lanaro Filho e Böhme (2001, p. 159) comentam:

> Algumas modalidades esportivas, em função de características muito específicas, tais como a ginástica artística, a ginástica rítmica desportiva e a natação, entre outras, necessitam que esta seleção seja realizada um tanto precocemente, em razão do aproveitamento das fases sensíveis para obtenção de determinados domínios motores e ou melhoria de determinadas capacidades motoras, como por exemplo alto grau de flexibilidade nas articulações.

Consideramos a necessidade de uma especialização com baixas faixas etárias, por meio de treinamentos cuidadosamente elaborados, caso a criança seja direcionada à competição, ou seja, quando o treino tem o objetivo de atender às regras competitivas. Porém, é importante que pais e professores saibam diferenciar a iniciação esportiva, a prática sem fins competitivos, da especialização esportiva, direcionada a resultados competitivos.

Se todos os treinamentos forem realizados de forma adequada à idade das crianças, sem exageros, sem solicitar desempenho acima do que elas são capazes, com respeito à pessoa que faz parte desse processo, com certeza, as crianças só obterão benefícios, independentemente da escolha esportiva no futuro.

Considerações finais

Todos os aspectos levantados até aqui apontam para duas fortes premissas: a prática da GA auxilia o desenvolvimento motor da criança, estimulando suas capacidades e habilidades motoras, o que, entre outras razões, torna imprescindível sua inserção nos currículos escolares e em todas as propostas de iniciação esportiva, independentemente do contexto em que aconteça; a prática da GA com finalidade competitiva precisa ser desenvolvida com todos os cuidados pedagógicos e didáticos da aprendizagem.

Neste capítulo, traçamos diretrizes educativas que podem facilitar a compreensão dos professores e técnicos da modalidade sobre o trato pedagógico no ato de ensinar os elementos ginásticos e acrobáticos da GA, seja em aulas de educação física escolar, seja em aulas de iniciação esportiva, seja em treinamento de ginastas. São questões significativas, que podem ser traduzidas como norteadoras da prática docente, subsidiando teoricamente quem ensina com os conhecimentos necessários para facilitar a aprendizagem e, assim, conseguir levar os alunos à compreensão do que estão aprendendo. Talvez estes apontamentos auxiliem também todos aqueles que se preocupam em formar educandos antes mesmo de capacitá-los.

Um destaque ainda para as atividades lúdicas na GA. Os próprios fundamentos da modalidade são lúdicos. Fazer um rolamento ou ficar de cabeça para baixo na parada de mãos é prazeroso, ou seja, na GA, não há grande dificuldade em transformar as aulas em momentos lúdicos, interessantes para crianças, jovens e adultos. É possível perceber a alegria no rosto de quem executa uma estrela ou salta em um trampolim.

A GA é aquilo que se faz dela, podendo ser uma excelente contribuição ao desenvolvimento das crianças quando bem conduzida pedagogicamente. As mesmas proposições pedagógicas discutidas aqui podem ser transferidas para outras modalidades esportivas, assim como o mau direcionamento de qualquer prática corporal pode gerar prejuízos aos seus aprendizes.

Referências bibliográficas

GALLAHUE, D. *Understanding motor development in children.* Nova York: John Wiley e Sons, 1982.

GARDNER, H. *O verdadeiro, o belo e o bom.* Trad. Álvaro Cabral. Rio de Janeiro: Objetiva, 1999.

LAGRANGE, G. *Manual da psicomotricidade.* Trad. Madalena Cunha Matos e José Valentim Lemos. Lisboa: Estampa, 1977.

LANARO FILHO, P.; BÖHME, M.T.S. "Detecção e promoção de talentos esportivos em ginástica rítmica desportiva: Um estudo de revisão". *Revista Paulista de Educação Física*, v. 15, n. 2, jul.-dez., p. 154-168, 2001.

LEGUET, J. *As ações motoras em ginástica esportiva.* Trad. Bertha Halpern Gurovitz e Maria Fernanda B. Favilla. Barueri: Manole, 1987.

LERNER, D. "O ensino e o aprendizado escolar: Contra uma falsa oposição". *In*: CASTORINA, J.A. *et al. Piaget-Vygotsky: Novas contribuições para o debate*. São Paulo: Ática, 1996.

NISTA-PICCOLO, V.L. "Atividades físicas como proposta educacional para a 1ª fase do 1º grau". Dissertação de mestrado em Educação. Campinas, 1988. Faculdade de Educação, Universidade Estadual de Campinas.

______. "A educação motora na escola: Uma proposta metodológica à luz da experiência vivida". *In*: DE MARCO, A. (org.). *Pensando a educação motora*. Campinas: Papirus, 1995, p. 113-120.

SCHIAVON, L.M. "A ginástica artística como conteúdo da educação física infantil". Monografia de licenciatura em Educação Física. Campinas, 1996. Faculdade de Educação Física, Universidade Estadual de Campinas.

______. "Ginástica artística feminina e história oral: A formação desportiva de atletas brasileiras participantes de Jogos Olímpicos (1980-2004)". Tese de doutorado em Educação Física. Campinas, 2009. Faculdade de Educação Física, Universidade Estadual de Campinas. [Disponível em: <http://bibliotecadigital.unicamp.br/document/?code=000439200>. Acesso em: 22/5/2014.]

SCHIAVON, L.M.; NISTA-PICCOLO, V.L. "Outros desafios da prática da ginástica na escola". *In*: MOREIRA, E.C. (org.). *Educação física escolar: Desafios e propostas II*. 2ª ed. Jundiaí: Fontoura, 2011.

VELARDI, M. "Metodologia de ensino em educação física: Contribuições de Vygotsky para as reflexões sobre um modelo pedagógico". Dissertação de mestrado em Educação Física. Campinas, 1997. Faculdade de Educação Física, Universidade Estadual de Campinas.

VYGOTSKY, L.S. *A formação social da mente: O desenvolvimento dos processos psicológicos superiores*. Trad. José Cipolla Neto, Luis Silveira Menna Barreto e Solange Castro Afeche. São Paulo: Martins Fontes, 1994.

5
ENSINANDO A GINÁSTICA DE TRAMPOLIM

Fernanda Vieira Merida
Eliana de Toledo

Introdução

A preocupação com os aspectos pedagógicos do ensino da ginástica de trampolim, adequados às particularidades do aparelho e de sua prática, resultou na elaboração deste capítulo,[1] que vai ao encontro da proposta desse livro, cujo foco é a proposição de abordagens pedagógicas do esporte.

Objetiva-se oferecer aos profissionais que desejem atuar nessa área um diagnóstico da modalidade, com aspectos históricos, conceitos e características, além de levar os leitores à compreensão de sua estrutura e dos seus elementos, para, em seguida, propor caminhos metodológicos que viabilizem o ensino dos fundamentos.

A apresentação dos conteúdos que a modalidade abarca, as reflexões sobre os seus aspectos pedagógicos e as propostas de ensino aqui expostas visam colaborar com a popularização da ginástica de trampolim em escolas (de forma curricular e/ou extracurricular), clubes, associações esportivas,

1. A motivação e o estudo sobre o ensino dos elementos básicos da ginástica de trampolim surgiram em 2002, ano em que poucos referenciais eram encontrados para a atuação no campo profissional no ensino do trampolim acrobático (como era denominado na época). Assim, Fernanda V. Merida optou por desenvolver esse tema em sua monografia de graduação em Educação Física nas Faculdades Integradas de Santo André, em parceria com a então graduanda Flávia Massagardi, sob a orientação da professora Eliana de Toledo. Essa monografia foi intitulada "Proposta de um planejamento de aulas para o ensino dos saltos básicos do trampolim acrobático". Desde que esse trabalho foi publicado, as autoras desenvolveram e analisaram outras publicações e atuaram também como docentes no ensino da ginástica de trampolim, o que as motivou a publicar este capítulo.

hotéis, faculdades etc., respeitando-se o trato pedagógico e os aspectos de segurança necessários para o desenvolvimento da modalidade.

O cenário da ginástica de trampolim

A cama elástica é um aparelho utilizado há muito tempo no circo, para segurança dos trapezistas e também "como forma de entretenimento. A origem do trampolinismo é por muitos creditada às redes de segurança para os trapezistas e equilibristas de circo, que, quando armadas e esticadas, propiciavam o desenvolvimento das acrobacias" (TUBINO; TUBINO; GARRIDO, 2007, p. 87).

A fase de apropriação desse aparelho circense na ginástica ainda é um pouco obscura e tem poucos estudos no Brasil. Quando a ginástica se estabelece como prática esportiva a ser popularizada no Renascimento, por meio, sobretudo, dos métodos europeus de ginástica, não há menções evidentes à prática do trampolinismo nos roteiros de aulas, nas sessões de ginástica ou mesmo como material de segurança para as habilidades desenvolvidas nos pórticos. Em várias imagens desse período (BARRUL, 1984; LANGLADE; LANGLADE, 1970; PÚBLIO, 1998; SOARES, 1998; TURNER-BUND, 1987; ZORO, 1986, dentre outros), não encontramos nenhum material próximo do modelo de um trampolim acrobático, fator que, de certo modo, reafirma nossa percepção de que não foi nessa fase que essa apropriação ocorreu. Talvez não tenha se dado, justamente, por esse material fazer alusão direta ao circo, uma prática informal e não científica, ou seja, uma prática com princípios contrários à ginástica da época.

É mais provável que essa apropriação tenha ocorrido no período de transformação da ginástica em esporte, que se deu no início do século XX. Primeiramente, o trampolim era utilizado como material de preparação das acrobacias aéreas dos ginastas da então denominada ginástica olímpica (atual ginástica artística), assim como pelos acrobatas do circo (até mesmo em data anterior a essa). Num segundo momento, após a estruturação e a popularização das ginásticas desportivas pelo mundo, é que talvez se tenha pensado nesse aparelho com um fim em si mesmo, ou seja, em transformá-lo numa modalidade esportiva com características próprias, em que o aparelho permite a realização de inúmeras acrobacias antes somente praticadas no solo.

Desde a origem da ginástica científica (SOARES, 2007), esse aparelho foi usado, dentre outros fins, para a preparação militar, por meio dos métodos mais conhecidos, como o alemão e o francês. Embora tenham se modificado as práticas e nomenclaturas de tipos de ginástica nesse ambiente, até hoje esse aparelho tem esse fim. Concomitantemente ao período de transformação da ginástica em esporte, a ginástica científica se solidifica como a prática que prepara militares nacional e internacionalmente. No Brasil, temos o registro do uso do trampolim, nas décadas de 1950 e 1960, ligado à prática da ginástica militar na Brigada de Infantaria Pára-quedista e na Escola Preparatória de Cadetes do Ar, assim como à preparação acrobática de ginastas (década de 1970, segundo Bastos, 2005). Ainda não temos dados que apontem com precisão datas, locais, formas de utilização, finalidades etc. do uso do trampolim, mas esses indícios já são suficientes para compreendermos um pouco de seu processo de apropriação nas práticas gímnicas no Brasil.

No Brasil, como modalidade esportiva, o trampolim acrobático (TRA):

> (...) teve a participação significativa do professor Dr. Hartmut Riehler, alemão que em 1974 veio ao Brasil para ministrar cursos de Ginástica Artística no RJ e SP. A sua experiência no Trampolim, como campeão mundial em 1967, promoveu uma grande motivação pela modalidade, levando José Martins de Oliveira Filho, professor de Educação Física de São Paulo, a se inscrever no curso de especialização da Universidade de Colônia - Alemanha. Em sua volta ao Brasil, José Martins ministrou aulas de Trampolim na Escola de Educação Física da Universidade de São Paulo - USP. (BASTOS, 2005, p. 229)

Bastos (2005) e Brochado e Brochado (2005)[2] apontam algumas datas e fatos importantes da implantação e do desenvolvimento dessa modalidade no Brasil:

2. Outras datas e outros fatos sobre a modalidade podem ser encontrados nessas referências. Vale ressaltar que, para Bastos (2005, p. 229), em todo esse percurso histórico, houve um

- 1975: o TRA chega ao Brasil, trazido pelo professor José Martins de Oliveira Filho.
- 1989: em março, o mesmo professor cria a primeira federação de trampolim acrobático do Brasil, a Federação Paulista de Trampolim Acrobático (FPTA), que não foi oficializada. Somente em 1990, foi fundada a Associação Brasileira de Trampolim Acrobático (Abrata), cujo presidente foi o professor José Martins de Oliveira Filho.
- 1990: o Brasil participa pela primeira vez de um campeonato mundial, na Alemanha (*16th Trampoline World Championship* – Essen, Alemanha).
- 1991: o Brasil sedia o Campeonato Pan-americano de Trampolim, em Bauru, São Paulo, com a participação de equipes do Brasil, dos Estados Unidos e da Argentina.
- 1994: Rodolfo Rangel, atleta do Clube Militar (Rio de Janeiro) é vice-campeão mundial juvenil na modalidade.
- 1995: criada a Confederação Brasileira de Trampolim Acrobático (CBTA), já que os estados de São Paulo, Minas Gerais e Rio de Janeiro tinham federações legalmente constituídas.
- 1996: em decorrência da inserção da modalidade ginástica acrobática na CBTA, esta passa a se chamar Confederação Brasileira de Trampolim e Esportes Acrobáticos (CBTea).
- 1997: o TRA ganha *status* de modalidade olímpica, participando dos Jogos Olímpicos de Sydney 2000, na Austrália. Por esse motivo, a modalidade, que era fomentada pela CBTea, passa, em 1999, a integrar a Confederação Brasileira de Ginástica (CBG), por determinação do Comitê Olímpico Internacional (COI), para o qual

---

fato marcante, considerado um "divisor de águas" na modalidade no Brasil: "Em 1998 o TRA atingiu a sua fase áurea, uma vez que o investimento em cursos e participações internacionais de ginastas e técnicos fomentou um aprimoramento substancial, considerando a performance e a quantidade efetiva de participantes. Em 1999, o TRA sofreu um impacto negativo muito grande, a partir da absorção da modalidade pela CBG. Esta situação deveu-se a vários motivos, evidenciando uma condução equivocada da modalidade por parte da CBG, que não deu continuidade ao trabalho desenvolvido até então".

somente nessa condição a modalidade poderia entrar no programa olímpico.

- 1998: Rodolfo Rangel é campeão mundial de duplo minitrampolim.
- 1999: no Mundial de Durban, na África do Sul, Rodolfo Rangel obteve a 16ª colocação e, por pouco, não garantiu uma vaga na Olimpíada de 2004, da qual participaram apenas os 12 primeiros colocados. O Brasil tampouco conquistou vagas para a Olimpíada de 2008, em Pequim, na China.

Gradativamente, a divulgação nacional dessa modalidade esportiva vem sendo ampliada. O campeonato mundial, realizado em Quebec, em 2007, foi integralmente transmitido pela TV aberta brasileira. O número de instituições e de atletas praticantes também vem aumentando, ainda que discretamente. Constata-se que o TRA é muito praticado na região central do Brasil e que o sul, o norte e o nordeste poderiam oferecer e desenvolver mais essa modalidade (POL *et al.*, 2006). Os estados de Rio de Janeiro, Minas Gerais e São Paulo são os que têm se destacado na formação de ginastas de alto rendimento no país (BROCHADO; BROCHADO, 2005).

Ginástica de trampolim é o nome atribuído ao antigo TRA, modalidade esportiva popularmente conhecida como cama elástica, a partir do ciclo 2005-2008 do Código de Pontuação, que rege a modalidade, segundo a Federação Internacional de Ginástica (FIG).

Um dado interessante é que, paralelamente a essa mudança de nomenclatura e ao processo de evolução da modalidade, a cama elástica se popularizou no Brasil e está cada vez mais presente em festas infantis, clubes, hotéis, associações, condomínios e residências de luxo. No exterior, especialmente na Europa, nos Estados Unidos e no Canadá, é muito comum as residências terem no quintal uma cama elástica de tamanho médio para as crianças se divertirem ou, ainda, uma de tamanho menor, que, além de servir para o entretenimento, também pode ser usada para *fitness* (como algumas academias de ginástica no Brasil já utilizam há mais de 15 anos, por influência desses países ou por intermédio dos programas de aulas prontas de *fitness* importados, como o *Body System*).

Conhecendo a ginástica de trampolim

A modalidade

A ginástica de trampolim provém de uma atividade natural, habilidade básica do ser humano, simples e de caráter rítmico, que é saltar. A atratividade dessa modalidade está no fato de proporcionar diversão e satisfação aos participantes, na possibilidade de saltar mais alto do que normalmente se é capaz no solo e na execução de aterrissagens e impulsões especiais e inabituais, como na posição sentada, de frente ou de costas.

Blanco (1997) afirma que essa prática consiste na realização de uma série de exercícios ginásticos em vários aparelhos elásticos, nos quais a acrobacia é a principal protagonista. Já segundo Tubino, Tubino e Garrido (2007, p. 87), "é uma modalidade esportiva na qual os ginastas executam uma série de exercícios acrobáticos e artísticos sobre um trampolim especial (cama elástica) ou após contato com um minitrampolim".

Quatro provas compõem a ginástica de trampolim (CONFEDERAÇÃO BRASILEIRA DE GINÁSTICA, [20--?]), a saber:

- Trampolim individual: é a categoria mais conhecida, popular e a única olímpica. Esse aparelho é composto por uma tela, geralmente de *nylon*, sustentada por molas presas em uma armação de ferro, medindo 5 m de comprimento, por 3 m de largura e 1,15 m de altura. Após adquirir altura e estabilidade nos saltos preliminares, o ginasta inicia a execução de 20 elementos técnicos, sem interrupções, divididos em duas séries de dez elementos na preliminar e, na final, executa outra série de dez elementos, que pode ser igual a uma das séries da preliminar.
- Trampolim sincronizado: tem as mesmas características do trampolim individual, no entanto, é uma prática com dois ginastas saltando simultaneamente em trampolins diferentes, posicionados paralelamente, a uma distância de 2 m um do outro.
- Duplo minitrampolim: é um aparelho elástico, de proporções menores, no qual o ginasta executa uma corrida de aproximação,

aborda o aparelho e executa dois elementos técnicos distintos sem interrupção com, no máximo, três contatos na malha e termina a execução na "zona de finalização", fora do aparelho. São duas passagens pelo aparelho na fase preliminar e mais duas na fase final.

- *Tumbling*: é composto por quatro passagens de oito exercícios acrobáticos variados em cada uma, similares aos do solo da ginástica artística, executados continuamente, em linha reta, sobre uma pista de 26 m que apresenta maior flexibilidade do que um tablado oficial.

Vale ressaltar, ainda, dois aspectos interessantes. O primeiro é que, apesar de a prova individual ser a única olímpica, as outras provas têm campeonatos mundiais e nacionais regulares pela FIG e por suas confederações. Talvez, com o tempo, essas provas possam se tornar também olímpicas. O segundo aspecto refere-se ao uso do minitrampolim, que, apesar de não estar incluído nas competições oficiais, é um aparelho de apoio essencial para a aprendizagem dessas provas.

As competições e a arbitragem[3]

Tendo em vista que o trampolim acrobático individual é a única prova disputada em Olimpíadas e a mais popular no mundo, seguem-se algumas noções do ambiente competitivo dessa modalidade.

De acordo com a Confederação Brasileira de Ginástica, nas competições, cada ginasta executa duas séries, uma obrigatória e outra livre, ambas compostas por dez movimentos, realizados sequencialmente e sem interrupções. Na série obrigatória, os movimentos são designados previamente pela FIG e apenas a execução é julgada. Dentre as cinco notas dadas pelos árbitros, descartam-se a maior e a menor e somam-se as demais, a fim de obter a nota total na série. Na série livre, os ginastas e seus respectivos

3. Mais detalhes sobre as competições e a arbitragem da ginástica de trampolim podem ser encontrados no "Código de Pontuação de Ginástica de Trampolim – 2009-2012", disponível no *site* da CBG e também em: <http://www.mataotramp.com.br/home/download.asp>.

técnicos criam as rotinas de acordo com a capacidade do executante. Nesse caso, tanto a execução quanto a dificuldade são avaliadas. Das cinco notas de execução, descartam-se a maior e a menor, somam-se as três intermediárias e acrescenta-se a nota de dificuldade da série. Ao se somarem as notas das séries obrigatória e livre, obtêm-se os oito melhores ginastas, masculinos e femininos, que disputarão a final, na qual apresentarão apenas a série livre.

Quadro 1: As séries executadas pelos ginastas nas diferentes fases da competição

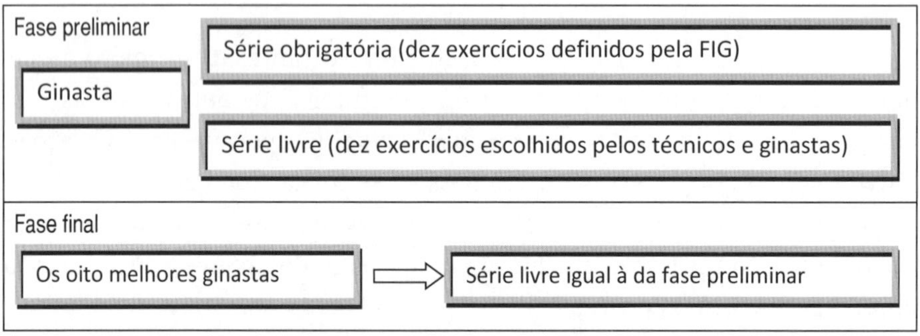

A avaliação dos trampolinistas é feita por oito juízes, assim distribuídos: cinco árbitros responsáveis pelas notas de execução dos movimentos, dois concentrados na dificuldade dos elementos e um árbitro central, denominado árbitro-chefe. Segue-se um exemplo de avaliação de ginasta na Tabela 1.

Tabela 1: Ficha-modelo de avaliação de ginasta de ginástica de trampolim

Cinco árbitros de execução	Notas	Total da execução
A1	9,0	= 26,5
A2	8,8	
A3	~~8,5~~	
A4	8,7	
A5	~~9,1~~	
Dois árbitros de dificuldade		
A6 e A7	4,5	= 4,5
Um árbitro-chefe	–	–
Nota final: 26,5 + 4,5 = 31 pontos		

A segurança

Pontua-se que a utilização de qualquer aparelho elástico deva ser rodeada de cuidados ou normas de segurança, no intuito de prevenir acidentes causados pelas diferentes formas de abordagem do trampolim, com distribuição variada de peso e força sobre ele, o que pode produzir diferentes trajetórias aéreas. São indispensáveis colchões de diversos tamanhos e em número suficiente, além de outras medidas de auxílio (PEIXOTO, 1984). Brochado e Brochado (2005) consideram que a segurança no trampolim acrobático compreende cuidados tanto na montagem do aparelho quanto em sua utilização.

A seguir, as principais instruções de segurança, dentre as muitas existentes na literatura (MERIDA; MASSAGARDI, 2002; SANTOS, 2002):

a) preocupar-se com a montagem e proteção do aparelho e com o auxílio seguro dos ginastas, verificando com frequência as condições do aparelho, colocando dois colchões grossos nas laterais e mantendo sempre dois ginastas de cada lado do aparelho;
b) interromper (ou evitar) qualquer prática perigosa (brincadeiras, movimentos arriscados etc.);
c) utilizar roupas confortáveis e que possibilitem a versatilidade do corpo, tanto para os movimentos mais simples como para as acrobacias e para a movimentação rápida exigida durante queda ou desequilíbrio;
d) não utilizar joias, relógios ou qualquer outro tipo de acessório (bonés, por exemplo) que possa enroscar no aparelho (nas molas e nos elásticos) ou que possa impedir a execução segura e concentrada dos movimentos;
e) não saltar com chiclete ou qualquer tipo de comida na boca;
f) assegurar-se de que os ginastas não saltem quando estiverem exaustos ou doentes;
g) saltar somente com meias grossas ou sapatilhas, nunca descalço.

Os fundamentos

A habilidade motora básica na prática da ginástica de trampolim é *saltar*. O salto tem seu momento de voo potencializado pela combinação do impulso vertical gerado pelo corpo do ginasta com o impulso ministrado pelos elementos elásticos do aparelho.

O *saltar*, nessa modalidade, consiste na ação que permite ao ginasta se lançar no espaço com os membros inferiores e chegar em condições de impulso ao trampolim acrobático. Essa ação não se limita somente à impulsão dos membros inferiores, também inclui a participação importante dos membros superiores e do quadril, compondo, assim, uma postura uniforme do corpo. Os principiantes conseguem saltar no meio ambiente com naturalidade, mas podem ganhar eficiência, ou seja, saltar mais alto, adaptando-se às diferentes superfícies elásticas, controlando o equilíbrio ou os desequilíbrios (LEGUET, 1987, p. 121).

O objetivo do salto, segundo Tani *et al.* (1988, p. 77), é "impulsionar o corpo à frente e/ou acima, através da ação de uma ou ambas as pernas em conjunto, com ação efetiva dos braços para a impulsão, fase de voo e aterrissagem".

No trampolim acrobático, o salto pode ocorrer com as fases de impulsão e de aterrissagem, realizadas sobre ambos os pés, ou nas posições sentada, frontal e dorsal. Exclui-se a possibilidade de impulsão ou aterrissagem em apenas um dos pés, em virtude de possíveis lesões nos joelhos e tornozelos. O apoio sobre os joelhos também não é indicado, em razão de possíveis lesões à coluna. Para a realização de exercícios educativos, são utilizados contatos na posição de quatro e seis apoios.

A fase aérea proporcionada pelo trampolim tem maior duração do que a do solo, o que possibilita, independentemente da forma de impulsão e aterrissagem, a realização de diversos movimentos e a demonstração de habilidades. As habilidades motoras mais importantes para a ginástica de trampolim são girar e rotar.[4] Procurando esclarecer as confusões mais comuns na utilização dos termos giro e rotação, Sobrino (2006) conceitua:

4. A maior parte dos autores que estudam o trampolim utiliza o termo "rotar", embora rotacionar também esteja correto.

- Girar refere-se aos movimentos de rotação sobre o eixo longitudinal, isto é, giros para a direita ou para a esquerda.
- Rotar refere-se aos movimentos de rotação de 90° ou mais sobre o eixo transversal, isto é, rotações para frente ou para trás.

A *recepção no aparelho* é considerada a fase final do exercício, na qual o ginasta deve conseguir um equilíbrio estável, cuja função principal é absorver a energia acumulada. Ao final da série, o ginasta deve permanecer equilibrado sobre ambos os pés por, pelo menos, três segundos. A recepção no aparelho também desempenha um papel de destaque na execução de todas as habilidades acrobáticas, constituindo a fase final de toda a ação. No entanto, como na ginástica de trampolim os exercícios são realizados de maneira encadeada, a fase final de um exercício se converte na fase inicial do outro, encontrando uma recepção estável apenas no último exercício da série (VERNETTA; BEDOYA, 2005). Assim, os saltos, giros, rotações e recepções podem ser considerados os fundamentos, ou seja, as ações motrizes básicas da ginástica de trampolim, conforme a Figura 1.

Figura 1: Ações motrizes básicas da ginástica de trampolim

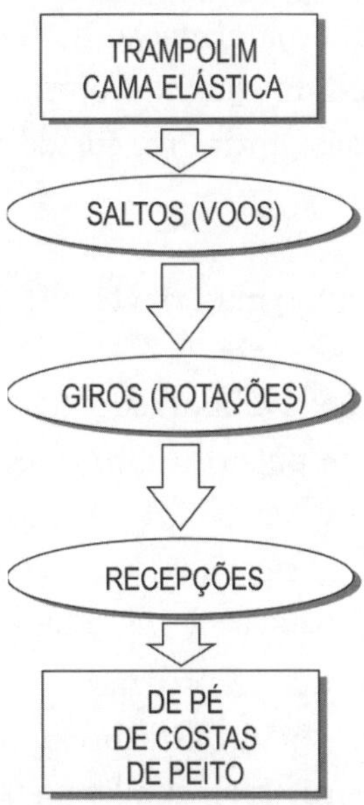

Fonte: Vernetta e Bedoya (2005).

O auxílio

O *auxílio manual* (professor ou colegas experientes) e o *auxílio material* (colchões de aterrissagem ou lonjas) são fundamentais para a aprendizagem dos exercícios técnicos no trampolim acrobático. Dessa forma, é necessário que o técnico conheça e saiba executar adequadamente os auxílios, preservando sua própria integridade física e a de seu aluno.

O auxílio manual pode ser realizado de diversas maneiras:

a) Técnico e ginastas posicionados frente a frente na rede do trampolim acrobático, de mãos dadas (auxílio geralmente utilizado com crianças ou alunos iniciantes).
b) Ginasta posicionado com as costas voltadas para a face ventral do técnico, que segura no quadril do ginasta, ambos na rede do trampolim (também utilizado para iniciantes, nos saltos verticais ou sentado).
c) Técnico posicionado na lateral do aluno, ambos na rede do trampolim (utilizado para auxiliar todas as fases de um determinado elemento técnico).
d) Técnico posicionado na armação de ferro e ginasta posicionado na rede do trampolim. Quando o ginasta estiver executando a fase de voo, o técnico entra na rede do trampolim para auxiliar a aterrissagem.

Do mesmo modo, o auxílio material tem formas variadas:

a) Colchão de proteção: é empurrado pelo professor sobre a rede do trampolim, após o impulso do aluno para o salto, de maneira que o aluno aterrisse sobre o colchão e não na rede. Esse colchão deve ser de densidade média, encapado com material deslizante, e ter duas alças laterais (BROCHADO; BROCHADO, 2005).
b) Lonjas de dois pontos: é utilizada principalmente para a fase de aprendizado. O ginasta fica preso pelos dois lados do cinto, possibilitando ao professor auxiliar nos elementos técnicos com segurança, pois segura a lonja e regula a altura, deixando a corda

> justa durante toda a execução do movimento, para maior controle (LIVRO ABERTO DO CIRCO, [20--?]).

Numa competição, durante a execução de uma série, só é permitido o auxílio material, por meio do colchão de proteção. O auxílio manual, executado pelo técnico, só pode acontecer no último exercício da série.

A estrutura das aulas

Um dos grandes desafios pedagógicos é adequar uma estrutura de aula aos objetivos propostos, utilizando-se os elementos estruturantes escolhidos pelo professor de forma harmônica e coesa, de acordo com o perfil e os fins do grupo. Para escolher, é preciso que o professor tenha um *hall* de possibilidades. Portanto, identificar alguns elementos estruturantes, como conteúdos, e definir os métodos possíveis para a ginástica de trampolim são metas deste capítulo, a fim de colaborar para que o professor organize com mais autonomia um plano de aula adequado ao perfil dos alunos e a sua visão de mundo.

Objetivos – O objetivo do ensino da ginástica de trampolim, de uma perspectiva pedagógica do esporte, é possibilitar que o aluno vivencie experiências únicas de movimento, somente possíveis de serem vividas no trampolim, e baseado nas quais possa conhecer melhor seu potencial de movimento e sentir o prazer da prática da ginástica. Assim, também é objetivo da aula que essa vivência e esse conhecimento sejam criados e partilhados entre todos os envolvidos, tanto no processo de ensino, pelo professor, como na aprendizagem, pelos alunos, colaborando primeiramente para a formação humana.

O objetivo geral das aulas deve ser a *vivência* de diferentes possibilidades de se movimentar e saltar sobre o trampolim, assim como o *aprendizado* dos elementos técnicos da modalidade das perspectivas apontadas anteriormente.

Os objetivos específicos devem ser determinados de acordo com o perfil do grupo (faixa etária, tempo de vivência, experiências motoras anteriores, tempo de duração das aulas, quantidade de aparelhos disponíveis etc.), dos objetivos institucionais (clubes, escolas, associações etc.) e das especificidades de cada conteúdo, além da infraestrutura disponível.

Conteúdos – Os conteúdos da ginástica de trampolim estão compreendidos em: *exercícios de adaptação ao aparelho, movimento de cessar o impulso da rede do trampolim* e *saltos*.

Os exercícios de adaptação ao aparelho (como a brincadeira "mãe do trampolim", apresentada mais adiante) têm o objetivo de propiciar ao executante a oportunidade de coordenar o próprio impulso com a ação do aparelho. Isso permite que, gradativamente, o executante fique mais seguro para aprender os saltos do trampolim acrobático (BROCHADO; BROCHADO, 2005).

O movimento de cessar o impulso da rede do trampolim (exemplificado na brincadeira "estátua não salta", descrita mais adiante) tem a finalidade de encerrar uma sequência de saltos, antes de sair do aparelho. Para isso, é necessário flexionar os joelhos, mantendo o contato dos pés com a rede, enquanto ela se eleva. Dessa forma, o impulso não é transferido para o resto do corpo, o que evita um novo salto. É importante que esse movimento seja aprendido pelo praticante antes que se permita a ele saltar mais alto (BROCHADO; BROCHADO, 2005).

No trampolim acrobático, os saltos podem ser divididos em cinco grupos, como mostra a Figura 2.[5]

Figura 2: Tipos de salto da ginástica de trampolim

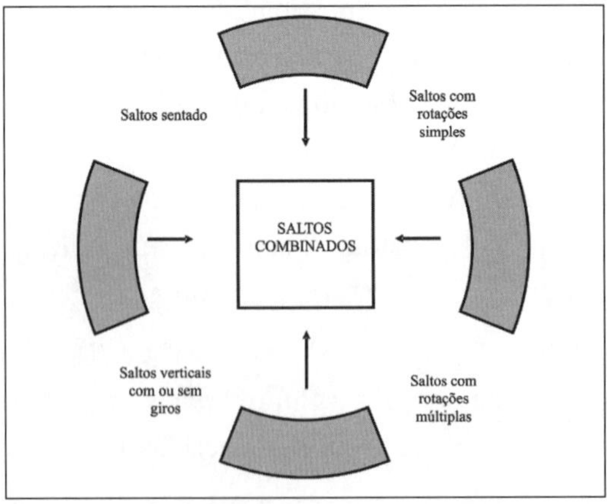

5. Em virtude do grande número de saltos apresentados, não é possível ilustrar todos eles. Sugerimos que o leitor consulte imagens em livros especializados, como alguns indicados em nossa bibliografia e/ou no "Código de Pontuação", no *site* da CBG.

- Saltos sentado

  O salto sentado é considerado um salto básico, pois a principal ação a ser executada é a flexão de quadril no final da fase descendente do voo. Ele pode ser executado em competições oficiais, mas não tem valor de dificuldade. Exemplo: salto sentado ou *sit drop*.

- Saltos com rotações simples

  Os saltos com rotações simples exigem maior domínio corporal, em virtude das posições invertidas. Cada ¼ de rotação equivale a 0,1 ponto de dificuldade; cada mortal completado ganha mais 0,1 ponto de bonificação; os mortais realizados na posição carpada ou estendida ganham mais 0,1 ponto de bonificação pela posição. Sugere-se que os saltos com rotações simples sejam ensinados com auxílio manual ou material. Alguns exemplos: frontal (¼ para frente) ou *front drop*; dorsal (¼ para trás) ou *back drop*; ¾ para frente; ¾ para trás; *pull over*; mortal para frente grupado ou *front C*; mortal para frente carpado ou *front B*; mortal para frente estendido ou *front A*; mortal para trás grupado ou *back C*; mortal para trás carpado ou *back B*; mortal para trás estendido ou *back A*.

- Saltos verticais com ou sem giros

  Os saltos verticais são considerados os mais simples, pois tanto o impulso quanto a aterrissagem são realizados com ambos os pés e, além disso, não exigem rotações do corpo. Por esses motivos, são geralmente os primeiros a serem ensinados. Em competições oficiais, o salto estendido é utilizado apenas para ganhar altura suficiente para iniciar a série. Os saltos grupado, carpado e afastado podem ser realizados durante a série, mas não têm valor de dificuldade. Já o salto com piruetas tem baixo valor de dificuldade (0,2 pontos cada 360°). Alguns exemplos: salto estendido ou *streyched*; salto grupado ou *tucked*; salto afastado ou *straddle*; salto carpado ou *piked*; salto com uma ou mais piruetas (giros) ou *twist*. Existe ainda a posição corporal *puck* ou semiflexionada, utilizada em mortais com vários giros, para facilitar a rotação.

- Saltos com rotações múltiplas

  Os saltos com rotações múltiplas são movimentos complexos e requerem um bom acervo motor e um bom domínio dos saltos dos itens A (saltos verticais com ou sem giros), B (saltos sentados) e C (saltos com rotações simples) como pré-requisito para sua execução. São exercícios de alto valor de dificuldade e seguem as mesmas regras de valores dos saltos do item C. As lonjas são os materiais mais indicados para o auxílio desses elementos, embora outros tipos de auxílio também possam ser utilizados por técnicos mais experientes. Alguns exemplos: 1 e ¾ para frente: duplo mortal de frente; 1 e ¾ para trás; duplo mortal para trás ou *double back*; saída de costas do trampolim para algum salto para frente ou *ball out*; saída em decúbito ventral do trampolim para algum salto para trás ou *cody*.

- Saltos combinados

  Os saltos combinados podem ser simples ou complexos, dependendo dos grupos de saltos que fazem parte da combinação. As combinações devem ocorrer em todas as fases de aprendizagem, como forma de enriquecer as possibilidades de exercícios e de avaliar a aprendizagem. Alguns exemplos: ½ pirueta sentado; sentado ½ pirueta; sentado ½ pirueta sentado; ½ pirueta frontal; frontal ½ pirueta; frontal ½ pirueta frontal; ½ pirueta dorsal; dorsal ½ pirueta; dorsal ½ pirueta dorsal; ¾ para frente ½ pirueta; ¾ para trás ½ pirueta; mortal para frente com ½ pirueta ou *barani* A, B e C; mortal para trás com uma pirueta ou *full*; mortal para trás com duas piruetas ou *double full*; mortal para frente com 1 e ½ pirueta ou *hudolph*; mortal para frente com 2 e ½ piruetas ou *handolph*.

Os métodos

A concepção mais clara e popular que talvez se tenha de método é aquela que se refere a "como" ensinar e, sem dúvida, esse é um começo para sua compreensão. Para Libâneo (1994, p. 149):

> Os métodos são determinados pela relação objetivo-conteúdo, e referem-se aos meios para alcançar objetivos gerais e específicos do ensino, ou seja, ao "como" do processo de ensino, englobando as ações a serem realizadas pelo professor e pelos alunos para atingir os objetivos e conteúdos.

A opção metodológica pode ter efeitos decisivos sobre a formação da mentalidade do aluno, de sua cosmovisão, de seu sistema de valores e, finalmente, de seu modo de viver (BORDENAVE; PEREIRA, 1995). Assim, mais do que uma ferramenta para o ensino do conteúdo, a fim de alcançar o objetivo proposto, a metodologia é a grande viabilizadora da formação humana e cidadã. É ela que pode propiciar ao aluno diferentes compreensões sobre o que está aprendendo, sobre sua relação pessoal e coletiva com aquele conteúdo, como se apropriar dele de diferentes maneiras e para quais fins em sua vida e na da comunidade.

Com base nessas reflexões, inicia-se a escolha do método a ser adotado pelo educador. Alguns professores optam por seguir um único método de ensino, por assim considerarem mais eficaz ou porque isso vai ao encontro de seus objetivos e de sua concepção de ensino e de mundo. Outros variam os métodos, de acordo com seus objetivos ao longo do planejamento, de acordo com a fase de aprendizagem dos alunos ou, ainda, com a complexidade do conteúdo, dentre outras possibilidades.

A nossa principal escolha para o ensino dos elementos básicos do trampolim é a metodologia de ensino proposta por Nista-Piccolo (1995) e fundamentada por Velardi (1997), e que já foi especificamente utilizada para o ensino da ginástica.[6] Resumidamente, essa proposta apoia-se nas teorias de Vygotsky e é estruturada em fases, que a autora denominou de "momentos". Em cada um desses momentos, os objetivos e os papéis do professor e dos alunos são os descritos no Quadro 2.

Esse método proporciona ao aluno a oportunidade de mostrar suas habilidades e experiências motoras, solucionar problemas (com dicas do professor) e, finalmente, vivenciar e aprender a técnica do movimento ginástico, apropriando-se dele para relações com outros conteúdos das diferentes ginásticas e da cultura corporal num aspecto mais amplo.

6. Essa proposta metodológica também pode ser consultada em Toledo, Velardi e Nista-Piccolo (2009a). Sua aplicação no ensino da ginástica, de maneira mais ampla, pode ser encontrada em Schiavon (2003) e Moreira e Nista-Piccolo (2009).

Quadro 2: Síntese da proposta metodológica de Velardi em educação física

	Objetivo	Papel do professor	Papel do aluno
Primeiro momento	Entrar em contato com o tema; é o tempo de exploração dos possíveis movimentos.	Não interfere no processo de exploração; observa e avalia os potenciais de execução, as experiências trazidas pelos alunos e a organização do espaço, que propicia o tema a ser desenvolvido na aula.	Sugere e explora movimentos e materiais, baseado em experiências anteriores.
Segundo momento	Transmitir as propostas por meio de "pistas", propiciando a criação e a solução de problemas contidos nas tarefas; ingressar na formação dos conceitos.	Sua interferência é crucial; deve apresentar o maior número de dicas para o aluno, para que este possa revelar seus pontos de vista, formulando novas respostas; prepara o meio social que servirá de elemento mediador.	Reflete sobre uma situação predeterminada; deve sentir-se capaz de executar a tarefa, amparado por conhecimento prévio ou por um mediador externo; explora os recursos oferecidos pelo meio ambiente e social.
Terceiro momento	Propor atividades dirigidas que não tenham aparecido ainda em aula, utilizando como recurso a imitação (como aprendizado profundo, criativo e desafiador).	Sugere atividades que considere pertinentes ao trabalho e à aula, mostrando aos alunos um conhecimento "novo" de forma lúdica e estimulante.	Imita e/ou redimensiona o conhecimento transmitido pelo professor; elabora conceitos e executa ações mais complexas, compreendendo a lógica dos momentos anteriores.

Fonte: Toledo (1998, p. 66).

É possível notar que a metodologia deve ser permeada, em todos os seus momentos, pelo aspecto lúdico, que acentua a motivação para a prática e o prazer nela.[7]

Independentemente da escolha metodológica, ressalta-se que uma particularidade das aulas de trampolim é que ela é dinâmica. Como não é possível que muitos alunos fiquem sobre o trampolim ao mesmo tempo, é preciso criar estratégias que permitam, a cada aluno, o maior tempo de

7. Outras leituras sobre a ludicidade no ensino da ginástica podem ser encontradas na obra de Vilma Lení Nista-Piccolo, assim como em Toledo, Velardi e Nista-Piccolo (2009b). Sobre a ludicidade, num aspecto mais amplo, na obra de Nelson Carvalho Marcellino e de Georges Snyders.

vivência sobre esse aparelho. Sugere-se que o professor organize atividades no solo, como brincadeiras, jogos e circuitos, que tenham como objetivo o tema da aula e não ofereçam muitos riscos de execução, enquanto um aluno estiver no trampolim. O tempo de permanência de cada aluno no trampolim deve ser curto, para que todos possam passar por ele diversas vezes na mesma aula. O professor deve estar numa posição em que possa dar segurança ao aluno no trampolim e, ao mesmo tempo, ter uma visão panorâmica das atividades desenvolvidas no solo.

Propostas de ensino da ginástica de trampolim

A seguir, são apresentados exemplos de atividades que contemplam alguns dos conteúdos da ginástica de trampolim, com seus respectivos objetivos pedagógicos. Esses exemplos são oriundos de Merida e Massagardi (2002), de experiências docentes e da literatura da área da ginástica.

As atividades podem ser inseridas nos planos de aulas, conforme critério do professor, ressaltando-se que nosso objetivo é que constituam um banco de ideias para futuras variações e criações do próprio professor e também dos alunos (o que incentivamos que seja feito).

Mãe do trampolim

Objetivo – Familiarização com o aparelho. Primeiramente, os alunos exploram o aparelho. Em seguida, propõe-se uma adaptação da tão conhecida brincadeira mãe da rua. Um aluno de cada vez atravessa o trampolim acrobático, de diversas maneiras, no sentido longitudinal, adaptando-se à maleabilidade da malha. Os demais alunos devem realizar os mesmos movimentos no solo, baseados na exploração realizada. Cabendo ao professor dar dicas de outras possibilidades ainda não realizadas, como:

a) andar para frente, para os lados e para trás;
b) correr para frente, para os lados e para trás;

c) saltar com ambos os pés afastados para frente, para os lados e para trás;
d) executar um rolamento para frente, de uma extremidade a outra;
e) impulsionar-se na posição de seis apoios;
f) saltar, alternando membros inferiores (MMII) afastados e unidos;
g) criar sua maneira própria de movimentar-se, com base no que foi vivenciado e visto em outros colegas e nas dicas do professor.

Não é objetivo dessa atividade o ensino da técnica dessas formas de se deslocar, portanto, o terceiro momento da metodologia abordada não foi mencionado.

Por que a brincadeira é importante – Nessa brincadeira, o professor pode desenvolver as habilidades básicas dos alunos e, ainda, oferecer espaço para a criação, visando a familiarização deles com o aparelho, evitando medos desnecessários, permitindo que todos estejam em atividade, sem a formação de filas enormes.

Estátua não salta

Objetivo – Cessar o impulso da rede. Essa brincadeira é uma variação da já conhecida e popular estátua. No primeiro momento de exploração, o professor desafia o aluno a encontrar formas de cessar o impulso da rede (fazê-la parar). Após algumas dicas de como cessar um salto (segundo momento), o aluno pode realizar saltos diversos com impulso e aterrissagem sobre os dois pés, enquanto a música estiver tocando. Quando o professor para a música, o aluno interrompe os saltos, cessando o impulso da rede. Enquanto isso, os demais alunos executam exercícios educativos de corrida, acompanhados pela música, simulando a posição de cessar o salto no solo quando a música parar. Num terceiro momento, o professor orienta formas eficientes (que evitem lesões e propiciem sucesso na realização do movimento) de cessar um salto, comumente utilizadas pelos atletas da modalidade (sugere-se que os alunos visualizem isso em vídeo ou na internet, em casa).

Por que a brincadeira é importante – Todo aluno deve saber como interromper um salto, principalmente se a execução estiver incorreta. Essa é uma medida de segurança indispensável. Além disso, os educativos de corrida podem auxiliar muito a corrida de aproximação para o minitrampolim e para o duplo minitrampolim. A música é um fator motivador nessa atividade, além de poder ser utilizada como ritmo de acompanhamento para os saltos.

Acrescenta um

Objetivo – Conhecer e ampliar o acervo motor dos alunos e incentivar a criatividade e a atenção. Todos os ginastas devem prestar muita atenção, posicionando-se ao redor dos colchões que estão em volta do trampolim acrobático. O primeiro aluno sobe no aparelho e realiza um salto, o segundo realiza o salto executado pelo primeiro e acrescenta mais um, diferente. O terceiro aluno realiza os saltos executados pelos dois primeiros e acrescenta outro tipo de salto, e assim sucessivamente. Para melhor reter a atenção dos alunos, não enfatizando um processo diretivo, o professor pode sortear, de forma aleatória, quem vai saltar (e não seguir uma lógica já engessada, como o sentido horário ou anti-horário ou a ordem alfabética). Isso propicia mais atenção e motivação.

Por que a brincadeira é importante – Os alunos aprendem a criar ou estabelecer um movimento, participando ativamente do processo, o que permite a autovalorização. O fato de executarem os movimentos escolhidos pelos colegas, leva-os, muitas vezes, à tentativa de se superar, aumentando a necessidade de atenção e exercitando a memória.

Brincadeira das posições

Objetivo – Vivenciar as posições corporais básicas para todos os saltos do trampolim. Primeiramente, os alunos são levados a refletir sobre as posições mais comuns usadas no trampolim, que puderam perceber em experiências anteriores (suas e dos colegas) ou em vídeos (fase de exploração e proposta de um problema). O professor explica a brincadeira, que é uma adaptação da conhecida morto e vivo. A cada comando do professor, os alunos realizam a postura corporal que corresponde àquele comando. Para começar, o professor explica quais são os comandos, como, por exemplo:

a) Tábua – decúbito dorsal, com o corpo estendido e tensionado, membros superiores (MMSS) ao longo do corpo.
b) Bolinha – decúbito dorsal, na posição grupada, com as mãos apoiadas nos joelhos e os cotovelos junto ao corpo.
c) Sentada – sentado, com MMII unidos e joelhos estendidos, com as mãos apoiadas na malha na lateral do quadril.
d) Afastada – sentado, com MMII em afastamento lateral, joelhos estendidos e MMSS à frente.
e) Gatinho – seis apoios.
f) Aranha – quatro apoios, de frente.

O aluno permanece parado sobre o trampolim, atento ao comando do professor, que provoca o impulso da rede. O professor inicia os comandos, que devem ser executados e mantidos pelo aluno no trampolim. Os demais alunos executam as mesmas posições no solo, permanecendo por dez segundos, aproveitando o mesmo comando dado ao aluno que está sobre o trampolim.

Por que a brincadeira é importante – Essas posições podem ser aprendidas e dominadas de maneira lúdica e são a base para todos os saltos do trampolim acrobático. Dessa forma, todos os alunos estão em atividade. É uma proposta que promove o fortalecimento muscular e melhora o controle motor, aumentando o vínculo entre professor e aluno, além de estimular a memória da criança.

Brincadeira da gangorra

Objetivos – Aprimorar as noções rítmicas, o controle visomotor e o domínio dos saltos e vivenciar os saltos verticais com ou sem giros. Dois alunos sobre o trampolim acrobático, um em cada extremidade, realizam uma gangorra com saltos verticais, com ou sem giros. Num primeiro momento, são explorações criadas pelos alunos. O desafio é não repetir um movimento já executado. Num segundo momento, os saltos são definidos pelo professor. Enquanto um aluno estiver na fase aérea do salto, o outro estará na fase de contato com a rede, e vice-versa. Eles nunca pisam simultaneamente na malha. Qualquer desequilíbrio deve ser interrompido, cessando o salto.

Embora essa atividade seja comumente realizada de mãos dadas, atingindo objetivos específicos, sugerimos também sua realização com os alunos mais afastados (sem essa ligação), justamente para que se consiga aprimorar a percepção e adequação rítmica dos alunos.

Por que a brincadeira é importante – Essa é uma atividade que aprimora o ritmo próprio, proporciona adaptação ao ritmo do colega, coordenação visomotora e, ainda, ensina o aluno a se proteger de possíveis situações de risco, fixando os saltos já aprendidos em aula. Ela promove a criatividade num primeiro momento e, mesmo que a repetição seguidas vezes seja necessária, é preciso evitar o tédio. Essa atividade também possibilita trabalhos de velocidade de reação e atenção, e pode ser realizada com qualquer salto sem rotação.

Brincadeira do reloginho

Objetivos – Aprimorar a continuidade dos saltos, sem interrupção, e a velocidade de raciocínio e vivenciar os saltos na posição sentada. Um aluno de cada vez sobre o trampolim executa o maior número possível de saltos – sentado ½ giro sentado – sem interrupção. Os demais alunos, ao redor do trampolim, contam quantas vezes o colega fez contato na malha. Cada contato corresponde a uma hora. Além de contar os saltos, os alunos cuidam da segurança do colega que salta. Quando ele parar a execução, recebe um valor em horas. Vence o aluno que fizer o maior número de horas. Dependendo do perfil do grupo, essa atividade pode ser variada, pedindo-se ao aluno que não repita as posições de braços (MMSS) e pernas (MMII) durante o salto com apoio do quadril ("posição sentada") ou que realize sempre o mesmo tipo de salto e posição de todos os membros, aumentando a velocidade.

Por que a brincadeira é importante – Esse tipo de brincadeira faz os alunos exercitarem velocidade de execução, de raciocínio e de reação. É uma atividade que exige que o aluno salte mais alto para conseguir bom impulso e possa executar um maior número de saltos. Assim, ele trabalha com os desafios e as possíveis frustrações de uma competição entre colegas, além de reforçar a questão da segurança do colega que está no trampolim.

Circuito de habilidades

Objetivo – Vivenciar educativos para os saltos com rotações simples de maneira dinâmica. Com base no número de alunos, o professor define a quantidade de atividades a serem vivenciadas no circuito. Os alunos devem passar por todas as estações ao sinal do professor:

a) No solo, executar a posição do salto frontal no momento do contato com a rede e permanecer nela.
b) No "colchão gordo" (colchão de 30 a 50 cm de altura) colocado no solo, executar o salto costas, finalizando na posição de contato com a rede.
c) No "colchão gordo" colocado no solo, executar o mortal para frente, finalizando sentado com as mãos nos joelhos (educativo para mortal para frente).
d) No solo, realizar o mergulho ou peixe (educativo para o ¾ para frente).
e) No trampolim Reuther, executar apenas o salto de saída para o mortal para trás.
f) No solo, executar o rolamento para trás com abertura de quadril no final do movimento (educativo para *pull over*).
g) No trampolim acrobático, executar o mortal para trás com auxílio manual do professor.

No caso de uma turma com sete alunos, colocando-se um aluno em cada estação, ou com 14 alunos, colocando-se dois em cada estação, são criadas sete estações.

Uma possível variação dessa brincadeira é propor que os próprios alunos estabeleçam as estações, sem repetir tipos de saltos ou gestos.

Por que a brincadeira é importante – Os alunos vivenciam educativos para os saltos com rotações simples, sem a necessidade de auxílio do professor, de maneira dinâmica, muitas vezes trabalhando em duplas. Além disso, esse tipo de aula melhora o condicionamento físico.

Apontamentos e sugestões para o desenvolvimento das aulas

Antes de iniciar os trabalhos na ginástica de trampolim, é essencial ter os seguintes conhecimentos:

- É preciso ensinar apenas os elementos viáveis, de acordo com as condições materiais ou humanas. Muitas vezes, por ansiedade do técnico ou professor, do aluno, ou de ambos, saltos de nível elevado de dificuldade são ensinados e executados sem coerência com o nível de habilidade e a capacidade do aluno, ou sem a atenção necessária à falta de material adequado.
- Nunca se permite que os alunos saltem sem a presença de um ajudante no recinto das aulas. Tendo em vista a instabilidade do trampolim, até os ginastas mais experientes podem sofrer alguma queda e se lesionar.
- Não se permite que os alunos executem os saltos mais difíceis no início das aulas. Sugere-se sempre, primeiro, a realização dos saltos de adaptação e, em seguida, os saltos mais complexos, que não devem ficar para o final da aula, em virtude do cansaço físico, pois pode haver prejuízo na atenção, na capacidade de reação e na coordenação (PEIXOTO, 1984).
- É necessário que tanto professores como alunos estejam motivados e preparados em todos os níveis de rendimento. O sucesso na ginástica depende muito das possibilidades motoras do aluno, mas tão importante quanto elas são os demais aspectos pedagógicos que

permeiam o processo de ensino, como a motivação e o planejamento do professor, a estrutura adequada para a prática, um ambiente agradável e de confiança mútua etc.

- Sugerem-se pistas visuais ou pontos a serem observados pelos alunos, combinados com a declaração das sensações geradas pelo movimento, o que pode aumentar progressivamente o controle dos alunos sobre os movimentos (MERIDA; MASSAGARDI, 2002).
- Devem ser proporcionadas oportunidades frequentes para a criação de séries livres, nas quais possam ser contemplados os saltos já aprendidos, propiciando o aprimoramento da capacidade de escolha da ordem sequencial mais adequada dos saltos, o que aperfeiçoa a velocidade de raciocínio que a atividade exige.
- Deve-se dar lugar de destaque à preparação física nas aulas, principalmente ao fortalecimento dos músculos do abdome, dos extensores da coluna e dos MMII. No entanto, principalmente na iniciação, essa preparação deve ser desenvolvida de forma lúdica, durante a aula, em algumas atividades que solicitem esses músculos (em consonância com o método escolhido), ou no final da aula. Isso significa que propor às crianças que façam séries de abdominais e dorsais, da perspectiva da reprodução "pura" de movimentos padronizados, quase nunca motivadores, não faz sentido e não é coerente com uma proposta diferenciada de ensino do trampolim e da ginástica.

Exemplo de uma aula de ginástica de trampolim baseada no método exposto

O método dos três momentos, criado por Nista-Piccolo (1995) e fundamentado por Velardi (1997), foi bem explicitado em Toledo, Velardi e Nista-Piccolo (2009a). As autoras declaram que esse método pode estar presente em qualquer plano de aula de diferentes propostas: numa mesma atividade mais duradoura, que contemple todos eles (como é possível analisar em algumas atividades propostas anteriormente); os três momentos distribuídos em várias atividades da mesma aula; ou, ainda, os três momentos contemplados num bloco contínuo de duas aulas (uma aula de uma hora/ aula termina sem que o terceiro momento tenha acontecido) etc. As formas de manifestação podem as mais diversas.

Apresentamos um exemplo didático, esclarecendo que o método em questão propõe as etapas de uma aula concreta em termos teóricos.

- Tema da aula (ou conteúdo principal): Mortal para frente (ou *front*).
- *Objetivos*: Compreender as técnicas fundamentais para a execução do mortal para frente (ou *front*), possibilitando sua vivência na posição grupada; retomar as posições corporais grupada, carpada e estendida de maneira lúdica; ampliar o acervo motor dos alunos no que se refere aos rolamentos no trampolim acrobático; estimular a criatividade; propiciar a socialização e a troca de conhecimentos e as vivências entre os alunos.
  Duração da aula: Uma hora.

- Conversa inicial: Conversa com os alunos sobre o tema da aula.
- Aquecimento: Pega-pega das posições e alongamento em duplas. Um pegador e os outros alunos são os fugitivos, quem for pego deve permanecer imóvel numa das três posições possíveis para a execução do mortal para frente (grupado, carpado e estendido), até que seja tocado por um colega e possa voltar ao jogo. Ao término do jogo, os alunos alongam-se em duplas.
- Atividade 1: Um aluno no trampolim acrobático e os demais no solo, de frente para o trampolim. O professor pede que o aluno do trampolim seja o mestre e, portanto, experimente uma forma de executar o rolamento para frente. Todos os colegas o imitam no solo. O aluno que sobe no trampolim acrobático não pode repetir o movimento de rolar. Dessa forma, surgem diferentes execuções de um mesmo movimento, sem que o professor tenha de definir um modelo prévio (rolamento grupado, carpado, passando pela vela, sem as mãos, lateral, terminando agachado, terminando sentado, com os MMII afastados etc.).

- Atividade 2: O professor formula perguntas para os alunos. As respostas transformam-se em dicas para a execução do mortal para frente. Ex.: É mais fácil girar com o corpo estendido ou grupado? Que movimento de pescoço pode ajudar no movimento? E os MMSS, podem ajudar de alguma forma? No início do movimento, como deve estar o corpo? E no final? Com base nas respostas, professor e alunos, juntos, elaboram algumas dicas para facilitar a execução do mortal de frente.
- Atividade 3: Em seguida, o professor apresenta um educativo de mortal de frente, realizado em trios: dois alunos posicionam-se um do lado direito e outro do lado esquerdo do terceiro aluno, que será o executante. Os dois alunos devem segurar firmemente o MS correspondente ao lado em que está posicionado. Só então o executante testará as dicas que o grupo acabou de identificar, executando um mortal para frente com auxílio dos colegas. Ao mesmo tempo, um dos trios está com o professor no trampolim. Um aluno está na rede, executando o mortal de frente completo, com o auxílio do professor. Os outros dois alunos estão na lateral do aparelho, observando e fazendo a segurança do colega. Todos os trios devem passar pelo trampolim acrobático.
- Preparação física: O foco é nos exercícios abdominais. Em duplas, um aluno senta-se de frente para o outro. Escolhe-se a música de alguma brincadeira da cultura infantil (por exemplo, "um homem bateu em minha porta", ciranda cirandinha etc.). Ao comando do professor, os alunos devem cantá-la, batendo nas mãos um do outro ao se encontrarem na elevação do exercício abdominal.
- Conversa final: O professor resgata com os alunos o que foi vivido em aula, como as técnicas do movimento, as sensações experimentadas na execução, os pontos visuais que auxiliam o movimento, enquanto todos se alongam.

Considerações finais

O conhecimento sobre a ginástica de trampolim apresentado neste capítulo teve como foco algumas possibilidades de ensino de seus elementos básicos, abordando objetivos, conteúdos, métodos e propostas de atividades.

Atualmente, não é raro encontrar livros didáticos que apresentem pedagogicamente o ensino dos saltos, baseando-se numa progressão metodológica, o que significa aprender os saltos completos, primeiramente, sem utilizar a propulsão da rede, utilizando até mesmo um colchão sobre ela. Os livros ainda mostram que, de acordo com a aquisição de maior domínio corporal no espaço, associada ao ritmo dos movimentos, gradativamente, o aluno deve ser incentivado a aumentar a altura dos saltos. Sem dúvida, essa é uma das possibilidades pedagógicas para o ensino dos elementos técnicos do TRA.

No entanto, é preciso ir além do trivial, exatamente como propõe este capítulo, em que há um conjunto de informações sobre a modalidade, que culmina em atividades lúdicas e dinâmicas, que incentivam os alunos a mostrar suas habilidades e experiências motoras e a solucionar problemas. Dessa forma, acredita-se que o aluno se beneficiará de um processo que lhe permite não apenas vivenciar, mas, sobretudo, aprender as técnicas dos elementos do trampolim acrobático de maneira prazerosa, em procedimentos progressivamente criativos e autônomos (FREIRE, 1996) e, baseado nelas, criar novas possibilidades.

Com isso, este capítulo teve a intenção de colaborar com os professores da área, oferecendo subsídios teórico-práticos para o desenvolvimento do ensino de ginástica de trampolim como possibilidade a ser aplicada em diferentes contextos educacionais.

Referências bibliográficas

BARRUL, R. *Les étapes de la gymnastique au sol et aux agres: En France et dans le monde.* Paris: Fédération Française de Gymnastique, 1984.

BASTOS, S.A. "Trampolim". *In*: COSTA, L. (org.). *Atlas do esporte no Brasil: Atlas do esporte, educação física e atividades físicas de saúde e lazer no Brasil*. Rio de Janeiro: Shape, 2005, p. 229-230.

BLANCO, E. *Historia de la gimnasia en Langreo*. Langreo: Patronato Deportivo del Ayuntamiento de Langreo, 1997.

BORDENAVE, J.D.; PEREIRA, A.M. *Estratégias de ensino-aprendizagem*. 16ª ed. Petrópolis: Vozes, 1995.

BROCHADO, F.A.; BROCHADO, M.M.V. *Fundamentos de ginástica artística e de trampolins*. Rio de Janeiro: Guanabara Koogan, 2005.

CONFEDERAÇÃO BRASILEIRA DE GINÁSTICA. Provas da ginástica de trampolim e as principais regras de arbitragem, [20--?]. [Disponível em: <http://cbginastica.com.br/web/index.php?option=com_content&task=view&id=40&Itemid=55>. Acesso em: 29/1/2009.]

FEDERAÇÃO INTERNACIONAL DE GINÁSTICA. Código de pontuação de ginástica de trampolim – 2009-2012, 2009. [Disponível em: <http://www.mataotramp.com.br/home/download.asp>. Acesso em: 29/1/2009.]

FEDERAÇÃO PAULISTA DE TRAMPOLIM E ESPORTES ACROBÁTICOS. "Curso de técnica de trampolim acrobático. Fita de vídeo n. 1". Palestrante: Valeri Vagel. Rio de Janeiro: Federação Paulista de Trampolim e Esportes Acrobáticos, 1999. Vídeo, VHS, son., color.

FREIRE, P. *Pedagogia da autonomia: Saberes necessários à prática educativa*. 21ª ed. São Paulo: Paz e Terra, 1996. (Leitura)

LANGLADE, A.; LANGLADE, N.R. *Teoria general de la gimnasia*. Buenos Aires: Stadium, 1970.

LEGUET, J. *As ações motoras em ginástica esportiva*. Trad. Bertha Halpern Gurovitz e Maria Fernanda B. Favilla. Barueri: Manole, 1987.

LIBÂNEO, J.C. *Didática*. São Paulo: Cortez, 1994.

LIVRO ABERTO DO CIRCO. Princípios básicos de segurança para o circo (proteção, ajudas e primeiros socorros), [20--?]. [Disponível em: <http://www.deporteyciencia.com/wiki.pl?Libro_Circo/Seguranca>. Acesso em: 29/1/2009.]

MERIDA, F.; MASSAGARDI, F. "Proposta de um planejamento de aulas para o ensino dos saltos básicos do trampolim acrobático". Trabalho de conclusão de curso de graduação em Educação Física. Santo André, 2002. Faculdade de Educação Física, Faculdades Integradas de Santo André.

MOREIRA, E.C.; NISTA-PICCOLO, V.L. (orgs.). *O quê e como ensinar educação física na escola*. Jundiaí: Fontoura, 2009.

NISTA-PICCOLO, V.L. "A educação motora na escola: Uma proposta metodológica à luz da experiência vivida". *In*: DE MARCO, A. (org.). *Pensando a educação motora*. Campinas: Papirus, 1995, p. 113-120.

PEIXOTO, C. *Ginástica desportiva*. Lisboa: Universidade Técnica de Lisboa/Isef, 1984.

POL, D.O.C. *et al.* "Trampolim acrobático: Um pouco de história e de competição". *Revista Digital EFDeportes*, Buenos Aires, ano 11, n. 98, 2006. [Disponível em: <http://www.efdeportes.com/efd98/tramp.htm>. Acesso em: 2/3/2008.]

PÚBLIO, N.S. *Evolução histórica da ginástica olímpica*. São Paulo: Phorte, 1998.

SANTOS, C.R. *Gymnica: 1000 exercícios - Ginástica olímpica, trampolim acrobático, mini-trampolim, acrobática*. Rio de Janeiro: Sprint, 2002.

SCHIAVON, L.M. "O projeto Crescendo com a Ginástica: Uma possibilidade na escola". Dissertação de mestrado em Educação Física. Campinas, 2003. Faculdade de Educação Física, Universidade Estadual de Campinas.

SOARES, C.M. *Imagens da educação no corpo: Estudo a partir da ginástica francesa do século XIX*. Campinas: Autores Associados, 1998.

SOBRINO, M.Z. Manual para el entrenador de gimnasia de trampolín. Nivel 2. SICCED, 2006. [Disponível em: <http://ened.conade.gob.mx/documentos/ened/sicced/13_feb_06/GIMNASIA_N2/TRAMPOLIN/CAPITULO_1.pdf>. Acesso em: 23/5/2014.]

TANI, G. *et al. Educação física escolar: Fundamentos de uma abordagem desenvolvimentista*. São Paulo: EPU/Edusp, 1988.

TOLEDO, E. "Proposta de conteúdos para a ginástica escolar: Um paralelo com a teoria de Coll". Dissertação de mestrado em Educação Física. Campinas, 1999. Faculdade de Educação Física, Universidade Estadual de Campinas.

TOLEDO, E.; VELARDI, M.; NISTA-PICCOLO, V.L. "Como ensinar esses conteúdos nas aulas de educação física?". *In*: NISTA-PICCOLO, V.L.; MOREIRA, E.C. (orgs.). *O quê e como ensinar educação física na escola*. Jundiaí: Fontoura, 2009a, p. 63-90.

______. "A ludicidade permeando as atividades propostas". *In*: MOREIRA, E.C.; NISTA-PICCOLO, V.L. (orgs.). *O quê e como ensinar educação física na escola*. Jundiaí: Fontoura, 2009b, p. 91-100.

TUBINO, M.J.G.; TUBINO, F.M.; GARRIDO, F.A.C. *Dicionário enciclopédico do esporte*. Rio de Janeiro: Senac, 2007.

TURNER-BUND, D. *Deutsche Turnfeste: Spiegelbild der deutschen turnbewegung*. Wiesbaden: Limpert, 1987.

VELARDI, M. "Metodologia de ensino em Educação Física: Contribuições de Vygotsky para as reflexões sobre um modelo pedagógico". Dissertação de mestrado em Educação Física. Campinas, 1997. Faculdade de Educação Física, Universidade Estadual de Campinas.

VERNETTA, M.; BEDOYA, J.L. "El contenido motor de los deportes de trampolín". *Lecturas: EF y Deportes - Revista Digital*, Buenos Aires, ano 10, n. 90, nov., 2005.

ZORO, R. *Images de 150 ans d'E.P.S.: L'éducation physique et sportive à l'école en France*. Paris: Amicale E.P.S, 1986.

6
RODA GINÁSTICA: UMA MODALIDADE A SER "DESCOBERTA" NO BRASIL

Rafaela Guerra Segalla Alves Rodrigues

Introdução

A roda ginástica é um aparelho alemão, criado no final da década de 1920 para entretenimento. Atualmente, é também uma modalidade esportiva bastante difundida na Europa. Entretanto, no Brasil, apesar de existirem registros de sua utilização na década de 1940, ainda é um aparato ginástico pouco conhecido, mas que encanta a maioria dos que têm a oportunidade de conhecê-lo.

A roda ginástica também tem sido difundida como aparelho de demonstração em apresentações de dança, teatro, ginástica geral e circo, como no mundialmente conhecido Cirque du Soleil, que tem números com a roda ginástica em alguns de seus espetáculos (TEIXEIRA-PINTO; RODRIGUES; MORALES, 2010).

A roda ginástica possibilita uma grande variedade de movimentos, pode ser utilizada individualmente, em duplas e até mesmo em grupo. Os movimentos podem ser em linha reta, com os dois aros da roda em contato com o solo, ou em espiral, com apenas um dos aros em contato com o solo, fazendo um movimento parecido com o de uma moeda ao cair no chão. Essa riqueza de movimentos encanta as pessoas que assistem a uma apresentação e/ou competição de roda e a torna uma nova e interessante possibilidade para a educação física.

Este capítulo tem o objetivo de apresentar a roda ginástica e descrever suas características, assim como sua origem e evolução e, por fim, apresentar alguns de seus elementos básicos, dando oportunidade a um maior número de pessoas de conhecê-la e descobrir as inúmeras possibilidades de utilização desse aparato ginástico no ambiente escolar ou em outros ambientes esportivos, uma vez que as abordagens pedagógicas apresentadas para a prática da modalidade propiciam seu desenvolvimento em diferentes contextos, como escolas, clubes, entre outros. Ainda que seja raro encontrar no Brasil escolas de ensino formal que busquem oferecer atividades diferentes das tradicionais, os cuidados pedagógicos apresentados ao longo desse capítulo adéquam a prática da roda ginástica às aulas de educação física escolar, especialmente por ser uma atividade pouco conhecida, o que pode despertar mais interesse dos alunos.

Concomitantemente, buscamos ampliar o referencial teórico da roda ginástica no Brasil, mas as referências bibliográficas sobre esse assunto ainda são escassas. Como comprovou Rodrigues-Benine (2011, p. 107):

> Pudemos constatar que a escassa produção acadêmica sobre o assunto não é fato unicamente visto na realidade brasileira, mas também na Alemanha, ao contrário do que imaginávamos no início deste trabalho. Isso se deve, provavelmente, ao fato de o número de praticantes de Roda Ginástica ainda ser pequeno e, por conseguinte, a quantidade de estudiosos e publicações ainda ser pequena. Certamente estamos no início do processo de introdução desta prática no contexto nacional.

Ao longo do capítulo, descrevemos a origem e evolução da roda ginástica na Alemanha e no Brasil, as principais características do aparelho, suas possibilidades de movimento, apontando uma metodologia adequada ao seu ensino, visando, com isso, a difusão da modalidade. Assim, expandimos o referencial teórico sobre o assunto, já que existem poucas publicações sobre roda ginástica no Brasil, às quais faremos referência aqui.

A roda ginástica: Apresentação do aparelho

Rhoenrad, em alemão, *wheel gymnastics*, em inglês, e roda ginástica ou roda alemã, em português. Mas o que é isso?

Essa pergunta surge com frequência quando apresentamos esse aparato ginástico a alguém, por ser ainda pouco conhecido no Brasil. Dessa forma, faz-se necessária uma descrição detalhada, assim como a apresentação de uma figura ilustrativa dela.

A roda ginástica é um aparato de origem alemã, que consiste de dois aros de aço tubulares cobertos com material sintético (PVC) e unidos por seis barras de metal. Dessas barras, as duas superiores têm uma alça cada; as duas inferiores, uma prancha de madeira, com espaço para colocar as faixas que seguram os pés; e duas medianas são lisas. Além dessas, há mais duas alças internas na parte superior de cada aro. O diâmetro do aparelho aumenta de cinco em cinco centímetros. Portanto, cada ginasta deve utilizar uma roda específica para sua altura (TEIXEIRA-PINTO; RODRIGUES; MORALES, 2010).

Figura 1: Estrutura da roda ginástica

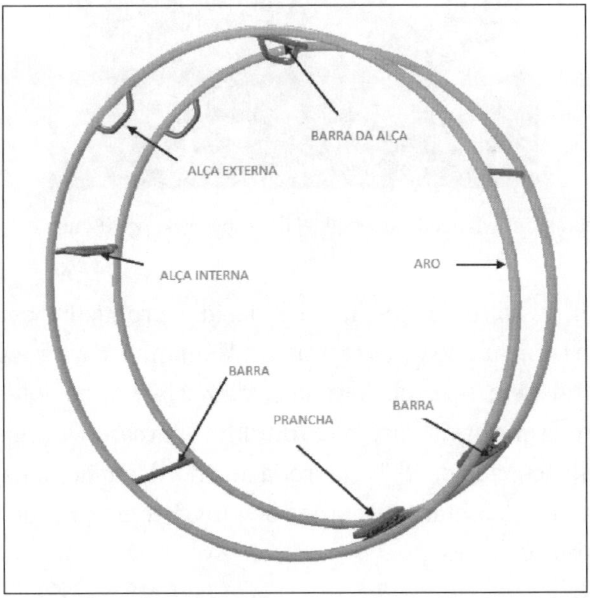

Fonte: Rodrigues-Benine (2011, p. 31).

Um pouco de história

A roda ginástica foi criada quando Otto Feick, ferroviário alemão, ficou encarcerado após a Primeira Guerra Mundial. Nesse período de reclusão, ele se lembrou de que, na infância, descia um barranco em dois anéis de barril amarrados juntos. Depois dessa lembrança, planejou construir um aparelho ginástico semelhante ao brinquedo de sua infância (INTERNATIONAL RHOENRAD ASSOCIATION, [20--?]).

Figura 2: Otto Feick, criador da roda ginástica

Fonte: <http://commons.wikimedia.org/wiki/File:Otto_Feick.jpg> (Röhnr 1932, CCBY-SA 3.0).

Quando foi solto, em 1923, Feick decidiu produzir e comercializar a sua roda ginástica. Mudou-se para o sul da Alemanha, para a região de Rhön, na Baviera, onde, em 1925, abriu uma serralheria e desenvolveu diferentes desenhos da roda que havia imaginado durante o cárcere. Um deles prevaleceu e foi por Feick chamado de *Rhönrad* (roda de Rhön), em homenagem à região que o acolheu. Feick, então, patenteou seu invento e reservou seus direitos de invenção em 30 países.

Em 1926, apresentou o aparelho na Escola Superior Alemã de Educação Física, em Berlim. Também fez demonstrações da roda ginástica na Inglaterra, na França e nos Estados Unidos. As rodas ginásticas foram um sucesso de vendas; a oficina de Feick produziu quase 20 mil exemplares para serem comercializados em todo o mundo (DEUTSCHE WELLE, [20--?]).

Levou apenas cinco anos para que, em 1930, a primeira competição de roda ginástica acontecesse. Realizou-se em BadKissingen, na Alemanha. Onze anos após a criação da primeira roda, em 1936, nos Jogos Olímpicos de Berlim, 120 ginastas realizaram uma apresentação de roda durante a cerimônia de abertura.

A Segunda Guerra Mundial interrompeu o desenvolvimento da modalidade, mas, em 1959, o esporte foi reconhecido pela Federação Alemã de Ginástica (DTB), e começou a ser difundido também fora da Alemanha. Continuando esse movimento, um grupo alemão de apresentação desse material (DTB-Schauturngruppe) participou da Gymnaestrada Mundial,[1] em Zurique, em 1982, e em Herning, em 1987. Com uma coreografia moderna, essa equipe conseguiu que muitos países se interessassem pela roda.

Em 1990, realizou-se na cidade de Finnentrop, na Alemanha, o primeiro *camp* de treinamento de roda ginástica, evento no qual ginastas de todas as regiões e níveis técnicos reúnem-se para praticar a modalidade, participando de cursos e oficinas. No ano seguinte, aconteceu o primeiro campeonato europeu da modalidade, na cidade de Taunusstein, também na Alemanha, e, em sequência, mais três edições do evento, a cada dois anos.

Em 1995, foi fundada a Associação Internacional de Roda Ginástica (IRV), o que permitiu que fossem estabelecidos os regulamentos da modalidade. Logo em seguida, foi realizado em Den Helder, na Holanda, o primeiro Campeonato Mundial de Roda e, desde então, esse evento acontece a cada dois anos, alternando-se com o Camp Internacional de Treinamento de Roda Ginástica (INTERNATIONAL RHOENRAD ASSOCIATION, [20--?]).[2]

Atualmente, a roda ginástica pode ser encontrada em muitos países, entre eles, Holanda, Bélgica, Suíça, Espanha, Israel, Noruega, Finlândia, Suécia, Inglaterra, Áustria, Coreia, Itália, Portugal, Argentina, Japão, China, Austrália, Canadá, Estados Unidos e Brasil (INTERNATIONAL RHOENRAD ASSOCIATION, [20--?]).

---

1. A Gymnaestrada Mundial é o evento oficial da ginástica geral, organizado pela Federação Internacional de Ginástica. É o maior e mais importante evento da modalidade. Acontece a cada quatro anos e conta com a participação de vários países, que se reúnem para realizar apresentações, trocar informações sobre os trabalhos desenvolvidos em seus países e discutir a ginástica geral como importante elemento para o aprimoramento humano.
2. No *site* <http://www.rhoenrad.de>, existem informações sobre os eventos de roda ginástica, como os *camps* internacionais e os campeonatos mundiais, além de curiosidades sobre a modalidade.

A roda ginástica chega ao Brasil

A trajetória que relatamos do aparecimento da roda ginástica no Brasil é mais detalhada na região de Campinas, estado de São Paulo, uma vez que foi nessa região que encontramos registros de seu aparecimento e desenvolvimento. Entretanto, possivelmente, o aparelho também tenha se desenvolvido em outras regiões, mas não foram encontradas informações a respeito. Segundo Teixeira-Pinto (2005, p. 14), há dois registros da roda ginástica no Brasil durante a década de 1940.[3] Um deles pode ser encontrado na pesquisa de mestrado de Fiorin (2002), cuja dissertação analisou a ginástica em Campinas, identificando suas formas de expressão da década de 1920 à década de 1970. Nesse trabalho, a autora apresenta uma entrevista com o professor Pedro Stucchi Sobrinho, em que ele descreve uma vivência que teve de roda ginástica: "Foi num curso em Santos, no Clube Atlético Santista, que um alemão foi ensinar para a gente a 'roda-gigante' (...) Precisa muita força no braço, mas é só questão de acostumar, porque depois que você faz o balanceio não precisa fazer força alguma" (FIORIN, 2002, p. 75).

Fiorin ainda apresenta fotos do professor Pedro Stucchi usando a roda ginástica. Na Figura 3, é possível observá-lo na roda. Segundo ele, as fotos foram feitas na Universidade de São Paulo, na cidade de São Paulo, por volta de 1943. Fiorin acrescenta também que não obteve informações acerca do que aconteceu com essa roda ginástica.

O segundo registro da roda nessa década "está na capa da *Revista Brasileira de Educação Física*, ano II, n. 16, de abril de 1945. Nessa revista, está uma fotografia tirada no Minas Tênis Clube e nela quatro homens seguram uma roda ginástica e outro homem faz uma parada de mãos sobre a mesma" (TEIXEIRA-PINTO, 2005, p. 14).

Não encontramos outros registros que fornecessem subsídios para acreditar na continuidade do desenvolvimento de um trabalho com a roda na

3. Não foram encontrados outros registros da roda ginástica no Brasil. Entretanto, a Sociedade de Ginástica Porto Alegre – Sogipa, fundada em 1867 como Deutscher Turnverein (Sociedade Alemã de Ginástica) por um grupo de imigrantes alemães, provavelmente haja outros registros da roda ginástica no Brasil.

região de São Paulo, além desses que relatamos, como apontam Teixeira-Pinto, Rodrigues e Morales (2010) e Rodrigues-Benine (2011). Somente em agosto de 2001, durante o Fórum Internacional de Ginástica Geral, realizado no Sesc de Campinas, em parceria com a Faculdade de Educação Física da Universidade Estadual de Campinas, a roda ginástica reapareceu (SOUZA; AYOUB, 2001).

Figura 3: Pedro Stucchi experimentando a roda

Fonte: Centro de Memória da Unicamp.

Durante esse evento, foram realizados cursos e oficinas ministradas por grupos nacionais e internacionais, um festival de ginástica geral, com a participação desses grupos e de outros convidados, além de conferências, mesas-redondas e debates teóricos. Dentre os vários participantes do fórum estava um grupo alemão, composto por nove mulheres e três homens, coordenado pela técnica Sigrun Leisner, na época vice-presidente da Associação Internacional de Roda Ginástica (IRV). Esse grupo trouxe ao Brasil cinco rodas, utilizando-as para ministrar cursos e oficinas e realizar apresentações em diversas cidades do estado de São Paulo. Essas rodas ficaram no Brasil. Duas foram adquiridas pela Unicamp e uma pelo Instituto Adventista de São Paulo (Iasp), localizado em Hortolândia, na região de Campinas. As outras duas foram para a Argentina, adquiridas por um grupo de ginastas que participava do mesmo evento (Grupo Ginástico Dickens).

Com esses dois novos aparelhos, um grupo de nove pessoas na Unicamp, composto por duas mulheres e sete homens, começou a explorá-los, reunindo-se com frequência para dar continuidade ao treinamento iniciado nos cursos realizados no Fórum Internacional de Ginástica Geral.

Logo depois, membros desse grupo constituíram o Grupo de Roda Ginástica da Unicamp (GRG), como se autodenominou, e começaram a elaborar coreografias com as rodas, realizando apresentações pelo estado de São Paulo, oferecendo algumas oficinas em cada um desses momentos. O interesse do público era muito grande, assim como o encantamento com o novo, pois a maioria das pessoas nunca havia tido contato com o aparelho. Esse fato impulsionou os integrantes do GRG na vontade de divulgar a roda ginástica, permitindo que cada vez mais pessoas pudessem conhecê-la.

Em outubro de 2002, foi organizado pela Unicamp, em parceria com o Iasp e a Associação Internacional de Esporte e Cultura (Isca), o Camp Brasil de Roda Ginástica, realizado no Iasp, em Hortolândia. Para esse evento, foram convidadas, ambas da Alemanha, Sigrun Leisner, coordenadora do grupo que veio ao Brasil em 2001, e Sabine Nickel, atleta de roda ginástica e integrante do mesmo grupo, para que ministrassem cursos e oficinas aos interessados.

Ao longo de uma semana de treinamento intensivo (manhã, tarde e noite), oito integrantes do GRG e cinco integrantes do grupo de roda ginástica do Iasp puderam aperfeiçoar os exercícios que já dominavam e aprender novos elementos com um maior grau de dificuldade.

No mesmo ano, houve uma publicação específica sobre a roda ginástica, provavelmente a primeira produção acadêmica sobre o assunto no Brasil, focada nas questões da prática da roda ginástica, desenvolvida por Carreiro (2002), orientado pela professora doutora Elizabeth Paoliello, também coordenadora do Fórum Internacional de Ginástica Geral (que recebeu o referido grupo de alemães, especialistas no assunto).

Figura 4: *Folder* do Camp de Roda Ginástica

Fonte: Acervo pessoal da autora.

Em 2003, nos desfiles das escolas de samba do Rio de Janeiro, a Mocidade Independente de Padre Miguel apresentou algumas rodas ginásticas em sua comissão de frente (TEIXEIRA-PINTO, 2005, p. 15).

Em 2004, por meio de um projeto financiado pelo Fundo de Apoio ao Ensino e Pesquisa (Faep), foram construídas pelo aluno Ricardo Silva, também orientando da professora doutora Elizabeth Paoliello, duas rodas ginásticas brasileiras, que são patrimônio da FEF-Unicamp.[4] Esse feito tomou outras proporções, possibilitando que esse aluno iniciasse sua própria produção de rodas alemãs, criando oportunidade para que pessoas e/ou instituições interessadas nessa prática pudessem adquirir o material sem ter de importá-lo, uma grande conquista para a disseminação da modalidade no Brasil.

No mesmo ano de 2004, iniciou-se na FEF-Unicamp um projeto de extensão comunitária, no qual foram oferecidas aulas de roda ginástica para a comunidade.

No ano seguinte, Teixeira-Pinto (2005) publicou um trabalho sobre a roda ginástica, descrevendo uma sistematização da aprendizagem, na qual

4. Contato com fabricante de roda ginástica: contato@interalia.com.br.

apresenta alguns exercícios de familiarização com o aparelho, exercícios básicos da modalidade, com diversas possibilidades de execução e diferentes graus de dificuldade.

Já em 2007, no IV Fórum Internacional de Ginástica Geral, também realizado no Sesc Campinas, em parceria com a FEF-Unicamp, Sigrun Leisner voltou ao Brasil com um grupo de roda ginástica. Durante o evento, o grupo alemão participou dos festivais, apresentando coreografias individuais, em duplas e em grupo. Foram ministrados cursos para o nível iniciante, com noções básicas e procedimentos metodológicos do aparelho, assim como para o nível intermediário, no qual o pré-requisito era o domínio de fundamentos básicos do aparelho, além da realização de um aprofundamento em habilidades específicas da roda ginástica (AYOUB; TOLEDO; VENÂNCIO, 2007, p. 16).

Após a participação no IV Fórum Internacional de Ginástica Geral, o grupo alemão especialista em roda ginástica viajou ao Rio de Janeiro, onde ministrou cursos e oficinas, além de realizar apresentações de suas coreografias com a roda.

Em 2009, a escola de samba Gaviões da Fiel, de São Paulo, também utilizou as rodas ginásticas em sua comissão de frente no desfile de Carnaval. Dessa vez, as rodas utilizadas foram emprestadas pela Unicamp, assim como foram convidados alguns integrantes do GRG para compor esse grupo, em virtude da experiência adquirida com o aparelho.

Morales (2010) também publicou um trabalho que trata das questões pedagógicas desse aparelho, apresentando atividades que visam facilitar a aprendizagem na modalidade. O objetivo desse estudo era desenvolver uma nova metodologia de ensino da prática da roda alemã.

Nesse mesmo ano, foi produzido por Teixeira-Pinto, Rodrigues e Morales (2010) um capítulo sobre roda alemã, lançado no volume 2 do livro *Introdução à pedagogia das atividades circenses*, provavelmente o primeiro documento em livro que trata dessa temática. Os autores apresentam um breve histórico sobre a origem e evolução da roda ginástica, algumas noções básicas sobre segurança, assim como considerações pedagógicas, para, então, sugerir alguns exercícios básicos, que, segundo os autores, são os essenciais para o início de um trabalho com o aparelho.

A dissertação de mestrado de Rodrigues-Benine (2011) sobre a roda ginástica traz a análise de uma proposta metodológica desenvolvida no clube Bayer Leverkusen, na Alemanha, por Ines Meurer, especialista de renome internacional nesse clube, um dos mais importantes no contexto internacional. Meurer atua desde 2005 como responsável pela seleção nacional alemã dessa modalidade.

Mesmo após a publicação dos trabalhos citados, que versam sobre essa temática, podemos dizer que ainda é necessário o desenvolvimento de mais estudos voltados à aprendizagem de um aparelho quase desconhecido da população. Além de massificar sua prática, é importante avançar nas propostas de ensino por meio de pesquisas que aprofundem o assunto. É o que pretende este capítulo, reforçando as questões pedagógicas no ensino dessa modalidade.

As disciplinas da roda ginástica[5]

Como esporte competitivo, a roda ginástica está dividida em disciplinas (ou modalidades). Cada uma delas tem características específicas. Como se destaca no quadro a seguir, a prática divide-se em três disciplinas: linha reta, espiral e salto.

Nos campeonatos alemães, existem, ainda, as disciplinas de dupla e roda ginástica sincronizada. Entretanto, atualmente, o número de participantes dessas disciplinas é bem menor. Essas duas formas de movimentação são vistas com mais frequência em apresentações artísticas e espetáculos de roda ginástica.

A roda ginástica sincronizada é aquela disciplina na qual duas ou mais rodas rolam em paralelo e são realizados os mesmos elementos, ao mesmo tempo, em todas as rodas. É possível sincronizar rodas em todas as disciplinas, linha reta, espiral e salto, mas encontramos essa disciplina, com mais frequência, na linha reta.

---

5. A expressão "disciplinas da roda ginástica" foi retirada do livro *Rhönradturnsprache/The technical language of wheel gymnastics - German/English*, de Brigitte Faber, com tradução para o inglês de Maria Sollohub, que faz parte do acervo bibliográfico do Grupo Ginástico Unicamp.

Quadro 1: Síntese das disciplinas de roda ginástica

<table>
<tr><th>Disciplina</th><th>Descrição</th><th colspan="2">Grupos de exercícios</th></tr>
<tr><td>Linha reta</td><td>A roda ginástica é colocada em movimento nos dois aros, rodando de um lado para o outro. O ginasta fica dentro da roda, com ou sem os pés presos; através da transferência de peso, tem a possibilidade de diminuir ou aumentar a velocidade.</td><td>Centralizados: O centro de massa do ginasta se localiza próximo ao centro da roda.</td><td>Descentralizados: O centro de massa do ginasta se localiza próximo aos aros, assim, ele pode realizar evoluções utilizando as barras em diferentes posições.</td></tr>
<tr><td>Espiral</td><td>A roda é colocada em movimento em apenas um dos aros, realizando uma trajetória circular. O movimento da roda é semelhante ao de uma moeda caindo no chão e o ginasta pode realizá-lo em diferentes posições, como rotações frontais, espacatos, voo livre (sem as mãos) etc.</td><td>Grande: Caracterizado por formar, entre a roda e o solo, um ângulo de aproximadamente 60°.</td><td>Pequeno: Forma, entre a roda e o solo, um ângulo de 30°; como o ângulo é menor do que o da espiral grande, aumenta a inclinação do corpo do ginasta.</td></tr>
<tr><td>Salto</td><td colspan="2">O ginasta, em pé entre as alças internas, dentro da roda, coloca-a em movimento; para isso, dá um passo à frente, une as pernas, abaixa-se na posição de cócoras e a impulsiona. Em seguida, corre atrás da roda e realiza um salto, subindo em cima dela; no ápice do aparelho, deve impulsioná-la com as mãos ou os pés, realizando a última fase (fase de voo), que pode ou não conter acrobacias. A aterrissagem do salto é realizada sobre um colchão.</td><td>Nessa disciplina, os exercícios não são divididos em dois grupos.</td></tr>
</table>

Fonte: Adaptado de Teixeira-Pinto, Rodrigues e Morales (2010).

Figura 5: Disciplinas da roda ginástica (linha reta e espiral)

Fonte: Acervo pessoal da autora.

A disciplina de dupla caracteriza-se por dois ginastas em uma mesma roda, o que só é possível em linha reta e espiral. Alguns dos elementos descentralizados podem ser realizados em duplas, entretanto, há muitos elementos que não podem ser realizados por apenas uma pessoa. Cabe destacar que, na dupla, os ginastas não precisam ser do mesmo tamanho nem ter o mesmo peso, mas isso facilita a execução dos elementos.

Descobrindo a roda ginástica: Um novo olhar sobre a prática

A roda ginástica é um aparelho que permite uma gama muito grande de exercícios. Segundo a Associação Internacional de Roda Ginástica (IRV), são mais de 300 elementos que podem ser executados com diferentes níveis de dificuldade. Na Europa, é bastante conhecida como modalidade esportiva, mas também tem sido utilizada em apresentações de dança, ginástica geral e/ou circo.

Ayoub (2003, p. 68) faz um paralelo entre a ginástica geral e as ginásticas de competição, levantando algumas características dessas modalidades, como a questão da seletividade, o limitado número de participantes, as regras rígidas, preestabelecidas por códigos de pontuação, elementos que caminham no sentido da especialização esportiva, visando à comparação formal classificatória e definida por pontos.

Embora essas características estejam presentes em muitas práticas gímnicas competitivas, entre elas a roda ginástica, é possível reconhecer outros fatores positivos de sua prática. Por ser diferenciado e, de certo modo, desconhecido, esse aparelho oferece estímulos à motivação de possíveis praticantes, proporcionando variadas formas de aplicação. Com cuidados pedagógicos, essa prática pode aprimorar diversas habilidades motoras, ampliar o conhecimento da cultura gímnica vivida pelo aluno, criando oportunidade para experiências únicas de movimento e prazer. Suas possibilidades infinitas de criação de coreografias permitem que seja incluída até mesmo nos conteúdos curriculares de um ensino formal.

Valendo-nos dessas reflexões, propomos o ensino da roda não como modalidade competitiva, mas, sim, como forma de expressão corporal por meio da utilização do aparelho roda ginástica e suas inúmeras variações de movimentos.

Pode ser feito um paralelo entre o que propomos em relação à prática da roda ginástica e a proposta de ginástica geral do Grupo Ginástico Unicamp, que está voltada para a formação humana, para a participação de todos e para o prazer da prática. Entretanto, "o eixo fundamental da Ginástica Geral (GG) deve ser a ginástica, podendo dialogar com outros elementos do universo da cultura corporal (como a dança, o jogo, o esporte, a luta, etc.)" (AYOUB, 2003, p. 74).

Corroborando o que afirma a autora ao discorrer sobre a ginástica geral (atualmente denominada ginástica para todos), ressalto que a roda ginástica não deve ser colocada em segundo plano. Assim como na GG a ginástica deve ser o eixo fundamental, na roda ginástica a roda, seus elementos e seus gestos devem ser o eixo fundamental, porém, pode-se enriquecer o trabalho agregando outros elementos da cultura corporal.

Ressaltamos que o momento de aprendizagem da técnica básica é extremamente importante, uma vez que a técnica serve como base para que o momento de exploração ocorra com menos riscos para o aluno e possibilite uma aprendizagem mais bem-sucedida, com resultados positivos.

Uma aula de roda ginástica seria dividida entre: momentos de aprendizagem da técnica básica, dos elementos característicos do aparelho, com avanços progressivos de acordo com o desenvolvimento individual; momentos de exploração, nos quais existiria a possibilidade de recriação de elementos e criação de novos movimentos; e, por fim, a exploração e o desenvolvimento da expressão corporal.

Rodrigues-Benine (2011, p. 103) apresentou a possibilidade de utilização de uma proposta metodológica para o ensino dos elementos da roda ginástica alicerçada numa metodologia de ensino que surge no contexto dos projetos de extensão da FEF-Unicamp:

> A autora Marília Velardi (1997), com uma proposta baseada em suas experiências profissionais e nos estudos de Vygotsky, trouxe para a metodologia em educação física uma significativa contribuição, que tem fundamentado e servido de referência para alguns trabalhos na área, mais especificamente trabalhos sobre metodologias de ensino de práticas esportivas, como Schiavon e Nista-Piccolo

(2003), que utilizam a metodologia no ensino da Ginástica Artística e Rítmica, e Morales (2010), que propõe a utilização da metodologia no ensino da Roda Ginástica.

Essa proposta já havia sido publicada por Nista-Piccolo em 1995, sua criadora, mas foi principalmente por causa da fundamentação teórica de Velardi (1997) que ela se tornou mais conhecida e utilizada, pois essa segunda autora alicerçou sua fundamentação nos estudos de Vygotsky, que abordam a zona proximal de desenvolvimento (ZPD), área definida por Vygotsky como propiciadora de aprendizagem, na qual o aluno encontra-se perto de aprender, mas precisa da intermediação do professor para a efetiva realização dessa aprendizagem. Nista-Piccolo (1995) e Velardi (1997) estruturam a proposta em três momentos:

1º momento: o objetivo é entrar em contato com o tema; é o tempo de exploração dos possíveis movimentos. O professor organiza o espaço, que propicia o tema a ser desenvolvido, mas não interfere no processo de exploração, apenas observa e avalia os potenciais de execução e as experiências trazidas pelos alunos. O aluno tem o papel de sugerir e explorar movimentos e materiais, baseado em suas experiências anteriores.

2º momento: o objetivo é transmitir as propostas por meio de "pistas", propiciando a criação e a solução de problemas presentes nas tarefas e ingressar na formação dos conceitos. A interferência do professor é crucial nesse momento. Ele deve fornecer ao aluno o maior número de dicas, para que este possa revelar seus pontos de vista, formulando novas respostas. O professor prepara o meio social que serve como mediador. O aluno deve refletir sobre uma situação predeterminada, para se sentir capaz de executar a tarefa, amparado pelo conhecimento prévio ou por um mediador externo e explorar os recursos oferecidos pelo meio ambiente e social.

3º momento: é nessa etapa que o professor propõe atividades dirigidas do conteúdo que definiu como objetivo principal da aula e que não tenha aparecido durante os momentos anteriores. Para isso, utiliza

> como recurso a imitação (como aprendizado profundo, criativo e desafiador). O professor tem o papel de sugerir atividades que considere pertinente ao trabalho e à aula, mostrando ao aluno um conhecimento "novo" de forma lúdica e estimulante. O aluno deve imitar e/ou redimensionar o conhecimento transmitido pelo professor, elaborando conceitos e executando ações mais complexas, compreendendo, assim, a lógica dos momentos anteriores.

Morales (2010) concluiu em sua pesquisa que esse método auxiliou o processo de ensino aprendizagem da roda ginástica, tornando as suas aulas mais interessantes e estimulando a automotivação dos alunos no desenvolvimento das atividades.

Essa metodologia propõe alternativas que nos ajudam a pensar na resolução de alguns "problemas" para que essa prática torne-se mais acessível no país, sobretudo em razão do pouco conhecimento sobre a modalidade e do tamanho das rodas ginásticas.

A roda é um aparelho com uma especificidade: cada indivíduo deve utilizar uma roda com medida correta, conforme a altura do praticante. Essa medida correta, ou o tamanho ideal do aparelho, deve ser de 40 a 50 centímetros maior do que a altura do ginasta, podendo haver algumas exceções, dependendo do biótipo do atleta.

Os diâmetros da roda variam de cinco em cinco centímetros e, na Alemanha, existem aparelhos de todos os tamanhos. Em uma aula de roda ginástica na Alemanha, cada ginasta tem uma roda do seu tamanho à sua disposição e o professor vai auxiliando um aluno de cada vez. Aqui no Brasil, entretanto, a quantidade de rodas existentes ainda é muito pequena e o custo do aparelho é alto, portanto, uma aula na qual cada ginasta tenha a sua roda é algo difícil de imaginar atualmente. Dessa forma, faz-se necessário pensar em diferentes possibilidades de utilizar a roda, tornando-a acessível a um número maior de pessoas.

Uma alternativa é realizar exercícios em que haja mais de uma pessoa em uma roda, como no exercício denominado "roda-gigante", que será explicado mais à frente. Outra possibilidade são exercícios que possam ser realizados por pessoas de diferentes tamanhos numa mesma roda, ou seja, exercícios nos quais a pessoa não necessite estar com os dois pés presos e as duas mãos segurando nas alças.

Com relação à construção da roda ginástica, podem-se encontrar alternativas, já que a roda oficial construída no Brasil ainda tem um custo alto. Dado que o objetivo da iniciação à modalidade não é a competição, pode-se pensar em outras maneiras mais baratas de construção de uma "roda adaptada", como foi feito na academia Equilíbrio, onde foi construída uma roda de madeira com lugares para prender os pés e as mãos e, assim, poder rolar de um lado para o outro.

A prática da roda ginástica é algo recente em nosso país. Não temos a pretensão de traçar normas e limitar a forma como ela deve ser "explorada", mas, sim, apresentar essa modalidade desenvolvida na Alemanha e difundida por muitos países como um esporte competitivo e sugerir um olhar diferenciado sobre as possibilidades de utilização de um material tão fascinante.

> A ciência é, ao mesmo tempo, uma enorme caixa de ferramentas e, mais importante que suas ferramentas, um saber de como se fazem as ferramentas. O uso das ferramentas científicas que já existem pode ser ensinado. Mas a arte de construir ferramentas novas, para isso há de se saber pensar. A arte de pensar é a ponte para o desconhecido. Assim tão importante quanto a aprendizagem do uso das ferramentas existentes – coisa que se pode aprender mecanicamente – é a arte de construir novas ferramentas. (ALVES, 2005, p. 11)

Como disse Rubem Alves (2005), o uso de ferramentas científicas que já existem pode ser ensinado, mas é preciso saber pensar para que possamos construir novas ferramentas. Já existe uma forma de ensino/aprendizagem da roda ginástica utilizada na Alemanha, com a qual muito aprendemos. No entanto, para a realidade brasileira, é preciso ir além disso, dar especificidade à prática no nosso contexto social e cultural, onde a ginástica de forma mais ampla tem outra história, onde são produzidos outros conhecimentos na área educacional e na pedagogia do esporte, desafio assumido neste capítulo.

Dicas básicas para a aprendizagem da roda ginástica

Há alguns conceitos básicos na aprendizagem da roda ginástica que devem ser de conhecimento de todos os que forem iniciar um trabalho ou apenas uma vivência com o aparelho, já que este tem uma especificidade grande e não existem colchões em baixo do aparelho.

- Ao iniciar o trabalho com a roda ginástica, é necessário que o praticante passe por uma fase de adaptação, para que tenha consciência das características da roda e acostume-se com as dimensões dela. Nessa fase, o ginasta deverá empurrá-la, carregá-la, passar por dentro dela, enfim, explorar o aparelho para conhecê-lo melhor.
- Sempre que possível, especialmente se a pessoa for iniciante, deve-se haver alguém experiente ao lado, para fazer a proteção enquanto o iniciante realiza os exercícios.
- Durante os exercícios, o ginasta deve ter total domínio sobre a roda, ou seja, deve controlar a velocidade dela. Uma frase muito repetida por técnicos e ginastas de roda na Alemanha é: "*É você* quem controla a roda e não ela que controla você". Portanto, apesar de parecer divertido girar na roda em alta velocidade, isso não é seguro e aumenta o risco de acidentes.
- Na fase de aprendizagem, é importante que a velocidade da roda seja sempre controlada por outra pessoa e não pelo ginasta que está executando o elemento. Assim, a velocidade pode ser bem menor, o que permite ao ginasta prestar atenção na posição de seu corpo e na posição da roda e ter clareza e segurança para realizar o exercício sozinho.
- Na fase de aprendizagem, é interessante que a segurança seja feita não apenas controlando a roda, mas também pelo contato com o ginasta, por exemplo, segurando-o pelos quadris na rotação lateral, pois isso dará segurança a ele, que está executando o exercício pela primeira vez.

- O ginasta só deve executar um exercício sem ajuda quando tiver total domínio dele, pois a roda ginástica é um aparelho no qual não se pode utilizar a proteção com colchões. Se "algo der errado", o ginasta cairá no chão, podendo se machucar.
- Na maioria dos elementos executados com os pés presos nas faixas, o ginasta deve fazer pontas de pé, flexão plantar. Dessa forma, os pés ficam em contato com a prancha durante todo o exercício. O ginasta deve, ainda, pressionar a prancha. Muitas vezes, quando a pessoa está na posição invertida, de "ponta-cabeça", para se sentir segura, flexiona os pés, perdendo o contato com a prancha, o que pode fazer com que caia, pois seu pé estará solto e não terá onde se "prender".
- Nos elementos em que o ginasta está com as mãos, ou apenas uma mão, nas alças, deve segurá-la com a palma das mãos virada para cima e não o contrário; assim, terá mais firmeza ao realizar os exercícios.
- Alguns elementos são executados com as mãos nos aros e o ginasta não poderá se esquecer de esticar os dedos (abrir as mãos), evitando que a roda passe sobre eles no momento em que estiverem em contato com o solo.
- Ao pular da roda por dentro, deve-se evitar pisar nos aros, nas barras ou nas alças para evitar torções nos pés.
- Para uma boa conservação do aparelho, deve-se tomar cuidado para que este não caia "chapado" no chão durante a realização dos exercícios de espiral, pois isso pode abalar a estrutura da roda.
- A roda ginástica não necessariamente deve ser utilizada por apenas uma pessoa, como é exigido nas competições. Podem-se realizar exercícios com dois, três, ou mais praticantes numa mesma roda. Entretanto, nos exercícios em espiral, mais de três pessoas ao mesmo tempo realizando o exercício podem comprometer a estrutura da roda. Portanto, deve-se evitar a espiral com muitas pessoas num mesmo aparelho.

Educativos: Alguns exercícios[6] e atividades para quem quer iniciar um trabalho com a roda ginástica

Andar pelo aparelho

Este exercício educativo ajuda o aluno a conhecer as dimensões e o peso da roda ginástica. Com duas pessoas apoiando-o lateralmente pelos braços, o aluno deverá andar por dentro da roda, pisando nas barras, nas alças e nas pranchas. Quando estiver seguro, poderá executar o exercício sem auxílio de outras pessoas. O movimento da roda deve ser o mais contínuo possível, mantendo-se um ritmo, sem muitos "trancos".

Se o aluno se desequilibrar, é muito importante que saia para a lateral da roda, o que evitará colisões com o próprio aparelho.

Se houver mais de uma roda, pode ser realizada uma brincadeira na qual os alunos competem, numa corrida para ver quem é o mais rápido andando na roda.

Este exercício também pode ser realizado com a roda ginástica no chão, totalmente apoiada em apenas um dos aros. Dessa forma, o aluno poderá explorá-la caminhando no outro aro. Uma forma mais interessante e lúdica de realização dessa atividade é fazer a brincadeira de pega-pega, na qual o pique é em cima da roda. Assim, quem estiver no chão poderá ser pego, tornando-se então o pegador. Os alunos deverão permanecer o maior tempo possível em cima da roda, adquirindo confiança e conhecendo bem o aparelho.

Balanço lateral

Este exercício é importante para que o aluno sinta o movimento da roda e aprenda a controlá-la por meio da transferência de peso de uma perna para a outra.

---

6. Para um maior aprofundamento, ver Teixeira-Pinto (2005), que apresenta a sistematização de vários exercícios.

O aluno colocará um pé em cada prancha, sem prendê-los às faixas no início. Ao executar a transferência de peso, balançará a roda de um lado para o outro. Caso o aluno se desequilibre totalmente, perdendo o controle de seu corpo, poderá sair da roda e colocar os pés no chão.

Quando estiver mais seguro, poderá realizar o movimento com maior amplitude e com os pés presos na faixa, fazendo a ponta de pé (flexão plantar).

Outra variação da atividade, já que dificilmente haverá uma roda para cada aluno, é a possibilidade de utilização de outro material para movimentação semelhante, como é o caso do material circense rola bola, que consiste em um cilindro (rolo) com uma prancha de madeira em cima. O aluno tem de se equilibrar em cima do rolo por meio da transferência de peso de uma perna para a outra (portanto, de um lado para o outro).

O movimento realizado pelo aluno para se equilibrar na prancha é similar ao realizado no balanço na roda, o que possibilita que o aluno entenda o que se deve fazer corporalmente para a realização da atividade. Assim, o rola bola apresenta-se como alternativa mais barata e de fácil aquisição, para que os alunos possam se revezar com a roda, tornando a aula mais dinâmica.

Rotação lateral

Este é um exercício básico da roda ginástica. Após alguns balanços laterais, o aluno, que deve estar com os pés presos nas faixas da roda, deverá segurar uma das alças quando esta estiver próxima à sua cabeça. Em seguida, estende o braço e, com a outra mão, segura a outra alça, já dando início à rotação, com a ajuda da transferência de peso de uma perna para a outra.

Durante a rotação, o aluno realizará uma transferência de peso, como havia feito no balanço; entretanto, dessa vez, com todo o corpo, ou seja, quando estiver de cabeça para baixo, essa transferência acontecerá nos braços.

Durante a rotação, deve-se permanecer com o corpo estendido e a cabeça na posição anatômica. É importante lembrar que os pés deverão estar em flexão plantar, na ponta, durante toda a rotação.

Ressalta-se que, como já mencionado nas dicas básicas de aprendizagem, no início, o aluno deverá contar com a ajuda de outra pessoa, podendo ser outro aluno ou o próprio professor, que o segura pela cintura e de mais uma que controla a velocidade da roda.

Com o domínio desse exercício, o ginasta poderá realizar variações, como a rotação lateral com uma mão, a rotação lateral sem as mãos (voo livre), entre outras.

Figura 6: Rotação lateral

Fonte: Desenho de Eliana G.S.A. Rodrigues.

Esse movimento ainda pode ser realizado por dois alunos ao mesmo tempo num único aparelho. Para isso, são necessárias quatro faixas para prender os pés. Um aluno fica de costas para o outro e os dois realizam a rotação dentro da roda juntos. Essa proposta exigirá a cooperação de ambos para conseguir se adequar ritmicamente, com o objetivo de realizar o balanço e a rotação lateral.

Para a realização da atividade, o aluno deverá ter domínio da posição corporal (corpo estendido e cabeça na posição anatômica). Dessa forma, outras atividades fora da roda podem facilitar e dinamizar a aula. Algumas delas são o joão-bobo, na qual se faz um círculo pequeno com todos em pé e um dos alunos fica no centro. Esse aluno do centro terá de ficar com o pé fixo no chão, o corpo todo contraído e será conduzido (empurrado), de um colega a outro, até que tenha passado por todos os componentes do círculo. Quando já tiver passado por todos, outro aluno será o joão-bobo, até que todos vivenciem a experiência. Outra atividade com grau de complexidade um pouco maior é a realização de elementos da ginástica artística, como a parada de mãos e a estrela.

Outra possibilidade de atividade para aquisição do domínio da posição corporal é deixar a roda apoiada no chão em apenas um dos aros e o aluno se manter na posição o maior tempo possível. Pode ser realizada uma competição entre os colegas, com medição do tempo. Seria como fazer uma brincadeira de estátua adaptada à roda ginástica, só que com um aluno de cada vez.

Balanço frontal

Assim como o balanço lateral, este exercício é importante para que o aluno tenha consciência do movimento da roda. O aluno deverá colocar um pé em cada prancha, virado para frente. Para isso, deverá realizar rotação interna (para dentro) com o pé de trás e rotação externa (para fora) com o pé da frente, acompanhando a rotação de todo o corpo.

Quando a roda estiver indo para trás, o aluno segurará na parte da frente dos aros e quando a roda estiver indo para frente, segurará na parte de trás. É importante que, nesse momento, ele se segure um pouco abaixo das barras traseiras.

Conforme o aluno for se sentindo seguro, a amplitude do movimento deve ir aumentando. Para realizar o movimento com maior amplitude, os pés não devem estar presos nas faixas.

Assim como no balanço lateral, o rola bola, material típico do ensino das artes circenses, também pode ser um excelente material de apoio para o ensino desse fundamento da roda ginástica. No entanto, há outros materiais bem corriqueiros do universo infantil e muito presentes em parques, escolas e clubes, como materiais e/ou brinquedos que propiciem o balanço frontal, como uma gangorra, alguns tipos de balanço com plataformas de apoio, dentre outros.

Por fim, também seria interessante proporcionar aos alunos a oportunidade para criar (de maneira imaginária e/ou concreta) algum material que ofertasse esse mesmo tipo de movimentação, de transferência de peso de uma perna para a outra.

Rotação frontal

Este movimento pode ser realizado nos dois sentidos, para frente e para trás, por isso, pode ser chamado de rotação frontal e dorsal, respectivamente.

Durante o balanço frontal, quando a roda estiver para trás, o aluno deverá segurar com as duas mãos (palma das mãos virada para cima) na alça interna, que estará na sua frente e, então, deslocar o peso para frente, estendendo os braços. Durante a rotação, pernas, braços e tronco deverão permanecer estendidos.

Figura 7: Rotação frontal

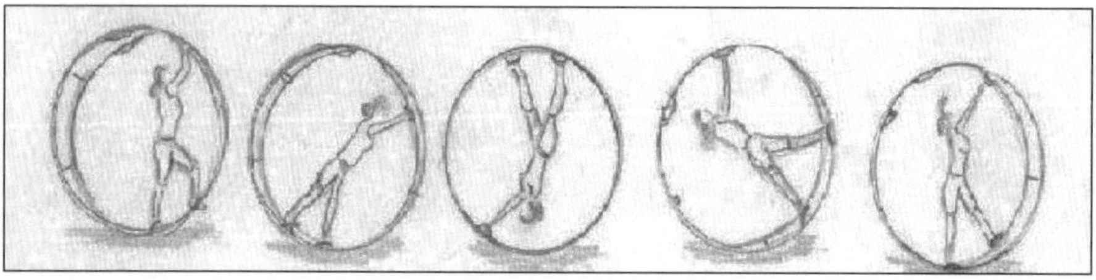

Fonte: Desenho de Eliana G.S.A. Rodrigues.

Assim como na rotação lateral, também é possível realizar a rotação frontal com duas pessoas em uma única roda. Cada uma deve prender os pés de apoio numa das pranchas, ficando uma de costas para a outra, com os outros pés apoiados na barra à frente. Para a realização do movimento, deverão cooperar e trabalhar juntas.

Com a roda apoiada no chão em apenas um dos aros, os alunos podem apoiar os pés no outro aro e as mãos do lado de fora, ficando em uma posição corporal parecida com a do movimento durante a rotação frontal. Assim, aprendem a ter domínio corporal, além de possibilitar que vários alunos utilizem a roda ao mesmo tempo e explorem o aparelho de diferentes maneiras. Uma possibilidade de variação dessa atividade é fazê-la no formato competitivo, para ver quem fica mais tempo na posição ou uma brincadeira de pega-pega, na qual o aluno que abaixar os quadris poderá ser pego pelo pegador.

"Roda-gigante", rotação carpada externa em dupla

Este é um exercício bastante interessante, já que não é necessário que a pessoa tenha uma roda do tamanho correto. Entretanto, é importante que as duas pessoas que realizarão o movimento juntas tenham peso semelhante, uma vez que uma estará fazendo o contrapeso da outra.

Os alunos deverão se sentar nas barras, um de frente para o outro, e manter as pernas estendidas e paralelas ao solo durante toda a rotação. É importante que, no começo, duas ou mais pessoas fiquem controlando a velocidade da roda, para que os alunos possam assimilar com clareza os movimentos das mãos, assim como o posicionamento do corpo.

Figura 8: "Roda-gigante"

Fonte: Desenho de Eliana G.S.A. Rodrigues.

Uma possibilidade bastante interessante, que envolve um grande número de alunos na roda ginástica ao mesmo tempo, é a junção da rotação lateral em dupla com a "roda-gigante".

Pensando numa aula em que os alunos não tenham domínio total dos movimentos, serão necessários outros alunos fazendo a segurança dos que estão na rotação lateral, assim como outros que controlarão a velocidade da roda. Dessa forma, envolvemos um número grande de alunos, que precisa trabalhar em equipe para a realização da atividade. Assim, além dos gestos técnicos do aparelho, desenvolvemos valores como o trabalho em equipe, a cooperação e a solidariedade.

Considerações finais

Baseando-nos nas reflexões dos poucos autores que pesquisaram a roda ginástica e naquelas por nós apresentadas neste capítulo, entendemos que a divulgação e a prática da roda ginástica, adequada à realidade brasileira neste momento, devem visar, sobretudo, a exploração do material e sua demonstração, em detrimento da competição. O caráter competitivo, num segundo momento, posterior à fase de capacitação de professores e de exploração/demonstração do material, pode ser motivador para a conquista de novos adeptos.

Acreditamos que esse aparelho apresente-se, sem dúvida, como uma nova possibilidade para a área da educação física e das ciências do esporte, como defendem Teixeira-Pinto, Rodrigues e Morales (2010) e Rodrigues-Benine (2011). Contudo, parece-nos que as experiências pedagógicas não devem empregar modelos próprios aos esportes competitivos (de rendimento) em situações em que os objetivos sejam a vivência e a exploração do aparelho. Nesse sentido, Rodrigues-Benine (2011, p. 112) sinaliza que:

> (...) uma das formas de alcançarmos estes objetivos, é pensarmos numa prática educativa do esporte orientada por um viés inclusivo, que vise à promoção de atividades recreativas, formativas e sociais. Assim, é preciso que o professor acredite na mudança, zele por uma coerência total entre suas ideias e suas ações na prática educacional, buscando conteúdos e uma metodologia de ensino dinâmica e apropriada. Ou seja, o educador deve priorizar uma aprendizagem formativa que torne o aluno um ser pensante, autônomo, criativo e crítico.

Ao longo deste capítulo, buscamos fornecer subsídios para que as pessoas que não tiveram contato prévio com o aparelho possam iniciar um trabalho com a roda ginástica tanto no ambiente escolar como em qualquer outro ambiente esportivo, no âmbito do lazer ou do rendimento. Esses subsídios estão relacionados à estrutura física da roda, sua origem e seu desenvolvimento ao longo do tempo, principais referenciais produzidos até o momento. Buscamos avançar, ao reunir esses dados, para propor atividades que extrapolassem a simples aquisição do gesto técnico, com abordagens pedagógicas, para que o professor possa realizar um trabalho com esse aparelho ginástico tão interessante e ainda pouco conhecido no Brasil.

Acreditamos que as possibilidades de movimento que a roda propicia são, sem dúvida, uma contribuição para a área da educação física e do esporte. Esperamos que outros a "descubram" também.

Referências bibliográficas

ALVES, R. *Educação dos sentidos*. Campinas: Verus, 2005.

AYOUB, E. *Ginástica geral e educação física escolar*. Campinas: Ed. da Unicamp, 2003.

AYOUB, E.; TOLEDO, E.; VENANCIO, S. *Anais do IV Fórum Internacional de Ginástica Geral*. Campinas: Sesc/Faculdade de Educação Física da Unicamp, 2007.

CARREIRO, T.B. "Entre na roda: Um olhar sobre a prática da roda ginástica". Trabalho de conclusão de curso em Educação Física. Campinas, 2002. Faculdade de Educação Física, Universidade Estadual de Campinas.

DEUTSCHE WELLE. Calendário histórico, [20--?]. [Disponível em: <http://www.dw-world.de>. Acesso em: 17/3/2008.]

FABER, B. *et al. Rhönradturnsprache/The technical language of wheel gymnastics – german/english*. Trad. para o inglês Maria Sollohub. Munique: Deutscher Turner-Bund, Fachgebiet Rhönradturnen, 1988.

FIORIN, C.M. "A ginástica em Campinas: Suas formas de expressão da década de 20 à década de 70". Dissertação de mestrado em Educação Física. Campinas, 2002. Faculdade de Educação Física. Universidade Estadual de Campinas.

INTERNATIONAL RHOENRAD ASSOCIATION (IRV). History, [20--?]. [Disponível em: <http://www.rhoenrad.com>. Acesso em: 7/2/2008.]

MORALES, D.A. "Roda alemã: Pedagogia da iniciação". Iniciação científica em Educação Física. Campinas, 2010. Universidade Estadual de Campinas. Conselho Nacional de Desenvolvimento Científico e Tecnológico.

NISTA-PICCOLO, V.L. "Educação motora na escola: Uma proposta metodológica à luz da experiência vivida". *In*: DE MARCO, A. (org.). *Pensando a educação motora*. Campinas: Papirus, 1995, p. 113-120.

______. (org.). *Pedagogia dos esportes*. Campinas: Papirus, 1999.

RODRIGUES-BENINE, R.G.S.A. "Pedagogia da roda ginástica: Análise da proposta metodológica desenvolvida no clube Bayer Leverkusen na Alemanha". Dissertação de mestrado em Educação Física. Campinas, 2011. Faculdade de Educação Física, Universidade Estadual de Campinas.

SOUZA, E.P.M.; AYOUB, E. (orgs.). *Anais do I Fórum Internacional de Ginástica Geral*. Campinas: Sesc/Faculdade de Educação Física da Unicamp, 2001.

TEIXEIRA-PINTO, H. "Roda ginástica: Sistematização da aprendizagem". Trabalho de Conclusão de Curso em Educação Física. Campinas, 2005. Faculdade de Educação Física, Universidade Estadual de Campinas.

TEIXEIRA-PINTO, H.; RODRIGUES, R.G.S.A.; MORALES, D.A. "Roda alemã". *In*: BORTOLETO, M.A.C. (org.). *Introdução à pedagogia das atividades circenses*, v. 2. Jundiaí: Fontoura, 2010.

TOLEDO, E. "Proposta de conteúdos para a ginástica escolar: Um paralelo com a teoria de Coll". Dissertação de mestrado em Educação Física. Campinas, 1999. Faculdade de Educação Física, Universidade Estadual de Campinas.

USA WHEEL GYMNASTICS. History, [20--?]. [Disponível em: <http://www.usawheelgymnastics.com>. Acesso em: 7/2/2008.]

VELARDI, M. "Metodologia de ensino em educação física: Contribuições de Vygotsky para as reflexões sobre um modelo pedagógico". Dissertação de mestrado em Educação Física. Campinas, 1997. Faculdade de Educação Física, Universidade Estadual de Campinas.

7
ASPECTOS PEDAGÓGICOS DO ENSINO DA GINÁSTICA RÍTMICA E OS PRINCÍPIOS DA PEDAGOGIA DA AUTONOMIA

Eliana de Toledo

Introdução

Desde que a pioneira obra *Pedagogia dos esportes* foi publicada pela Papirus em 1999, encantei-me com as propostas apresentadas em seus capítulos, todas coerentes com uma nova perspectiva de esporte e, por conseguinte, com seu ensino. Como profissional da área da ginástica, em especial da ginástica rítmica (GR) e da ginástica geral (GG, hoje denominada ginástica para todos), pude aprender muito com o capítulo dedicado à GR naquele livro.

O novo pensar sobre o ensino da GR proposto por Marília Velardi, apontando a necessidade de novos modelos pedagógicos, será mencionado muitas vezes neste capítulo, não só porque este livro propõe, de algum modo, uma ampliação e uma ressignificação daquele publicado em 1999, mas especialmente porque as prerrogativas apontadas pela autora continuam atuais e necessárias, e merecem ser revisitadas.

Assim, pretendo apresentar aos leitores alguns aspectos pedagógicos que considero relevantes para o ensino da GR, ancorados na proposta de Paulo Freire (1996) de uma educação para a autonomia.

> As propostas de Paulo Freire coincidem com a busca da autonomia escolar e da garantia dos direitos a todos os cidadãos, contrapondo-se à prática da administração pública e da gestão da administração do país que, historicamente, tem se baseado numa tradição colonialista, positivista, tecnocrática, liberal e, como contemporaneamente se considera, fundamentada no ideário neoliberal. Por isso, quando escolhemos Paulo Freire enquanto autor que oferece o universo de princípios a partir dos

quais nos guiaremos neste trabalho, o fazemos, em primeiro lugar, em função daquelas características e em razão do caráter interdisciplinar, multidisciplinar e multidimensional de sua obra e de seu pensamento. (PADILHA, 2002, p. 15).

A escolha de Paulo Freire como referencial teórico principal deste capítulo é para vislumbrar outro fazer pedagógico para a GR, não só na escola como em outros contextos de prática, objetivando romper ou ressignificar as práticas clássicas dessa modalidade ou desses contextos (geralmente imbuídos de princípios e ações tradicionalmente reproduzidos sem questionamentos ou reflexões). Como bem menciona Padilha (2002), optar por esse referencial é optar por uma educação transformadora e cidadã.

Os aspectos pedagógicos do ensino da ginástica rítmica

Os aspectos pedagógicos podem ser entendidos como assuntos ou temas pertencentes a um grande *hall* de áreas do conhecimento que têm identidade própria, mas estão relacionadas entre si, constituindo uma interface específica com a área do esporte.

Há aspectos que parecem inerentes ao processo de ensino e aprendizagem, como aqueles estudados pela educação, relacionados a objetivos, conteúdos, métodos, didática, dentre outros, apontados nas obras de Freire (1980), Saviani (1997), Libâneo (1994) e Coll *et al.* (1998). Aspectos esses que foram e ainda são objetos de estudo da educação física e das ciências do esporte, que delineiam as especificidades de nossa área nesse contexto, conforme os estudos de Soares *et al.* (1992), Paes e Balbino (2005), Toledo, Velardi e Nista-Piccolo (2009a, 2009b, 2009c, 2009d), Scaglia (2012), entre outros.

Mas qual tem sido a proposição de aspectos pedagógicos para o ensino da GR no Brasil?

A GR é uma modalidade gímnica competitiva,[1] essencialmente expressiva, que combina harmonicamente elementos ginásticos (equilíbrios, saltos e

1. Nesse conceito, não há menção à prática como feminina ou masculina. Segundo a Federação Internacional de Ginástica (FIG), a GR é essencialmente feminina, mas, em alguns países

saltitos, ondas, giros, balanceios, passos e corridas etc.), elementos de manejo de aparelhos oficiais (arco, bola, corda, fita e maças)[2] e elementos musicais.

Segundo Toledo (2009), a atual GR já teve diferentes nomes, como ginástica moderna (em 1965, a FIG distingue a ginástica olímpica da ginástica moderna), ginástica rítmica moderna (regulamentada pela FIG em 1972), ginástica moderna (em 1973, pela FIG), ginástica rítmica desportiva (GRD, em 1975, pela FIG) e ginástica rítmica (GR, de 2000 até hoje, pela FIG).

Sua história no Brasil é bem recente e, portanto, as propostas pedagógicas também. Segundo Toledo e Antualpa (2014, p. 72):

> No Brasil, temos alguns registros de manifestações da GR nos anos de 1953 e 1954, com a apresentação desta modalidade no III e IV Curso de Aperfeiçoamento Técnico e Pedagógico em Educação Física, promovido e realizado pelo Departamento de Esportes do Estado de São Paulo (APEF, 1953). Entretanto, apesar de já existirem manifestações desta modalidade, por meio de cursos e demonstrações, como a organizada pela Federação Carioca de Ginástica, em 1968 (SARÔA, 2005), e pela então Confederação Brasileira de Desporto (CBD), desde 1971, foi apenas no ano de 1978, mas exatamente no dia 25 de novembro, que se funda a Confederação Brasileira de Ginástica (CBG), tendo como uma de suas modalidades a ginástica rítmica.

Depoimentos atuais de docentes universitárias que cursaram educação física nas décadas de 1970 e 1980 (TOLEDO, 2010) expressam que era muito comum as professoras da "cadeira" de Ginástica produzirem suas próprias apostilas, pois a publicação em livros era incipiente não só na área da ginástica (muito nova no mundo e no país), mas na área esportiva em geral. As primeiras publicações brasileiras em livro sobre a GR no Brasil, identificadas nas pesquisas históricas, datam da década de 1970, como Peuker (1973) e Guérios (1974), e da década de 1980, como Saur (198-), Vieira (1982), Pallarés (1983), Volp (1983), Bizzocchi

europeus e escandinavos, assim como tradicionalmente no Japão, existem práticas dessa modalidade, até mesmo competitivas, para o sexo masculino (embora não sejam reconhecidas pela FIG). Considero que a GR pode ser praticada por ambos os sexos e que, embora tenha como objetivo principal a competição, pode ser praticada nos seus diferentes contextos (ensino formal e não formal), por diversas faixas etárias e com vários objetivos.

2. A FIG também estabelece que a ordem "correta" (padrão) de menção aos aparelhos é: corda, arco, bola, maças e fita, mas, como este capítulo é um texto didático, optei por destacar os aparelhos em ordem alfabética.

e Guimarães (1985) e Bott (1986), que trouxeram propostas de ensino dessa modalidade, por meio de um *hall* de exercícios, jogos e atividades. Segundo Guérios (1974), foi a partir da década de 1970 que a ginástica moderna começou a ser difundida em alguns cursos de graduação em educação física no Brasil.

Essas obras, em sua época, já representavam um grande avanço para o desenvolvimento da GR, que foi oficializada pela FIG em 1962 (BOBO; SIERRA, 1998). Destaca-se, de uma perspectiva atual de pedagogia do esporte, que essas obras propunham-se a trazer formas de ensinar a gestualidade da modalidade por meio de repetição e descrição de gestos, mas também por meio do jogo, de forma interativa e lúdica. Essas publicações foram crescendo lentamente. Nos últimos 20 anos, a GR pôde celebrar um aumento significativo de produções acadêmicas, em periódicos (revistas científicas), eventos de educação física e de ginástica (resumos, artigos, mostras etc.) e, ainda, em livros (capítulos e obras inteiras). Muitas serão mencionadas aqui.

Também é motivo de comemoração o fato de a GR ser vivenciada e estudada em diferentes contextos de prática esportiva, entre os quais universidades, escolas, clubes, associações, ONGs etc. Atualmente, há diferentes áreas de conhecimento que permitem ações, pesquisas e análises baseadas numa relação com a GR, ampliando o escopo das preocupações didáticas com a aprendizagem dessa modalidade.

Assim, já avançamos muito na oferta (teórico-prática) de propostas pedagógicas para o ensino e aperfeiçoamento da GR nos últimos 15 anos. Algumas publicações merecem destaque: Pereira (1999) e Laffranchi (2001), Gaio (2008), Toledo (2009) e Paoliello e Toledo (2010). Algumas dessas publicações focaram aspectos pedagógicos da GR voltados para os conteúdos (fundamentos), os métodos e as estratégias de ensino e a oferta de um banco de atividades. Esses temas foram listados como respostas emergenciais à enorme demanda de professores e técnicos que não encontravam referenciais (com pesquisas e partilha de experiências) para melhor fundamentar, estruturar e diversificar suas aulas. Outras publicações focaram aspectos relacionados à história da modalidade, ao treinamento da GR, ao código de pontuação, à arbitragem, ao gênero, ao trabalho com os conjuntos, à estética, entre outros.

Embora as publicações sobre a GR estejam aumentando e abordem temáticas diversificadas, temos muitos indicadores que apontam para sua ainda tímida apropriação por técnicos e professores que atuam no ensino da GR em clubes, escolas, universidades, ONGs etc., nas diferentes regiões do país.

As justificativas para essa constatação empírica, ouvidas e absorvidas em cursos, congressos, competições e demais eventos da área, mostram-se diversas, indo desde a deficiência de veículos de informação para esses saberes (CRUZ; PAOLIELLO; TOLEDO, 2012) até a desvalorização da prática pelos gestores institucionais, que impedem o desenvolvimento de propostas gímnicas, não defendendo a prática, ofertando poucos materiais e espaços adequados, em face do pouco prestígio social da GR no país e de outros aspectos locais. Somados a esses fatores, há ainda certo desinteresse e pouca motivação por parte de muitos professores em trabalhar com uma modalidade com a qual não tiveram contato na fase escolar e/ou na formação profissional, e que a sociedade não valoriza.

Analisando grande parte das publicações e o discurso de profissionais em eventos da área, nota-se que a GR ainda precisa de novos modelos pedagógicos, como já sinalizou Velardi (1999). Assim, as reflexões propostas a seguir objetivam ampliar essa oferta pedagógica, com um diferencial específico, alicerçado no "educar para a autonomia".

Aspectos pedagógicos do ensino da ginástica rítmica: Diálogos com os princípios da pedagogia da autonomia

Para melhor entendermos os aspectos pedagógicos do ensino da GR e nos apropriarmos deles, primeiro devemos nos certificar de que conhecemos e entendemos não só sua história como também seu conceito, suas características e suas formas de manifestação no mundo contemporâneo.

Para Toledo (2009), a GR basicamente constitui-se da combinação harmônica entre a música, os elementos corporais e os manejos dos aparelhos.[3] Esses aspectos de sua conceituação podem ser entendidos como seus fundamentos.

3. O conceito de fundamento foi mencionado na "Introdução" de Toledo (2009), de acordo com os elementos básicos dessa modalidade, permitindo o desenvolvimento de sua

Assim, os elementos corporais podem ser considerados os fundamentos da modalidade. Segundo Souza, Toledo e Palermo (1997), são eles: poses, passos, corridas, ondas, saltitos, saltos, giros, equilíbrios, balanceamentos, circunduções e movimentos pré-acrobáticos. Os outros fundamentos da GR são os manejos possíveis para os cinco aparelhos (arco, bola, corda, fita e maças), que, segundo Toledo (2009), com base na proposta de Velardi (1999), resumem-se a: balancear, dar batidas, circundar, dobrar, envolver no corpo, equilibrar, fazer espirais, formar figuras, lançar, fazer molinete, movimentos assimétricos, movimentos em oito, pequeno círculo, prensar, quicar, rolar, fazer rotação, serpentinas e solturas. Finalmente, e não menos importantes, também são fundamentos da GR, a música, a rítmica e a expressão corporal.

Com base nesses fundamentos, para Velardi (1999, p. 21-23; grifos nossos):

> Podem ser considerados, fundamentalmente, *três princípios* presentes no trabalho em GR (LE CAMUS, 1982):
>
> - da totalidade: o corpo se move em sua totalidade, por meio da constante alternância entre contração e relaxamento, em virtude de movimentos naturais; o aparelho é um prolongamento do corpo e orienta as formas dos movimentos que ocorrem acompanhados por uma música, que não é apenas um fundo musical, mas algo que determina a ação e se incorpora a ela;
> - da economia: evidenciado pela expressão rítmica por meio da alternância entre contração e relaxamento;
> - da aceleração: as combinações de movimentos devem pertencer a "famílias" diversificadas de movimentos, alternando movimentos mais ou menos amplos, lentos e rápidos, de queda e suspensão.
>
> A GR é uma atividade acíclica, invariável quanto à competição e que coordena movimentos com base em *três dimensões* fundamentais (LE CAMUS, 1982):

prática. No citado livro, os fundamentos foram conceituados, mostrados em imagens e exemplificados com propostas de atividades de ensino. Neste capítulo, não foi possível contemplar os aspectos rítmicos e estéticos, que também fazem parte dos fundamentos da modalidade.

- *dimensão motriz*, que é resultante:
  a) da movimentação do corpo (saltos, giros, saltitos, movimentos no solo, movimentos pré-acrobáticos etc.);
  b) das manipulações dos aparelhos, que, nesse caso, já não são instrumentos mediadores de uma ação sobre o mundo. A bola não é parte de um jogo, o arco não é utilizado como instrumento para realização de apenas uma tarefa. Os materiais são, na GR, instrumentos da intenção, da expressão e da interpretação de quem os manipula;
  c) da forma como esses movimentos e essas manipulações ocorrem no espaço geral (como os deslocamentos e as formações acontecem no quadrado de GR, no espaço aéreo, horizontal e vertical; as formações em colunas, círculos, em diagonal etc.) e pessoal (o próprio corpo da ginasta, por onde os aparelhos se movimentam - os braços que permitem que a bola role, que o arco faça rotações - e as noções de acima, abaixo, para um lado ou outro, tendo o corpo como ponto de referência);
- *dimensão perceptiva*: indispensável à gênese das estruturas cognitivas representativas; depende diretamente da riqueza dos modelos representativos e das possibilidades de variação desses modelos. No caso da GR, os aspectos espaço-temporais são determinados nesta dimensão, mediados pela propriocepção (a discriminação cinestésica que determina a percepção que a ginasta tem de si, de seus posicionamentos em relação ao espaço e a seu próprio corpo) e pela exterocepção (determinada pelos órgãos dos sentidos, que recebem os estímulos táteis, auditivos e visuais, conduzindo-os como impulsos elétricos até o mecanismo perceptivo, que discriminará e identificará o estímulo como parte do processamento das informações pelo sistema nervoso central);
- *dimensão simbólica*: relaciona-se à possibilidade de expressão inerente a todo movimento corporal, considerado único a cada execução. Além disso, relaciona-se ao desenvolvimento da expressão dos estados interiores ou à interpretação de uma idéia pela utilização do espaço geral e pessoal, da forma e da manipulação dos aparelhos. Relaciona-se também:
  a) à expressividade natural, que se manifesta quanto menos os movimentos forem impostos externamente, refletindo a personalidade da executante;
  b) à expressividade estética, relacionada à execução precisa da técnica corporal e da manipulação, refletida pelo bom posicionamento dos segmentos corporais durante as execuções (o movimento "limpo");
  c) à expressividade interpretativa, que se manifesta quando da interpretação de situações, idéias e estados interiores.

Nossa proposta é ofertar possibilidades de abordar pedagogicamente os fundamentos e as dimensões da GR, com base no referencial do educador Paulo Freire. A obra desse autor, denominada *Pedagogia da autonomia*, é a referência principal neste capítulo, em virtude de meu entendimento da relação entre os princípios expressos nessa obra e minha vivência na GR. Meus quase 20 anos de experiência nessa modalidade levam-me a definir como um dos pilares para a mudança do cenário apontado anteriormente a formação/qualificação docente, que, por conseguinte, impacta a formação de alunos e atletas. Essa preocupação vai ao encontro dos objetivos deste livro e da temática da obra de Paulo Freire. Isso fica claro no "Prefácio": "A questão da formação docente ao lado da reflexão sobre a prática educativo-progressista em favor da autonomia do ser dos educandos é a temática central em torno de que gira este texto" (FREIRE, 1996, p. 14).

Dessa obra, foco o capítulo 2, intitulado "Não há docência sem discência", no qual o autor enumera nove princípios que fazem parte de sua premissa pedagógica. São princípios que permitem o diálogo com os aspectos pedagógicos da GR e, portanto, com seus fundamentos.

Para estabelecermos esse diálogo, tomaremos como *educandos* todos aqueles submetidos ao processo de aprendizagem: alunos da iniciação esportiva em escolas, clubes e associações; atletas de alto rendimento, pessoas que participam de iniciativas públicas e privadas, de diferentes gêneros, classes sociais, etnias e faixas etárias. Como *professor*, entenderemos todo educador que esteja à frente das atividades educativas, no caso deste capítulo, relacionadas ao ato de ensinar a GR (professores de diferentes contextos e técnicos).

Ensinar exige rigorosidade metódica

Esse é um princípio balizado pela ação democrática do educador, que deve estimular no educando sua capacidade crítica, sua curiosidade e sua *insubmissão* (FREIRE, 1996, p. 28). Há outros temas, da curiosidade e da capacidade crítica, que serão mencionados em outros princípios com maior densidade. Assim, destaco o aspecto da *insubmissão*, estabelecendo um paralelo com a GR e com outras modalidades esportivas de maneira geral. Talvez seja necessário compreender que a clássica premissa de que o educando deve ser submisso ao professor precisa ser revista. Historicamente temos vivenciado uma cultura esportiva (especialmente as modalidades praticadas nos ginásios de esporte) em que técnicos ensinam atletas a serem submissos, de uma perspectiva de busca da organização por meio da autoridade.

Na verdade, tenho testemunhado o exercício do autoritarismo e da formação de seres máquinas, que devem obedecer e ser alienados. É comum observar na prática esportiva de alto rendimento a submissão de atletas, gerada pelo temor aos técnicos/professores. Há abuso de agressões físicas (tapas, beliscões, apertões nos braços etc.), verbais (xingamentos, ridicularização, gritos durante os treinos etc.) e sociais (castigos por isolamento social, discriminação etc.). Essa é uma atitude docente que nada soma à formação do cidadão nem do próprio professor. Consequentemente, também não contribui para o desenvolvimento do esporte, como já apontado por alguns autores, como Schiavon (2009), que tira essa conclusão com base em depoimentos das próprias ginastas.

O educando deve respeitar o professor, mas não ser submisso a ele, e o professor deve ter autoridade e não ser autoritário - uma herança do militarismo, ainda tão presente na ginástica, na educação física e na educação brasileira de forma mais ampla, tanto na escola como em clubes e associações.

Especificamente sobre a *rigorosidade metódica*, Freire refere-se ao não tratamento do ensino de forma superficial e esgotável, pois, desse modo, é possível colaborar para a aprendizagem dos educandos, que "(...) se transformem em reais sujeitos da construção e da reconstrução do saber ensinado, ao lado do educador, igualmente sujeito do processo" (FREIRE, 1996, p. 29). É muito comum os professores tratarem os conteúdos como conhecimentos estanques e encerrados em si mesmos. No caso da GR, os aparelhos oferecem possibilidades diversificadas e infinitas de combinação de movimentos (com outros elementos de manejo ou com elementos corporais), mas podem se tornar limitados se o professor não souber criar valendo-se dos exercícios básicos da GR, se se pautar apenas em atividades previamente estabelecidas pelo código de pontuação, o que pode levar seus alunos a vivenciar alguns fundamentos como as únicas possibilidades de ação.

A rigorosidade metódica pode estar presente em diferentes partes da aula ou da periodização, em algumas ações pedagógicas, quando há a partilha do professor com seu educando, para:

- a criação de novos movimentos ou atividades (com base nas ideias e experiências dos alunos);
- a escolha de uma música, seja numa atividade, seja na composição coreográfica;
- a escolha de movimentos para a composição coreográfica (critérios de escolha dialogados entre professores e educandos);
- a adaptação de espaços e materiais (tão corriqueira na escola), para que a prática da GR se torne possível e prazerosa;
- a escolha de aparelhos e elementos corporais definidos desde os planejamentos das aulas etc.

Essa partilha deve estar fundamentada no diálogo, no qual professores e educandos são considerados sujeitos que se valem de seus pressupostos, de suas experiências e de seus conhecimentos para a construção do novo por meio de um amadurecimento coletivo.

Ensinar exige pesquisa

Para Freire (1996, p. 32), não há pesquisa sem ensino nem ensino sem pesquisa: "(...) ensino porque busco, porque indaguei, porque indago e me indago. Pesquiso para constatar, constatando, intervenho, intervindo educo e me educo. Pesquiso para conhecer o que ainda não conheço e comunicar ou anunciar na novidade".

O avanço da ciência e dos mecanismos de divulgação dos saberes produzidos pela academia ainda não deu conta de aproximar a pesquisa das práticas cotidianas. As produções que dela emergem mostram-se distantes e numa linguagem "tão acadêmica" que reforça esse distanciamento. Da perspectiva de uma curiosidade, que leva a uma ação, visando suprir essa inquietação, pesquisar deveria se tornar uma prática cotidiana e saborosa.

Para Demo (1997, p. 5), educar pela pesquisa tem pelo menos quatro pressupostos cruciais:

- a convicção de que a educação pela pesquisa é a especificidade mais própria da educação escolar e acadêmica;
- o reconhecimento de que o questionamento reconstrutivo com qualidade formal e política é o cerne do processo de pesquisa;
- a necessidade de fazer da pesquisa atitude cotidiana no professor e no aluno;
- e a definição de educação como processo de formação de competência histórica humana.

A pesquisa, como ação humana, busca respostas às indagações, levando à transformação do fenômeno pesquisado e do pesquisador, devendo ser, portanto, uma atitude de *realização*!

Muitos professores de educação física questionam em palestras, cursos, oficinas e congressos como fazer uma prática docente diferente para ensinar a ginástica. Uma das respostas pode estar na pesquisa! Atualmente, há mais recursos, trazidos pela internet, que facilitam o desenvolvimento das pesquisas.

Nesse sentido, tanto professores como educandos podem propor atividades investigativas relacionadas ao ensino da GR, como investigações em *sites* que tenham banco de dados (escolares, acadêmicos, da confederação e das federações de ginástica etc.), *blogs*, *sites* que utilizem outras linguagens (vídeos, fotos, músicas, arquivos históricos etc.), redes sociais, cursos a distância etc. Mas as possibilidades de pesquisa não se esgotam em informações levantadas pela internet, pois há outras formas de fazê-lo, igualmente interessantes, que podem nascer com um levantamento de informações, seguindo os métodos exigidos pelo rigor da ciência. Os educandos, mas especialmente os professores, podem dialogar com outros profissionais (de outra escola, de um clube) sobre seus planos de aula e atividades para o ensino da GR; podem consultar outros profissionais (técnicos da modalidade, profissionais da educação, da saúde etc.); podem consultar livros didáticos; podem solicitar aos docentes universitários o acompanhamento de suas aulas e/ou grupo de estudos, transformando essas informações em dados para pesquisa/aula etc.

Porém, acima de tudo, no caso da GR, os professores podem iniciar uma pesquisa com seus próprios alunos, baseando-se nas informações pontuais sobre a modalidade (características, aspectos históricos, práticas aplicadas na região, equipes que participam de campeonatos nacionais e internacionais) a eles solicitadas, com as quais podem construir portfólios com o material encontrado, relacionando aspectos gerais da modalidade à sua própria prática. Da edição midiática dessa documentação, na qual acontecem entrevistas com ginastas da escola, do clube, com representantes da cidade ou da região, é possível identificar como são os locais e as condições de um treino de GR. Conhecer as rotinas elaboradas para as competições, as possibilidades de confecção alternativa dos aparelhos da GR, investigar as temáticas em painéis de mostras científicas ou feira de ciências, além de fazer o levantamento de regras para campeonatos escolares e muitas outras ideias vão permitir maior entrosamento com a modalidade e o início de diferentes temas de investigação. Entre eles, solicitar a busca de dados/propostas mais corriqueiras no contexto do treinamento esportivo aos próprios ginastas/educandos, para que levantem informações sobre tipos de dança (folclórica, clássica, contemporânea, de rua etc.), artigos sobre arbitragem, vídeos de séries de ginastas de diferentes países (com diferentes aparelhos), músicas de estilos e ritmos variados (em *sites*, lojas de som etc.), tendências da moda para a confecção dos *collants* etc.

Ressalto, ainda, que todos esses levantamentos (pesquisa) propostos aos educandos caracterizam-se como atividades que podem ser ofertadas para crianças e adolescentes, desde a iniciação ao alto rendimento, independentemente do contexto de prática.

Merece ressalva também o fato de que a pesquisa realizada pelo educando deve ser valorizada pelo professor. Essa valorização envolve uma apreciação detalhada e mais densa (menos superficial), promovendo análises e debates coletivos que potencializem a apreensão dos saberes, suas relações com outros saberes e a criticidade de todos (professores e educandos). Exemplos de desvalorização da pesquisa são os trabalhos solicitados pelos professores aos educandos que somente podem ser entregues no final do bimestre ou semestre, com uma nota escrita em vermelho, ou que são ignoradas no dia a dia do ginásio (prevalecendo sempre a ideia do técnico).

Para Freire (1996, p. 33) a pesquisa é uma forma de colaborar com o processo da ingenuidade para a "curiosidade epistemológica", implicando "no compromisso da educadora com a consciência crítica do educando cuja 'promoção' da ingenuidade não se faz automaticamente". Dessa forma, podemos afirmar que é vivendo outras possibilidades de compreender, apreender e ressignificar o conhecimento que essa consciência crítica vai se desenvolvendo, a favor das metas educacionais e esportivas e da formação do cidadão.

Ensinar exige respeito aos saberes dos educandos

Para Freire, é dever do educador não só respeitar os saberes com que os educandos chegam à escola (e aqui ampliamos para outros contextos de prática), mas, sobretudo, respeitar os saberes das classes populares (ampliamos para diferentes classes, etnias, culturas etc.).

Com relação ao contexto escolar, o autor ainda questiona por que não estabelecer uma necessária "intimidade" entre os saberes curriculares fundamentais e as experiências sociais que os indivíduos possuem. Essa é uma vinculação ainda rara em várias disciplinas escolares, inclusive na educação física. Traçando um paralelo com o ensino da GR, desenvolvida tanto na escola como em atividades recreativas com adultos e/ou crianças, em praças, hotéis e cruzeiros, deveríamos respeitar esses saberes, favorecendo o diálogo e *criando condições* para que os educandos manifestassem seus saberes, para que fossem compartilhados, valorizados e aprendidos por todos (inclusive pelo professor).

Como exemplo, o professor poderia apresentar a manipulação do objeto *swing*, muito usado nas "baladas" e festas infantis (principalmente nos bufês), cujo movimento mais comum é semelhante ao manejo do "molinete" das maças da GR. Em geral, o movimento do *swing* é mais conhecido do que o do molinete, e falar desse "novo" aparelho motiva os alunos para o ensino do movimento. Posso afirmar, ainda, que o aprendizado desse elemento suscita em quem aprende grande curiosidade e motivação para aprender como confeccioná-lo e manipulá-lo.

Outros exemplos poderiam ser os referentes ao talento dos alunos, em atividades como mixar músicas, editar vídeos, ensinar danças típicas (de família, da rua, da região etc.), ofertar oficinas de artes manuais etc., que podem ser benéficas para o desenvolvimento de elementos básicos da GR, potencializando o processo de ensino e aprendizagem, concomitantemente à formação do indivíduo.

Essas iniciativas são atividades que podem ser possibilitadas aos educandos para estimular a criatividade, a coordenação, o ritmo, a expressividade e muitos outros aspectos pedagógicos da GR. São iniciativas que evocam a formação humana, objetivo principal de uma proposta pedagógica, na medida em que respeitamos os conhecimentos que os educandos possuem, criando condições para a partilha e o usufruto desses conhecimentos por todos, numa comunhão das diferenças (de classes, de culturas etc.).

Ensinar exige criticidade

Para Freire (1996, p. 34):

> Não há para mim, na diferença e na "distância" entre a ingenuidade e a criticidade, entre o saber de pura experiência feito e o que resulta dos procedimentos metodologicamente rigorosos, uma ruptura, mas uma superação. A superação e não a ruptura se dá na medida em que a curiosidade ingênua, sem deixar de ser curiosidade, pelo contrário, continuando a ser curiosidade se criticiza.

Educandos e professores poderiam vivenciar novas experiências, em quantidade e densidade diversas, propiciando essa superação no cotidiano de suas práticas pedagógicas. Superar com base na curiosidade ingênua, para transformá-la numa curiosidade crítica, processo muitas vezes negligenciado no espaço escolar, nas quadras e nos ginásios. Muitas vezes, crianças e adolescentes fazem questionamentos aos professores e são simplesmente ignorados ou, até mesmo, ridicularizados por colegas e pelos próprios docentes.

No caso do ensino da GR, isso comumente ocorre quando os educandos não sabem desempenhar determinado movimento ou atividade ou em situações em que fazem perguntas ingênuas. Ressaltamos que essas situações poderiam ser o mote para um debate, para potencializar um conteúdo e até mesmo causar uma reflexão acerca de aspectos importantes para a modalidade. São situações que poderiam gerar novas ações e reflexões, transformando a ação pedagógica e ressignificando a prática discente e docente.

No contexto escolar, é comum as crianças questionarem e quererem criar novas formas de manipulação dos aparelhos da GR. É uma forma de exploração do aparelho, como bem menciona Nista-Piccolo (1995), brincar de fazer ginástica, descobrir esse universo encantador de possibilidades de movimento de si e do aparelho. O professor pode inibir esse processo, "para fazer cumprir seu planejamento" ou porque acha essa proposta "banal". Isso também ocorre com frequência no processo de composição coreográfica e na rotina dos treinos nos ginásios, onde os questionamentos das ginastas às vezes são respondidos negativamente.

Com isso, não se pretende afirmar que a organização de um planejamento de aula seja desnecessária, pois o professor deve, sim, planejar as atividades a serem desenvolvidas, com base em princípios pedagógico-científicos e nas características de seu grupo e contexto. Porém, defendo um plano de aula flexível, que contemple diálogos e debates, dê espaço para a criatividade e a interação, que, estimuladas por meio de diferentes estratégias, possam levar o educando à compreensão e à reflexão acerca de questionamentos levantados ou até de propostas de atividades, expressas em exercícios, jogos, brincadeiras etc. Isso acontece ao longo de uma aula ou de um treino, ou quando aparecem sugestões e adequações de atividades já aprendidas em outros momentos, que visem ao mesmo objetivo. Enfim, aponto a defesa da criação de formas de contemplar essa curiosidade ingênua, que possam ser gradativamente criticizadas pela mediação docente.

Estimular a curiosidade é alimentar a criatividade, pois, segundo Freire (1996, p. 35 e 36): "Não haveria criatividade sem curiosidade que nos move e que nos põe pacientemente impacientes diante do mundo que não fizemos, acrescentando a ele algo que fazemos. (...) curiosidade crítica, insatisfeita, indócil". Sobre isso, Velardi (1999, p. 28-29) nos remete a sua experiência no ensino da GR, trazendo também reflexões metodológicas:

> Além disso, a técnica específica surgia como descoberta com base na necessidade, para auxiliar a executar melhor, com mais eficiência ou precisão. Nesse momento, o estudo de cada uma das partes (manipulação, música, técnica corporal) poderia ser executado sem que se perdesse o sentido de unidade. Nesse ambiente, a valorização do mundo de alunas e alunos envolvidos, de suas experiências individuais e grupais, de suas criações, proporcionou momentos de criações inéditas, originais e amplamente prazerosas.
> Como afirmam Brooks e Brooks (1997), em atividades nas quais os conteúdos possam ser apresentados do todo para as partes, enfatizando os grandes conceitos, permitindo a constante manipulação e modificação dos elementos que compõem esse conteúdo, os alunos são vistos como pensadores fluentes, com teorias e conceitos próprios sobre o mundo. Dessa forma, a motivação para aprender não será extrínseca à tarefa (como, por exemplo, ganhar uma competição), o que é aprendido torna-se "propriedade" daquele que aprende, parte de sua descoberta no mundo que está criando para si.

A curiosidade que move a criatividade é que nos faz sujeitos de um mundo que justamente se transforma, porque nos transformamos. Portanto, é por meio dessa curiosidade, tanto dos educandos como dos professores, que as práticas tradicionais de ensino da GR, desenvolvidas em quadras, pátios, parques e ginásios, transformam-se nos momentos em que ocorre uma aprendizagem significativa. Como Foucault (1987), a ginástica, dentre outras práticas corporais do Renascimento, objetivou disciplinar os corpos e torná-los dóceis, indo ao encontro de demandas sociais, econômicas e políticas. Já não é esse tipo de prática que desejamos para a sociedade contemporânea, mas, sim, uma ginástica que proporcione a emancipação humana.

Ensinar exige estética e ética

Os dois temas apresentados no subtítulo são fundamentais para a existência humana, decorrem do estudo da filosofia e formam o eixo central da educação. Dessa forma, merecem destaque em nosso texto. Não é possível dissertar sobre cada um desses princípios nem sobre os temas que geram, então, vamos nos deter no anúncio das proposições de Paulo Freire acerca desses princípios e de suas possíveis relações com os aspectos pedagógicos do ensino da GR. Para Freire (1996, p. 36): "A necessária promoção da ingenuidade à criticidade não pode ou não deve ser feita à distância de uma rigorosa formação ética ao lado sempre da estética. Decência e boniteza de mãos dadas".

Para Lovisolo (1997), há uma preocupação histórica da educação física em supervalorizar o desenvolvimento de potencialidades "físicas" (desenvolvimento de habilidades motoras e capacidades físicas) em detrimento da formação humana, na qual se situa a apreciação estética. Esse aspecto deve ser substancialmente diferente na prática da GR, dado que a estética é seu caráter fundador e uma de suas características mais marcantes.

Com relação ao caráter estético, os trabalhos de Velardi (1999) e Toledo (2010) apontam vários fatos históricos, conceituais, técnicos e interpretativos que envolvem esse esporte. As autoras salientam a importância dessa característica não só para ser retomada nos diversos contextos de ensino (planos de aula e treino), mas também no próprio código de pontuação da modalidade, pois, em qualquer nível de aprendizagem, o caráter estético não pode ser esquecido nem deixado em segundo plano. Muitas vezes, percebe-se essa situação em práticas esportivas nas quais os professores perdem a oportunidade de trazer debate, reflexões, apreciações e vivências estéticas para si e seus educandos.

Assim, ofertar aos educandos possibilidades de apreciação de coreografias de GR de diferentes ginastas, em diversas culturas e faixas etárias, com variado número de participantes, vivenciadas em locais diferentes, é propiciar ao aprendiz novas construções estéticas e, ainda, a interpretação de uma visão de estética no campo das artes, para que aprecie obras de arte (pinturas, esculturas, músicas, danças, espetáculos circenses etc.), estabelecendo relações com a gestualidade presente na GR. Isso pode se dar de forma teórica, por meio de análises, sessões de imagens, e também numa experiência prática, na criação de novos movimentos, vivenciados numa composição coreográfica, na combinação das cores das vestimentas e dos aparelhos, dentre outras possibilidades. Essas são algumas propostas de atividades que o professor pode oferecer aos educandos dentro de ginásios e quadras, de forma individual e coletiva (em grupos), e fora deles (em passeios, pesquisas, processos criativos em casa etc.).

Para Alves (2004, p. 110): "A tarefa do educador é ajudar essa beleza vir à luz. O educador não ensina. Ele ajuda a nascer uma beleza que estava lá, adormecida. Isso é verdadeiro para os indivíduos".

Com relação ao caráter ético, Freire (1996, p. 37) menciona nesse princípio algo muito próximo da realidade do ensino dos esportes, e também da GR:

> É por isso que transformar a experiência educativa em puro treinamento técnico é amesquinhar o que há de fundamentalmente humano no exercício educativo: o seu caráter formador. Se se respeita a natureza do ser humano, o ensino dos conteúdos não pode dar-se alheio à formação moral do educando. Educar é substantivamente formar.

No mesmo coro de Paulo Freire, estão vários outros autores da área educacional e da pedagogia do esporte, como Bento (1999), Paes e Balbino (2005) e Reverdito, Scaglia e Paes (2009), enaltecendo a preocupação com a formação humana, com o estabelecimento de diálogo acerca de condutas e valores como objetivo maior da educação, aplicado ao ensino de qualquer conteúdo ou área do saber, dentre eles, os esportes.

Ensinar exige a corporificação das palavras pelo exemplo

Ao dissertar sobre esse princípio, o autor traz algumas "máximas" da relação professor e educando, infelizmente ainda não incomuns em diferentes contextos: "O professor que realmente ensina, quer dizer, que trabalha os conteúdos no quadro da rigorosidade do pensar certo, nega, como falsa, a fórmula farisaica do 'faça o que mando e não o que eu faço' (...) Pensar certo é fazer certo" (FREIRE, 1996, p. 38).

Para o autor, é contraditória a posição de professores que se consideram democráticos, respeitosos e abertos ao diálogo, mas que, em situações mais tensas, dizem aos educandos: "Sabem com quem estão falando?"; "façam, porque estou mandando"; "faça isso, porque sim".

Corporificar as palavras é mostrar aos educandos uma coerência entre os pressupostos e as ações, os valores pedagógicos e o ser educador. Há um conhecido ditado popular que diz: *As palavras movem, os exemplos arrastam!* Alcançar essa coerência como ser humano e como professor é colaborar para uma formação completa e íntegra do educando.

Há professores que exigem respeito de seus educandos, reclamam disso aos pais, aos coordenadores e dirigentes, mas não dão o exemplo respeitando seus alunos, desrespeitam-nos com gestos, palavras e até mesmo com aulas não preparadas ou, ainda, no caso do treinamento desportivo, atribuem o insucesso em competições essencialmente às ginastas (condições físicas, comportamentos em treino, disciplina, série inadequada etc.) e nunca a si mesmos, não identificando se seus comentários e atitudes provocaram a desmotivação e o despreparo das ginastas para que alcançassem determinada meta num campeonato.

Assim, para o técnico de GR, pautar-se no estudo do código de pontuação que regulamenta a prática de uma modalidade gímnica é condição primeira, embora não suficiente, pois permite que ele detenha apenas o conhecimento dos exercícios que contemplam a GR e suas respectivas classificações/pontuações. É preciso também que ele saiba métodos de treinamento, que conheça os aspectos didáticos dessa prática e que suas atitudes sejam coerentes com sua forma de pensar, propiciando procedimentos totalmente pedagógicos. Só assim ele poderá contribuir com o avanço da *performance* da ginasta, não valorizando somente as mais talentosas. Situação similar ocorre durante a aplicação de atividades, para as quais o professor, muitas vezes, exige dos educandos mais criatividade e participação nos treinos ou nas aulas, mas não percebe que ele mesmo não propõe atividades criativas e diferenciadas, visando estimular a participação dos alunos.

Ensinar exige risco, aceitação do novo e rejeição a qualquer forma de discriminação

Não existem receitas para lecionar a melhor aula ou ministrar o melhor treinamento esportivo. Existe, sim, um grande espectro de possibilidades de como fazer isso, com base no diálogo dos saberes adquiridos pela experiência e naqueles descobertos pela ciência, que vão se constituindo entre professores e educandos ao longo do processo. Dessa forma, procedimentos pedagógicos abarcam em sua essência erros e acertos, inconstâncias e riscos! Para Freire (1996, p. 39), o professor deve estar disposto a correr esses riscos:

> A disponibilidade do risco!! E aceitar o novo, não porque é novo, mas porque faz sentido, e não porque é a negação do velho, entendendo que tudo que é velho não serve, é ultrapassado. (...) O velho que preserva sua validade ou que encarna uma tradição ou marca uma presença no tempo continua novo.

Tudo o que é diferente, novo, geralmente nos causa medo, estranheza, insegurança e, portanto, um afastamento. Porém, lidar com o novo faz parte do fazer docente e discente, da formação construída e da evolução do mundo. Como salienta Freire, não é preciso negar uma tradição para que se possa aceitar o novo, é possível que tradição e novidade se encontrem ou convivam nos processos pedagógicos, desde que coerentes entre si e com o plano de aula. A experiência do novo pode ser algo extremamente prazeroso e significativo na formação docente e discente.

Velardi (1999, p. 27-28) relata em sua experiência, quando iniciou a docência na escola, ensinando GR, as frustrações nas respostas de seus alunos aos treinamentos. O problema maior estava em quebrar paradigmas impostos anteriormente por aulas alicerçadas numa proposta mais clássica de ensino. Havia necessidade de uma mudança que pudesse trazer resultados de sucesso. Essa é uma situação que se encaixa perfeitamente em outros contextos, conforme relata a autora:

> O anseio das alunas em manipular os mais diferentes materiais, em "dançar" com eles utilizando acompanhamento musical variado não poderia ser contemplado em um ambiente com prioridade para o desenvolvimento exclusivo da técnica esportiva. Esses argumentos foram mais fortes do que meu planejamento. Resolvi, portanto, recomeçar a partir daquilo que me pareceu mais coerente: iniciar o planejamento com base nas alunas, em seus desejos.
>
> Não abandonando aquilo a que me propusera inicialmente, mas, sem dúvida, relevando suas ansiedades, partir da especificidade da GR como modalidade

esportiva não poderia ajudar as alunas a se motivar – as exigências estariam muito além de suas capacidades naquele momento inicial. Baseando-nos naquilo que elas acreditavam que a GR pudesse ser – dança, liberdade de expressão e prazer –, estaríamos naquele momento mais distantes do esporte, mas próximos daquilo que poderiam (e queriam) realizar.

Os treinamentos passaram a ser desenvolvidos com base na construção e na execução de séries, e não no estudo isolado de cada uma das partes (música, manipulação, movimentos corporais). Elaboradas com base naquilo que as alunas experimentavam na relação com os elementos da GR, por meio de minhas intervenções de demonstração ou de vídeos de eventos, as séries eram ampliadas. Não abandonando a preocupação com a técnica de execução dos movimentos corporais, de manuseio de materiais e da utilização adequada do acompanhamento musical, sua introdução, entretanto, surgia pela necessidade, pela compreensão de que seria um instrumento para agir e interagir melhor consigo, com as companheiras, com a música e com os materiais.

Os resultados foram os mais satisfatórios. Em pouco tempo, a GR já não era considerada um esporte difícil. Estava diretamente relacionada ao prazer. As participações em competições tinham caráter festivo e os resultados, satisfatórios ou não do ponto de vista de classificações decorrentes, passaram a ter importância secundária. A participação das alunas de maneira espontânea, livre, autônoma e responsável foi, aos poucos, atraindo a atenção dos então namorados (também alunos da escola) que se aproximaram e passaram a auxiliar na elaboração e nas montagens das séries. Por várias vezes, os elementos mais originais e criativos vieram de suas contribuições. Em pouco tempo, criou-se um grupo masculino de GR nos mesmos moldes do feminino.

A vivência com o grupo de GR explicitou que, naquele momento, basear-se na GR como *unidade* (música, movimento corporal e manuseio de materiais compondo uma série) *generalizada*, e não tratada de forma *fragmentada*, excessivamente técnica e específica, seria o mais adequado. A GR deveria ser adequada às meninas, e não o contrário.

Segundo autores como Brooks e Brooks (1997, p. 59), o ensino das partes para o todo fragmenta o pensamento, torna muito difícil a compreensão da ação, do pensamento ou do conceito que se propõe ensinar: "Pense, por exemplo, na montagem de uma bicicleta. O pacote contém instruções precisas escritas em ordem seqüencial, mas a maioria de nós continuamente se dirige ao desenho da bicicleta na caixa. Nós precisamos ver o 'inteiro' antes de poder ver o sentido das partes".

Portanto, fica nosso convite "pedagógico": professores, permitam-se ousar, juntamente com seus educandos!

Ensinar exige reflexão crítica sobre a prática

A reflexão crítica talvez seja o pilar mais importante do processo educacional. Refletir criticamente sobre o conhecimento, seu impacto social, suas relações, sua história, suas formas de apropriação e ressignificação favorece o crescimento individual e coletivo. No entanto, muitas vezes, a reflexão crítica sobre o conhecimento é privilegiada em detrimento da reflexão crítica sobre a própria prática, mesmo sendo esta indispensável à formação continuada dos professores e à formação dos educandos. Para Freire (1996, p. 43; grifo nosso):

> É fundamental que, na prática da formação docente, o aprendiz de educador assuma que o indispensável pensar certo não é o presente dos deuses nem se acha nos guias de professores que iluminados intelectuais escrevem desde o centro do poder, mas, pelo contrário, *o pensar certo que supera o ingênuo tem que ser produzido pelo próprio aprendiz em comunhão com o professor formador.* (...) Por isso é que, na formação permanente dos professores, o momento fundamental é o da reflexão crítica sobre a prática.

O autor chama a atenção para a autonomia, que deve ser propiciada ao educando, para que pense sobre o conhecimento e suas próprias práticas em comunhão com o professor, entendendo-o como um mediador desse processo. Além disso, o autor ainda enaltece essa construção autônoma e coletiva entre professor e educando, em detrimento da supervalorização culturalmente estabelecida de que a reflexão crítica advém, sobretudo, do pensar acadêmico ou de outros intelectuais. Assim, é essencialmente na própria prática educativa que a reflexão crítica se constitui e amadurece, podendo também ser alimentada pelas colaborações de demais profissionais (gestores, acadêmicos etc.).

Freire ainda ressalta que o fundamental na formação permanente (ou continuada) é a reflexão crítica. Algo que, embora alimentado por outros mecanismos de formação, é independente e compete somente à iniciativa docente.

A reflexão crítica pode ser vivida pelo professor da escola e de associações ou contextos onde se ensine a GR no âmbito do lazer, quando ele:

- analisa quais são as melhores formas de desenvolver seu conteúdo, adequando o plano de aula ao contexto de intervenção, às características do público-alvo etc.;
- durante a aula, fica atento às manifestações dos educandos e reflete criticamente sobre elas, percebe e executa as adequações que podem ser feitas momentaneamente para o maior aproveitamento do aprendizado;
- após a aula, consegue refletir sobre o que foi proposto e o que ocorreu na aula, analisando isoladamente e conjuntamente esses aspectos, no sentido de uma autocrítica para a elaboração de aulas cada vez mais proveitosas.

Algumas reflexões críticas, partilhadas conosco pelos professores, resultaram em transformações significativas na ação docente, na realização da aula e na motivação dos educandos. Alguns exemplos dessas reflexões, suscitadas pela proposta de atividades, foram:

- a confecção dos aparelhos adaptados da GR, colaborando, dentre outros objetivos, para a aproximação entre educandos e professores, motivando-os a explorar aquilo que construíram;
- a nomeação de movimentos específicos dos aparelhos da GR pelos próprios educandos;
- a análise das composições e regras da GR de alto rendimento e suas possíveis modificações (com base em temas geradores como saúde, inclusão, lesão, aspectos técnicos e estéticos etc.) etc.

Velardi (1999, p. 30-31) exemplifica como propiciar a reflexão crítica dos educandos sobre suas próprias práticas, baseada numa de suas experiências docentes no ensino da GR:

> Na terceira parte [da aula], com base nos elementos explorados anteriormente, a proposta da aula era interpretar o que havia acontecido: tentar diferenciar níveis de dificuldades entre os elementos e baseado neles estabelecer critérios para a

elaboração de seqüências de movimentos. As séries deveriam conter diversos níveis de dificuldade e contemplar os elementos explorados nas partes anteriores e nas aulas precedentes.

Assim, o objetivo dessa parte da aula era chegar a reflexões sobre tática, elaboração de séries e regulamento. Ao final das reflexões, um código de pontuação "pessoal" foi sendo elaborado e posteriormente reestruturado pelo grupo de alunos, sendo analisado e comparado com o Código de Pontuação Internacional. O estabelecimento das regras, a descoberta da lógica da tática, da técnica e dos encadeamentos motores e da manipulação dos materiais passaram necessariamente pela vivência, pela compreensão, pela consciência, pelo planejamento e pela deliberação, quer individualmente quer em grupos de alunos.

O maior desafio era fazer da GR um conteúdo acessível aos alunos, aspecto que não ficava evidenciado ao iniciar o trabalho calcado nas informações do Código de Pontuação Internacional. A compreensão da tática, da técnica e das normas com base na vivência dos alunos proporcionou uma maior compreensão dos elementos da GR e "simplificou" a relação deles com a prática. Compreender por que um salto seguido de rolamento é mais elaborado do que um giro sobre dois pés, por exemplo, dependia de um profundo processo de reflexão sobre o que foi experimentado, mas tinha lógica justamente por esse aspecto.

Ensinar exige o reconhecimento e a assunção da identidade cultural

> Uma das tarefas mais importantes da prática educativo-crítica é propiciar as condições em que os educandos em suas relações uns com os outros e todos com o professor ou a professora ensaiam a experiência profunda de assumir-se. Assumir-se como ser social e histórico, como ser pensante, comunicante, transformador, criador, realizador de sonhos, capaz de ter raiva porque capaz de amar. Assumir-se como sujeito porque capaz de reconhecer-se como objeto. A assunção de nós mesmos não significa exclusão dos outros. É a "outredade" do "não eu", ou do "tu", que me faz assumir a radicalidade de meu "eu". (FREIRE, 1996, p. 46)

A afirmação de Paulo Freire é repleta de densidade e totalidade. Merece ser lida, refletida, relida e novamente analisada.

Propiciar o reconhecimento e a assunção da identidade cultural talvez seja um dos mais difíceis desafios da educação contemporânea. Isso pode ser vivido por meio do ensino do esporte, e da GR.

Esse último princípio poderia abarcar todos os anteriores, ao se referir ao respeito, à ética, às identidades, aos saberes, à reflexão crítica etc.

Reconhecimento e assunção da identidade cultural, do sujeito social e histórico que somos, como educadores e, ao mesmo tempo, como educandos, pressupõe que nossos educandos sejam, ao mesmo tempo, nossos professores.

O que está entre o professor, o aluno, o aparelho, a música e o gesto

Há outro universo de possibilidades para abarcar os aspectos pedagógicos no ensino da GR, impossível de ser mensurado neste capítulo. Há aspectos do campo do sensível, da afetividade, dos valores, da paixão pela ginástica e por tudo o que ela pode proporcionar à experiência humana, transformando vidas. Afinal,

> o que importa não são os saberes: é o jogo-conversa que se faz com eles. Como no jogo de peteca. A peteca não é a coisa; é apenas uma desculpa para a brincadeira dos participantes. O que se aprende? Aprende-se a convivialidade, a arte de prestar atenção, de escutar, de falar baixo, de fazer silêncio, de perguntar. Martin Buber diria: a coisa não está aqui, não está ali; está "entre". Afinal de contas, pensar não é ter idéias. Idéias em si mesmas, são coisas mortas. O que importa é a dança que se faz com elas. (ALVES, 2004, p. 39)

Nesse contexto, o papel do educador é muito importante para motivar essa "dança", pois, muitas vezes, "o problema" não é a escolha pela prática da GR (por professores e educandos), mas, sim, a "dança" que *não* se faz com ela na fase escolar e/ou na formação profissional, em contextos esportivos e de lazer. Experiências inexistentes, ou frustradas, traumatizantes, cerceadas por preconceitos (que nossa cultura historicamente construiu), que, nós, educadores, temos o dever de desconstruir, baseados numa prática prazerosa e significativa.

Para Velardi (1999, p. 23),

> (...) a GR é uma atividade sempre nova, diferente a cada composição, a cada exploração dos aspectos de tempo, espaço e forma, de seus princípios e de

suas dimensões, possibilitando as mais variadas composições e interpretações. Há sempre uma atribuição de valores simbólicos ao movimento corporal, à manipulação dos aparelhos e à música, realimentada por cada uma delas, compondo sempre um novo conteúdo, inédito e criativo.

Sua regulamentação, entretanto, determinada pelo Código de Pontuação Internacional da Federação Internacional de Ginástica, tem sido muitas vezes responsável pelo "esquecimento" desses fatores que a diferenciam de outras modalidades esportivas, especialmente em relação às possibilidades de interpretação, de manifestação natural e fluente pelo movimento corporal, pela manipulação dos materiais e pelo acompanhamento musical.

Assim, nosso convite neste livro e especialmente neste capítulo, é que professores e técnicos *ousem se permitir* a vivência de novas formas de entendimento e de ensino da GR, seja na escola, nas praças públicas, nas associações, na universidade ou nos clubes, em práticas da iniciação ao treinamento. *Desafiem-se* a propor o ensino dessa manifestação gímnica, caso ainda não o façam. Entendendo que, dessa forma, construirão com seus educandos uma nova experiência de ginástica e de vida, permitindo que eles vivenciem as incríveis, únicas e inesquecíveis possibilidades que a GR permite.

> Nenhuma formação docente verdadeira pode fazer-se alheada, de um lado, do exercício da criticidade que implica a promoção da curiosidade ingênua à curiosidade epistemológica, e de outro, sem o reconhecimento do valor das emoções, da sensibilidade, da efetividade, da intuição ou adivinhação. (FREIRE, 1996, p. 51)

Referências bibliográficas

ALVES, R. *Aprendiz de mim: Um bairro que virou escola.* Campinas: Papirus, 2004.

BENTO, J.O. "Contextos e perspectivas". *In*: BENTO, J.O.; GARCIA, R.; GRAÇA, A. (orgs.). *Contextos da pedagogia do desporto.* Lisboa: Horizonte, 1999, p. 17-112.

BIZZOCCHI, L.A.G.; GUIMARÃES, M.D.S. *Manual de ginástica rítmica desportiva.* Araçatuba: Leme Empresa Editorial, 1985.

BOBO, M.; SIERRA, E. *Ximnasia rítmica e deportiva: Adestramento e competición.* Santiago de Compostela: Lea, 1998.

BOTT, J. *Ginástica rítmica desportiva.* Barueri: Manole, 1986.

COLL, C. *et al. Os conteúdos na reforma: Ensino e aprendizagem de conceitos, procedimentos e atitudes.* Trad. Beatriz Afonso Neves. Porto Alegre: Artes Médicas, 1998.

CRUZ, B.C.; PAOLIELLO, E.; TOLEDO, E. "A divulgação da ginástica geral: Identificação de uma problemática a partir de um estudo de caso". *Conexões, Revista da Faculdade de Educação Física da Unicamp,* v. 10, n. especial "Ginástica", p. 10-27, 2012.

DEMO, P. *Educar pela pesquisa.* 2ª ed. Campinas: Autores Associados, 1997. (Educação Contemporânea)

FOUCAULT, M. *Vigiar e punir: Nascimento da prisão.* Trad. Raquel Ramalhete. 31ª ed. Petrópolis: Vozes, 1987.

FREIRE, P. *Conscientização, teoria e prática da libertação: Uma introdução ao pensamento de Paulo Freire.* 3ª ed. São Paulo: Moraes, 1980.

_______. *Pedagogia da autonomia: Saberes necessários à prática educativa.* 21ª ed. São Paulo: Paz e Terra, 1996. (Leitura)

GAIO, R. (org.). *Ginástica rítmica: Da iniciação ao alto nível.* Várzea Paulista: Fontoura, 2008.

GALATTI, L.R. "Esporte e clube sócio-esportivo: Percurso, contextos e perspectivas a partir de um estudo de caso em clube esportivo espanhol". Tese de doutorado em Educação Física. Campinas, 2010. Faculdade de Educação Física, Universidade Estadual de Campinas.

GUÉRIOS, E.F.M. *Ginástica, mecanismo corporal e ginástica contemporânea: Do sistema infantil e feminino.* São Paulo: Edgar Blucher/USP, 1974.

LAFFRANCHI, B. *Treinamento desportivo aplicado à ginástica rítmica.* Londrina: Unopar, 2001.

LIBÂNEO, J.C. *Didática.* São Paulo: Cortez, 1994.

LOVISOLO, H. *Estética, esporte e educação física.* Rio de Janeiro: Sprint, 1997.

MARQUES, A. "Desporto, arte e estética: Fronteiras e espaços comuns". *In*: BENTO, J.O.; MARQUES, A. (orgs.). *A ciência do desporto, a cultura e o homem.* Lisboa: Universidade do Porto, 1999, p. 31-40.

MOUSSTON, M.; ASHWORTH, S. *Enseñanza pela educación física: La reforma de los estilos de enseñanza*. Barcelona: Hispano-Europea, 1996.

NISTA-PICCOLO, V.L. Projeto "Crescendo com a Ginástica". Faculdade de Educação Física, Universidade Estadual de Campinas, 1997. [Disponível em: <http://www.youtube.com/watch?v=qH1w_IkyyJE>. Acesso em: 20/5/2014.]

PADILHA, P.R. *Planejamento dialógico: Como construir o projeto político-pedagógico da escola*, v. 7. 3ª ed. São Paulo: Cortez/Instituto Paulo Freire, 2002. (Guia da Escola Cidadã)

PAES, R.R.; BALBINO, H.F. *Pedagogia do esporte: Contextos e perspectivas*. Rio de Janeiro: Guanabara Koogan, 2005.

PALLÁRES, Z. *Ginástica rítmica*. Porto Alegre: Redacta-Prodil, 1983.

PAOLIELLO, E.; TOLEDO, E. (orgs.). *Possibilidades da ginástica rítmica*. São Paulo: Phorte, 2010.

PEREIRA, S.M. *Ginástica rítmica desportiva: Aprendendo passo a passo*. Rio de Janeiro: Shape, 1999.

PEUKER, I. *Ginástica moderna sem aparelhos*. Rio de Janeiro: Fórum, 1973.

REVERDITO, R.; SCAGLIA, A.J.; PAES, R.R. "Pedagogia do esporte: Panorama e análise conceitual das principais abordagens". *Motriz*, Rio Claro, v. 15, n. 3, p. 600-610, 2009.

SAUR, E. *Ginástica rítmica escolar*. Rio de Janeiro: Ediouro, [198-].

SAVIANI, D. *Escola e democracia: Teorias da educação, curvatura da vara, onze teses sobre educação*. Campinas: Autores Associados, 1997.

SCAGLIA, A.J. *As novas tendências em pedagogia do esporte*. São Paulo: Sesc, 2012.

SCHIAVON, L.M. "Ginástica artística feminina e história oral: A formação desportiva de atletas brasileiras participantes de Jogos Olímpicos (1980-2004)". Tese de doutorado em Educação Física. Campinas, 2009. Faculdade de Educação Física, Universidade Estadual de Campinas.

SOARES, C.L. *et al. Metodologia do ensino de educação física*. São Paulo: Cortez, 1992.

SOUZA, E.P.M.; TOLEDO, E.; PALERMO, C.T. *Manual e vídeo de elementos básicos da ginástica rítmica desportiva: Com e sem aparelhos*. Campinas: Centro de Comunicação da Unicamp, 1997.

TOLEDO, E. "Fundamentos da ginástica rítmica". *In*: NUNOMURA, M.; TSUKAMOTO, M.H.C. (orgs.). *Fundamentos das ginásticas*. Jundiaí: Fontoura, 2009, p. 143-172.

______. "Estética e beleza na ginástica rítmica". *In*: PAOLIELLO, E.; TOLEDO, E. (orgs.). *Possibilidades da ginástica rítmica*. São Paulo: Phorte, 2010, p. 19-44.

______. "Investigação do conhecimento acerca da ginástica rítmica por professores/alunos que cursaram o Curso de Especialização em Ginástica da Unicamp". *In*: SOUZA, E.P.M.; AYOUB, E.; TOLEDO, E. (orgs.). *Anais II do Fórum Internacional de Ginástica Geral*. Campinas: Sesc/Faculdade de Educação Física da Unicamp, 2003.

TOLEDO, E.; ANTUALPA, K.F. "Retratos da ginástica rítmica de alto rendimento no Brasil: Análises e propostas". *In*: SCHIAVON, L.M. *et al.* (org.). *Ginástica de alto rendimento: Perspectivas de diferentes países*. Várzea Paulista: Fontoura, 2014, p. 62-77.

TOLEDO, E.; DESIDERIO, A.; SCHIAVON, L.M. "Ginástica e terceiro setor: Possibilidades do alcance da cidadania". *In*: TOLEDO, E. e SILVA, P.C.C. (orgs.). *Democratizando o ensino da ginástica: Estudos e exemplos de sua implantação em diferentes contextos sociais*. Várzea Paulista: Fontoura, 2013, p. 49-96.

TOLEDO, E.; VELARDI, M.; NISTA-PICCOLO, V.L. "Os desafios da educação física escolar: Seus conteúdos e métodos". *In*: MOREIRA, E.C. e NISTA-PICCOLO, V.L. (orgs.). *O quê e como ensinar educação física na escola*. Jundiaí: Fontoura, 2009a, p. 21-26.

______. "O que ensinar nas aulas de educação física?". *In*: MOREIRA, E.C.; NISTA-PICCOLO, V.L. (orgs.). *O quê e como ensinar educação física na escola*. Jundiaí: Fontoura, 2009b, p. 27-62.

______. "Como ensinar esses conteúdos nas aulas de educação física". *In*: MOREIRA, E.C.; NISTA-PICCOLO, V.L. (orgs.). *O quê e como ensinar educação física na escola*. Jundiaí: Fontoura, 2009c, p. 63-90.

______. "A ludicidade permeando as atividades propostas". *In*: MOREIRA, E.C.; NISTA-PICCOLO, V.L. (orgs.). *O quê e como ensinar educação física na escola*. Jundiaí: Fontoura, 2009d, p. 91-100.

VELARDI, M. "Ginástica rítmica: A necessidade de novos modelos pedagógicos". *In*: NISTA-PICOLLO, V.L. (org.). *Pedagogia dos esportes*. Campinas: Papirus, 1999, p. 13-34.

VIEIRA, E.A. *Ginástica rítmica desportiva*. São Paulo: Ibrasa, 1982.

VOLP, C.M. *Ginástica rítmica desportiva*. Viçosa: Imprensa Universitária, 1983.

8
ASPECTOS PEDAGÓGICOS DAS LUTAS COMO LINGUAGEM CORPORAL

Luiz Fernando Costa de Lourdes

Introdução

O objetivo deste capítulo é apresentar aos leitores, ainda que introdutoriamente, alguns conceitos e reflexões sobre as lutas no âmbito pedagógico. Esses elementos foram levantados e estudados ao longo de anos, vividos como praticante de artes marciais e esportes de combate (*tae kwon do*, judô e capoeira),[1] somados à docência em escolas públicas e particulares, em atividades de extensão universitária e ultimamente ao trabalho no ensino superior, na disciplina "Lutas",[2] em cursos de graduação em educação física.

Os desafios enfrentados ao longo da prática docente foram decisivos para o encaminhamento de reflexões e concepções que contribuíram para a apropriação e a utilização das lutas como um conteúdo de extrema importância para a formação cultural de crianças e jovens e, por que não, de adultos e idosos.

1. A capoeira de origem afro-brasileira, rica em sua diversidade de dispositivos culturais, tais como os movimentos, o jogo etc., pode ser classificada como luta, o que não implica dizer que esse seja seu único aspecto ao se desejar praticá-la em clubes, academias e associações. Baseados na definição de Laércio Schwantes Iório (2005, p. 268), de que "as características peculiares, que a aproximam ora do jogo, ora da luta, ora do esporte, ora da dança", neste primeiro momento, consideraremos a capoeira como luta.
2. O nome completo da disciplina é "Cultura de lutas", pois se compreende que, para tratar desse tema em um curso de graduação, deve-se analisar, debater e apreender os fatores históricos e socioculturais em que as lutas estão inseridas, ou seja, além de trabalhar os conteúdos procedimentais das lutas, busca-se desenvolver competências relativas a essa linguagem corporal que possibilitem uma erudição, rompendo com o senso comum e os mitos que cercam as lutas.

Das experiências que vivi, foi possível estabelecer procedimentos de ensino mais adequados às características do público atendido. Baseando-me em algumas questões pedagógicas de teorias que focam o ensino e a aprendizagem de diferentes linguagens corporais, é possível afirmar que as vivências em lutas podem enriquecer, dentre outros aspectos, a experiência comunicativa não verbal. Acredita-se que a cultura corporal seja composta de diferentes linguagens, e a educação física pode tratar pedagogicamente desses conhecimentos. Assim, as *lutas* constituem um tipo de linguagem dessa cultura, como outra qualquer; portanto, passíveis de ressignificação, transformação e aprendizado.

Ao abordar o ensino de uma linguagem, há alguns pontos importantes, como a perspectiva lúdica nos trabalhos desenvolvidos, a presença do diálogo, a construção do gesto, que devem estar presentes na prática docente em lutas, e não apenas a reprodução de técnicas, para quem se preocupa com o ser humano que se comunica e se expressa. Admitindo-se essa forma de trabalhar com as lutas, é possível ampliar a maneira como se ensina esse conteúdo, que tem apenas conhecimentos preliminares formados pela base cultural de diversos povos.

Vale ressaltar que, com base no cabedal cultural das diferentes modalidades de lutas, pode-se estabelecer um diálogo com outras áreas, mostrando que o conhecimento pode ser particularizado, mas não fragmentado.

Lutas, artes marciais e esportes de combate

O termo *luta* vem do latim *lucta*, que significa: "Combate corpo a corpo, sem armas, entre dois atletas, que, observando certas regras, procuram derrubar um ao outro: *luta livre*; *luta de boxe*" (HOLANDA, 2003, p. 1.054). Dos vários aspectos do significado de luta, o mais latente é a ideia de confronto, de disputa. O verbete do dicionário traz uma visão do que seja a luta, numa alusão ao esporte, dado que são dois atletas e não lutadores que aparecem nessa explicação. Assim também os exemplos, esportes de combate contemporâneos e não de lutas milenares.

Os Parâmetros Curriculares Nacionais (PCNs) da área da educação física definem as lutas nas aulas desta maneira:

> As Lutas são disputas em que o(s) oponente(s) deve(m) ser subjugado(s), mediante técnicas e estratégias de desequilíbrio, contusão, imobilização ou exclusão de um determinado espaço na combinação de ações de ataque e defesa. Caracterizam-se por uma regulamentação específica, a fim de punir atitudes de violência e de deslealdade. Podem ser citados como exemplo de Lutas desde as brincadeiras de cabo-de-guerra e braço-de-ferro até as práticas mais complexas da capoeira, do judô e do caratê. (BRASIL, 1997, p. 37)

Então, pode-se compreender que as lutas são formas de disputa de "combate corpo a corpo", que se utilizam de diversas formas de subjugação "mediante técnicas e estratégias" de exercício corporal, combinando "ações de ataque e defesa". No entanto, essa definição serve para operarmos apenas com o conteúdo procedimental das lutas, compreendendo sua base de ações motoras. Para ampliar a compreensão sobre elas, faz-se necessário particularizar as expressões "artes marciais" e "esporte de combate".

Sem discutir profundamente os conceitos dessas práticas, de forma ampla e técnica, busca-se apenas introduzir o leitor em noções básicas sobre artes marciais e esporte de combate, segundo autores que tratam desses termos, como, por exemplo, Tubino, Tubino e Garrido (2007), Stevens (2005), Cunha (2007), Saotome (2003) e Cohn (2004).

Iniciemos pelas *artes marciais. Arte*, segundo Holanda (2003, p. 65) é a "(...) capacidade que tem o ser humano de pôr em prática uma idéia, valendo-se da faculdade de dominar a matéria (...). A utilização de tal capacidade, com vistas a um resultado que pode ser obtido por meios diferentes: *a arte da medicina; a arte da caça; a arte militar; a arte de cozinhar; Liceu de Artes e Ofícios* (...)".

Não é objetivo deste capítulo discutir o significado de arte, mesmo porque há outros conceitos sobre arte, tanto na história quanto na sociologia e na filosofia, mas foi escolhida essa definição, no verbete do dicionário de língua portuguesa, para melhor compreensão conceitual do tema.

Marcial vem do latim *martiale.* É um adjetivo de dois gêneros, que diz respeito à guerra, ao bélico ou aos militares e guerreiros. Também da mitologia latina, em Marte, o deus da guerra (HOLANDA, 2003, p. 447).

Com base nessas definições, é possível compreender *artes marciais* como "ofícios de guerra". Tal definição contextualiza-se quando observamos a origem de diversas lutas, como o *tae kwon do*, um esporte de combate, originário do *taekyon*, técnica de combate, ou arte de guerra, desenvolvida pelos guerreiros *hwa-rang* para protegerem o reino de Silla, na Coreia do século VII.

Segundo Tubino, Tubino e Garrido (2007, p. 164), a expressão artes marciais:

> (...) remete às Artes Militares, que compreendem sua utilização inicial em guerras que ocorriam na antiga Ásia. Compreendem conhecimentos de combates, usados por antigos guerreiros da Ásia, para defender em batalhas os castelos que estavam vinculados ou lutar com adversários/inimigos em desafios, mortais na maioria das vezes. Atualmente, têm largo emprego como Defesa Pessoal, Esporte, meio para a Aptidão Física e Saúde, meio de Educação (...).

Assim, também podemos considerar artes marciais, segundo Holanda (2003, p. 175), como um "repertório mais ou menos sistematizado de técnicas, movimentos e exercícios corporais para defesa e ataque, com emprego de armas ou sem ele".

Essa expressão tem sentidos diferentes em culturas diversas. Por exemplo, na cultura japonesa: *bugei, bujutsu, bushido* e atualmente *budô*; na cultura chinesa: *wu shu*; na cultura indiana: *kalaripayattu*. Porém, todos esses termos, de uma maneira ou de outra, significam "o caminho do guerreiro" ou "sistemas de artes para a guerra". Portanto, as *artes marciais* são sistemas de práticas de tradições milenares para treinamento de combate com ou sem o uso de armas brancas.[3]

Para elucidar o significado de *esporte de combate*, é necessário fazer um recorte histórico, que engloba a revolução industrial dos séculos XVIII e XIX e o surgimento do esporte. O sentido de esporte de combate pode ser entendido como o abrandamento das ações violentas em atos viris

3. Armas brancas, como facas, espada, arco e flecha, bastão, dardo, zarabatana etc., são aquelas que não utilizam pólvora nem dispositivos modernos.

"desejáveis" a "qualquer cavalheiro que se preze numa sociedade"[4] moderna e contemporânea.

A gênese do esporte contemporâneo deu-se principalmente na Inglaterra, em virtude de sua potência industrial e da transformação de seus sistemas de produção nesses séculos; porém, vale lembrar que, em outros países, também aconteciam essas transformações (BRACHT, 2003).

Segundo Hobsbawm (1988, p. 256), no século XIX, o esporte era uma das principais atividades de agregação para as classes burguesas. Tal como ocorreu com as diferentes produções culturais daquele período, as manifestações corporais também se transformaram em atividades geradoras de vínculo. Na Inglaterra daquele século, a palavra esporte era originalmente restrita às atividades ligadas à elite "como equitação (...) a caça, o tiro, a pesca, as corridas de cavalo, a esgrima e coisas semelhantes" (1988, p. 256) e, dessa maneira, o esporte foi transformado em objeto de identificação de classe constituindo-se num modo de vida.

Muitas transformações que conhecemos hoje ganharam forma e conteúdo nos séculos XVIII e XIX,[5] como a definição do tempo na vida cotidiana, diferenciando o tempo de trabalho/produção e o tempo fora do trabalho, ou seja, o lazer. Havia, naqueles séculos, um grupo de indivíduos que não fazia parte da estrutura de produção, uma "categoria separada e independente caracterizada entre a adolescência e a idade do casamento" (HOBSBAWM, 1988, p. 239), cuja principal ocupação concentrava-se nas atividades familiares e escolares, ou seja, a juventude. Dispondo de tempo ocioso, ela o preenchia com atividades sociais e culturais em clubes, escolas e universidades. Dessa forma, o esporte passou a ser cada vez mais apreciado na formação desses indivíduos, como atividade agregadora e de caráter civilizador.

---

4. Em todos os combates esportivos, é de praxe cumprimentar o adversário ao final da luta, geralmente com aperto de mãos ou abraço, mesmo que ele esteja com hematomas e contusões e com a sensação de derrota amargando a boca. É a atitude esperada de dois *cavalheiros* das "artes marciais".

5. Isto não significa que as coisas permaneceram iguais desde então. Cada cultura e cada momento histórico tem a sua dinâmica de transformação; o esporte de hoje tem características distintas de seu tempo, com novos contornos e significados, porém é possível reconhecer as marcas de sua origem.

Também nas escolas e universidades, pouco a pouco, as diferentes práticas corporais foram ganhando contornos – regras em comum, atitudes desejáveis, espaço de prática definido (quadra, campo), ligas e federações, competições e torneios – que fizeram do esporte uma ferramenta importante na formação do cidadão letrado e civilizado. Vale ressaltar que o processo de inclusão das atividades corporais nos programas de ensino de escolas e universidades não foi tranquilo nem desprovido de conflitos. Um exemplo é a origem do rúgbi, que surgiu de uma cisão entre estudantes de diversas universidades que praticavam o futebol americano e divergiam quanto à maneira de jogar, ora com as mãos, ora com os pés, e decidiram formar uma liga estudantil e estabelecer que o rúgbi deveria ser jogado com as mãos, restringindo o uso dos pés.

As técnicas de combate e de guerra passaram a ser atividades comuns, praticadas em clubes, escolas e universidades, principalmente pelos jovens da recém-formada classe média. Eram práticas ensinadas por ex-combatentes, coronéis, capitães e sargentos, que se valiam de suas experiências de guerra.

Em certa medida, as técnicas outrora criadas e desenvolvidas em batalha transformaram-se numa prática hoje conhecida por sua "forma esportiva". Esse é um conceito pautado na linguagem, nas normas, estruturas e práticas características do esporte, que hoje se manifestam em outros espaços sociais além daqueles exclusivos das práticas competitivas do esporte. É possível observá-las em uma disputa em sala de aula, em tarefas da disciplina de português, nas olimpíadas de matemática, nos programas de televisão, nas relações de trabalho, na concorrência entre as empresas e até nas relações afetivas. Enfim, as convenções sociais e as normas do esporte são parâmetros para a vida social. As artes e os ofícios de guerra adquiriram o caráter "civilizatório" do *gentleman*, proporcionando convenções ao ato de combater. Segundo Barbanti (2003, p. 105), o ato de combater significa a "aceitação da disputa como um elemento da competição e não como uma atitude de rivalidade frente aos demais".

Dessa forma, o *esporte de combate* pode ser conceituado como prática de combate com regras universais, repertório sistematizado de técnicas, cuja manifestação dá-se principalmente em torneios e campeonatos representados por um sistema federativo e confederativo, podendo ser dividido entre as modalidades olímpicas e não olímpicas. São exemplos de modalidades olímpicas a luta greco-romana, a luta livre, o boxe, o *tae kwon do*, o judô, o pentatlo moderno, a esgrima, o arco e flecha etc. São exemplos de modalidades não olímpicas o vale-tudo, o *full contact*, o caratê, o *wrestling*, o jiu-jítsu, o sambo etc.

As lutas no contexto contemporâneo

Ao longo da história da humanidade, os diferentes usos sociais das lutas formaram um conjunto de saberes e práticas que hoje define os objetivos e os espaços de trabalho do professor de luta. Esses espaços, suas características, seus objetivos e o perfil do professor estão descritos no Quadro 1, a seguir.

É muito importante identificar o tipo de trabalho pedagógico a ser desenvolvido em cada ambiente, pois os desejos, necessidades e objetivos são diferentes em cada um deles. No entanto, há características comuns a todos: o agente atuante nesse trabalho e a própria linguagem expressa na prática das lutas. Os requisitos apresentados neste trabalho podem servir de base a todos os professores que, por ventura, venham a trabalhar com lutas, se for compreendido como um trabalho de iniciação ao tema.

O primeiro item do quadro é a academia especializada, onde uma determinada luta é considerada atividade complementar; o perfil do professor é o de especialista em alguma luta, arte marcial ou esporte de combate, que precisa voltar sua prática docente para questões pedagógicas. Para isso, deve manter o interesse e a adesão dos alunos até as graduações finais como um sujeito carismático, comunicativo, que, ao demonstrar as atividades, contribui para a motivação dos alunos.

Uma questão pedagógica importante é esse professor saber equilibrar as habilidades a serem aprendidas pelo aluno e a expectativa deste, decorrente de seu imaginário sobre as lutas. Ao iniciar as aulas, os alunos novos têm uma dúvida recorrente: "Eu tenho condições de aprender as técnicas para utilizá-las?". Essa pergunta mostra que podem surgir ansiedade e desânimo. Ansiedade, para saber o que poderá aprender, e desânimo, porque o conjunto de técnicas, independentemente da modalidade de luta, é vasto e com diferentes graus de complexidade.

Quadro 1: Espaços sociais das práticas de lutas, suas características e seus objetivos, e o perfil do professor de luta

Espaço	Características e objetivos	Perfil
Academia especializada	Espaço que privilegia a prática de uma ou várias modalidades de lutas, com os objetivos de defesa pessoal, prática esportiva, aptidão física e saúde.	Mestre de lutas (não necessariamente um professor de educação física).
Academia não especializada	Atividades complementares ou atividades de condicionamento físico, como aeroboxe, *aerofight*, *bobby-fit* etc., com os objetivos de aptidão física e saúde.	Geralmente, professor de educação física, com prévia vivência em lutas.
Clube, centro olímpico e esportivo	Modalidade esportiva e olímpica, com os objetivos de prática esportiva, aptidão física e saúde.	Mestre de lutas (não necessariamente um professor de educação física).
Organizações não governamentais (ONGs)	Instrumento de ação social compensatória, com os objetivos de prática esportiva, educação, aptidão física e saúde.	Geralmente, um professor de educação física com formação em lutas.
Escola infantil	Atividade complementar com os objetivos de educação e aptidão física.	Mestre de luta, instrutor de lutas (graduação próxima da faixa preta) e professor de educação física.
Escolas de ensino fundamental e médio	Atividade extracurricular e conteúdo programático, com os objetivos de educação, prática esportiva, aptidão física e saúde.	Professor de educação física com formação ou vivência prévia em lutas.
Faculdades e universidades	Atividade extracurricular e disciplina, com os objetivos de educação, formação profissional, prática esportiva, aptidão física e saúde.	Professor de educação física com formação ou vivência prévia em lutas.

Para chegar à condição de mestre, a transposição da condição de iniciante é difícil e está muito distante do imaginário dos praticantes/aprendizes. Assim, a perspectiva que se tem para manter o interesse do aluno é propor diferentes desafios e um avanço sistematizado de graduação. E isso pode ainda não ser suficiente, pois o que estimula um sujeito a se motivar em qualquer prática corporal é a descoberta por si mesmo da aprendizagem e da aplicação do gesto adquirido. Mesmo assim, vale ressaltar que essa não é a única situação de motivação.

Nos espaços onde as lutas são desenvolvidas como medidas de compensação social (nas ONGs e nos projetos sociais) ou mesmo como prática competitiva, as condições são semelhantes às das academias especializadas. Nas escolas, onde essa prática aparece como atividade complementar ou extracurricular, a presença do especialista é requerida e solicitada, mas, para as aulas curriculares de educação física, essa não é uma condição imprescindível. Aliás, em algumas escolas, esse conteúdo não é ensinado, mais em razão da falta de vivência do professor nesse conteúdo da cultura corporal do que de seu conhecimento sobre as lutas. Nesses contextos, é mais difícil ainda que o professor saiba da importância que essas práticas podem ter na formação educacional do aluno. Como consequência, por diversas razões, os professores eximem-se de ensinar, alegando não saber o que ou como ensinar nem se os alunos vão se interessar.

Considerando a escola como um lugar de socialização da criança, essa instituição deve prepará-la para viver em sociedade; portanto, é fundamental que a criança aprenda a se comunicar e se expressar em diferentes linguagens. Quanto mais amplo e consistente forem seu vocabulário e suas experiências, maior será a eficácia da comunicação, maiores serão as chances da criança de se tornar uma cidadã autônoma, capaz de tomar iniciativas e ser responsável por seu espaço de convivência.

Exatamente por entender que as lutas constituem um tipo de expressão de linguagem corporal é que podemos ressignificá-las, dando-lhes novos usos, que sejam fundamentais para o trabalho do docente ou técnico.

Um professor de educação física pode ensinar as lutas na escola, mesmo não sendo um "faixa preta".[6] Existe um equívoco quando se pensa que, para

6. As faixas ou cordões determinam e identificam os indivíduos com mais ou menos habilidade motora (nível técnico); cada faixa tem seu padrão motor de relativa complexidade. É possível avançar para a próxima faixa depois da aprovação em um "teste". Os lutadores são testados em seu nível de habilidades motoras (técnicas de pés e mãos, projeções, quedas, torções etc.), na combinação de movimentos (*kata*, *katir* etc.), na demonstração de técnica acurada (quebramentos). Para os principiantes, o combate não é direto, eles fazem "sombra". Faixa preta é a expressão ou a classificação para todo aluno que alcançou

ensinar, é preciso ter praticado a modalidade. Aprender a lutar é desenvolver técnicas. Compreender as lutas não se resume a um punhado de golpes de contusão, imobilização do adversário, desequilíbrio e torção. Acreditamos que um professor deve ensinar os golpes certos com as técnicas adequadas de cada luta, mas muitos profissionais de educação física deixam de explorar e trabalhar esse conteúdo por acreditar que só os especialistas podem fazê-lo.

O que propomos neste capítulo não é pensar numa luta específica nem apenas no aprendizado de técnicas, mas pensar as lutas como um sistema de linguagem complexo, com uma lógica própria, de fácil entendimento e que pode ser a base para qualquer outro trabalho com uma luta específica.

Ao discutir sobre as lutas na escola, nos clubes ou em cursos de graduação em educação física, aparecem sempre questões como: Que tipo de luta praticar? É necessário ter luta na escola? O que posso ensinar sobre lutas na escola? Qual o sentido de ensinar alguém a lutar? As lutas geram ou inibem a violência? Os desenhos de lutas divulgados na mídia incitam a violência? Enfim, uma série de perguntas que pertencem ao universo daqueles que buscam debater o tema.

Ao longo deste capítulo, apresentamos algumas respostas a essas questões, por meio de reflexões que podem ser esclarecedoras para o professor e o técnico. Dessa forma, além de trazer conceitos que podem facilitar a compreensão do que são as lutas, também destacamos sugestões de atividades, visando tornar esse conteúdo mais próximo e familiar para aqueles que não são "faixa preta" ou que fazem do ensino das lutas a sua profissão.

Equívoco e resistência na prática das lutas

Um equívoco comum, nos espaços sociais citados anteriormente, é as lutas serem apresentadas com o "código cultural do mundo dos adultos", ou

---

a graduação máxima no aprendizado de uma luta. Cada luta tem um sistema de cor que identifica o grau de conhecimento do aluno. Para algumas lutas, é a partir da faixa preta que se inicia o caminho de mestre.

seja, um conjunto de práticas corporais codificadas que não permite uma reinterpretação ou manifestação espontânea do gesto, uma espécie de "pacote fechado" de caratê, de judô ou de outra luta que o professor domine. Assim, não se permite que a criança ou o jovem possa explorar esse tipo de linguagem baseado em sua corporeidade, composta por seu histórico cultural e motor. O envolvimento do aluno com o conhecimento das lutas será maior se ele puder sentir na sua prática o significado do que está aprendendo.

Outro equívoco, também culturalmente construído por professores, técnicos e mestres, é acreditar que é necessário ser um profundo conhecedor das artes marciais ou um *expert* em esporte de combate para ensinar alguém a não ser violento ao praticá-las.

É fundamental ensinar as lutas como saberes conceituais e factuais com características peculiares, ou seja, como uma vasta bagagem cultural e histórica que pode contribuir para a formação do aluno. Nos aspectos procedimentais, a maioria das ações motoras é exclusiva, podendo ampliar o repertório da linguagem corporal. Por fim, mas não menos importante, nos aspectos atitudinais, é comum a qualquer tipo de luta trabalhar o princípio da alteridade, valor atitudinal necessário numa sociedade democrática.

Cada luta traz um cabedal cultural característico, por isso, sua diversidade enriquece a linguagem corporal e, se ensinada como um desafio, pode estimular a inteligência cinestésica. Assim, qualquer pessoa tem condições de aprender a se expressar por esse tipo de manifestação em seu aspecto tanto conceitual quanto procedimental e atitudinal.

Ao ouvir o relato de professores sobre a utilização ou não das lutas como conteúdo a ser ensinado nas escolas, é possível observar críticas ao papel da mídia na formatação das lutas, atribuindo a elas uma conotação de esportes violentos. De certo modo, uma visão conservadora relata que as lutas têm um caráter filosófico e doutrinador, mas isso não tem nada a ver com o esporte violento midiático.

Outra dificuldade apontada pelos professores é seu despreparo para abordar o tema com os alunos e a comunidade escolar, o que pode gerar ou reforçar a resistência de pais, coordenadores e diretores à prática de um tipo de luta. Em alguns casos, a capoeira é rechaçada com veemência; em outros, é a única "luta" aceita, já que é interpretada como um jogo que faz parte da cultura brasileira.

Também é necessário relatar que, numa investigação da produção acadêmica da área, os temas pesquisados que aparecem versam sobre certos códigos culturais de lutas apenas no âmbito escolar, por exemplo, *judô na escola, caratê na escola, experiência de capoeira na escola*. Há uma lacuna entre a discussão das lutas em geral e sua inserção em programas de educação esportiva, educação física e especialização esportiva. Alguns trabalhos propõem discutir a generalização, mas têm dificuldade em apresentar um conteúdo para os não especialistas.

Por vezes, a falta de organização e planejamento pedagógicos obscurece os objetivos da prática docente, dificultando a escolha dos temas e os caminhos a serem seguidos. Dessa forma, as aulas improvisadas e a repetição do que os alunos "gostam" de fazer são as únicas saídas na visão dos professores.

Para romper essas barreiras, faz-se necessária erudição nas lutas, ir além do aprendizado de técnicas na formação dos profissionais. Buscar o contexto histórico das lutas não é apenas tratar de quem fundou a modalidade ou onde ela surgiu, mas compreender o significado cultural das lutas em determinada época, evitando anacronismos, como no caso do pugilato e do boxe, práticas semelhantes no uso das mãos, porém, muito distantes na origem, nos usos sociais e nos significados culturais. Essas discussões podem promover a compreensão da diversidade e o entendimento da dinâmica que levou esta ou aquela luta a se destacar na história.

Outro fator de resistência por parte de pais, professores, coordenadores e diretores ao ensino das lutas nos diferentes âmbitos esportivos é o fato de acreditarem que elas geram violência, ou melhor, provocam atitudes violentas. A violência é muito mais abrangente que a simples prática de golpes ou o desenvolvimento de técnicas de ataque e defesa; a violência pode ser simbólica, física, psicológica e social. A violência manifesta-se em circunstâncias específicas, como a reação a um ato violento de outro sujeito ou do meio ambiente (OLIVIER, 2000). Assim, há diversos graus de violência, como a exploração do capital, da força de trabalho, os processos de exclusão "branda" da escola, a violência doméstica, infantil, homofóbica, racial etc.

No Quadro 2, é possível verificar a diferença entre lutas e violência. Esta última é analisada como uma categoria social que suplanta normas, portanto, vai além de um simples fenômeno, pois é tratada por diferentes campos da ciência, política e educação.

Esse quadro foi criado como instrumento para a compreensão dos alunos sobre a diferença entre as lutas e as brigas que acontecem entre as crianças e os adolescentes e, com algumas mudanças, também entre estudantes universitários. O conteúdo "lutas" e a categoria social "violência" são o foco desse quadro sinótico, que visa reforçar que se trata de dinâmicas culturais distintas. É possível perceber um diálogo entre esses aspectos, observando-se a manifestação dessa categoria social em práticas de luta. Em contrapartida, a luta é uma prática social normatizada que também pode manifestar a violência, mas não é, em hipótese alguma, o fator gerador da violência, podendo até ser um ponto de canalização da violência.

Quadro 2: Quadro sinótico das lutas e da violência

Lutas	Violência
Tem regras para os participantes. É normatizada.	Não tem regras. Transcende a norma.
Transmite o senso de preservação própria e do adversário.	Não há senso de preservação. Presença marcante do sentimento de destruição e de irascibilidade.
Tem hierarquia de habilidades motoras, técnicas para alunos iniciantes e avançados.	Existe desigualdade de habilidades motoras no caso de brigas.
Em combate, igualam-se as condições (divisão de categorias por peso e faixas).	Existe a necessidade de se impor. Quanto maior a desigualdade de condições, mais agressivo e violento o ato (por exemplo: uso de arma de fogo, de armamento mais pesado em guerras, atuação de gangues contra homossexuais, em brigas de torcidas etc.).
Existe um código de conduta e honra.	Não há código de conduta ou honra.
Procuram-se evitar lesões físicas e ofensas morais.	Pode ser simbólica, física, psíquica e social.
Acontecem em ambiente controlado.	Não há ambiente para acontecer. Não há espaço em que a violência não possa se manifestar.
Tem caráter educativo.	Não tem caráter educativo.

A visão de que as lutas geram violência, um tipo de atitude violenta ou até mesmo que praticar lutas é predispor-se à violência, exercendo-a fora dos treinos no *dojo* (que é o local de treinamento e deve ser respeitado por todos os lutadores, segundo o código de conduta da casa de luta), também provém da percepção reforçada pelo ensino excessivamente técnico, ou seja, do conteúdo procedimental como única possibilidade de aprender lutas. Esse aspecto é apreciado e divulgado em demasia pelos praticantes e mestres, desconsiderando-se o contexto filosófico das lutas.

Numa análise do conteúdo sobre lutas em revistas especializadas, percebemos que o maior número de páginas dedicado ao tema apresenta apenas procedimentos técnicos, com fotos e desenhos. Isso revela o privilégio dado às questões técnicas e não aos estudos relacionados aos princípios filosóficos que permeiam a prática. De certo modo, quanto mais se ensina técnica em detrimento de outros conteúdos, mais competitivas as equipes se tornam, levando a maior participação em campeonatos, obtenção de mais títulos e, como consequência, a um número maior de adeptos. Porém, pelas mesmas razões, muitos abandonam a prática da luta.

Percebe-se que há uma relação direta entre o número de equipes que compete e ganha campeonatos e o aumento no número de novos adeptos nesta ou naquela arte marcial em academias. No entanto, na realidade, perdem-se muito mais alunos do que se conquistam, em virtude da exigência de participação em campeonatos, colocando habilidades à prova. Assim, quem não está próximo do cotidiano de prática de uma luta tem a sensação de que todas as lutas têm socos, pontapés e agarra-agarra e pouca proposta filosófica como modo de vida. Outro fator que contribui para essa visão é a apropriação da prática cultural das lutas no Ocidente, depois de uma filtragem, pelo esporte. Foi só após a forma esportiva das artes marciais que se estabeleceu um elo que deu sentido lógico à prática de lutas em diversos países do Ocidente.

A forma esportiva das artes marciais pressupõe um complexo de práticas sociais que passa pela competição. Inicialmente, era uma forma de comparação de forças; posteriormente, tornou-se um dos fatores motivadores para a inserção de pessoas em algum esporte de combate. Há nela um conjunto de técnicas formalizadas dispostas em sequência pela avaliação sistemática da evolução técnica (exames de troca de faixa). É comum ouvir de mestres mais experientes que o exame de faixa foi a maneira encontrada para manter a motivação dos alunos, especialmente no Ocidente, que precisava de uma referência direta de evolução nas artes marciais. Eles também relatam que a faixa preta, na verdade, era uma faixa branca que, ao longo do tempo, de tanto ser usada, ficou encardida, parecendo preta, com o significado de que seu portador praticava aquela arte há muito tempo e era um grande conhecedor dela e, portanto, devia ser respeitado. Assim, o sistema de cor foi inventado tempos depois, aproximadamente no mesmo período em que o judô foi divulgado em diversos países, com a criação de federações e confederações.

Esse sistema desportivo tem sua própria linguagem, seu próprio universo cultural, com vocabulário próprio, cria novas profissões, especializadas em cada recurso midiático, e provoca um aumento do público interessado em assistir a espetáculos de luta. Segundo matéria de um grande jornal de São Paulo, só no Brasil, a televisão por assinatura registrou um aumento de mais de 300% no número de assinantes de canais exclusivos de luta, abertos desde 2002 (NEVES, 2007).

Outro fator que reforçou a ideia de que todo lutador é um "valentão" que procura briga ou um sujeito pacato que, por circunstâncias da vida, envolve-se em confusão, foi o surgimento de ferramentas importantes para a cultura de massa e a indústria cultural: o cinema, a televisão e, ultimamente, a internet.

Nos anos 1950, os filmes relacionados a esse tema apresentavam um enredo comum, utilizado durante muito tempo nas produções cinematográficas: em geral, o personagem principal era um sujeito pacato que sofria toda ordem de injustiça e, como último recurso (sempre utilizado), rebelava-se e, pela arte marcial, redimia-se, vingando a morte de entes queridos e injustiçados ou lutando contra organizações criminosas que degradavam a condição do ser humano. Atualmente, o enredo dos filmes de lutas varia entre filmes de época e os centrados em sujeitos da história, em que há um soldado valente, um policial, um monge budista, um motorista, enfim, toda sorte de profissões ligadas à classe operária, que acaba cumprindo a missão de "salvar o mundo", isto é, de sair em defesa de seus ideais, de seus valores, e destrói aqueles que cometeram as mais diferentes atrocidades. No enredo desses filmes, sempre há alguém injustiçado, um processo de treinamento, um plano de vingança e, numa espécie de catarse, todos veem o mocinho resolver os problemas valendo-se de sua habilidade especial de luta.

Essa "sensação", criada e reforçada no imaginário coletivo pelas estratégias cinematográficas, televisivas e de outras mídias, tem um forte apelo no público. Afinal, muitos podem não ter tido outro contato com as lutas a não ser pelos filmes a que assistiram. Talvez por isso alguns pais, professores, coordenadores e diretores receiem permitir que filhos ou alunos participem do trabalho com algum tipo de luta ou artes marciais.

Não se pode desqualificar a mídia, pois, muitas vezes, ela é a porta de entrada para o conhecimento sobre as artes marciais. Esse é um ponto importante a ser estudado e debatido nas aulas de lutas. Nesse contexto, o professor de educação física ou o mestre de luta deve se responsabilizar pela ruptura com essa imagem negativa que a prática da luta possa ter, assim como por desfazer as noções preconcebidas que seus alunos porventura tenham. Para isso, algumas tarefas são fundamentais em propostas voltadas ao rompimento de visões pautadas no senso comum, como, por exemplo:

- buscar novos sentidos e significados para as lutas no contexto contemporâneo;
- analisar as lutas nos diferentes espaços sociais contemporâneos, por exemplo, lutas e multimeios, lutas e gênero etc.;
- romper com os mitos e o senso comum sobre a prática das lutas. Artes marciais são diferentes de lutas, pois estas podem gerar violência, ao passo que todos os praticantes de artes marciais se pautam numa filosofia de vida baseada em princípios religiosos e filosóficos etc.;
- promover o debate entre os alunos sobre temas contemporâneos como o caso dos lutadores de artes marciais que se confrontam nas ruas; o vale-tudo etc.;
- promover a vivência de atividades que trabalhem as dinâmicas culturais das lutas.

Por uma pedagogia das lutas

As propostas aqui apresentadas podem auxiliar professores e mestres na aparentemente difícil tarefa de ensinar lutas e romper com os preconceitos gerados em torno desse rico conteúdo da cultura corporal. Porém, para isso, são necessários alguns alertas.

O primeiro refere-se às classificações. Uma classificação dificilmente apreenderá toda a complexidade de um fenômeno cultural. Assim, ela pode ser utilizada para facilitar o entendimento do objeto que observamos, mas, sempre que houver uma classificação, deve-se propor ir além dela, pois ela está ligada ao conhecimento epistemológico de quem a construiu. Quanto mais se aprende sobre o fenômeno, mais elementos devem ser apreendidos; assim, uma classificação não deve cristalizar um conceito. Além disso, tais elementos podem mudar com o objeto classificado. Apreender as lutas é *constatar*, *entender*, *explicar*, *analisar* e *classificar* as modalidades e as realidades em que se manifestam.

Num contexto educacional, na escola ou fora dela, a característica que predomina na relação ensino-aprendizagem é a socialização, seja na relação professor-técnico-mestre/aluno-aprendiz, aluno-aprendiz/aluno-aprendiz ou aluno-aprendiz/comunidade. Como foi dito, comunicar-se é fundamental e a linguagem do aluno deve ser ampla e consistente, para que tenha eficiência no socializar-se. Em outras palavras, saber relacionar-se nos diversos espaços de convivência social. As lutas, como linguagem, podem auxiliar quem as pratica a alcançar um repertório de comunicação vasto, compreendendo quando é o momento de ouvir e ser ouvido, desenvolver o princípio da alteridade (que significa colocar-se no lugar do outro) etc.

Nas lutas, é possível vivenciar esses e outros valores, já que, em todo o ritual de lutar, no início do treino ou combate, cumprimenta-se o oponente e busca-se preservar a integridade física e moral do indivíduo até o final. Exatamente por constituírem uma linguagem, as lutas podem ter novos usos, que sejam fundamentais para o trabalho escolar, a educação e a iniciação esportiva.

Geralmente, as lutas são apresentadas às crianças com formas predefinidas e altamente normatizadas. Se as práticas culturais vêm com essas predisposições, todas as suas estruturas são necessárias para sua compreensão. O professor/técnico/mestre, ao apresentar o jogo, o esporte ou a luta em sua forma acabada, deve exigir da criança um conhecimento das bases estruturais dessas manifestações culturais. Além disso, alguns profissionais acreditam que toda complexidade que traga a forma altamente normatizada precisa ser rapidamente absorvida pela criança.

Estas são algumas das razões para o surgimento de conflitos nas aulas: as disputas acirradas, as desistências, a repetição de conteúdos e a baixa qualidade das atividades praticadas pelos alunos. Se, num jogo de futebol entre adultos, é possível observar desentendimentos, discussões em campo, com berros e palavras agressivas, como ficam as crianças diante das mesmas frustrações que aparecem nas atividades de luta? Seria possível que se comportassem de maneira menos conflituosa?

Segundo as teorias de desenvolvimento infantil, isso não é possível e, talvez por desconhecimento das características infantis, a aula possa gerar frustrações e a criança perder o interesse em aprender.

Quem ensina a prática da luta deve saber lidar com as emoções das crianças, apresentando a complexidade de cada atividade gradualmente. As reações exageradas são oriundas de um alto grau de frustração, que a própria criança não compreende. Ela manifesta corporalmente sua angústia, na forma de brigas, empurrões, xingamentos e toda ordem de protesto que souber utilizar e de qual possa lançar mão. Portanto, cabe ao professor ou mestre que vai iniciar o aluno numa prática de luta incentivar a troca de ações de ataque e defesa, invertendo papéis, colocando um aluno no lugar do outro. De forma concreta, estará incentivando o princípio da alteridade, base para a construção do respeito pelo outro e por si mesmo. É importante também verificar se o aluno tem experiência prévia, para, então, romper com o conhecimento cristalizado e criar uma nova forma para o conteúdo. Sem isso, corre-se o risco de criar mais um “brigão”, que não compreende pela prática diária da luta o seu sentido moral e ético.

No ensino das lutas, deve-se evitar trabalhar com a codificação cultural dos adultos. É necessário valer-se da cultura da criança. O professor atento às questões pedagógicas busca, por meio de uma análise diagnóstica, conhecer seu grupo de trabalho e a realidade a sua volta. Como o jogo e o brinquedo estão mais próximos das crianças, pelos construtos mentais e pelo modo como elas os operam na compreensão do mundo, é importante construir uma concepção de luta baseada em sua linguagem mais ampla e básica, fundamental para a introdução do ensino desse conteúdo cultural.

Para o professor, sugere-se que, em vez de pensar "qual técnica lecionar" ou "por qual luta começar", com a necessidade de se especializar para ensinar, ele organize seu planejamento para ensinar uma dessas práticas pelo que é comum às lutas, ou seja, pelas estruturas motoras dessa linguagem, que basicamente são duas. A primeira é aquela que diz respeito às *lutas aéreas* ou *lutas de alvo*, que se definem como as que utilizam o corpo, os segmentos do corpo ou instrumentos para atingir um determinado alvo. São exemplos dessa linguagem o caratê, o *kung-fu*, o *tae kwon do*, o boxe, a esgrima, o kendô, a capoeira etc. Dessa forma, ao pensar nessas estruturas, o professor pode ensinar o repertório comum dessas lutas, ou seja, estimular os alunos a identificar as ações motoras comuns a elas e a construir seus próprios gestos dentro dessa estrutura.[7]

A segunda estrutura pode ser considerada *lutas de eixos e alavancas*, ou seja, todo o conjunto de lutas que utilizam os eixos corporais e as alavancas para promover desequilíbrio, lançamento ou imobilização, deslocando o centro de gravidade do próprio lutador ou do oponente. São exemplos dessas lutas o judô, o aikidô, o sumô, a *uca-uca*, a luta greco-romana, a luta livre, o sambo, o jiu-jítsu etc.

Cada luta tem seu princípio e sua explicação para a aplicação da técnica, porém, são comuns às lutas essas duas linguagens. As crianças podem, em atividades lúdicas, dialogar e construir sua gestualidade e, aos poucos, apropriar-se da complexidade das lutas.

É fundamental pensar em atividades que explorem essas duas possibilidades, ou seja, que utilizem o corpo, parte dele ou um instrumento para atingir o alvo ou que tentem prender ou desprender, deslocar ou lançar

7. Utilizamos o termo estruturas, pois entendemos que existem certos elementos inerentes a essa prática que precisam ser analisados e estudados pelo professor ou mestre de lutas. Esses elementos evocam outras competências motoras, como, por exemplo, a ocupação de espaço, ora avançando para atacar, ora recuando para se defender.

o oponente, mobilizando a "inteligência motora", para, mediante os estímulos presentes nas atividades, responder aos desafios manifestos na luta. A criança, com a mediação do professor, pode compreender que toda ação deve ser coordenada, aplicada e até mesmo transferida para outras atividades corporais.

Outra base da linguagem das lutas são os conhecimentos limiares encontrados em diferentes artes marciais, como as chinesas, coreanas, japonesas e indianas, que podem ser democratizados no ensino das lutas. Exemplos desses conhecimentos são os pontos vitais do corpo, as massagens, as explicações sobre o mundo, a filosofia antiga etc.

Toda luta tem um cabedal cultural que carrega sua identidade histórica. Na iniciação a essas modalidades, é importante estudar e buscar conhecer a identidade das crianças ou dos adolescentes que aprendem, descobrindo a origem de suas famílias, a localização de suas casas, dos bairros e das cidades onde moram.

Num projeto pedagógico integrado, a educação física pode, baseada em diversos conteúdos (como as lutas), trabalhar a construção da identidade, por exemplo, incentivando que os alunos procurem saber as lutas que seus antepassados praticavam ou quais são as lutas mais praticadas por seus familiares ou em sua região ou país etc.

Outra possibilidade no ensino das lutas é associar o conteúdo delas a outros conhecimentos, estudando os diferentes povos, a Idade Média e muitos outros temas possíveis de serem relacionados com essas práticas, ou seja, podem-se desenvolver projetos interdisciplinares com temáticas que dialoguem entre si, demonstrando que um conhecimento pode ser particularizado, mas não fragmentado, proporcionando uma experiência concreta de multidisciplinaridade e transdisciplinaridade.

As lutas como conteúdo da educação física

Afirmamos anteriormente que há duas linguagens básicas nas lutas: a linguagem das lutas aéreas e a das lutas de eixo e alavancas. Porém, comum às duas linguagens, considera-se que as lutas são práticas corporais de ação, em que a *passividade* (OLIVIER, 2000, p. 10) ou inatividade são sancionadas, sendo necessária uma dose de atitude para que o indivíduo ponha-se em ação. Todo sujeito que está numa situação de combate, treino ou aula deve "lançar mão" de sua agressividade, pois, sem ela, não haverá resultado favorável às suas ações.

No dia a dia, sofremos diversos tipos de violência, com diferentes graus de intensidade e, muitas vezes, decorrente dela, manifestamos nossos desejos, pontos de vista ou frustrações com simples ações (desde furar uma fila até ofender moralmente outra pessoa no trabalho) ou ações mais comprometedoras (agredir fisicamente alguém, quebrar objetos etc.). Alguns respondem de forma passiva, acatam uma ofensa sem considerá-la; outros respondem de forma acintosa, gerando mais violência; outros, ainda, solucionam o problema rechaçando o agressor ou a situação violenta para longe de si.

Considerando que a violência é um processo inerente à construção das relações sociais da criança, não é exagero dizer que esta se envolve em confrontos de diversas espécies desde a mais tenra idade e que, por vezes, não os reconhece como atos violentos. Em contrapartida, a agressividade tem limites socialmente permitidos e é dessa perspectiva que a educação (escola, pais, professores e mestres) desempenha seu papel de estruturadora da construção do comportamento social da criança.

Assim, pode-se afirmar que a abordagem dessas situações, de maneira conduzida e planejada, é uma forma de "gerenciar" as atitudes violentas a fim de desenvolver uma percepção de causas e consequências para si e para o outro. As crianças poderão perceber os perigos que representam para si mesmas e para os outros nas simulações de violência e agressividade propiciadas pelas lutas.

É na escola que as crianças têm contato mais próximo e intenso com brincadeiras, jogos e esporte. Estes, quando trazidos para o ambiente da aula (de forma prazerosa e divertida), tornam-se um campo fértil para o estabelecimento de valores essenciais à formação da cidadania. A possibilidade de estar vinculado ao projeto político-pedagógico da escola caracteriza esse trabalho como interdisciplinar e dá aos alunos condições de praticar a solidariedade, o *fair play*, o respeito às regras e a superação de desafios, além de estabelecer conexões entre as disciplinas baseadas na vivência das lutas.

A ideia de desenvolver jogos pautados nas linguagens das lutas é uma ação paralela, traçada para estabelecer limites que conduzam ao confronto de maneira a reforçar a postura competitiva inerente à natureza e à sociedade humanas, deixando de lado seu aspecto meritório ao extremo. Assim, não se nega a agressividade, ela é considerada um meio de expressão, canalizado e integrado às relações sociais. Nessa linha de ação, é possível explorar a riqueza das relações de oposição, cooperação, alteridade, autoestima e disciplina, pilares da convivência social.

Ao ritualizar a violência numa abordagem em que é oferecida ao aluno a oportunidade de extravasar sua agressividade num combate controlado, pode-se dar a ele a noção exata da diferença entre luta e briga, ajudando-o "(...) a gerir e a controlar a complexidade das relações violentas no interior do grupo social" (OLIVIER, 2000, p. 12). Nas lutas, o contexto da agressividade é definido de forma restrita, os códigos devem ser reconhecidos e admitidos por todos os participantes: perder ou ganhar, preservar a si mesmo e ao outro, resignar-se, compreender que, naquele momento, a vitória dependeu de uma estratégia melhor ou a derrota se deu por falta dessa estratégia. Esses são valores e atitudes a serem perseguidos no ambiente do ensino das lutas. Esse trabalho torna-se menos árduo e a aprendizagem talvez fosse mais significativa se o caráter lúdico permeasse todas as atividades e se os alunos construíssem esses processos com o professor.

O trabalho do professor, portanto, tem caráter não só técnico, mas de mediação das emoções que afloram durante o confronto. Numa aula, da perspectiva das lutas como linguagem, estabelece-se uma hierarquia de emoções que precisam ser administradas para alcançar os objetivos gerais. Do ponto de vista socioafetivo, o aluno tem de lidar com a derrota, neutralizar a vitória, perseverar, aceitar a resistência do outro, respeitar as diferenças e tirar proveito delas. Todos esses objetivos mantêm intacta a alegria do confronto, gerando a construção emocional individual e coletiva dos alunos.

No que concerne às regras que organizam a atividade, elas devem direcionar o conflito e estabelecer limites de autocontrole, que, em suma, caracterizam-se pelo desempenho da função socializante a que se propõe um confronto dirigido. Além disso, as regras clareiam e fortalecem o objetivo a ser atingido, o que disciplina o aluno na identificação e no reconhecimento de sua ação dentro do jogo, em sua capacidade de agir e adaptar-se. É ponto pacífico que essas regras podem e devem ser flexíveis, a fim de atender às necessidades do momento e do grupo, estimulando o desenvolvimento da autonomia e da criatividade.

As lutas, apresentadas dessa forma, não produzem em hipótese alguma a frustração que se traz de uma prática mais normatizada. Os jogos de oposição (OLIVIER, 2000, p. 9) contribuem para a relativização da derrota e da vitória, auxiliando a criança a controlar sua ansiedade, causada pela incerteza e pela incompreensão da complexidade de uma atividade "mais adulta". O professor, ou mestre, não deve considerar pequena essa tarefa, pois a alegria do descobrimento das próprias possibilidades pelas crianças não se dá ao mesmo tempo para todas. Cada uma terá seu tempo de despertar, e o educador deve estar atento a isso, como também a outras reações que não sejam positivas.

Conteúdos conceituais, procedimentais e atitudinais das lutas

Antes de aprender a técnica, aprende-se etiqueta;
antes de praticar as artes marciais, pratica-se a moral.
Provérbio chinês[8]

Nas aulas de lutas, os conteúdos predominantes são os procedimentais. O que se discute não é a negação deles, mas a ausência de outras formas de expressão desses conteúdos, que, quando aparecem, estão geralmente ligados a um trabalho extraclasse, como uma pesquisa na internet ou na biblioteca sobre a origem de alguma luta. De fato, a pesquisa é uma fonte importante de aquisição de conhecimento, porém, deve estar intimamente ligada aos objetivos educacionais, mostrando a vivacidade e fluência do conhecimento, sem o qual viraria um instrumento punitivo para o aluno "preguiçoso", que não fez a aula, ou para a turma, que não se "comportou" bem, tornando-se um fardo para o aluno e para o professor (que tem de corrigir esses trabalhos). De outra forma, é um trabalho que tem significado dentro do contexto pedagógico

8. Fonte: <http://www.minhachina.com/cultura/artemarcial9.htm>. Acesso em: 28/1/2008.

do programa do professor, mas não para o aluno, ou seja, o porquê, o como e o conteúdo encontrado no trabalho não estão claros para o aluno (no contexto da disciplina e de sua formação pessoal e escolar). Muitos alunos revelaram em seus relatos que preferem pesquisar sobre personagens de gibis, mangás e sobre a vida de amigos nos *sites* de relacionamento a realizar uma "pesquisa" sem sentido, solicitada pelo professor de educação física.

Ao longo das discussões realizadas nas aulas de luta, no ensino superior, foi solicitado aos alunos que rememorassem o conteúdo de artes marciais na infância e adolescência. Muitos relataram sobre heróis de desenhos e seriados. Então, foi solicitado que trouxessem a história do personagem preferido e, caso houvesse alguma arte marcial, que destacassem sua origem, apresentando-a para o restante da classe. Foi quando tomamos conhecimento dos eventos de *cosplay*,[9] que atraem cada vez mais jovens de diferentes idades. Na aula de luta, a origem de cada personagem foi debatida e contextualizada na luta correspondente. Com base nessas descobertas e em outras reflexões propiciadas pelo professor, foi possível criar um repertório de atividades baseado nessa experiência.

No entanto, vale ressaltar que é preciso dar tratamento crítico a toda prática social, ainda mais uma prática contemporânea, que tem ligação íntima com a cultura de massa. A pesquisa sobre os temas de aula contribui para valorizar o conhecimento como instrumento de transformação social, além de fornecer subsídios para uma postura crítica e responsável perante o saber que está se elaborando no processo de ensino e aprendizagem.

Os valores presentes em alguns seriados e desenhos são a conduta postulada nos meios de comunicação, que se alicerça na luta agressiva como necessária para resolver problemas pessoais, isto é, tem caráter vingativo, descaracterizando-se sua função social e cultural. Outro risco reside no

---

9. *Cosplay* significa, ao pé da letra, *costume player*; traduzido, seria mais ou menos fantasiar-se. Esse termo é usado para denominar, mais especificamente, as fantasias de personagens de animes (desenhos japoneses) e mangás (histórias em quadrinhos japonesas). Também podem ser chamadas de *cosplay* as caracterizações de personagens de filmes, livros, jogos e *tokusatsu* (seriados do tipo *live action*). É um *hobby* difundido por todo o mundo e de crescimento constante no Brasil. Fonte: <http://www.tsubasacosplay.kit.net/about_cosplay.html>. Acesso em: 14/2/2008.

fato de que a criança não tem discernimento para "medir" e classificar que modelos servem de referência, ou seja, está vulnerável e se vê induzida aos comportamentos agressivos veiculados em seu cotidiano.

As diferentes abordagens da mídia dão ao público diversos textos de uma mesma linguagem e são uma ferramenta interessante para o professor e para os alunos, para que se apropriem e compreendam toda a complexidade da linguagem das lutas, provocadora de reflexões como: Qual é o tratamento dado às lutas que estão presentes nas mídias impressas, mas que não estão nas outras mídias? Que tipo de imagem ou representação das lutas a mídia jornalística constrói? Quais são os valores que o cinema apresenta sobre os aspectos culturais dos povos orientais e ocidentais?

Continuando a escrita propositiva deste capítulo, apresentaremos outras atividades para desenvolver o conteúdo das lutas, baseando-nos na vivência de aulas práticas no ensino infantil, fundamental e médio. Ressaltamos que há outros trabalhos sobre lutas que trazem atividades e detalhes sobre os objetivos pedagógicos delas que podem ser consultados para enriquecer a experiência do leitor, mas o que se almeja a seguir é apresentar uma nova maneira de discutir e pensar as lutas.

Além do enfoque social, que deve ser ampliado, o confronto dirigido propiciado pelas lutas exige habilidades motoras que vão se aguçando no decorrer do processo, pois combater exige competências específicas, tais como:

- velocidade de execução e reação, baseada na leitura do combate (pensamento tático e estratégico);
- atenção aos sinais enviados pelo oponente;
- capacidade de antecipação, pois a desconcentração ou o desequilíbrio corporal devem ser precocemente percebidos e rapidamente aproveitados;
- capacidade de agir e adaptar-se ao meio;
- conscientização do corpo no espaço; facilitando a conscientização da imagem do corpo no espaço ou, então, preocupação com esse tipo de linguagem, com os deslocamentos necessários, tanto para atacar como para defender-se.

Além disso, a vivência e a reflexão sobre as lutas podem contribuir para o gerenciamento das emoções pela própria criança nos esforços de integração social, que compreendem o domínio das frustrações – relativizam-se a vitória e a derrota; na descarga emocional, que se manifesta durante e após o combate; na função de brinquedo, apresentado na situação de "fingir que"; e nos aspectos do prazer de lutar e na aceitação do toque – lutas de eixo e alavanca. Nesse contexto, as brincadeiras ou os jogos de luta têm como objetivo:

- solucionar problemas de ordem corporal;
- desenvolver habilidades motoras e capacidades físicas;
- desenvolver noções de *fair play*;
- oferecer oportunidades para que a criança analise suas ações;
- desenvolver noções de saúde (nutrição, higiene e postura);
- conhecer o próprio corpo;
- participar de atividades respeitando regras;
- respeitar o próximo.

Esses requisitos devem estar inter-relacionados na coesão de um trabalho que busque obter resultados no manejo da indisciplina, contornando a agressividade de maneira a não aniquilá-la pela repressão, mas tirando proveito do excesso de energia peculiar na infância e na adolescência, usando-o para contribuir para o desenvolvimento efetivo e social de crianças e adolescentes.

Para elucidar os pontos sobre os conteúdos procedimentais, apresentamos alguns quadros, dois com os jogos, de acordo com a linguagem das lutas, e outro com ações motoras específicas e posicionamentos. Essas classificações dialogam com o trabalho de Jean-Claude Olivier (2000, p. 18). Embora ele se concentre apenas no ensino do judô e da luta (livre), buscamos ampliar essas noções para além desses dois códigos culturais.

Quadro 3: Características e descrição das lutas aéreas ou lutas de alvo

Características	Descrição
Jogos de destreza	Jogos que demandam ações rápidas e de curta duração, exigindo do jogador a utilização do corpo com destreza para se esquivar e alcançar objetos e alvos.
Jogos de deslocamento	Jogos que exigem que o jogador se desloque, ora defendendo, ora atacando, não havendo golpes (somente a ação de deslocar-se).
Jogos de velocidade e concentração	Jogos de vivacidade, com alternância de papéis de ataque e defesa, que exigem do jogador atenção aos eventos do jogo, além da ação rápida.
Jogos de captura de objetos	Jogos que focam a ação, enquanto um defende, o outro ataca, ou as ações e os objetos concomitantemente (ataque e defesa).
Jogos de ocupação de espaço	Jogos que objetivam ocupar os espaços do adversário e proteger os próprios. Nesse tipo de jogo, pode haver múltiplas ações motoras e ele pode ser aproveitado também nas lutas de eixos e alavancas.
Jogos de simulação e combate	Jogos que simulam o combate (sombra) e a disputa corpo a corpo, encadeando ações concomitantes de ataque e defesa.

Quadro 4: Lutas de eixos e alavancas

Características	Descrição
Jogos de captura de objetos	Jogos que focam a ação, enquanto um defende, o outro ataca, ou as ações e os objetos concomitantemente (ataque e defesa).
Jogos de ocupação de espaço	Jogos que têm como objetivo ocupar os espaços adversários e proteger o próprio. Nesse jogo, pode haver múltiplas ações motoras. Exige uma regulação maior do professor.
Jogos de desequilíbrio e esquiva	Jogos com papéis de ataque e defesa alternados, ou seja, enquanto um jogador se equilibra, o outro tenta desequilibrá-lo, com contato direto ou pela esquiva, evitando o ataque.
Jogos de imobilização	Jogos de ações corpo a corpo, cabendo ao jogador tentar resistir à ação imobilizadora do adversário, alternando-se as ações. Ora o objetivo é reter o adversário, ora é soltar-se da retenção, ora a combinação dessas duas ações.
Jogos de simulação e combate	Jogos com combate simulado, podendo utilizar espaço e tempo delimitados, desencadeando ações concomitantes de ataque e defesa.

Quadro 5: Ações motoras e competências específicas

Ações motoras	Competências específicas
Golpear com os membros superiores	Com as mãos fechadas, a palma das mãos, o dorso da mão, as laterais das mãos, os punhos, o cotovelo etc.
Golpear com os membros inferiores	Com o "peito" do pé, o calcanhar, as laterais do pé, o "bico" do pé, a planta do pé, a coxa e o joelho etc.
Deslocar	Em diversas direções, com espaços definidos (em círculos, quadrados, triângulos etc.), conquista do centro de gravidade, entre planos e eixos.
Imobilizar	Virando o corpo, empurrando contra o chão, sobrepondo o corpo, segurando pelo quadril, pelos braços e pelas pernas etc.
Desequilibrar	Puxando, empurrando, com um pé, dois pés, sentado, agachado, de costas, carregando, levantando, com os ombros.
Agarrar	Pelos braços, pelas pernas, pela cintura, pelo ombro, pelo tronco etc.
Esquivar	Defendendo com os pés, com as mãos, usando o tronco, saltando, agachando, girando, rolando etc.
Soltar-se	Agarrando, saltando, girando, rolando, empurrando, usando as mãos, os pés, as pernas, o tronco etc.

Merece menção que essas classificações dizem respeito mais aos conteúdos procedimentais do que aos conceituais e atitudinais. Porém, somente para elucidação e melhor visualização de como podem estar relacionados, damos o seguinte exemplo: uma atividade que inverta uma ação de ataque para defesa propicia a inversão de papéis, portanto, num primeiro momento, o princípio da alteridade se estabelece, mesmo que ainda não se tenha refletido sobre o tema. Cabe ao professor chamar a atenção dos alunos para essa situação, incitando-os a pensar sobre ela.

Dos conteúdos conceituais, acredita-se que seja importante apresentar as noções básicas sobre os papéis de cada um dentro do jogo ou da luta (defensor, atacante), as diferenças entre as linguagens, a identificação cultural de cada luta, o questionamento sobre o sexismo ("isso só serve para meninos, aquilo só para as meninas") etc. Com relação ao sexismo, é possível acrescentar que as mais variadas competências podem ser desenvolvidas por ambos os gêneros, evidenciando que elas não estão condicionadas ao sexo, mas, sobretudo, ao tempo e à vivência de uma determinada prática, assim como às experiências corporais/culturais anteriores de cada um.

Nos diferentes jogos de oposição, a criança desenvolve diferentes competências conceituais e atitudinais, o que exige um esforço conjunto de professor e aluno para a tomada de consciência, pois, na ação de jogar, a leitura reflexiva do que está ocorrendo pode não acontecer, uma vez que toda a capacidade de leitura está voltada para a solução dos desafios manifestos no jogo, dificultando a análise conjuntural da atividade. Por isso, é importante o professor interromper as atividades e promover o debate e a discussão sobre as diversas situações ocorridas na aula.

Kamii e Devries (1991) salientam que, num bom jogo, deve haver situações claras para que a criança possa se autoavaliar, estimulando-a para que, no final da ação, ela analise os resultados e possa escolher, *a posteriori*, respostas mais adequadas à situação enfrentada.

Quadro 6: Competências conceituais e atitudinais

Compreender instruções.	Respeitar as instruções e executá-las.
Situar-se no espaço delimitado.	Aceitar as regras.
Relativizar os resultados do combate.	Relativizar a vitória ou aceitar a derrota.
Ser atento e vigilante.	Ser muito ativo, controlando ao mesmo tempo a agressividade e as emoções.
Ser capaz de astúcias e simulações.	Aceitar o contato físico.
Relacionar as causas aos efeitos.	Aceitar, suportar, procurar o corpo a corpo.
Realizar leitura do resultado de uma estratégia.	Suportar o contato físico ao máximo, relevando a situação, importando-se mais com a dinâmica do jogo.
Mudar de estratégia com conhecimento de causa.	Motivar outros a participar do jogo.
Integrar tempo e espaço.	Recuperar e reconhecer estratégias.
Dar prova de tenacidade e de coragem.	Ser ativo.
Ser criativo em ação.	Responder com astúcia e honestidade.
Reconhecer o princípio da alteridade.	Colocar-se no lugar do outro.
Controlar a atividade para não se tornar agressivo demais.	Controlar as emoções.
Lançar mão de artifícios.	Executar as ações, preservando a si mesmo e ao outro.
Modificar as regras de um jogo.	Submeter-se a elas.
Reconhecer o outro e suas diferenças.	Respeitar as diferenças.

Sobre os conteúdos conceituais das lutas, pode-se trabalhar para que as crianças adquiram conhecimentos sobre a relação entre agressividade e violência, a diferenciação entre luta e briga, o respeito ao colega e o princípio da alteridade. Também podem ser realizadas buscas de uma classificação dos diferentes modelos e formas de luta. Um bom mediador de uma aula de luta auxilia os alunos na análise dos possíveis significados intrínsecos àquela vivência, além de propiciar a aquisição dos conhecimentos relacionados aos processos culturais que estabeleceram os códigos das lutas, ressaltando o sentido do respeito à diversidade.

O professor pode utilizar os jogos de *RPG*,[10] organizando o seu próprio esquema e, baseado nesse jogo, montar um cenário e/ou história e contar a origem de alguma luta ou o surgimento da filosofia e da religião nas artes marciais orientais, solicitando que cada aluno construa um personagem de acordo com o que o professor definir. Ele pode, até mesmo, pedir aos alunos que elaborem um jogo para ser apresentado e vivenciado pelos alunos durante a aula. Os alunos também podem construir jogos de tabuleiro, criar falas para os personagens, atribuir-lhes poderes etc.

O importante é o professor, ou mestre, reconhecer as novas formas e os novos usos das lutas, pois cada época vai dar sentido e significado diferentes ao produto cultural. Portanto, é de responsabilidade do educador analisar as características do seu público e suas necessidades, desenvolvendo nos alunos competências que os auxiliem numa leitura crítica e ampliada do mundo.

---

10. A sigla *RPG* significa *role-playing game* ou jogo de interpretação de personagem: é um jogo de estratégia e imaginação. Todos os jogadores interpretam diferentes personagens, revivendo ou criando histórias e aventuras. Essas histórias podem ser realizadas em diferentes contextos, como na Idade Média, no futuro, superando os obstáculos de acordo com o sistema escolhido. Existem diferentes tipos de *RPG*: o livro-jogo/aventura solo, em que apenas um jogador faz tudo sozinho; o *live action*, em que os jogadores se fantasiam de seus personagens e vão a diferentes locais da cidade interpretar a aventura; os *Gurps* (*generic universal role-playing system*), jogos que são comuns pelas regras para todos os jogadores; o *Story Teller*, sistema de jogo que tem uma história; o *Daemon*, jogo que visa simular a realidade dos personagens; e os *MMORPG* (*massive multiplayer on-line RPG*, jogos de *RPG on-line* massivos), que são jogos realizados pela internet. Alguns confundem esse tipo de jogo com jogos massivos *on-line* como Counter-strike, Tomb Rider, Half life, Dragon Ball Z, que também podem ser utilizados nas aulas. Esses são chamados de jogos em primeira pessoa, já que se trata de um único personagem que combate uma série de "vilões".

Quadro 7: Atividades conceituais das lutas

Atividade	Conteúdo	Procedimentos
Jogos de *RPG*	História das lutas, introdução de diferentes conceitos sobre luta (filosofia e religião nas lutas orientais).	Montagem de personagens (confecção de fantasia, fala, origem, papel), construção de enredo e cenário, estabelecimento de regras, definição de época, pesquisa bibliográfica ou pela internet, para fundamentação da atividade.
Jogos de *videogame*	Origem das lutas; apreensão da linguagem da gamemania, conhecimento de novas tecnologias e usos das lutas.	Definição dos personagens preferidos dos alunos e pesquisa sobre a origem da arte marcial que praticam. Montagem de torneios de jogos virtuais; discussão sobre a violência e os jogos virtuais.
Revistas especializadas	Linguagem das lutas.	Análise da forma e do conteúdo das revistas, comparação com outras mídias, criação de magazine ou *fanzine*.
Histórias em quadrinhos ou mangás	Valores éticos e morais das lutas.	Criação e desenho de histórias sobre os valores éticos e morais, o papel do anti-herói etc.
Filmes/desenhos	Valores de justiça.	Comparação com a literatura sobre as artes marciais e os valores de justiça.
Livro	Formação de lutador de arte marcial – o caminho do guerreiro.	Leitura e debate sobre os conceitos, formação de uma definição coletiva sobre lutas; novas linguagens de lutas.
Construção de textos	Formação da linguagem das lutas.	Comparação das diferentes formas textuais e construção de um texto argumentado sobre o papel das lutas na formação cultural dos alunos.
Festival	Diversidade cultural.	Evento com propostas artísticas, corporais, culinárias, de vestuário e *performance* dos alunos sobre as diferentes culturas nas lutas.

Para encerrar esta parte das atividades, sugerimos alguns exemplos de jogos de oposição:

1. Jogos de lutas aéreas ou lutas de alvo:

- Jogos de destreza – *Jogo da ponte*: os alunos devem passar sobre os bancos suecos, desviando de obstáculos. *Pega-rabo*: dois a dois, um aluno tenta pegar a tira de papel presa na cintura do outro; ambos devem jogar dentro de um espaço delimitado.
- Jogos de deslocamento – *Jogo do cone*: o professor coloca um cone no centro de uma área mais ampla e demarcada, e os alunos devem

tentar tomar a frente do cone e ficar o maior tempo possível se deslocando, sem deixar que o adversário recupere o cone. *Jogo da finta*: um defende, outro ataca; o defensor deve incitar o atacante a encostar as mãos nas suas costas, dentro de um quadrado ou círculo, e o atacante, por sua vez, só poderá locomover-se para frente, sem recuar; o defensor é livre para se locomover, só não pode usar as mãos para se defender.

- Jogos de velocidade e concentração – *Jogo do dragão*: forma-se uma fila, com cada aluno segurando na cintura do outro; um jogador ficará de frente para o dragão e tentará pegar o último da fila; quem estiver na ponta comanda o dragão, protegendo o último da fila.
- Jogos de captura de objetos – *Jogo do prendedor de roupa*: os alunos deverão ter prendedores de roupa pendurados na roupa; o atacante fica sem o prendedor; o defensor, por sua vez, tenta não deixar que o atacante pegue os prendedores; aconselha-se que haja um tempo determinado para o término da atividade (que vai depender do grupo) e que os prendedores sejam de plástico.
- Jogos de ocupação de espaço – *Pique-bandeira*: duas equipes devem defender seu campo e proteger sua bandeira e tentar ocupar o campo adversário e tomar a bandeira do outro. *Jogos dos círculos*: quatro jogadores e três círculos pequenos. O professor dá o sinal e cada jogador deve tentar ocupar um dos círculos; quem ficar de fora, ao próximo sinal do professor, deverá tentar ocupar um círculo, sempre sobrando um jogador.
- Jogos de simulação e combate – *Jogo de sombra*: um jogador, segurando um colchonete, vai se deslocar no espaço delimitado, mostrando o colchonete ora na altura do peito, ora na altura da cintura, e o atacante deverá decidir se utilizará as mãos ou os pés para atingir o alvo.

2. Exemplos de jogos de lutas de eixos e alavancas:

- Jogos de captura de objetos – *Pega-bola*: dois a dois; um aluno escolhe uma posição corporal e vai proteger uma bola (defensor), o outro tenta tomar a bola, revirando, virando o companheiro, dentre outras possibilidades.

- Jogos de ocupação de espaços – *Duelo das filas*: duas filas no meio da área demarcada; cada um tentará puxar o colega do outro lado, trazendo-o para sua equipe; uma variação é repetir a mesma distribuição de jogadores e tentar empurrar o colega para o outro lado, alternando o tipo de força executada.
- Jogos de desequilíbrio e esquiva – *Equilibrista*: dois a dois, um de frente para o outro; um jogador faz força em diferentes pontos do corpo e o outro jogador busca novas posições corporais para se manter em equilíbrio; uma variação desse jogo é, na mesma posição, um aluno tentar prender o braço do outro, que utilizará apenas movimentos circulares para se defender (não deixando seu braço ser preso).
- Jogos de imobilização – *Golpe da jiboia*: dois a dois; um aluno (defensor) escolherá uma posição de quatro ou seis apoios, o outro vai procurar imobilizá-lo por um curto período de tempo, cerca de 20 a 30 segundos, enquanto o defensor vai se deslocando, tentando fugir da imobilização.
- Jogos de simulação e combate – *Jogo de caçador*: de um lado da sala, ou de um tapete, fica um grupo na posição de coelho e, no meio, o caçador ou caçadores (depende do número de alunos e do controle do professor sobre a turma), que tentará impedir que o coelho atravesse a sala, tentando imobilizar, reter etc.; o coelho, por sua vez, não se deixará ser pego.

Há outros jogos que poderiam ser apresentados, mas esses parecem ser os mais interessantes para a iniciação esportiva ou, então, para as aulas de educação física nas séries iniciais, como um banco de ideias para professores e alunos. Os objetivos de cada jogo podem ser identificados no quadro de competências motoras, conceituais e atitudinais.

Considerações finais

As lutas, quando ensinadas da perspectiva da linguagem corporal, são formadoras de novas competências para os alunos e para o professor. De forma gradativa, introduz-se o toque corporal, para que não haja traumas, ressaltando-se que uma das complexidades que envolvem as lutas é que a agressividade e a violência são relacionais, portanto, inerentes ao processo de integração social e, também por isso, devem ser trabalhadas e não rejeitadas.

Essa abordagem não compreende a luta como uma simples disputa ou torneio, mas como linguagem, que, com seus novos usos, constitui-se como ferramenta importantíssima na formação do indivíduo, em sua riqueza cultural e sua diversidade, podendo contribuir para uma educação mais consistente.

Ter a oportunidade de vivenciar esse conteúdo em sua essência é descobrir a si mesmo pelo caminho das lutas e, justamente por isso, esse provavelmente é um dos conteúdos mais interessantes a serem explorados nas aulas de educação física, nos clubes e nas academias, nas entidades sociais, pois sua potencialidade educativa é excepcional.

Dessa forma, este capítulo resulta de um trabalho sobre pedagogia das lutas, esperando contribuir para o debate sobre esse conteúdo, ampliando sua inserção e utilização pelos companheiros em seu espaço de intervenção.

Referências bibliográficas

BARBANTI, V.J. *Dicionário de educação física e esporte*. 2ª ed. Barueri: Manole, 2003.

BOURDIEU, P.; CHAMPAGNE, P. "Os excluídos do interior". Trad. Magali de Castro. *In*: NOGUEIRA, M.A.; CATANI, A. (orgs.). *Escritos de educação*. Petrópolis: Vozes, 1998.

BOURDIEU, P.; PASSERON, J.C. *A reprodução: Elementos para uma teoria do sistema de ensino*. Trad. Reynaldo Beirão. 3ª ed. São Paulo: Francisco Alves, 1988.

BRACHT, V. *Sociologia crítica do esporte: Uma introdução*. 2ª ed. Ijuí: Unijuí, 2003.

BRASIL. Secretaria do Ensino Fundamental. *Parâmetros Curriculares Nacionais de Educação Física*. Brasília: MEC/SEF, 1997.

COHN, E. *Aikido*. 3ª ed. rev. São Paulo: Escrituras, 2004.

HOBSBAWM, E.J. *A era dos impérios: 1875-1914*. Trad. Sieni Maria Campos e Yolanda Stidel de Toledo. Rio de Janeiro: Paz e Terra, 1988.

HOLANDA, A.B. *Dicionário da língua portuguesa*. Curitiba: Positivo, 2003.

IÓRIO, L.S. "Capoeira". *In*: DARIDO, S.; RANGEL, I.C. (orgs.). *Educação física na escola: Implicações para a prática pedagógica*. Rio de Janeiro: Guanabara Koogan, 2005.

KAMII, C.; DEVRIES, R. *Jogos em grupo na educação infantil: Implicações das teorias de Piaget*. Trad. Marina Célia Dias Carrasqueira. Porto Alegre: Artes Médicas, 1991.

NEVES, L. "Cresce procura por lutas na TV paga". *Folha de S.Paulo*, 22/4, Caderno "Ilustrada", p. 2, 2007.

OLIVIER, J.C. *Das brigas aos jogos com regras: Enfrentando a indisciplina na escola*. Trad. Heloísa Monteiro Rosário. Porto Alegre: Artmed, 2000.

SAOTOME, M. *Aikidô e o caminho da natureza*. São Paulo: Pensamento, 2003.

STEVENS, J. (org.). *Segredos do budô: Ensinamentos dos mestres das artes marciais*. Trad. Maria Teresa Quirino. São Paulo: Cultrix, 2005.

TUBINO, M.J.G.; TUBINO, F.M.; GARRIDO, F.A.C. *Dicionário enciclopédico Tubino do esporte*. Rio de Janeiro: Senac, 2007.

Sites

<http://www.tsubasacosplay.kit.net/about_cosplay.html>. Acesso em: 14/2/2008.

<http://www.minhachina.com/cultura/artemarcial9.html>. Acesso em: 28/1/2008.

Bibliografia recomendada

CUNHA, W. *O samurai: A busca da iluminação pelo caminho da espada*. São Paulo: Madras, 2007.

HERRIGEL, E. *A arte cavalheiresca do arqueiro zen*. Trad. J.C. Ismael. São Paulo: Pensamento, 1999.

LEE, B. *O tao do Jeet Kune do: Filosofia e arte do grande mestre*. Trad. Tatiana Öri-Kovács. 2ª ed. São Paulo: Conrad, 2004.

RATTI, O.; WESTBROOK, A. *Segredos dos samurais: As artes marciais do Japão feudal*. Trad. Cristina Mendes Rodríguez. São Paulo: Madras, 2006.

REID, H.; CROUCHER, M. *O caminho do guerreiro: O paradoxo das artes marciais*. Trad. Marcelo Brandão Cipolla. São Paulo: Cultrix, 2003.

YUZAN. D. *Bushidô: O código do samurai*. Trad. Marcos Souza e Ivan Shinobu. São Paulo: Madras, 2003.

9
NADO SINCRONIZADO: APRENDIZAGEM E DESENVOLVIMENTO

Kátia Ponciano

Onde, quando e como tudo começou

O nado sincronizado é uma modalidade esportiva aquática abrangente, porque congrega vários tipos de manifestações. Pazikas, Curi e Aoki (2005) citam Gemma e Wells (1987) e Figura *et al.* (1993 *apud* PAZIKAS; CURI; AOKI, 2005), os quais definem o nado sincronizado como uma mistura de ginástica, balé e dança com elementos de patinação artística ou, ainda, uma combinação de natação e ginástica rítmica na água com expressões corporais associadas à música. Atualmente, essa modalidade também explora saltos e plataformas, demonstrando demandas de potência, força e vigor.

Não há dados concretos sobre datas, mas, entre as décadas de 1910 e 1920, na Alemanha, já existia um concurso anual de flutuação. No Canadá, havia concurso de natação ornamental e, na Inglaterra, existia essa prática em grupos de entretenimento e apresentações aquáticas. Em 1905, uma nadadora australiana, Annette Kellermann, fazia espetáculos aquáticos em tanques de vidro (SYDNOR, 1998). Entretanto, as competições como modalidade esportiva tiveram origem nos Estados Unidos.

Em 1923, outra nadadora, Katherine Curtis, começou a realizar na água figuras do balé clássico com acompanhamento musical, caracterizando o famoso balé aquático. Foi essa nadadora que fundou o primeiro clube, Tarpon Club, que mais tarde tornou-se o Century of Progress Modern Mermaids Club da Universidade de Chicago. Em seguida, no Century Progress, em 1933, Norman Ross criou a expressão *synchronized swimming*, ou nado sincronizado, como a modalidade é conhecida até hoje (SYDNOR, 1998; VIEIRA; FREITAS, 2006).

Em 1940, a modalidade foi para as telas de cinema, com a atriz Esther Williams, que criou a Escola de Sereias, dando origem a vários filmes e tornando o nado sincronizado mais conhecido. Em 1948, nos Jogos Olímpicos de Londres, o nado sincronizado fez sua primeira aparição, mas somente como prática demonstrativa. Em 1952, as regras foram definidas e oficializadas pela Federação Internacional de Natação Amadora (Fina) e a modalidade foi reconhecida internacionalmente (SYDNOR, 1998; VIEIRA; FREITAS, 2006).

Três anos depois, em 1955, a modalidade foi incluída nos Jogos Pan-americanos no México, mas só estreou como esporte olímpico em 1984 em Los Angeles, com provas de solo e dueto apenas. Na Olimpíada de 1996, em Atlanta, começaram as provas por equipe (SYDNOR, 1998; VIEIRA; FREITAS, 2006).

No Brasil, a prática dessa modalidade se iniciou em 1943, no estado do Rio de Janeiro, com a nadadora Maria Lenk, que organizou a primeira competição, em 1948. Em 1954, iniciou-se a fase competitiva, no clube do Fluminense. Em 1963, o Brasil estreou num torneio internacional, os Jogos Pan-americanos em São Paulo. As atletas Ana Maria Lobo e Leny Filelini ganharam a primeira medalha de bronze para o país na prova por equipes (VIEIRA; FREITAS, 2006).

Pode-se dizer que só em 1980 e 1982, o nado sincronizado passou, de fato, a ser competitivo em nosso país, ou seja, quando começaram os campeonatos brasileiros e os campeonatos paulistas. Foi nessa época que a modalidade foi mais divulgada em clubes e academias, ganhando mais espaço e caracterizando-se como modalidade esportiva de alto rendimento.

Na década de 1990, surgiram novos desafios, pois a antiga Federação Paulista de Natação (FPN), que atualmente tem o nome de Federação Aquática Paulista (FAP), desenvolveu um trabalho para o nado sincronizado, elaborando torneios denominados "Primeiros Passos", que são realizados até hoje. São competições com foco no desenvolvimento e no aumento do número de praticantes, que oferecem oportunidades para as crianças que participam de um trabalho de base. Também na década de 1990, a confederação deu início aos cursos de arbitragem, visando formar novos juízes, além dos cursos de formação de novos técnicos. O Nado Sincronizado teve uma ascensão grande no eixo Rio-São Paulo, onde sempre aparecem novos clubes formando equipes para competir.

Em 1996, a Confederação Brasileira de Desportos Aquáticos (CBDA) criou o nível B na categoria infantil, pois, até então, existia apenas o nível A. Dessa forma, as atletas poderiam participar das competições de acordo com seu desenvolvimento e sua idade. Em 2000, foi criada também a categoria de principiantes (Quadro 1).

Quadro 1: Categorias e respectivos níveis do nado sincronizado no Brasil

• Categoria infantil A: Nível principiante e nível A (até 10 anos)
• Categoria infantil B: Nível principiante, nível A e nível B (entre 11 e 12 anos)
• Categoria juvenil: Nível principiante, nível A e nível B (de 13 a 15 anos)
• Categoria júnior: Nível A e nível B (de 15 a 18 anos)
• Categoria sênior: Nível A e nível B (acima de 19 anos)

Até a década de 1990, o nado sincronizado era disputado apenas no eixo Rio e São Paulo, portanto, todas as conquistas obtidas foram significativas para o crescimento da modalidade nesses dois estados. Atualmente, as regiões Norte, Nordeste, Sul, Sudeste e Centro-Oeste participam dos campeonatos brasileiros.

Com os trabalhos de expansão da modalidade desenvolvidos pela CBDA, somados aos resultados expressivos fora do país, conquistados pelo dueto formado por Isabela e Carolina de Moraes, do Clube Paineiras de São Paulo, o nado sincronizado começou a ter mais destaque nacional. Essas atletas ganharam duas medalhas de bronze em duas edições dos Jogos Pan-americanos – Winnipeg 1999 e Santo Domingo 2003 –, além de ficar entre as 12 melhores do mundo na Olimpíada de Sydney, em 2000, e de Atenas, em 2004.

Nos Jogos Pan-americanos de 2007, o dueto Lara Teixeira e Carolina Hildebrandt conquistou novamente uma medalha de bronze, assim como toda a equipe. No Mundial de Roma, em 2009, a delegação brasileira conquistou o maior número de finais da história nessa modalidade. Um novo dueto, constituído pelas atletas Lara Teixeira e Nayara Figueira, foi classificado entre os dez melhores, e a equipe ficou entre as 12 melhores do mundo. A solista Giovana Stephan também contribuiu, classificando-se para as finais. Essa foi a primeira vez que o país conseguiu essa classificação (CONFEDERAÇÃO BRASILEIRA DE DESPORTOS AQUÁTICOS, [200--?]).

O nado sincronizado é uma modalidade que pode ser disputada coletiva e individualmente, por homens e mulheres. No entanto, é reconhecida pela Federação Internacional de Natação Amadora (Fina) apenas como prática feminina. Em alguns campeonatos do continente europeu, já acontecem torneios para ambos os sexos.

Uma conquista da modalidade no Brasil foi o Encontro Nacional de Nado Sincronizado, que tem acontecido todos os anos desde 2003. Nesse evento, são apresentadas palestras e discussões pertinentes à modalidade, do trabalho de base ao alto rendimento. A organização desse encontro está a cargo da supervisora da modalidade na CBDA, Sonia Herkowitz, e da diretora de arbitragem do nado sincronizado no Brasil, Ana Maria da Silveira Lobo. Já foram realizadas 11 edições, que congregaram todos os interessados nessa prática esportiva.

Aspectos pedagógicos do nado sincronizado e seu ensino

Pesquisadores da ciência do esporte têm debatido a questão da definição da faixa etária mais adequada para o início de um treinamento sistematizado e específico em uma única modalidade esportiva (ARENA; BÖHME, 2000).

Conforme Baxter-Jones (1995), De Rose (1995), Paes (1992), Rowland (1996) e Zakharov e Gomes (1992), citados em Arena e Böhme (2000), a idade de introdução de atletas jovens em práticas esportivas competitivas pode variar conforme as tradições de cada país e de acordo com a modalidade esportiva considerada.

Alguns pesquisadores consideram a faixa dos 12-14 anos como a mais indicada para que o indivíduo comece a participar do treinamento de uma modalidade específica (BOMPA, 1999; GRECO; BENDA, 1998; TANI; MANOEL; KOKUBUN; PROENÇA, 1988; WEINECK, 1999 *apud* ARENA; BÖHME, 2000). Segundo todos esses estudiosos, a criança até os 12 anos não deve participar de atividades esportivas específicas nem de competições formais, por não ter maturidade suficiente para compreender e assimilar tudo o que está envolvido num processo competitivo (ROBERTS, 1980; ROBERTS; TREASURE, 1992 *apud* ARENA;

BÖHME, 2000). Outros autores (BORGES, 1990; LÉGLISE, 1996; MALINA; BOUCHARD, 1991; RODRIGUES; BARBANTI, 1994 *apud* ARENA; BÖHME, 2000) não estabelecem idade específica, mas advertem que as competições e o treinamento de jovens não devem ser dimensionados com base apenas na idade cronológica; devem também levar em conta as características físicas, emocionais e de amadurecimento, para que a prática esportiva não se torne uma obrigação, e sim um aspecto favorável ao desenvolvimento.

Böhme (2000, 2002, 2004) e Bompa (1999, 2000), entre outros pesquisadores que estudam o treinamento de longo prazo, prezam a iniciação por meio de uma formação geral básica, entre os 7 e os 12-14 anos, respectivamente. Greco (1997), Gallahue e Ozmun (1998) e Greco e Benda (1998), todos citados em Massa (2006), defendem a proposta de que o processo de aquisição de habilidades motoras deve preceder o processo de aquisição das habilidades específicas relacionadas ao esporte, evitando a iniciação esportiva inadequada e prematuramente especializada, que inibe as descobertas motoras da criança, a criatividade de suas respostas aos movimentos a serem aprendidos, bem como a ampliação do repertório motor.

Não há publicações nacionais que relatem qual a idade ideal para as crianças iniciarem o nado sincronizado. Sabe-se que, nos clubes brasileiros, essa prática se inicia por volta dos 6-7 anos, desde que a criança saiba nadar pelo menos dois estilos, normalmente *crawl* e costas. Alguns clubes também permitem a entrada de adolescentes como iniciantes, mas, para eles, a dificuldade é maior, principalmente quando têm o repertório motor comprometido com uma bagagem diferente, por não terem sido submetidos a estímulos motores ou, ainda, porque praticaram outras modalidades esportivas, fundamentais para atingir o nível desejado no nado sincronizado.

Desse modo, conforme apontam Arena e Böhme (2000), o conhecimento profissional sobre os anos iniciais de uma aprendizagem é fundamental, pois é preciso que se compreenda que o fato de a criança se iniciar cedo numa prática esportiva não significa começar precocemente o treinamento. O professor deve aplicar seu trabalho respeitando a fase de desenvolvimento da criança, pautando-se em concepções pedagógicas e, sobretudo, oferecendo propostas permeadas pela ludicidade. Participar de competição regular de uma única modalidade esportiva pode não trazer benefícios ao desenvolvimento da criança. Assim, deve-se iniciar a prática esportiva generalizada, proporcionando a vivência de diferentes modalidades como o caminho mais acertado para a preparação esportiva do jovem em um processo de longo prazo.

Em relação ao nado sincronizado, a realidade brasileira não revela um padrão de desenvolvimento coerente e adequado. Cada clube trabalha de acordo com suas próprias experiências, buscando auxílio na escassa literatura existente, tendo à frente de equipes em formação uma ex-atleta nem sempre graduada em educação física. Essa é uma realidade que também compromete a prática do nado sincronizado em outros espaços esportivos e aquáticos, o que desejamos desconstruir com este capítulo.

Figura 1: Modelo de fluxo competitivo do nado sincronizado do Canadá

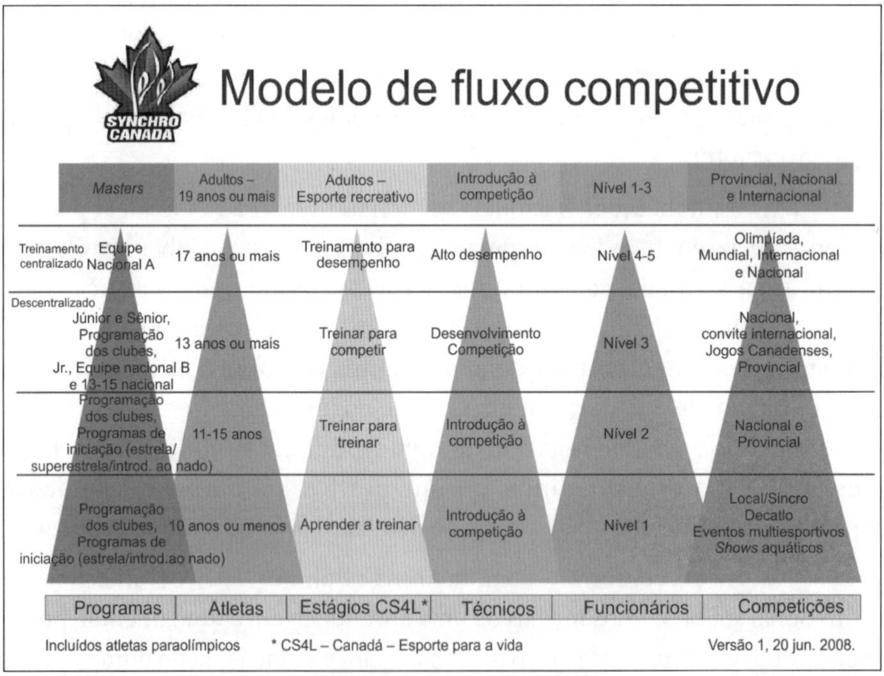

Fonte: Traduzido do *site* <http://www.canadiansportforlife.ca>.

Clubes de outros países, como Canadá, por exemplo, exigem dois pré-requisitos importantes para uma criança se iniciar no nado sincronizado: ter, no mínimo, seis anos e saber nadar pelo menos 50 metros em qualquer estilo. No Canadá, o esporte segue um programa bem delineado em várias modalidades, entre elas, o nado sincronizado. O programa canadense tem como princípio a busca de qualidade de vida e favorece meios que permitem a prática até a vida adulta. Porém, há também um trabalho focado no treinamento de alto nível, com programações especiais. Para a carreira esportiva dos canadenses, existe um programa chamado "Modelo de Desenvolvimento do Atleta no Longo Prazo", no qual os atletas passam por sete estágios, contemplando habilidades físicas, táticas e mentais (Figura 1). Esse país também incentiva a modalidade sem fins competitivos, por entender que é uma forma de as pessoas cuidarem da saúde e terem um estilo de vida mais ativo. Esse tipo de prática é considerado esporte recreativo (Figura 2).

Figura 2: Modelo de fluxo do nado sincronizado com objetivos recreativos no Canadá

SYNCHRO CANADA

Modelo de fluxo recreacional

Estágio CS4L (Canadá – Esporte para a vida)	Programas	Mínimo NCCP Certificação para técnicos (Programa de certificado para treinadores)	Participantes	Competição/ Eventos
Início ativo	(Programas de iniciação) Jogos aquáticos, Programa Estrela, Programas recreacionais	Instrutor de nado sincronizado	Idade 0-6	Conforme determinado pela federação provincial
Fundamental	Programação dos clubes Nadar em sincronia, Jogos aquáticos, Programa Estrela	Instrutor de nado sincronizado	Idade 6-8	
Aprender a treinar e treinar para treinar	Programação dos clubes, Nadar em sincronia, Programa Estrela, Programa Superestrela	Instrutor de nado sincronizado Introdução à competição	Idade 8-18	
Esporte recreativo	Aprender a sincronizar	Instrutor de nado sincronizado	Adultos	
	Nado recreativo em universidades	Instrutor de nado sincronizado	Estudantes universitários	
	Masters	Instrutor de nado sincronizado	Adultos	

Versão 1, 20 jun. 2008.

Fonte: Traduzido do *site* <http://www.canadiansportforlife.ca>.

Infelizmente, no Brasil, o nado sincronizado não tem nenhum modelo cientificamente estudado e comprovado. Nosso país busca preparar, de forma cada vez mais estruturada, atletas olímpicos que possam representar o país em eventos internacionais, mas, na maioria das vezes:

> (...) os planejamentos de formação de atletas se tornam puras transferências de modelos importados, apresentando grandes saltos na aprendizagem, pois são estruturados de forma mal organizada, objetivando somente o alto rendimento, e com isso, desencadeando falhas no processo pedagógico que podem prejudicar no futuro o próprio desempenho desses atletas. (NISTA-PICCOLO, 2005, p. 9)

É imprescindível que se elaborem projetos de longo prazo, com objetivos futuros de alto desempenho, mas sempre iniciados por um trabalho pautado em métodos adequados à faixa etária e aos demais aspectos sociais, culturais e emocionais que impactam toda iniciação esportiva. As atividades devem ser fundamentadas em aspectos pedagógicos que possam atender às necessidades das crianças, que respeitem suas capacidades, norteadas por propostas lúdicas.

O nado sincronizado tem uma grande vantagem em relação a isso, que é o fato de ser realizado em ambiente aquático, o que se traduz, quase sempre, em alegria para as crianças: "A água pode proporcionar o prazer na prática da modalidade, pois permite uma sensação de liberdade, relaxamento e conforto" (DURAN, 2005b, p. 41-42). Andries Junior e colaboradores (2002, p. 7) citam que "quanto mais experiências de adaptação forem vivenciadas, maiores serão as possibilidades de ele desenvolver sua técnica desportiva ou simplesmente ter uma boa relação de prazer com água".

O prazer vivenciado pela criança no meio líquido concretiza a aprendizagem dos movimentos. Assim, o avanço do desempenho pode acontecer naturalmente. Muitas vezes, a própria criança não consegue perceber quantos fundamentos já aprendeu ao participar de uma prática lúdica e sem cobranças que vão além de suas possibilidades. Um bom professor é aquele que consegue identificar o caminho mais fácil para o aluno aprender.

Atualmente, sabe-se que muitos professores se preocupam não apenas em ensinar, mas também em se certificar de que seus alunos aprenderam. Ensinar é mais complexo do que se pode imaginar. Exige de quem ensina a utilização de instrumentos de ação pedagógica que possam levar o aluno a aprender. Na prática do nado sincronizado, muitas habilidades são necessárias, mas elas não devem acontecer sem que os alunos estejam aptos a executá-las.

É importante criar desafios, para que as crianças busquem transcender seus limites, mas sempre de acordo com suas possibilidades.

Adaptação à agua, os primeiros movimentos da aprendizagem dos nados, a compreensão da associação dos elementos do balé e da ginástica rítmica que compõem a modalidade, a sincronização com a música, a harmonia na execução das coreografias, tudo isso deve ser aprendido passo a passo, e ensinado pelo caminho mais fácil para o aluno, individualmente ou em pequenos grupos, em locais que ofertem condições mínimas para seu desenvolvimento (piscinas públicas, clubes, hotéis etc.).

A modalidade esportiva nado sincronizado

No Brasil, a CBDA é que elabora os regulamentos das competições, sempre de acordo com o padrão internacional. Ela organiza competições adequadas à realidade brasileira. O *Manual for synchronised swimming judges, coaches & referees* (MSSJCR), criado pela Federação Internacional de Natação Amadora (Fina), determina que as competições sejam divididas em provas de figuras e rotinas.

Fugita (2010) cita que figuras são sequências de posições codificadas pela Fina. É importante citar também que as posições básicas são acopladas aos movimentos básicos (transições), definindo assim uma figura. A Fina estabelece 24 figuras, divididas segundo as categorias de idade:

- na categoria infantil (abaixo de 12 anos) são oito figuras;
- na categoria juvenil (de 13 a 15 anos) são oito figuras;
- nas categorias júnior e sênior (16, 17 e 18 anos) são oito figuras.

Nas provas de figuras, as atletas realizam quatro figuras, sendo duas obrigatórias e duas opcionais; essas são sorteadas na véspera da competição. As figuras devem, portanto, fazer parte de todo treinamento, por serem a base dessa modalidade. Por meio delas, é possível elevar o nível técnico das atletas. Nas provas de figuras, as atletas devem usar obrigatoriamente maiô preto e touca branca. O uso de óculos e *nose* (clipes de nariz) é permitido, mas elas não podem usar bijuteria nem joia. A aprendizagem das figuras fará com que as atletas iniciem a construção de suas primeiras rotinas.

Atualmente, o julgamento no nado sincronizado é composto por um grupo de 12 ou 14 juízes. Todos são treinados para atribuir uma nota de zero a dez para cada figura. Nos campeonatos nacionais, as provas de figuras são realizadas com duas bancas de arbitragem. Cada uma pode ter seis ou sete juízes. Essas bancas são colocadas, em posições opostas, próximas à borda da piscina, assim, as atletas poderão ser analisadas pelas duas bancas durante sua execução, pois devem realizar as quatro figuras, apresentando uma obrigatória e uma opcional diante de cada banca.

Existem dois pontos básicos no julgamento de figuras: desenho e controle. Em desenho, o julgamento deverá se voltar para as partes das figuras atribuídas ao grau de dificuldade e à ligação de todas as posições e todos os movimentos descritos em cada figura. Os fatores específicos em desenho são a exatidão de todas as posições do corpo e a exatidão dos movimentos (transições).

Desenho significa exatidão:

- das linhas, dos ângulos, dos arcos e dos círculos;
- dos movimentos com transição;
- dos movimentos carpados e grupados;
- do alinhamento das partes do corpo.

Os pontos de alinhamento do corpo no nado sincronizado são orelhas, ombros, quadris, joelhos e tornozelos.

Em controle, partes de uma figura são atribuídas à avaliação de quão bom é o desempenho quando conseguido por meio do fator controle, que é o uso da força e da coordenação, demonstrado no domínio da figura em execução.

Controle em figuras é a habilidade de:

- manter a estabilidade correta da posição;
- mover o corpo calmamente, com exatidão e sem esforço durante as transições exigidas;

- permanecer no mesmo lugar, a menos que especificado de outra maneira;
- transmitir uma facilidade geral no desempenho.

Os fatores específicos em controle são:

- extensão total do corpo durante a figura, a menos que especificado de outra maneira;
- máxima altura sustentada: partes do corpo em relação à superfície da água, a menos que especificado de outra forma na descrição da figura;
- movimento uniforme: velocidade constante da ação durante a figura, a menos que especificado de outra forma na descrição;
- figura estacionária, no mesmo lugar, sem deslocamento, exceto se o movimento estiver especificado na descrição da figura;
- estabilidade, figura sólida, com manutenção do equilíbrio, sem ser afetada pela mudança de posição;
- clareza, definição clara entre posição e direção, movimento (curso) contínuo da ação nas transições;
- facilidade do desempenho, impressão total, aparência de confiança total e de execução sem esforço, fluida, sem evidência de tensão, estresse.

Durante o movimento específico de uma figura, o uso da linha reta horizontal ou vertical se relaciona com o eixo longitudinal na superfície da água. A altura é julgada avaliando-se a relação da articulação do quadril com a superfície da água. A ênfase do julgamento em figuras está colocada na uniformidade da velocidade controlada e não na lentidão (FINA, 2005).

De acordo com Fugita (2010), as provas de rotina são constituídas por coreografias apresentadas em solo (uma atleta), dueto (duas atletas), equipe (de quatro a oito atletas), livre combinada (dez atletas) e *highlight* (de oito a dez atletas). As provas de rotina são divididas em rotina livre (RL), rotina técnica (RT), rotina combinada (RC) e rotina *highlight* (RH).

A interpretação de um tema deve estar atrelada à escolha musical e de acordo com o tempo estipulado na regra. A música e o tema devem contextualizar aquilo que a atleta deseja transmitir, na tentativa de impressionar o público, bem como os juízes, visando conquistar a melhor nota.

De acordo com o *Manual internacional de nado sincronizado*, em RL, as atletas e a equipe técnica elaboram uma rotina com todos os movimentos que julgarem adequados e de acordo com o desempenho das atletas. Como o próprio nome diz, a rotina é livre.

Na RT, as atletas têm uma obrigação, existe uma sequência de elementos a serem cumpridos e é exigida uma ordem de execução nas provas de solo (cinco elementos), dueto (cinco elementos) e equipe (cinco elementos). Entre um elemento e outro, as atletas podem colocar partes de figuras ou combinação de figuras, posições corporais de risco e movimentos combinados.

Em RC, a construção é livre, não há elementos técnicos, o formato é diferente, pelo fato de ser apresentada por dez atletas. A coreografia deve acontecer com base na combinação de solo, duetos, trios e equipe durante todo o tempo da prova.

A RH, nova prova da Fina, exige das atletas alguns aspectos diferentes, como o uso de, no mínimo, quatro movimentos acrobáticos, uma ação conectada, podendo ser com braços e pernas e um movimento de *float* que mostre um efeito de caleidoscópio.

O tempo de duração das rotinas é diferente. Elas também se diferenciam de acordo com a faixa etária: solo RT, dois minutos; solo RL, dois minutos e 30 segundos; dueto RT, dois minutos e 20 segundos; dueto RL, três minutos; equipe RT, dois minutos e 50 segundos; equipe RL, quatro minutos; RC, quatro minutos e 30 segundos; e RH, dois minutos e 30 segundos.

Pode-se observar que, na RT, o tempo é menor, porque o foco e a exigência principal de atletas e técnicos é montar uma rotina com alto grau de desempenho técnico nos elementos obrigatórios, pois, no julgamento, é o que vale mais.

Em campeonatos nacionais e internacionais, a forma de julgamento, bem como a disposição das bancas de juízes, é diferente com relação às provas de figuras. Recentemente, em 2013, houve mudança para o novo quadriênio das regras (2013-2017): a competição de rotinas será avaliada por 15 árbitros, dos quais cinco julgarão tópicos diferentes, dependendo da prova. Por exemplo, em RL, os juízes estarão distribuídos nos itens a seguir: execução e sincronização; impressão artística e dificuldade e, para cada um desses itens, há os principais pontos a serem avaliados, exatamente como em RC e RH. No julgamento da RT, os itens a serem avaliados são: execução e sincronização; impressão artística e execução dos elementos obrigatórios.

As principais observações a serem feitas pelos juízes são: a execução em todas as rotinas de uma forma geral, significando que observam a qualidade do desempenho da atleta; o nível de excelência demonstrado pela nadadora em suas habilidades técnicas; a execução dos elementos obrigatórios, com análise de limpeza e clareza, boa definição de linhas, ou seja, desenho e controle, além do grau de dificuldade de cada elemento; na sincronização, são analisadas a precisão em relação à música, o acompanhamento abaixo e acima da água, além do sincronismo entre os componentes; em impressão artística, observam-se o efeito, a imagem ou o sentimento retido como resultado e a demonstração da habilidade e do bom gosto da nadadora.

Os eixos principais de avaliação são: coreografia, uso e interpretação da música e maneira de apresentação. O item dificuldade significa a qualidade da execução dos movimentos mais difíceis, que podem exigir risco e/ou o uso do centro de gravidade, flexibilidade, conhecimento cinestésico etc. As notas dadas pelos juízes seguem uma escala de desempenho de zero a dez.

Desenvolvimento de um treinamento de longo prazo

Corroboramos os atuais estudiosos da pedagogia do esporte, que quebraram paradigmas ao defender a importância dos aspectos pedagógicos desde a iniciação até o alto rendimento. Nesse sentido, nossa preocupação na abordagem da iniciação ao nado sincronizado vai ao encontro da temática deste livro, que, de maneira geral, visa trazer diferentes perspectivas e propostas para o ensino do esporte em suas mais diferentes dimensões e contextos de prática.

O desenvolvimento do esporte, em nível mundial, é resultante da formação de atletas para o esporte competitivo em diversas modalidades. A participação dos atletas em diferentes níveis de competição depende do treinamento de longo prazo (TLP). Todo atleta jovem que almeje atingir o alto rendimento deve ser submetido a um treinamento planejado e sistemático (BÖHME, 2000), em prol de um trabalho efetivo.

A prática nas variadas modalidades esportivas tem evidenciado cada vez mais que o desempenho esportivo de alto nível só pode ser alcançado quando os fundamentos necessários são desenvolvidos na infância e juventude. Desse modo, um planejamento sistemático, por meio de um TLP (BÖHME, 2000, 2002; LORENZO; SAMPAIO, 2005; WEINECK, 1999), pode conduzir muitos atletas a uma carreira esportiva eficiente.

O TLP pode ser uma estratégia para aumentar o número de praticantes do esporte como opção de lazer e atividade física, desempenhando um papel fundamental na formação e na promoção de talentos esportivos, aumentando a possibilidade de surgirem futuros atletas (BÖHME; RÉ, 2009).

Seguindo essa linha de pensamento, Martin *et al.* (1999), citados em Böhme (2004), apresentaram um modelo da teoria do TLP voltado para crianças e jovens, destacando-o como uma integração: a) da formação de desempenho e treinamento no longo prazo; b) do desenvolvimento, da capacidade de desempenho e da *treinabilidade* infantojuvenil; c) das concepções da promoção e da forma de organização do TLP pela sociedade; e d) de um sistema de competição adequado à idade e à formação do jovem atleta.

Para essa integração, o TLP adota os princípios:

- compreensão do intervalo de tempo entre o início de um treinamento voltado para o desempenho-rendimento e as passagens para as categorias competitivas, de acordo com os pressupostos de desempenhos específicos da modalidade até alcançar o nível juvenil-adulto;
- dependência do alcance dos critérios de desempenho determinados para cada etapa de treinamento;
- consideração da diferença etária nas modalidades técnico-acrobáticas;

- sequência de formas coordenadas e cooperativas em cada elemento de treinamento para alcançar um efeito conjunto planejado;
- não ter como objetivo alcançar o maior desempenho esportivo em cada idade-categoria, pois o mais importante é desenvolver os conteúdos de cada etapa de treinamento;
- consideração, no treinamento, dos pressupostos dos desempenhos individuais, com perspectiva de carreira de alto nível esportivo, nas dimensões psíquicas, neuromusculares, constitucionais e orgânico-energéticas, formando a base para o treinamento posterior;
- embasamento num processo pedagógico, com características educacionais.

De acordo com Böhme (2000) e Böhme e Ré (2009), o TLP de forma sistemática e planejada pode ser uma estratégia positiva e efetiva, e sua duração média é de seis a dez anos, dependendo da modalidade esportiva. Lorenzo e Sampaio (2005) citam que dez anos de treinamento serão necessários para alcançar o nível de talento no desporto. O treinamento para o esporte de alto rendimento fundamenta-se num processo de TLP, que, normalmente, de acordo com a literatura (BARBANTI, 1996; BÖHME, 2000, 2002, 2004; BÖHME; RÉ, 2009; BOMPA, 1999; JOCH, 2005), é dividido em três níveis.

Primeiro nível: Formação básica geral (até dez anos de idade aproximadamente)

Envolve principalmente o desenvolvimento das capacidades coordenativas, com maior variabilidade de movimentos, com possibilidade de obter um amplo leque de habilidades motoras. Objetivando a melhora do desempenho esportivo, é fundamental o conhecimento dos fatores que influenciam a aquisição e o desempenho de habilidades motoras.

A execução correta de uma habilidade motora depende da adequada coordenação de movimentos corporais para atingir determinado objetivo. Entretanto, para que esse movimento aconteça, é necessária a liberação de energia do organismo, ou seja, a execução da habilidade motora dependerá do metabolismo energético (aeróbico, anaeróbico lático e/ou alático). Além da coordenação e do metabolismo energético, também é necessário destacar a influência da decisão correta sobre o movimento a ser executado, o que implica decidir qual ação motora é mais adequada em determinado contexto (BÖHME; RÉ, 2009).

Resumidamente, pode-se afirmar que a execução de habilidades motoras relaciona-se com as capacidades motoras condicionais (dependentes da capacidade metabólica de geração de energia), com as capacidades motoras coordenativas (dependentes da capacidade de organização e controle do movimento) e também com o conhecimento cognitivo (decisão da ação motora adequada em determinado contexto) (BÖHME; RÉ, 2009).

Força, velocidade, resistência e, para alguns autores, flexibilidade são as capacidades motoras condicionais (BÖHME; RÉ, 2009; BARBANTI, 2010). Qualquer habilidade motora depende dessas variáveis para ser executada: saltar, correr, chutar, recepcionar, sacar, rebater, andar, equilibrar-se e outras mais. É importante destacar que as capacidades motoras condicionais são altamente dependentes do sistema muscular e, portanto, apresentam maior treinabilidade, a partir do momento em que esse sistema atinge o padrão maduro no final da puberdade (BÖHME; RÉ, 2009).

As capacidades coordenativas são determinadas essencialmente por componentes nos quais predominam os processos de condução nervosa, organizando e controlando o movimento. Em outras palavras, são dependentes de comandos emitidos pelo sistema nervoso central (SNC). Em termos de maturação, o SNC apresenta uma rápida taxa de desenvolvimento e está maduro por volta dos dez anos. Em virtude dessa rápida velocidade de desenvolvimento, é adequado que a criança seja exposta a movimentos que exijam grau elevado de organização e controle (coordenação) (BÖHME; RÉ, 2009).

Somando-se a esses fatores, as habilidades motoras devem ser executadas em resposta à determinada solicitação, ou seja, existe a necessidade de decidir qual movimento deve ser realizado e o momento correto de realizá-lo ("o que fazer" e "quando fazer"). Assim, o sucesso na execução de determinada habilidade motora depende da ótima integração das capacidades motoras condicionais, coordenativas e do conhecimento cognitivo (BÖHME; RÉ, 2009).

Barbanti (2010) corrobora os princípios descritos, citando que, para se chegar com êxito no alto nível, as capacidades motoras são pré-requisitos e, no esporte, o desenvolvimento do rendimento está intimamente ligado ao aprimoramento das diferentes capacidades motoras (Figura 3).

Figura 3: Capacidades motoras e seus componentes

Fonte: Adaptado de Gundlach (1968 *apud* BARBANTI, 2010).

Böhme e Ré (2009) citam que a integração desses fatores deve ser considerada durante o TLP, pois não existe nenhuma habilidade motora que dependa apenas de um fator isolado. Todavia, as habilidades motoras podem apresentar a predominância de determinado fator. Por exemplo, caminhar tem uma predominância importante em crianças de um ano, mas não apresenta tal predominância em adolescentes de 15 anos. Apesar de a tarefa ser a mesma, a estrutura do indivíduo determina que a predominância seja diferente. Por outro lado, entender o contexto tático de um jogo talvez não seja um grande desafio cognitivo para um atleta profissional, mas a mesma situação pode exigir grande participação cognitiva de um jovem de dez anos.

Durante a fase básica geral, a criança passa por um período adequado de exposição a tarefas com predominância coordenativa, uma vez que apresenta uma rápida taxa de desenvolvimento do SNC. Do mesmo modo, a resolução de problemas motores (desafios cognitivos) induz a criança a "pensar" antes de executar determinado movimento, evitando sua "mecanização" e estimulando a integração cognição-ação. Portanto, é muito importante que, desde o nascimento até os dez anos, ocorra uma ampla exploração das habilidades motoras, especialmente daquelas que priorizem os aspectos coordenativos e cognitivos (BÖHME; RÉ, 2009).

Segundo nível: Treinamento específico (entre 11 e 16 anos de idade aproximadamente)

Este nível tem como objetivo geral a melhora do desempenho esportivo específico na modalidade escolhida, planejada a longo prazo, até um nível que possibilite o início do treinamento de alto nível, a estabilização da motivação para o desempenho, voltada para determinada modalidade esportiva, e a participação bem-sucedida nas categorias competitivas de idade e desempenho semelhantes.

Entre os 11 e os 16 anos (período púbere), ocorrem importantes alterações morfológicas e funcionais, que interferem diretamente na capacidade de desempenho esportivo. Somando-se a isso, a velocidade e o momento em que essas alterações ocorrem não são os mesmos em todos os indivíduos, por isso, é fundamental que os responsáveis pelo treinamento estejam familiarizados com os princípios básicos de crescimento e desenvolvimento humano e suas relações com o desempenho esportivo (BÖHME; RÉ, 2009).

De modo geral, a fase de treinamento específico é subdividida em três etapas que facilitam o planejamento e a execução do treinamento.

Primeira etapa: Treinamento básico ou iniciante (11 a 12 anos de idade) – Tem por objetivos: melhorar o estado de desempenho esportivo de modo geral e variado (em diferentes modalidades); desenvolver as capacidades básicas da modalidade específica e aprender as técnicas básicas de movimento dessa modalidade; conhecer e experimentar cada método de treinamento da modalidade; despertar motivação para o desempenho no esporte, no treinamento e na competição.

Por volta dos 11 anos, inicia-se o treinamento específico de habilidade motora. Porém, vale ressaltar que esse treinamento específico não é sinônimo de "especialização precoce unilateral", ou seja, de forma geral, ainda não é o momento de submeter a criança aos processos sistemáticos de treinamento em um número reduzido de habilidades.

A modalidade esportiva não deveria ser um fim, mas um meio para a introdução de diversas habilidades motoras. É necessário oferecer oportunidades para a combinação de diferentes habilidades, para a resolução de problemas motores variados, como por exemplo: correr-arremessar; correr-saltar-arremessar; correr-girar-receber-saltar-arremessar; equilibrar-se com diferentes apoios e materiais etc., presentes em diversas modalidades esportivas (BÖHME; RÉ, 2009).

Nesse sentido, durante a etapa de treinamento básico, deve existir uma gama variada de opções de práticas relacionadas aos elementos das modalidades esportivas, aproveitando gestos, variações, espaços e materiais, a fim de combinar e refinar habilidades na execução de movimentos gradualmente mais complexos em ambientes variados e com diferentes possibilidades de solução de problemas (estímulos cognitivos).

Segunda etapa: Treinamento de síntese ou adiantado (13 a 14 anos de idade) – Tem por objetivos: melhorar o desempenho esportivo específico da modalidade; dominar as técnicas mais importantes do esporte; conhecer os métodos de treinamento específicos do esporte; iniciar a participação em competições visando à vitória, porém, o resultado ainda não deve ser utilizado como único meio de avaliação do treinamento.

Durante essa etapa, o treinamento das capacidades condicionais deve ocupar lugar de destaque, porém, elas devem ser treinadas de modo indireto, com tarefas que exijam elevada participação de aspectos coordenativos e cognitivos. O treinamento deve ter relação estreita com a especificidade da modalidade (BÖHME; RÉ, 2009).

Terceira etapa: Treinamento de transição (15 a 16 anos de idade) – Tem por objetivos: desenvolver as capacidades condicionais, considerando-se a especificidade da modalidade esportiva; dominar o repertório das técnicas específicas da modalidade esportiva; tolerar as cargas de treinamento exigidas nos diferentes ciclos de treinamento; obter participações bem-sucedidas em campeonatos nacionais e internacionais correspondentes a sua categoria e faixa etária.

Nessa fase, é necessário o máximo aperfeiçoamento de movimentos específicos que correspondam à modalidade, enfatizando ainda o treinamento das capacidades motoras condicionais (BÖHME; RÉ, 2009).

Terceiro nível: Treinamento de alto nível (a partir dos 17 anos de idade)

Os objetivos gerais são alcançar o alto desempenho individual, aumentar de maneira otimizada o volume e a intensidade de treinamento; aperfeiçoar-se; estabilizar e maximizar a técnica esportiva; melhorar e manter a mais alta capacidade de desempenho pelo maior período de tempo possível. O treinamento deve ter total relação com a especificidade da modalidade.

Martin (1988 *apud* BÖHME, 2000) propôs um modelo ideal das idades adequadas para cada nível do TLP. Esse esquema é observado na prática esportiva diária, conforme a Figura 4.

De acordo com este modelo, em termos ideais, a formação básica geral, correspondente ao primeiro nível do TLP, deveria ocorrer na infância, quando a criança seria estimulada a desenvolver um amplo repertório motor, utilizando-se das mais variadas vivências motoras, de forma simples e combinada, enfatizando-se o desenvolvimento das capacidades coordenativas, com a utilização da maior variabilidade possível de materiais esportivos (BÖHME, 2000).

Figura 4: Modelo de formação esportiva de longo prazo

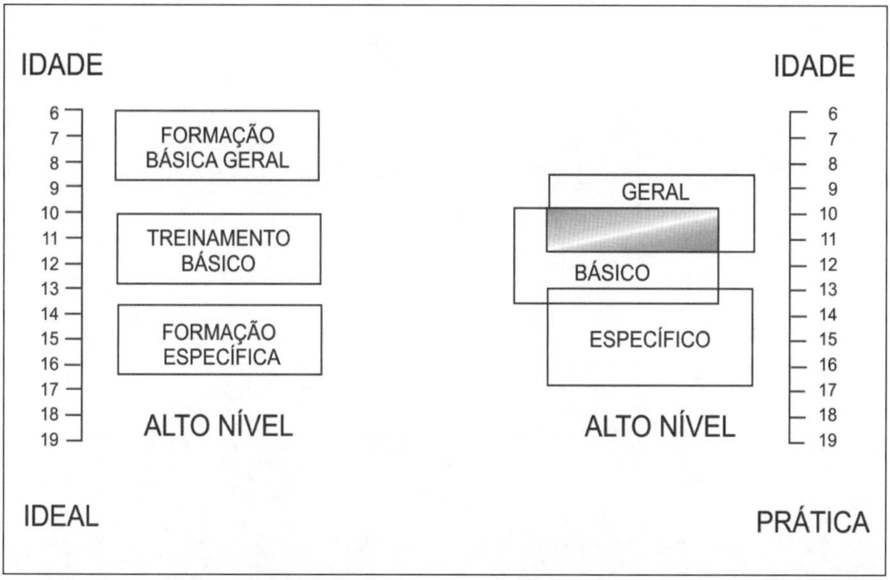

Fonte: Martin (1988 *apud* BÖHME, 2000).

Dessa forma, é importante citar que, nesse primeiro nível, o desenvolvimento das aulas de educação física curriculares e extracurriculares tem um lugar significativo nas escolas, paralelamente à ação de outras instituições, como os clubes, as academias e os centros esportivos municipais e estaduais.

Um modelo esquemático, na forma de pirâmide, foi descrito por Hofmann e Schneider (1985), citados em Weineck (1999), e está em sintonia com os estudos de Böhme (2000), demonstrando o processo de seleção e formação esportiva intimamente ligado ao TLP (Figura 5). Nele, estão representados os papéis dos diferentes segmentos organizacionais da sociedade, como a escola, o clube e os grupos comunitários, assim como os três níveis do TLP, desde a iniciação até o alto nível, e os respectivos períodos médios de duração de cada um (BÖHME; RÉ, 2009).

Figura 5: Processo de seleção e formação esportiva

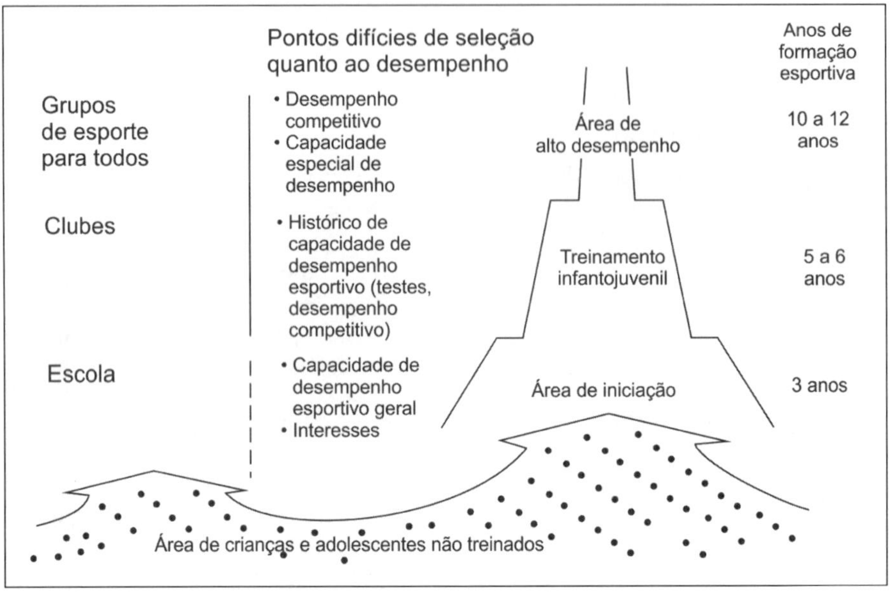

Fonte: Hofmann e Schneider (1985 *apud* WEINECK, 1999).

Entre as diversas modalidades esportivas, existe uma variação quanto ao início e à duração do TLP e seus respectivos níveis, assim como dos processos de detecção, seleção e promoção de talentos esportivos.

O planejamento do TLP, para cada modalidade esportiva, deve ocorrer do final para o começo, ou seja, com base na idade em que se alcançam os melhores resultados, faz-se uma retrospectiva de qual deve ser a idade de início do treinamento para a formação específica da respectiva modalidade. Desse modo, as faixas etárias apontadas não podem ser entendidas de modo inflexível, pois podem variar em virtude da modalidade e das próprias características do indivíduo (BÖHME; RÉ, 2009).

Cabe salientar que existe uma relação com os níveis e as etapas do TLP. Eles não ocorrem de forma independente um do outro. Quando um jovem atleta não vivenciou de maneira apropriada uma ou mais dessas etapas, na sequência temporal adequada, pode apresentar deficiência em sua formação esportiva, que pode ser, de algum modo, "compensada" posteriormente. O ideal seria que o jovem atleta passasse por um processo completo de formação esportiva. Portanto, os profissionais da área devem estar atentos e programar as etapas de acordo com faixa etária e categoria, sobretudo na fase infantojuvenil.

Segundo Böhme (2000) e Böhme e Ré (2009), é importante que o treinamento infantojuvenil, designado no segundo nível do TLP, tenha início até os dez anos de idade, com duração média de seis a dez anos.

No nado sincronizado, essa fase é de grande importância e tem o objetivo de alcançar o melhor desempenho esportivo na idade e na época adequadas. Assim como é extremamente importante a elaboração de um plano de treinamento para cada fase, especialmente nas duas primeiras etapas (treinamento básico, para iniciantes, e treinamento de síntese, para adiantados).

É imprescindível considerar a fase de desenvolvimento dos jovens atletas que se encontram no período pré-púbere, púbere ou pós-púbere, com diferentes características de crescimento e maturação biológica, assim como características emocionais e psicossociais específicas da faixa etária. É necessário que o treinador responsável por jovens atletas tenha profundo conhecimento do processo de desenvolvimento do ser humano em todas as suas fases.

Com base nessa revisão de um modelo sistematizado e cientificamente estudado, pautado na teoria do TLP, que descreve todos os procedimentos voltados para o esporte de alto nível, apontamos a necessidade de sua implementação, particularmente na modalidade do nado sincronizado. A carência de investigações como essa nos permite adotá-la em qualquer prática esportiva e nos faz vislumbrar a sua aplicação no nado sincronizado do Brasil. É fato que essa modalidade carece de pesquisa e, por ser um esporte novo em nosso país, espera-se que seja possível adotar um modelo pautado em pesquisas realizadas por vários estudiosos do assunto.

A ideia de aplicar essa teoria ao ensino do nado sincronizado pode trazer amplos benefícios aos atletas, especialmente para incentivar a preocupação com os processos pedagógicos que envolvem a prática por parte dos treinadores. Trazer diretrizes didático-metodológicas, pautadas em conhecimento científico, para subsidiar uma sistematização do treinamento, da iniciação ao alto rendimento, é altamente positivo, pois esclarece para professores/técnicos todas as variáveis que permeiam o processo de desenvolvimento da prática esportiva de maneira adequada, respeitando as fases de crescimento dos atletas e apresentando um planejamento de treinamento de longo prazo, de acordo com a literatura atual.

Após descrevermos as características do nado sincronizado, é possível apontar dois aspectos relevantes. O primeiro é a identificação de que tanto a natação como a ginástica são modalidades básicas para a formação de um atleta que pretenda ser expoente no nado sincronizado. Essas modalidades podem dialogar com as propostas de iniciação ao nado sincronizado por meio de atividades lúdicas, jogos e brincadeiras. As expressões rítmicas, os elementos acrobáticos, a graça e a beleza na execução, presentes na ginástica, somados aos exercícios fundamentais da natação, compõem elementos prioritários do nado sincronizado. O segundo aspecto relevante é alertar os professores/técnicos dessa modalidade para o fato de que, mesmo seguindo um método de trabalho sistematizado no longo prazo, há necessidade de cuidar da forma de ensinar, das estratégias a serem usadas nas aulas ou nos treinamentos. Como ensinar depende sempre dos cuidados com os exercícios educativos preparados, além do que fazer para que os alunos compreendam o que estão aprendendo, os professores/técnicos devem atentar para as rotas de acesso ao conhecimento que seus alunos/atletas apresentam e não querer ensinar apenas de um único jeito, sem variar as explicações. Quem ensina deve atuar com base numa abordagem pedagógica.

Esperamos que esses apontamentos pedagógicos acerca do treinamento do nado sincronizado possam auxiliar professores e técnicos a trabalhar na modalidade, ampliando sua prática no país e incentivando mais estudos e pesquisas a respeito.

Referências bibliográficas

ANDRIES JR., O.; PEREIRA, M.D.; WASSAL, R.C. *Natação animal: Aprendendo a nadar com os animais.* Barueri: Manole, 2002.

ARENA, S.S.; BÖHME, M.T. "Programas de iniciação e especialização esportiva na Grande São Paulo". *Revista Paulista de Educação Física*, São Paulo, Escola de Educação Física da USP, v. 14, p. 184-195, 2000.

BARBANTI, V.J. *Treinamento físico: Bases científicas*. Barueri: Manole, 1996.

______. *Treinamento esportivo: As capacidades motoras dos esportistas*. Barueri: Manole, 2010.

BÖHME M.T.S. "O treinamento a longo prazo e o processo de detecção, seleção e promoção de talentos esportivos". *Revista do Colégio Brasileiro de Ciências do Esporte*, Porto Alegre, UFRGS, v. 2, n. 3, p. 4-10, 2000.

______. "O talento esportivo e o processo de treinamento a longo prazo". *In*: DE ROSE JÚNIOR, D. *O esporte e atividade física na infância*. São Paulo: Artmed, 2002.

______. "Talento esportivo". *In*: TANI, G.; GAYA, M.A. (orgs.). *Desporto para crianças e jovens: Razões e finalidades*. Porto Alegre: Ed. da UFRGS, 2004, p. 235-249.

BÖHME, M.T.S.; RÉ, A.H.N. "O talento esportivo e o processo de treinamento a longo prazo". *In*: DE ROSE, D. *O esporte e a atividade física na infância e na adolescência*. Porto Alegre: Artmed, 2009, p. 171-183.

BOMPA, T.O. *Periodization: Theory and methodology of training*. Champaign: Human Kinetics, 1999.

______. *Treinamento total para jovens campeões: Programas comprovados de condicionamento para atletas de 6 a 18 anos*. Trad. Cássia Maria Nasser. Barueri: Manole, 2000.

CANADIAN SPORT FOR LIFE, [20--?]. [Disponível em: <http://www.canadiansportforlife.ca>. Acesso em: 11/2009.]

CONFEDERAÇÃO BRASILEIRA DE DESPORTOS AQUÁTICOS – CBDA, [20--?]. [Disponível em: <http://www.cbda.org.br>. Acesso em: 6/4/2010.]

DANTAS, H.M. "Pensando o corpo e o movimento". *In*: CANFIELD, J.T. *Aprendizagem e consciência do movimento humano*. São Paulo: Shape, 1994.

DURAN, M. *Aprendendo a nadar em ludicidade*. São Paulo: Phorte, 2005a.

______. "Brincando com a água: A aprendizagem da natação". *In*: NISTA-PICCOLO, V.L. (org.). *Pedagogia dos esportes*. Campinas: Papirus, 2005b, p. 35-54.

FINA. Federação Internacional de Natação Amadora. *Manual for synchronised swimming judges, coaches e referees*. Lausanne: Fina Office, 2005.

______. *Manual for synchronised swimming judges, coaches e referees*. Lausanne: Fina Office, 2013.

FUGITA, M. "Percepção do seu próprio nadar: Nadadores deficientes visuais e videntes". *Revista Mackenzie de Educação Física e Esporte*, Universidade Mackenzie, São Paulo, v. 2, p. 71-83, 2003.

______. "Fundamentos do nado sincronizado: Estabilizar e deslocar". *In*: COSTA, P.H.L. (org.). *Natação e atividades aquáticas*. Barueri: Manole, 2010, p. 71-88.

GEMMA, K.E.; WELLS, C.L. "Heart rates of elite synchronized swimmers". *Physician and Sportsmedicine*, v. 15, p. 99-106, 1987.

JOCH, W. *O talento esportivo: Identificação, promoção e perspectivas do talento*. Trad. Martin Lobmaier. Rio de Janeiro: Lobmaier, 2005.

LORENZO, A., SAMPAIO, J. "Reflexiones sobre los factores que pueden condicionar el desarrollo de los deportistas de alto nível". *Educacion Física Y Deportes*, Buenos Aires, v. 2, p. 63-70, 2005.

MASSA, M. "Desenvolvimento de judocas brasileiros talentosos". Tese de doutorado em Educação Física. São Paulo, 2006. Escola de Educação Física e Esporte, Universidade de São Paulo.

NISTA-PICCOLO, V.L. *Pedagogia dos esportes*. 4ª ed. Campinas: Papirus, 2005.

PAZIKAS, M.G.A.; CURI, A.; AOKI, M.S. "Comportamento de variáveis fisiológicas em atletas de nado sincronizado durante uma sessão de treinamento na fase de preparação para as Olímpiadas de Atenas 2004". *Revista Brasileira de Medicina do Esporte*, São Paulo, v. 11, p. 357-362, 2005.

SYDNOR, S. "A history of synchronized swimming". *Journal of Sport History*, Estados Unidos, v. 25, p. 252-267, 1998.

VELARDI, M. "Ginástica rítmica: A necessidade de novos modelos pedagógicos". *In*: NISTA-PICCOLO, V.L. (org.). *Pedagogia dos esportes*. Campinas: Papirus, 1999, p. 13-34.

VIEIRA, S.; FREITAS, A. *O que é natação sincronizada e saltos ornamentais? História, regras, curiosidades*. Rio de Janeiro: COB/Casa da Palavra, 2006.

WEINECK, J. *Treinamento ideal*. Trad. Beatriz Maria Romano Carvalho. 9ª ed. Barueri: Manole, 1999.

PARTE II

MODALIDADES ESPORTIVAS CONVENCIONAIS

EM BUSCA DE UM DIFERENCIAL PARA O ENSINO DOS ESPORTES CONVENCIONAIS

Conforme já anunciado na Apresentação deste livro, nosso objetivo é reunir textos que tragam propostas de abordagens pedagógicas dos esportes para diferentes contextos de ensino e aprendizagem. Nesta segunda parte, especificamente, estão os capítulos voltados a várias modalidades esportivas consideradas convencionais no Brasil.

Entendemos como esportes convencionais aqueles comumente ofertados na educação física escolar, nos clubes ou associações esportivas e até mesmo nos projetos desenvolvidos para instituições públicas, ao longo de muitas décadas. São esportes com uma trajetória histórica no país, marcados por oferta numerosa e constante, mesmo que de forma acíclica. Eles também fazem parte do cotidiano dos cidadãos, seja pelas vivências institucionalizadas, seja pela visibilidade na mídia, seja na prática em momentos de lazer nos "campinhos", nos gramados e nas quadras públicas de parques e praças espalhados nas cidades brasileiras.

Além disso, esses esportes culturalmente determinados fazem parte da maioria dos cursos de graduação em educação física e ciência do esporte, ofertados em faculdades, centros universitários e universidades, públicos e privados. Esse fato colabora para a legitimação dessas modalidades esportivas específicas, ampliando seu valor sociocultural. A presença delas nos currículos universitários como os únicos esportes na formação de professores faz com que sua futura atuação em diferentes ambientes esportivos desenvolva-se apenas com essas práticas, como vem ocorrendo, por exemplo, em empresas e entidades sociais. Muitos currículos de cursos de educação física limitam o conteúdo aos aspectos técnicos do esporte, deixando de ressaltar questões significativas do trato pedagógico no ensino das modalidades esportivas, gerando deficiências no conhecimento e na futura ação dos docentes.

Por esses motivos, entre outros, nas últimas décadas, tem havido mais investimento dos acadêmicos, dos periódicos especializados na área e de algumas editoras, respectivamente, na produção e na publicação de artigos e livros que abordem o ensino desses esportes visando aprimorar a prática. Esses trabalhos são fruto de pesquisas essencialmente na área da biodinâmica do conhecimento.

Nesse contexto, nosso maior desafio com este livro é avançar no conhecimento já consolidado, trazendo apontamentos educacionais com foco nas abordagens pedagógicas que permeiam o ato de ensinar e de aprender modalidades esportivas convencionais. Este é um livro que relata aspectos relevantes para a educação de praticantes do esporte individual e coletivo, que traz propostas diferenciadas dos receituários de exercícios descontextualizados do cotidiano de quem ensina e de quem pratica esses esportes.

Com essa finalidade, convidamos acadêmicos que não só elaboraram atividades cientificamente fundamentadas como também puderam vivenciá-las na atuação docente de forma bem-sucedida, cada um em seu campo de intervenção profissional, como técnico, professor universitário ou, ainda, coordenador de projetos comunitários e assessor de instituições esportivas.

Esperamos que os leitores interessados na temática do ensino dos esportes convencionais possam desfrutar da partilha dos saberes e experiências pedagógicas trazidos por esses autores nas seguintes modalidades esportivas: futebol de campo, handebol, natação, atletismo, basquetebol, futsal, voleibol e tênis de campo.

1
PEDAGOGIA DO FUTEBOL: CONSTRUINDO UM CURRÍCULO DE FORMAÇÃO PARA INICIAÇÃO AO FUTEBOL

Alcides José Scaglia

O menino brasileiro aprende cedo a amar a bola e a ser fiel a ela.
Nesse amor - ou nessa fidelidade - o presente e o futuro do futebol brasileiro.
João Máximo e Luis R. Porto

Introdução

Estou trabalhando, investigando e desenvolvendo estudos aplicados à pedagogia do futebol desde 1992, quando ingressei na Faculdade de Educação Física da Unicamp, e comecei, como bolsista, a trabalhar no Laboratório de Motricidade Humana, coordenado pelo professor João Batista Freire, que desenvolvia um projeto de escola de futebol para os filhos dos funcionários da universidade e as crianças do entorno do *campus* de Barão Geraldo e para aplicação nas aulas de educação física escolar e em projetos sociais, esportivos e educativos (SCAGLIA, 1995, 1996, 1999a, 1999b, 2003, 2011).

Ao longo dos anos que se seguiram, avolumaram-se séries de apresentações em congressos e publicações, dentre as quais "Escola de futebol: Uma prática pedagógica", texto editado em 1999 no livro *Pedagogia dos esportes*, organizado pela professora Vilma Lení Nista-Piccolo (1999), fruto, especificamente, de meu trabalho de conclusão de curso em fusão com o projeto desenvolvido em 1994 com o professor Adriano de Souza em um clube social na cidade de Rio Claro, estado de São Paulo.

Este capítulo é uma atualização de ideias escritas nos idos dos anos 1990. Depois de cerca de 20 anos debruçado sobre essa temática, é natural que elas tenham evoluído e que o trabalho tenda a ficar mais esmiuçado, detalhado, testado e corroborado pelas demais pesquisas acadêmicas desenvolvidas na área.

Organizei o texto em 12 unidades funcionais, ou seja, em tópicos que se entrelaçam, a fim de evidenciar, nas entrelinhas, a imbricação da teoria básica com a aplicada, revelando como, ao longo dos tempos, os estudos desenvolvidos tanto por Freire *et al.* (1998) e Freire (2003) quanto por mim (1999, 2003, 2011) resultaram na sistematização de um processo de iniciação ao futebol inspirada no estudo cabal de nossa pedagogia da rua (FREIRE, 2003; SCAGLIA, 1999), da cultura das brincadeiras de bola com os pés (SCAGLIA, 2003, 2005a, 2011), das mudanças paradigmáticas (BATESON, 1986, 1999; CAPRA, 2001; KUHN, 2003; SANTOS, 2004, 2006; SCAGLIA; MEDINA, 2008) e da pedagogia (teoria) do jogo (FREIRE, 2002; FREIRE; VENÂNCIO, 2005; REVERDITO, 2011; SCAGLIA, 2005a, 2005b), em consonância com as teorias cognitivas (PIAGET, 1976, 1978, 1990a, 1990b, 1994, 2001; VYGOTSKY, 1999, 2000), complexas (ATLAN, 1994, 1999; MORIN, 2001, 2002; MORIN; LE MOIGNE, 2000, 2007) e sistêmicas (BRONFENBRENNER, 1996, 2004; GARCIA, 2002; KREBS, 1997, 2001) do desenvolvimento infantil.

Esses estudos e experiências possibilitaram a construção de um corpo de conhecimento que nos permite pensar em currículo de formação básica para o futebol, que pode ser pensado tanto horizontal quanto verticalmente, em planejamentos destinados ao ensino do futebol nos mais diferentes ambientes, como escolas, clubes, associações, dentre outros.

A reinvenção do futebol

Certo dia, lendo uma reportagem sobre o futebol na Inglaterra, deparei com a seguinte frase: "A Inglaterra, o berço do futebol moderno...". Essa frase chamou-me a atenção, não por não saber que foi na Inglaterra que se deu o surgimento do nosso esporte futebol, mas pela expressão: "futebol moderno". Existiu, portanto, um futebol antigo? E o moderno, já não ficou ultrapassado?

Debrucei-me na pesquisa, e não foi difícil constatar que existiram vários jogos anteriores ao futebol, que podemos dizer pertencerem a sua árvore genealógica, ou melhor, comporem a grande família dos jogos de bola com os pés.

Na China e no Japão, por volta de 4000 e 5000 a.C., eram praticados os jogos conhecidos como *ts'u chu* e *kemari*. Já na Grécia antiga encontramos o *epyskiros*. Avançando no tempo, na expansão e consolidação do Império Romano, temos o *harpastum*. Depois, invadindo a sombria Idade Média, descobrimos o *soule* e os jogos das multidões, muito praticados na Bretanha, além do *calcio*, como até hoje é chamado o futebol na Itália.

Entretanto, foi na Inglaterra, no ano de 1863, que as regras do futebol foram lapidadas e universalizadas, transformando o até então jogo de bola no esporte futebol – o futebol moderno.

Porém, quem pensa que o futebol moderno sobrevive até hoje está muito enganado. O esporte futebol moderno, principalmente durante o longo período de sua estada em território brasileiro, desde 1894, passou por um processo de transformação. Nossas crianças, inconformadas com a obrigatoriedade de jogar sempre da mesma maneira, metamorfosearam o futebol moderno, reinventaram-no com base numa infinidade de pequenos jogos que praticavam nos campinhos e terrenos baldios. Quem nunca jogou uma rebatida ou três dentro e três fora, tenteio, golzinho, gol caixote, bobinho, embaixadinha, casquinha, levanta a saia, gol de cabeça, controle, linha, driblinho, cada um por si, timinho? Resultado: o Brasil reinventou o futebol, deixou para trás o moderno, para rebatizá-lo com o nome de futebol arte. E foi com arte que nossa seleção venceu, até 2012, cinco campeonatos mundiais e revelou ao mundo artistas como Leônidas da Silva, Pelé, Garrincha, Romário, Ronaldinhos, Kaká, Neymar, entre muitos outros.

No entanto, o futebol arte já viveu os seus dias de glória. Atualmente, um novo futebol foi inventado. Por quem? Ainda não sei, mas esse futebol contemporâneo – se assim podemos chamá-lo – está muito mais perto da guerra e cada vez mais longe da arte. Inspira muito mais a violência, a barbárie humana do que a genialidade espontânea advinda da alegria. Tornou-se religião em vez de diversão. Dinheiro, muito dinheiro, em detrimento do prazer.

Todavia, tenho a esperança de que logo outras crianças libertem-se das amarras hipócritas impostas pela nossa sociedade e, transgredindo a ordem do jogo, de modo subversivo, reinventem novamente o futebol.

Portanto, *liberdade às crianças*, para o bem de nosso futebol!

O futebol que se aprende e o futebol que se ensina

Ao pensar em liberdade para as crianças, corro o risco de errar por pouco, mas tenho uma hipótese de que, em cada dez brasileiros apaixonados por futebol, nove acreditam que jogar bem futebol é um dom, um talento nato. No próprio meio futebolístico, os jogadores reforçam o coro dos inatistas. Desse modo, no futebol estabelece-se o paradoxo da liberdade para crianças prisioneiras de seus genes.

Lembro-me de que, em uma de minhas pesquisas científicas sobre pedagogia do futebol, investiguei como, no passado, nossos ex-jogadores (profissionais de destaque) aprendiam a jogar futebol, para depois comparar como esses mesmos ex-jogadores ensinavam seus alunos a jogar nas escolinhas, já que todos eram proprietários/professores e ministravam aulas para crianças no processo de iniciação (SCAGLIA, 1999).

O resultado foi interessante, mesmo com todos confirmando a corrente inatista. O foco da entrevista inicial foi instigá-los a contar as respectivas infâncias. Com um sorriso no rosto, descreviam travessuras impregnadas pelo lúdico (entendido como liberdade de expressão), repletas dos jogos mais variados. Logicamente, as brincadeiras pertencentes ao universo dos jogos de bola com os pés ganhavam especial destaque.

Recordo-me da narração de um dos entrevistados, que descrevia como a brincadeira de rebatida lhe permitira desenvolver suas habilidades de chutar. E outro, que dizia ter aprimorado velocidade e ginga brincando de pique-salva (uma variação de pega-pega).

Contudo, ao aprofundar a entrevista, perguntando como eles aprenderam a jogar bem futebol, em nenhum momento foram realçadas as brincadeiras de bola com os pés em ambiente de jogo como fatores decisivos ao aprendizado e aperfeiçoamento do futebol.

Paradoxalmente, alguns chegaram a responder textualmente que futebol não se ensina, já outros disseram que o máximo que dá para ensinar é a malícia do jogo. Logo, todos atribuíam aos genes e a Deus o fato de jogarem bem o futebol, até aqueles que encontravam qualidades pedagógicas na rebatida e nas variações de pega-pega.

E o problema continuou, e até mesmo se intensificou, quando, depois de terminar a entrevista sobre aprendizado (ou seja, a infância com a bola nos pés), iniciei perguntas correlatas sobre como ensinavam os alunos a jogar futebol. Todas as respostas, sem exceção, desconsideravam a complexidade das respectivas infâncias com seus jogos fantásticos. Agora, até com uma cara mais fechada, séria, sisuda, os ex-jogadores respondiam que se pautavam na larga experiência como jogador profissional de futebol.

Os treinos tecnicistas da fase adulta, num regime profissional, eram miniaturizados para atender à demanda de alunos que, espelhando-se na glória alcançada por esses ex-jogadores (hoje professores das escolinhas), corriam para se matricular e realizar um sonho.

Por fim, foi possível constatar na conclusão do trabalho (SCAGLIA, 1999), entre outras coisas, duas essenciais: a) o quanto temas sobre inato e adquirido devem ser recorrentes e, ao mesmo tempo, estudados por profissionais que atuem no esporte. Mesmo depois de destacar qualidades no jogo para o aprendizado, a ideia mitificada e banalizada em nossa sociedade venceu. O jogador não se forma, nasce determinado. Não existe uma correlação entre o futebol (o modo) que se aprende e o futebol que se ensina. Em contrapartida, b) pode-se reafirmar a tese de que o estilo do futebol brasileiro advém da rua. De uma pedagogia da rua, como diz e escreve o professor João Batista Freire (2003), ou seja, é possível começar a pensar numa relação profícua entre a criança, a pedagogia da rua e o estilo do futebol brasileiro. Portanto, estão aí postas as bases de sustentação para a metodologia pautada no jogo (LEONARDO; SCAGLIA; REVERDITO, 2009).

A criança, a pedagogia da rua e o estilo do futebol brasileiro

Monteiro Lobato (2008), num raro momento em que escreveu sobre futebol, publicou uma crônica num jornal, em 1905, dizendo que, do dia para a noite, surgiram mais de 250 clubes esportivos e que "fedelhos" de quatro anos já chutavam a bola, com sete já faziam ataques e com oito gazeteavam a escola para treinar no campo vizinho.

Indiscutivelmente, não fomos os inventores do futebol, todavia, também de forma incontestável, esse futebol inglês aqui introduzido recebeu inúmeras influências provenientes das modificações criadas por nossos jogadores. Esses jogadores/inventores, na maioria das vezes, não eram representantes da elite brasileira ou inglesa que jogavam *a inglesa,* como dizia Nelson Rodrigues (1993, 1994). Os nossos jogadores eram, na verdade, os escravos recém-libertos, outros trabalhadores imigrantes, operários, outros membros menos afortunados da sociedade e as crianças.

Porém, é importante ressaltar a contribuição das crianças nesse processo de transformação, atribuindo-lhes a responsabilidade pela implementação e impregnação do futebol no Brasil, em consonância com o ambiente de aprendizagem proveniente da pedagogia da rua, pois, da mesma forma que os padres jesuítas, os marinheiros e os operários ingleses, as crianças, querendo jogar futebol como os mais velhos, também reinventaram novos pequenos jogos/brincadeiras de bola com os pés para satisfazer desejos de imitação. Ou como comentou Mario Filho (2003, p. 73), quando relatou que o moleque, impossibilitado de ter contato com o jogo real de futebol, fabricava bolas de meia para "(...) jogar, para aprender. Procurando se lembrar do que tinha visto. Imitando, a memória servindo de espelho. Um espelho não muitas vezes fiel. Deturpando jogadas".

Daniil Elkonin (1998), renomado psicólogo russo, corrobora a intuição do jornalista Mario Filho, dizendo que brincadeiras e brinquedos de crianças nascem exatamente do desejo de representar o mundo que as cerca (os vários ambientes relacionáveis da aprendizagem), ou seja, as atividades infantis acabam, desde cedo, influenciadas pelas atividades dos adultos; sejam elas produtivas (conectadas à esfera do trabalho), sejam elas estéticas (ligadas à ordem do lazer e da ludicidade).

Rubem Alves (2011), em seu instigante *Variações sobre o prazer*, diz que, no intervalo entre o desejo e sua satisfação, tem-se estabelecido o conceito de problema e que a inteligência nada mais é que a ferramenta para resolver problemas. Nas palavras do autor (2002, p. 91): "O senhor da inteligência é o desejo. É ele quem lhe dá ordens".

Desse modo, posso inferir que a criança desejosa de fazer o mesmo que vê os adultos fazerem com prazer, põe-se a imitá-los e, consequentemente, usa de inteligência para resolver esse problema, cria jogos que simbolizam o futebol, aprendendo a jogá-lo. Estabelece-se um ambiente de jogo em interação com um ambiente de aprendizagem, como quero conceituar (SCAGLIA, 2005a, 2011).

É importante salientar que essa imitação é análoga a um espelho deformador, ou melhor, um espelho que se encontra na mente, como novamente intuiu Mario Filho (2003). Assim, a criança precisa inicialmente colocar para dentro a imagem, que é logo contaminada por seu eu. Essa imagem interiorizada transforma-se, através da motricidade, em seu gesto, ou seja, na sua maneira de executar a suposta imitação, resultando numa imitação deformadora, de forma semelhante ao que acontece com a criança na fase pré-operatória, quando deforma a realidade para adequá-la a seu eu (PIAGET, 1990, 2001).

Em seu livro clássico *O negro no futebol brasileiro*, Mario Filho (2003) relata que os moleques faziam de tudo para não deixar de assistir aos jogos de futebol. Os garotos pobres faziam escadinhas para subir nos muros, já os ricos assistiam da arquibancada. Os jogadores do Fluminense eram como um professor para cada um deles. Contudo, nos intervalos, os meninos ricos podiam bater bola dentro do campo; a mesma bola de pneu que os moleques pobres só chutavam quando saía do campo. Os meninos do Retiro da Guanabara, por sua vez, nas palavras de Mario Filho (2003, p. 76), não podiam ter nada disso:

> Nem o campo, nem a bola, nem a chuteira, nem as meias, nem as camisas, jogavam seus desejos na rua, de pé no chão, com bola de meia. E havia moleque que ficava toda a vida assim. Suspendendo a bola, passando a bola de um pé para outro, cinquenta, cem, duzentas vezes. É verdade que a bola de meia, pequenina, saltando feito bola de borracha, ia fazer de muito moleque um virtuoso do futebol. Os moleques passando o dia inteiro com a bola de meia. Brincando com ela. Apostando quem demorava mais com ela nos pés. Sem deixar que ela caísse no chão. Assim, amanheciam com a bola de meia, a rua era o campo, formavam times de par ou ímpar, jogavam até não poder mais. A manhã, a tarde, a noite eram deles. Não iam para o colégio, ficavam na rua. Fazendo inveja aos garotos de boa família (...).

Se jogar futebol no Brasil, mesmo antes de Miller, caracterizava-se por problemas sugestionados pelo desejo e pela satisfação do desejo, a realização dos jogos possíveis acabava engendrando certas desordens (ao se buscar adaptações/soluções), que levaram a novas ordens ao interagir, culminando numa organização toda particular de cada uma das manifestações produzidas. Essa organização própria leva em consideração todos os elementos que estão à volta, ocasionando o surgimento de qualidades emergentes nas mais variadas manifestações de jogos/brincadeiras com os pés (SCAGLIA, 2011).

Posso dizer, então, que a cultura futebolística do brasileiro foi tecida num ambiente rico de aprendizagem de jogo, em meio a uma teia de pequenos jogos/brincadeiras de bola com os pés, criados para resolver o problema de jogar futebol, o que indiretamente colaborou na construção de um modo todo particular de jogar futebol no Brasil.

Em consonância com essa tese, quero ressaltar as palavras estéticas e pertinentes de Nelson Rodrigues (1994, p. 80-81), um dos nossos maiores dramaturgos, em sua antologia de crônicas *A pátria em chuteiras*, em que ele teceu mais um de seus "óbvios ululantes":

> (...) o brasileiro não se parece com ninguém, nem com os sul-americanos. Repito: o brasileiro é uma nova experiência humana. (...) Para nos vencer, o alemão ou suíço teria de passar várias encarnações aqui. Teria que nascer em Vila Isabel, ou Vaz Lobo. Precisaria ser camelô no Largo da Carioca. Precisaria de toda uma vivência de boteco, de gafieira, de cachaça, de malandragem geral.

O futebol brasileiro de ruas e campinhos a "escolinhas" e demais ambientes

O futebol hoje é um esporte consolidado na cultura mundial, talvez o mais popular do planeta, amplamente massificado e praticado da mesma maneira ao redor do mundo. Tamanha é sua importância em nossa cultura, que deveria ser o assunto mais estudado nas searas acadêmicas da educação física e das ciências do esporte.

Vejo uma necessidade premente de entender o jogo de futebol. Não falo apenas do jogo jogado, mas do jogo jogante, ou seja, do jogo de futebol que é maculado e maculante, benevolente e idolatrado de modo escancarado em nossa sociedade. Posso afirmar que o futebol massificado no Brasil, principalmente (não exclusivamente) nas camadas populares, transformou-se numa das principais práticas sociais do brasileiro. Contudo, são poucos os estudos que tentam explicar por que o futebol enraizou-se e expandiu tão rápida e fortemente em nosso território, realizando o perfeito casamento entre o brasileiro e esse esporte, deixando marcas indeléveis em nossa cultura e transformando-se num dos jogos mais populares de nossa história.

A professora Heloisa Reis (2000, 2006), principal interlocutora de Eric Dunning no Brasil, tem desenvolvido os principais trabalhos de sociologia do esporte atualmente. No entanto, é o professor Jocimar Daolio (1997, 2005), um dos poucos teóricos da educação física, que busca levantar algumas hipóteses para explicar esse fato, tendo como referencial teórico alguns estudos socioantropológicos, dentre deles os de Geertz (1989).

Daolio (1997, p. 102) aponta quatro aspectos do futebol que se relacionam com as características do povo brasileiro, entendendo esse esporte como algo maior que um mero esporte regido por regras, como uma prática social que "(...) como tal, expressa a sociedade brasileira, com todas as suas aspirações mais antigas, seus desejos mais profundos e suas contradições mais camufladas".

Dos quatro aspectos levantados, três dizem respeito, respectivamente, à ideia de igualdade democrática possível de ser representada no jogo, à existência e à necessidade do uso do drible no futebol (podendo ser relacionado à malandragem do povo brasileiro) e ao fato de o futebol permitir a livre expressão. Já o último aspecto abordado por Daolio (1997, p. 107), talvez um dos mais relevantes e pertinentes, diz que "é possível que o povo brasileiro, sendo uma mistura das raças negra, indígena e branca, tenha maior facilidade histórica e cultural com os pés para a prática do futebol do que outros povos".

Esse autor, baseando-se num conceito do antropólogo Marcel Mauss (2003), quer dizer que as danças, os rituais indígenas e a capoeira, entendidos como técnicas corporais já incorporadas em nossa sociedade, são passíveis de transmissão cultural para os descendentes. De geração em geração, o jogo foi transmitido, ensinado, aprendido e essa noção explicaria o fato de os meninos no Brasil nascerem praticamente "sabendo jogar futebol".

Seguindo a mesma linha de raciocínio, com base em meus estudos particulares sobre o jogo, cultura lúdica e técnica corporal (SCAGLIA, 2003, 2005b), respaldado por teóricos do porte de Huizinga (1999), Brougère (1997, 1998a, 1998b) e Caillois (1990), entre outros, é possível entrever que uma cultura lúdica construída em simbiose com os jogos, e transmitida de geração em geração, seria a responsável pelo modo todo particular de se jogar futebol no Brasil.

Esse processo de construção cultural só poderia encontrar pela frente as crianças, que, ao longo de nossa história, fizeram do futebol sua principal diversão. Os meninos cresciam (ainda crescem, felizmente) com uma bola nos pés e, ao brincar com o futebol, metamorfosearam suas regras, criaram novos dribles, inventaram formas inéditas e variadas de colocar a bola magistralmente no gol, longe do alcance do goleiro, ou seja, fizeram do futebol sua brincadeira favorita e da bola seu brinquedo predileto.

Essas crianças, impregnadas pelo desejo infantil de imitar os mais velhos – imitação prestigiosa, para me valer também de outro importante termo cunhado por Marcel Mauss (2003) – e, por consequência, de aprender o jogo, transformam qualquer espaço livre em palco para uma disputa de futebol ou, então, para o desenrolar faceiro de uma brincadeira com a bola nos pés, engajadas e imersas em um ambiente de jogo.

As peladas, as rebatidas, os controles e os bobinhos, brincadeiras infantis do universo da cultura das brincadeiras de bola com os pés, também são apontadas pelo professor João Batista Freire (2003) e, de certo modo, também reforçadas por Fonseca e Garganta (2006), como as responsáveis pelas singularidades apresentadas pelos brasileiros ao jogar futebol, pois foi brincando com elas que nossos antigos craques aprenderam a jogar futebol, afirma Freire (2003) em sua tese sobre a pedagogia da rua.

Respaldado por esses estudos, posso dizer que foi em meio à liberdade propiciada por brincadeiras infantis tradicionais que se deu o processo de aprendizagem do futebol, ao longo de um grande período da nossa história social e futebolística, ou melhor, ousadamente, posso dizer que essa era a única maneira, até pouco tempo atrás, de aprender a jogar futebol no Brasil e que, por conseguinte, isso fez do brasileiro um dos melhores praticantes desse esporte no mundo.

Infelizmente, hoje, sobretudo nos grandes centros urbanos, vemos que a rua há muito deixou de ser local de diversão livre para as crianças. Hoje, ela é destinada aos velozes veículos automotivos e os demais espaços vazios onde eram construídos os campinhos transformam-se rapidamente em canteiros de obras. Já nas periferias, esses locais ensinam às crianças outras atividades que não as de brincar e brincar de futebol exclusivamente.

Com isso, houve a necessidade de criar novos locais para que as crianças pudessem aprender a jogar futebol, que foram surgindo à medida que os campinhos sumiam: as escolinhas de futebol.

Assim, hoje e cada vez mais adiante no tempo, principalmente quando as cidades crescem, ocasionando os inevitáveis aumentos de problemas sociais, as escolinhas de futebol deverão, daqui por diante, viver um processo de total apropriação das funções antes atribuídas às ruas e aos campinhos.

As crianças, sem alternativa e em número cada vez maior, estão buscando esses locais para continuar cultivando o sonho de qualquer pequeno que joga bola: tornar-se um grande craque e defender as cores nacionais.

Também não existem muitos estudos científicos sobre o trabalho desenvolvido atualmente nessas escolinhas. Porém, apesar da consciência de que é ainda muito cedo para concluir ou fazer uma avaliação que possa dizer se elas conseguirão igualar o nível de competência da rua e dos campinhos, não tenho dúvida ao afirmar que essa será a sua tarefa.

O futuro do futebol brasileiro está aí anunciado.

O futebol e as brincadeiras de bola com os pés: Todos semelhantes, todos diferentes

Pelo percurso escolhido ao dissertar sobre o tema, é possível entrever que o futebol é uma construção histórica. Não foi criado de repente, por alguma entidade que reuniu pessoas e combinou estrutura e regras. O futebol é dinâmico e continua sendo construído em jogos e brincadeiras, ou melhor, o futebol, hoje emancipado como esporte, não foi inventado ao acaso, pela vontade de alguns jovens ingleses chutarem uma bola de couro inflada com ar; ele surgiu da influência e evolução de inúmeros jogos e brincadeiras de bola com os pés, construídos na cultura lúdica e, depois de consolidado como produção cultural, continua a influenciar o surgimento de novos jogos e brincadeiras de bola com os pés, constituindo assim um ecossistema, que poderia ser chamado de a família dos jogos de bola com os pés (SCAGLIA, 2003, 2011).

Ao mesmo tempo em que se originou de um processo de ressignificação cultural de jogos populares com bola, o futebol, depois de ascender à categoria de esporte, passou a ser constante e novamente ressignificado em outros jogos.

Posso então inferir que o futebol reúne em seu entorno duas características fundamentais: uma que o coloca na condição de produto cultural e outra que traz evidências de um processo inacabado. Isso porque, como produto, o futebol originou-se de ressignificações de jogos e brincadeiras populares. Todavia, em seu processo de evolução, ele permite que jogos e brincadeiras continuem a ser ressignificados, dando origem a novos jogos e brincadeiras, que, por sua vez, sistemicamente, influenciam o jogo/esporte futebol.

Quando me aproprio do termo ressignificar, quero apresentar a ideia de que o tradicional produto cultural é paulatinamente modificado por intermédio de novos significados acrescentados por aqueles que se apropriam do antigo, ou seja, ressignificar é a ação criativa de atribuir novos significados às "coisas", à medida que elas são apropriadas criticamente – entendendo-se que a ressignificação é dinâmica e está sempre se modificando, sobretudo quando se leva em consideração o processo em seus diferentes contextos culturais (SCAGLIA, 2003, 2011).

Como descrevi no livro *O futebol e as brincadeiras de bola* (SCAGLIA, 2011), dessa perspectiva, todo esporte um dia foi brincadeira, pois, como brincadeira, o esporte é um produto cultural, produzido por alguém ou por uma pequena comunidade, de acordo com um contexto social específico, que acaba por atrair um grande número de interessados. Se muitos querem jogar, isso só é possível se houver padronização e universalização de regras.

Essa padronização e universalização das regras, para abranger um contingente maior de interessados em praticar um esporte, pode ser vista como sua principal característica, colaborando para sua emancipação, ou seja, para diferenciá-lo das brincadeiras das quais se originou.

Assim, jogos e brincadeiras passam de processo, entendido como meio para ressignificações, a produto e, como produto, desencadeiam um novo processo, em que passam a servir de conteúdo para futuras ressignificações (SCAGLIA, 2003).

O jogo/esporte futebol passou pelo mesmo processo. Como mencionei no início deste capítulo, sempre existiram jogos realizados com os pés em várias culturas – o *kemari* japonês, o *t'su chu* chinês, o *epyskiros* grego, o *harpastun* romano, o *calcio* italiano, dentre muitos outros. Pode-se dizer que esses jogos são os irmãos mais velhos do futebol. Depois do surgimento do jogo/esporte futebol, outros novos jogos com a bola nos pés foram criados: a pelada, o três dentro três fora, a rebatida, o bobinho, o tira-tira.

É assim que vejo a ideia da família dos jogos de bola com os pés. Ao propor essa família, aproximo-me do conceito de ecossistema, buscando encontrar nele respaldo para minhas afirmações, pois um ecossistema integra os seres vivos – organismos – e os ambientes em que vivem (com suas características peculiares), acrescidos das inter-relações de todos os elementos do sistema, gerando constantes modificações e superações.

De uma perspectiva ecológica, o ecossistema inclui a totalidade de relações e interações dos seres vivos e não vivos, em todos os níveis, especialmente a rede de estruturas que eles vão constituindo, uma teia interligada e interdependente, influenciada pelo ambiente todo. Nas palavras do renomado pesquisador Serge Frontier (2001, p. 27), ecossistema "é um sistema de interações entre as populações [jogos] de diferentes espécies que vivem num mesmo sítio e entre estas populações e o meio físico".

Nos ecossistemas, como descrevi em outros trabalhos (SCAGLIA, 2003, 2005b, 2011), acontece de um organismo – parte do todo – interferir no ambiente ao mesmo tempo em que suas ações são cerceadas ou delineadas pelo próprio ambiente que ele modifica; ou seja, em meio às inter-relações dos organismos – partes – do sistema, desencadeia-se um potencial processo gerador de mudanças profícuas e necessárias no sistema todo, evidenciando qualidades emergenciais, como sugere Edgar Morin (2001, 2002).

Ao utilizar o conceito de ecossistema para justificar a ideia da família, quero destacar que as relações complexas que acabam por demonstrar as características integrativas e autoafirmativas de um sistema me auxiliarão a pensar a organização das estruturas básicas da família dos jogos de bola com os pés.

A família dos jogos de bola com os pés reúne, consequentemente, todos os jogos realizados com a bola nos pés. Quando utilizo o termo jogo para caracterizar tal família, incluo nele todas as suas manifestações, quer as por mim classificadas como emancipadas – jogos/esportes com bola nos pés –, quer as que ainda conservam características evidentes de jogos/brincadeiras que usam os pés para impulsionar uma bola qualquer (SCAGLIA, 2011).

Assim, o futebol, o futsal, o futebol de praia, o futevôlei, o futebol irlandês, o rúgbi, o futebol americano coabitam o mesmo espaço representativo especificado que a rebatida, o gol caixote, a pelada, o três dentro três fora, o um toque, o toquinho mineiro, o bobinho, o tira-tira, o cada um por si, o centroavante, o maria levanta saia, o lixa, o gol de cabeça, o gol dentro da área, os campeonatos de embaixadas, as disputas de pênalti, a brinca, o canelobol.

Dessa visão sistêmica, a família dos jogos de bola com os pés, estabelecida pela necessidade humana de expressar pela motricidade os símbolos construídos num ambiente de jogo (mundo do jogo), é análoga a todos os ecossistemas existentes, ou seja, ela se mantém pelas interações estabelecidas entre suas estruturas (em todos os níveis) e dessas com o meio ambiente físico e social, intermediadas pela motricidade humana, entendida, com base nos estudos do professor João Batista Freire (1991, 2002), como o movimento intencional humano, carregado de sentido e significado, que se expressa pelo jogo (SCAGLIA, 2011). Segundo Edgar Morin (2002), quanto maior a diversidade, maior a complexidade.

Se o futebol, um dia, foi jogo/brincadeira, e alguns jogos/brincadeiras de bola com os pés lembram o futebol, logo, querer analisar tal simbiose e complexidade deve se justificar na cabal inferência de encontrar um no outro, ao mesmo tempo em que se possa distingui-los entre si, entrevendo profícuas características de complementaridade, que serão fundamentais para a construção dos princípios estruturais básicos de uma metodologia para o ensino e aperfeiçoamento do futebol.

Quero dizer que o futebol existe nos outros jogos/brincadeiras com bola e outros jogos/brincadeiras existem no futebol, porém, cada um mantém a sua autonomia e irredutibilidade; ao mesmo tempo em que estabelecem vínculos de dependência mútua, não se excluem (SCAGLIA, 2011).

É importante destacar, novamente, que o futebol, mesmo atingindo o *status* de esporte, não deixou de ser jogo. Ao passo que ganhou popularidade na cultura do adulto, tornando-se o "irmão" famoso e mais complexo da família, foi e continua sendo fonte de inspiração para muitas brincadeiras de crianças e outros jogos de bola desenvolvidos pelos próprios adultos, como, por exemplo, as peladas. Ao mesmo tempo, o futevôlei e o futebol de praia, antes jogos/brincadeiras realizados apenas com o intuito de diversão, atualmente já estão praticamente emancipados, ou seja, já estão adquirindo o *status* de esportes, ao tenderem ser praticados ao redor do mundo sempre com as mesmas regras (SCAGLIA, 2011).

Portanto, entender as semelhanças e as diferenças entre os vários membros da família dos jogos de bola com os pés passa a ser uma boa explicação preliminar sobre como a pedagogia da rua (que abarca toda a família dos jogos de bola com os pés) foi a principal responsável pelo estilo peculiar de se jogar futebol no Brasil. Ao mesmo tempo, é conhecimento básico para a fundamentação de metodologias de ensino e treinamento no futebol, que se pautam no jogo e se preocupam com sua especificidade, criando ambientes de aprendizagem e a possibilidade de construção de um currículo de formação para a iniciação.

O currículo do futebol na iniciação

Atualmente, em pedagogia, um dos temas mais enfatizados e estudados é o currículo (SACRISTÁN, 2000). O conceito de currículo permite que se compreendam as decisões educativas, pois um currículo, por exemplo, dedica-se a responder indagações sobre o que ensinar, como ensinar e por que ensinar.

Com base nos estudos de Sacristán (2000, 2010), o currículo também se responsabiliza pela seleção do conhecimento (conteúdos, matérias, disciplinas e sua integração), incluindo a forma e os meios pelos quais o conhecimento será desenvolvido (metodologia e didática) e, por fim, pelo acompanhamento dos resultados desse processo (avaliação). Esse mesmo autor (2000, 2010), um dos mais respeitados estudiosos do tema, em seu livro *O currículo: Uma reflexão sobre a prática*, menciona que o termo currículo provém da palavra latina *currere*, que se refere a carreira, a um percurso que deve ser realizado e, por derivação, a sua representação ou apresentação. A escolaridade é um percurso para os alunos, e o currículo é seu recheio, seu conteúdo, o guia de seu progresso pela escolaridade.

Em síntese, alicerçado em Sacristán (2000), posso dizer que o currículo, comprometido com o legado histórico, social e o saber cultural, refere-se ao conhecimento selecionado e organizado, a ser desenvolvido em meio aos processos educacionais. Expresso na forma de projeto político-pedagógico, objetiva prever o planejamento do ensino-aprendizagem e o dinamismo dos componentes curriculares, em prol do perfil do egresso desejado (do aluno que se quer formar).

Essa reflexão sintética sobre currículo é de suma importância para a sequência deste capítulo, que procura explicitar um exemplo de currículo para o ensino do futebol no seu processo de iniciação. Esse currículo deve servir de base para o trabalho educacional desenvolvido nas escolinhas, pois qual é o objetivo de uma escolinha de futebol? Formar jogadores de futebol? Selecionar jogadores para o futebol profissional? Lapidar talentos? Servir de espaço de recreação ou mesmo de alienação e enganação de crianças sonhadoras e desejosas de se tornarem jogadoras de futebol milionárias?

Para qualquer dessas perguntas, a resposta deve ser negativa. Quando se fala em escolinhas, está-se falando de um local de ensino, mesmo que esse ensino caracterize-se e efetive-se fora da escola.

Escola de futebol é campo de trabalho para pedagogos do esporte. Profissionais que devem ter sólidos conhecimentos pedagógicos, adquiridos em cursos de educação física e/ou locais com aprofundados saberes sobre esportes, por exemplo, os bacharelados em ciências do esporte. Como bem ressalta o professor João Batista Freire (2003), uma escola de futebol deve ter currículo pautado em quatro princípios pedagógicos: ensinar futebol a todos; ensinar a aprender futebol; ensinar mais que futebol a todos; ensinar a gostar de futebol (esportes). Comprometidos com a inclusão, a competência pedagógica, a ética e o prazer, esses princípios delineiam objetivos e servem de alicerce para o desenvolvimento de condutas pedagógicas coerentes, ou seja, as intervenções realizadas pelos professores de futebol devem, a todo o momento, refletir esses princípios. Suas ações (condutas) permitem que eles se materializem.

Postas essas proposições preliminares, cabe ao estabelecimento do currículo determinar o referencial teórico que ditará os parâmetros metodológicos de ensino, os quais concomitantemente guiam as ações didáticas. Particularmente, para o currículo que estou propondo, as teorias que o inspiram (e sustentam) são as diretamente relacionadas às teorias interacionistas do conhecimento, que partem do princípio de que o conhecimento é construído por meio de interações. Logo, a grande busca é pela compreensão dos padrões organizacionais sistêmicos que se estabelecem em meio às interações do ser com o meio (ambiente/social) e com outros seres histórico-sociais na construção do conhecimento.

Valho-me aqui da teoria do jogo, da teoria sistêmica, da teoria da complexidade, da teoria do desenvolvimento ecológico, entre muitas outras teorias propostas especificamente na área da pedagogia do esporte (GARGANTA, 1995; GARGANTA; PINTO, 1995; GRAÇA, 1995; GRECO, 1998; GRECO; BENDA, 2007; REVERDITO; SCAGLIA, 2007, 2009; REVERDITO; SCAGLIA; PAES, 2009; TANI; BENTO; PETERSEN, 2006), que caracterizam o que denomino novas tendências em pedagogia do esporte (SCAGLIA, 2012), que emergem do novo paradigma em ciência, opondo-se todas ao modo de pensar racional e mecanicista, originário das ideias positivistas e do empirismo.

Advinda da confluência dessas teorias, a tese da pedagogia da rua defendida pelo professor João Batista Freire (2003) é a principal influência no estabelecimento das diretrizes metodológicas e didáticas desse currículo. A pedagogia da rua parte do pressuposto de que podemos construir todo um processo de iniciação inspirado na cultura lúdica brasileira, que formou "naturalmente" uma geração de craques (inteligentes jogadores de futebol), por meio dos jogos populares, que englobam, entre outras estirpes, a família dos jogos de bolas com os pés. Esses jogadores exprimiam em sua forma de jogar as características do futebol arte e servem de bom exemplo do sucesso e da excelência pedagógica de um currículo que conseguiu impingir o perfil desejado a todos os que passaram pelo seu processo.

Portanto, nosso currículo (projeto político-pedagógico) partirá do mote de que ensinar o jogo futebol (nas suas dimensões conceituais – saber o que é; procedimentais – saber fazer; e atitudinais – saber ser) só é possível na forma de jogo.

Quero reforçar constantemente neste capítulo que é preciso ensinar a jogar futebol jogando, permitindo que as crianças continuem sendo tratadas como crianças, criando condições pedagógicas em ambientes de aprendizagem para a formação de jogadores inteligentes (perfil do egresso desejado), para que joguem em qualquer manifestação do esporte, refletindo as características do futebol arte contemporâneo, à medida que dominem as competências essenciais do jogo de futebol.

As competências essenciais do jogo de futebol

Como toda escola, um projeto de iniciação ao aprendizado, ou mesmo ao aperfeiçoamento, do futebol deve ter um planejamento. Este, para que seu currículo reflita o perfil do egresso desejado, necessita contemplar determinados conteúdos de forma espiralada ao longo do processo.

Penso os conteúdos de um projeto de futebol, da iniciação ao alto rendimento, baseado no que denomino competências essenciais. As competências estão conectadas ao poder fazer. Logo, quando falo em competências, estou falando que todos são competentes para fazer, ou seja, que todos os jogadores são capazes de jogar o jogo. Todos podem realizar as ações essenciais do jogo.

Essas competências essenciais, adaptadas dos estudos do professor Júlio Garganta (1995), seriam referentes à estruturação do espaço, à comunicação na ação e à relação com a bola. Assim, bem ou mal, todos os jogadores estruturam o espaço. Com maior ou menor competência, invariavelmente todos dominam o espaço. Todos conseguem se comunicar na ação e, ao mesmo tempo, manter certa relação com a bola.

É por meio dessas competências essenciais que os jogadores caminham do jogo anárquico para o bom jogo elaborado (depois de passar pelas fases de descentração e estruturação), como novamente afirma Garganta (1995), em seu clássico texto "Para uma teoria dos jogos desportivos coletivos", capítulo do livro *O ensino dos jogos coletivos*, produzido na década de 1990 por professores da Universidade do Porto, em Portugal, na forma de uma coletânea de textos que caminham da teoria à prática.

Para se tornar mais competente, é preciso desenvolver habilidades que dizem respeito ao saber fazer, ou seja, entra em cena o como. Como estruturar o espaço, comunicar na ação e manter uma adequada e eficiente relação com a bola. Por exemplo, estruturar o espaço num minicampo é relativamente fácil para uma criança de dez anos. Já um campo oficial requer muita habilidade dos jogadores, que, da iniciação à especialização, enfrentam o problema de dominar esse espaço. Um jogador que só tenha jogado o jogo/brincadeira pelada a vida toda, negligenciando a regra do impedimento do jogo/esporte futebol, ao ter de enfrentar um jogo formal (jogo/esporte futebol), mesmo sendo relativamente muito competente na relação com a bola, não consegue jogar (ou não é tão competente; faltam-lhe habilidades), pois a regra do impedimento exige singular estruturação do espaço, que, se não dominada, não possibilitará que o jogador alcance níveis mais elaborados e estruturados (organização espacial) de jogo.

É assim que jovens potenciais jogadores, que jogam bem até os 10 ou 11 anos, tornam-se "reis da bola" nos campeonatos menores e, logo depois, desaparecem, se não aprendem esses conteúdos em suas respectivas escolinhas de futebol. Não basta manter boa relação individual com a bola, é preciso aprender a ler o jogo e, desse modo, aprender a se comunicar em meio à ação.

Quando autores como Garganta (1995) advertem sobre a necessidade de se comunicar no jogo, obviamente, não estão dizendo que os jogadores devem conversar durante as ações do jogo. A comunicação na ação é uma metacomunicação, uma comunicação corporal, que acontece à medida que os jogadores aprendem a "língua" do jogo, que aprendem a se comunicar no jogo, por meio de um posicionamento individual, de grupo e coletivo adequado, diante das circunstâncias do jogo.

A "língua" do jogo é uma analogia sobre a necessidade de se entender a lógica do jogo (lê-la). Cada jogo pertencente à Família dos Jogos de bola apresenta uma lógica particular. Logo, aprender a jogar num projeto de escola ou treinamento do futebol pressupõe aprender a se comunicar, compreendendo a lógica interna de cada jogo, a partir do seu padrão organizacional sistêmico (SCAGLIA, 2011).

Por exemplo, como corporalmente dois defensores "conversam" para marcar três atacantes? Ou mesmo, como os jogadores comunicam-se na ação para atacar em superioridade numérica? Quando jogar sem bola é mais importante que correr atrás da bola (como acontece frequentemente com as crianças nas fases iniciais de um projeto de iniciação ao futebol)?

Já a relação com a bola, a terceira competência essencial, não pode se resumir em adestramento técnico. Ao longo do processo, a tática (razões de fazer) deve determinar as técnicas (como se fazer).

A relação com a bola caminha da centralização, momento em que os alunos estão iniciando o processo de iniciação ao futebol, por volta dos 6-8 anos, para a descentralização, quando os jogadores aprendem que jogar futebol não necessariamente exige estar com a bola nos pés.

Na sequência, posso dizer que as competências essenciais (estruturação de espaço, comunicação da ação e relação com a bola) devem ser enfatizadas de diferentes modos ao longo do processo de aprendizagem e aperfeiçoamento no futebol. Daí a necessidade de organizá-las em competências gerais, específicas e contextuais.

As *competências gerais* são as manifestações gerais das competências essenciais que podem ser encontradas em todos os jogos coletivos. Baseado nos estudos de Claude Bayer (1994), assumo os conceitos relativos aos princípios comuns presentes em todos os jogos coletivos, passíveis de transferência de um jogo coletivo para outros, em virtude de exigências semelhantes, o que dá azo e sustentação ao surgimento da ideia já explicitada neste capítulo de família dos jogos (família dos jogos; dos jogos coletivos; dos jogos coletivos com as mãos; dos jogos coletivos com os pés; dos jogos individuais; dos jogos populares).

Já as *competências específicas* são as manifestações específicas das "competências essenciais", em decorrência das especificidades requeridas por cada jogo coletivo. Assim, as competências específicas, diferentemente das gerais, que se baseiam nas semelhanças entre os jogos, preocupam-se com as diferenças (é aqui que o futsal não é um jogo de futebol em campo reduzido, muito menos a rebatida, o bobinho, o gol caixote etc.).

Por fim, as *competências contextuais* são as manifestações das "competências essenciais" relativas à preparação para o jogo/esporte formal e para as competições regulamentadas do esporte, nesse particular do futebol (aqui, no caso do futebol, prioriza-se a lógica do jogo formal).

Portanto, as *competências essenciais* são trabalhadas, sempre na forma de jogo, de diferentes modos ao longo do processo de iniciação e aperfeiçoamento do futebol, engendrando o que o professor João Batista Freire sabiamente chamou de *periodização de jogo* (LEONARDO; SCAGLIA; REVERDITO, 2009). Por exemplo, crianças iniciantes devem ter uma quantidade imensa de aulas que tratem as competências essenciais da perspectiva das competências gerais, em que os jogadores têm a oportunidade de adquirir um amplo e diversificado acervo de possibilidades de respostas.

Percentualmente, uma aproximação poderia mostrar uma relação de 80% das competências essenciais sendo tratadas na forma de competências gerais, 15% como competências específicas e 5% como contextuais. Diferentemente do que acontece no final do processo de aperfeiçoamento (transição para o profissionalismo), em que as competências contextuais passam a ser a prioridade nos planejamentos, invertendo esses valores.

Isso não significa negligenciar o tratamento das demais competências, mas, sim, compreender que, em um processo coerente, é necessário enfatizar, organizar e justificar um planejamento passo a passo, que se materializa na aula.

Como organizar uma aula de futebol no processo de iniciação: Aspectos estruturais e fundamentais

Nesta segunda metade do texto, trarei a foco a aplicação dos conhecimentos e conceitos explicitados, decorrentes de uma breve revisão de trabalhos publicados anteriormente, entrecortados por autores que, dialogando, contribuíram para a construção do arcabouço teórico que sustenta todos os estudos aplicados em pedagogia do esporte que acautelo.

Assim, ao defender o ensino do futebol por meio dos jogos pertencentes à grande família dos jogos de bola com os pés, assumindo suas semelhanças e diferenças e, sustentado pela tese da pedagogia da rua (FREIRE, 2003), não poderia desenvolvê-los em uma aula organizada do modo tradicional.

Em uma aula tradicional, constituída para que se possa aplicar a metodologia tecnicista, tudo começa pelo aquecimento e pelo alongamento; depois, vem a parte principal da aula, em que se desenvolvem os fundamentos técnicos do jogo de forma descontextualizada (por exemplo, passes em duplas; dribles nos cones; condução de bolas de um lado ao outro do campo; chutes ao gol com filas); por fim, o jogo ou rachão (porém, na maioria das vezes, o jogo só acontece se os alunos comportam-se durante os chatos e monótonos treinos técnicos da maneira como o professor idealizou).

Essa organização de aula não possibilita o desenvolvimento das ideias advindas da pedagogia do futebol ou da metodologia que defendemos, pois a metodologia tecnicista, que exige, para seu desenvolvimento, um plano de aula tradicional como o que descrevi, pauta-se pela lógica behaviorista, ou seja, pela concepção de mundo proveniente da abordagem pedagógica comportamental, como salientam Mizukami (1986) e Moreira (1999): o homem é produto do meio e, como tal, o meio controla o processo de aprendizagem, no qual o aluno é apenas um receptor, muitas vezes passivo, de um mundo que lhe foi preparado e idealizado.

Para que uma proposta metodológica pautada no jogo e nas teorias sistêmicas, complexas e ecológicas possa ser desenvolvida com coerência didático-pedagógica, sugiro sua divisão em cinco partes. No entanto, essas partes não devem ser entendidas como etapas, e sim como momentos inter-relacionados, que privilegiem o aprendizado do conhecimento previamente destacado pelo plano de ensino (ou seja, o planejamento nunca pode ser burocrático).

Como descrevi em um texto para o Ministério do Esporte no curso de especialização do Programa Segundo Tempo (SCAGLIA; SOUZA, 2004), pode-se dividir uma aula de 90 minutos em cinco partes, estritamente dependentes umas das outras e, concomitantemente, interligadas às aulas anteriores e posteriores. Por exemplo, a primeira parte da aula deve ser destinada à formação de uma roda de conversa, em que o professor expõe e explica a aula, trazendo sempre um tema a ser discutido (alguma coisa importante que aconteceu no futebol ou no esporte em geral e que o professor vê como necessária para os alunos refletirem e discutirem, tomando consciência e desenvolvendo o espírito crítico). Nesse momento o professor pode também propor que os alunos destaquem jogos/brincadeiras que conheçam e que atendam às exigências do tema escolhido. É importante destacar a necessidade de interação dos alunos na construção das aulas.

Logo, essa primeira parte caracteriza-se como um dos momentos mais oportunos, mas não o único, para o desenvolvimento do princípio "ensinar mais que futebol a todos", um dos quatro princípios pedagógicos destacados por Freire (2003).

Quadro 1: Exemplos de conversas nas rodas de conversa iniciais

Resgatando a aula anterior: o que aconteceu na aula passada, por que fizemos isto e aquilo, por que jogamos determinado jogo para desenvolver certo tema/conceito.
Conectando a aula: explicações sobre o tema da aula do dia e suas ligações com a aula anterior e também com a aula seguinte.
Tema esportivo polêmico: algum fato importante que aconteceu na semana e que precisa ser discutido com os alunos (por exemplo: brigas entre jogadores, brigas entre torcedores, problemas no esporte local, corrupção de dirigentes).
Recortes de jornal: temas para discussão baseados na leitura de pequenas matérias publicadas em jornais ou revistas (podem ser trazidas pelo professor e também pelos alunos).

Fonte: Scaglia e Souza (2004, p. 39-40).

Na segunda parte, realiza-se um grande jogo adaptado (um *jogo conceitual em ambiente específico* para a idade em questão), dando-se ênfase a uma das particularidades do jogo, de preferência, a última trabalhada em aula, pois, em cada aula, destacam-se dois temas para serem desenvolvidos. Nessa parte, pode-se aplicar, por exemplo, um jogo de futebol com restrição de toques na bola – joga-se futebol, porém, enfatizando mais o conceito de passe do que os demais, sem excluí-los.

Quadro 2: Exemplos de jogos conceituais em ambiente específico para a segunda parte da aula

Handfute: um jogo realizado com as mãos, porém, as finalizações devem ser feitas com os pés. Os jogadores se movimentam como no jogo de handebol (com passes, dribles e trifásicos), todavia, para marcar um gol, o jogador deve ajeitar a bola para outro finalizá-la, sem que a bola caia no chão (se isso acontecer, deve-se pegar a bola com as mãos). Os jogadores podem controlar a bola antes do chute e também podem finalizar dentro da área. Os times não têm um goleiro apenas, pois, com a regra que permite o uso das mãos, todos podem desempenhar tal função. Não é permitido o gol de cabeça nem tirar a bola das mãos do adversário.
Jogo de toques regressivos: divisão da turma em equipes. Inicia-se o jogo como o futebol, com as mesmas regras básicas, ou seja, com quantidade ilimitada de toques na bola para cada jogador, porém, a cada gol convertido, a equipe terá os seus toques individuais (de cada jogador) reduzidos. Após o primeiro gol, cada jogador da equipe que converteu deve dar até seis toques na bola (a outra equipe ainda não terá seus toques limitados, somente após marcar o seu gol). Depois do segundo, cinco; do terceiro, quatro; e assim sucessivamente até uma das equipes converter o gol com permissão para dar apenas um toque na bola.

Fonte: Scaglia e Souza (2004, p. 49).

Já na terceira parte, exercita-se outro conceito do futebol, não enfatizado na aula anterior. Porém, quando se lança mão de uma metodologia pautada nos jogos, estes enfatizam um ou outro conceito sem excluir os demais e, ao mesmo tempo, não perdem a proximidade com o contexto em que esse conceito será utilizado no jogo de futebol formal. Portanto, pode-se dizer que os conceitos devem ser ensinados sempre jogando.

Nessa terceira parte, o tema (conceito) é trabalhado na forma de jogos pequenos e médios (*jogos conceituais*) com poucos jogadores, facilitando o aprendizado pela maior intensidade e qualidade de contatos com a bola, realizados pelos jogadores iniciantes.

Quadro 3: Exemplos de jogos conceituais para a terceira parte da aula

Bobinho: os alunos, em pequenos grupos, jogam o tradicional jogo do bobinho. Inicia-se com as regras que os alunos conhecem e, depois, o professor vai aumentando o grau de dificuldade, acrescentando variações como a limitação de toques e a redução do espaço. As dificuldades aumentam em cada roda segundo suas possibilidades, não é necessário que todos tenham o mesmo nível de habilidade.
Base 4 gol: turma dividida em duas equipes. Uma equipe se dispõe em fila, ao lado do gol, e a outra se espalha na quadra. O campo é organizado da mesma forma que o base 4, ou seja, riscam-se no chão quatro pequenas bases, que devem ser percorridas pelos jogadores para obter pontos. O primeiro jogador da fila chuta para qualquer lugar (menos para trás) e sai correndo para percorrer as bases (nesse jogo, não há piques, o jogador não pode parar em nenhuma das bases). O segundo da fila vira goleiro. O time, espalhado pela quadra, deve recuperar a bola sem utilizar as mãos e tentar marcar o gol no goleiro (do time da fila). Se marcar o gol antes do jogador completar as quatro bases, este estará queimado (eliminado da rodada). Se o goleiro agarrar a bola em definitivo, o jogador nem precisa completar a corrida, pois já marcou o ponto. Agora, se chutarem a bola para fora, o corredor deverá parar na base mais próxima à frente. Se houver rebote do goleiro, o jogo continua. Na sequência, o goleiro (segundo da fila) vira chutador/corredor, dando lugar ao terceiro da fila, que assume a função de protetor. Novamente, após todos chutarem e serem goleiros, inverte-se a sequência. O número de rodadas deve ser estipulado antes do início do jogo.

Fonte: Scaglia e Souza (2004, p. 40-41).

Na quarta parte, deve-se realizar o jogo formal de futebol (adequando o tamanho do campo e das traves à idades dos alunos, engendrando o que chamo de *jogo específico*). Se os alunos buscam aprender a jogar futebol, devem sair da aula com a sensação de que jogaram muito futebol (em todas as partes da aula), configurando-se, assim, um processo de ensino do jogo pelo jogo.

Quadro 4: Exemplos de jogos específicos para a quarta parte da aula

Jogo formal básico: duas equipes jogando futebol com as regras básicas, sem a exigência das regras oficiais, sobretudo a do impedimento.
Jogo das plataformas táticas: a turma é dividida em duas equipes. O jogo se desenvolve com as regras básicas do futebol, porém, cada uma das equipes recebe orientações para tentar jogar com base no posicionamento exigido por uma plataforma tática qualquer (é importante o *feedback* constante dos alunos e do professor, a fim de possibilitar a consciência tático-estratégica dos iniciantes).

Fonte: Adaptado de Scaglia e Souza (2004, p. 41).

A aula deve se encerrar sempre com uma roda de conversa, momento em que é discutida e avaliada pelo grupo, em conjunto com o professor, além da possibilidade de o professor encaminhar algum trabalho a ser desenvolvido em casa, como, por exemplo, assistir a um determinado jogo e analisar determinadas situações, trazer para a aula seguinte um jogo inventado para o desenvolvimento de determinados conceitos do jogo de futebol ou fazer uma análise crítica da ação de determinado jogador de futebol em certo contexto. A tarefa deve ser coerente com a idade e com a etapa do planejamento das aulas, ou seja, deve ter estreita ligação e amarração com os conteúdos desenvolvidos em aula.

Quadro 5: Exemplos de possíveis tarefas a serem realizadas pelos alunos sobre o futebol

Brincar de rebatida: reunir os amigos e encontrar um espaço em casa, na rua, na praça, no bairro, que ofereça condições para o jogo.
Futebol solitário: descobrir uma forma de jogar futebol sozinho em casa.
Jogos de bola com os pés: criar jogos para o ensino do futebol, que serão utilizados nas aulas seguintes.
Assistir futebol no campo: com base num roteiro, analisar a função de determinados jogadores dos dois times ou (dependendo da idade) fazer observações e comentários sobre o esquema tático adotado pelas equipes para posteriormente compará-los com os divulgados pelos jornais.
Assistir futebol na TV: analisar as observações do narrador e do comentarista e comparar com o que está acontecendo no jogo.
Futebol e minha vida: escrever uma redação sobre a importância do futebol na sua vida, levando em consideração as pessoas com quem convive diariamente (pais, tios, vizinhos).
Futebol e sociedade: escrever sua opinião sobre as relações entre o futebol e a sociedade ao seu redor.
Pesquisa sobre torcidas: por que pessoas torcem para um time e não por outro, por que os torcedores brigam em razão do resultado de uma partida de futebol.

Fonte: Scaglia e Souza (2004, p. 41-42).

Assim, com essa organização, é possível vislumbrar condições para o estabelecimento de ambientes de aprendizagem que possibilitem e facilitem o aprendizado do futebol no processo de iniciação, sempre em ambiente de jogo. Contudo, valem algumas considerações didático-metodológicas muito importantes e pertinentes. Por exemplo, há o perigo de a aula virar um espaço de joguinho ou mesmo uma grande brincadeira descompromissada com a aprendizagem, que infelizmente alguns chamam (erroneamente) de aulas lúdicas.

Parto da compreensão de que lúdico significa *liberdade de expressão*. Porém liberdade de expressão engajada no jogo (em estado de jogo, no ambiente de jogo) não significa libertinagem, mas liberdade para responder ao que a lógica do jogo está pedindo com os recursos (motores, intelectuais, afetivos) disponíveis no momento.

Esse é um fator decisivo para o sucesso de uma metodologia pautada no jogo e inspirada na pedagogia da rua, pois os jogos propostos em aula devem levar os alunos a trabalhar sempre em alta intensidade de concentração para, dialogando com o jogo, ir testando e construindo hipóteses (ampliando as respectivas competências interpretativas), das quais emergem soluções singulares para todas as situações imprevisíveis dos diferentes jogos (vale destacar que todo jogo coletivo é, por natureza, imprevisível).

Outro ponto que almejo destacar é o fato de as aulas não poderem se resumir a jogar, sem a devida reflexão sobre esse jogar. O ato de jogar gera muito prazer e, muitas vezes, este impede a tomada de consciência da ação. Desse modo, é necessário que o processo inclua em sua didática obrigatoriamente a problematização do jogo e faça os alunos pararem para refletir sobre o jogo jogado e não apenas viver o jogo jogante (o jogo que os embala no prazer e os consome).

Portanto, a metodologia que defendemos efetiva-se na interação no ambiente de aprendizagem (direciona de maneira direta e indireta a aprendizagem com base na lógica dos diferentes jogos da família, ou seja, direciona o pensamento para a ação) com o ambiente de jogo (em que o jogador está engajado, em estado de sensibilização e atenção, para cumprir a lógica do jogo – *estado de jogo*), gerando aprendizagem significativa, mas respeitando as fases de desenvolvimento e aprendizagem.

Qual a idade ideal para começar o processo de iniciação ao futebol

Quando se fala em iniciação ao futebol, a primeira questão a ser resolvida é a idade ideal para iniciar o processo de ensino. Essa questão não é difícil de ser respondida quando se parte de um referencial teórico advindo da psicologia da aprendizagem, mais especificamente dos estudos de Jean Piaget (1976, 1978, 1990a, 1990b, 1994, 2001).

A criança, segundo os estudos de Piaget (2001), por volta dos 6-7 anos, estaria adentrando no período operatório concreto. Antes, estaria na fase pré-operatória. Mas o que isso quer dizer? Qual relação essas etapas/estádios do desenvolvimento cognitivo estabelecem para que a resposta sobre a idade ideal para o início do processo de ensino do futebol possa ser dada?

Pois bem, primeiro, é preciso entender que os estudos de Piaget são densos e complexos, sobretudo se nos pautarmos no seu livro-síntese, denominado *Seis estudos de psicologia*. Para que seja possível determinar algumas características peculiares dos períodos pré-operatório e operatório concreto, corremos o risco de cair no pecado da superficialidade e do funcionalismo em relação a uma obra tão minuciosa, rica e científica (PIAGET, 2001).

O período pré-operatório tem como característica principal a necessidade da criança entre dois e seis anos de deformar a realidade, para que esta se encaixe em sua realidade, ou seja, o egocentrismo peculiar desse período é aparente pelo simples fato de que a criança adapta o mundo ao seu eu, não é ela quem se adapta ao mundo. Desse modo, a criança não consegue acompanhar a lógica do adulto, pois, como o próprio nome diz, ela ainda está na fase pré-lógica. Essa característica cria um ambiente extremamente favorável para o mundo do faz de conta, que deve ser sustentado pelo jogo simbólico.

No que diz respeito à moralidade, a lógica é a mesma. A criança está na fase denominada por Piaget (1994) de anomia, muito bem explicada por um dos maiores estudiosos da moralidade piagetiana, o professor Yves de la Taille (1992, p. 49): "Na etapa denominada anomia, as crianças de até 5-6 anos de idade não seguem regras coletivas".

Com apenas essas duas afirmações provenientes dos estudos de Jean Piaget, já seria possível dizer qual a idade ideal para iniciar o processo de ensino de futebol. As evidências teóricas revelam que somente após a superação do período pré-operatório seria possível para as crianças aprender um jogo coletivo regrado. Antes disso, jogar futebol com outras crianças só é possível se todas tiverem uma bola e conseguirem seguir uma regra que entendam.

E o mesmo pode se dizer sobre o desejar jogar, pois é também no sentido de esse ser o motor da satisfação do jogo de faz de conta, de jogo simbólico, ou seja, não deve ser a lógica do adulto professor, muito menos a do futebol (como jogo coletivo regrado), a determinar a aprendizagem. Deve-se levar em consideração o desenvolvimento, tomando cuidado para não ser ortodoxo nem cair no círculo vicioso da discussão entre os pontos de conflito sobre os postulados piagetianos e vygotskianos no que tange a desenvolvimento e aprendizagem.[1]

Assim, uma escolinha de futebol para crianças menores de seis anos deve ser vista mais como um espaço para ampliar o acervo de possibilidades de respostas diante dos jogos de bola com os pés individuais e simbólicos.

Explicando-me melhor, as aulas para essas crianças deveriam se resumir a um ambiente de aprendizagem rico em materiais, por exemplo, bolas de diferentes tamanhos e cores, em que os jovens jogadores apenas explorariam a motricidade em jogos de bola com os pés. Nisto se resumiria uma aula. Logo, o professor, para dar aula para essa turma de alunos, deveria ser o mais preparado e com mais estudos aprofundados sobre como ministrar aulas para crianças por meio de jogos simbólicos. A aula seria um ambiente mágico e fantástico, colorido e rico, adaptado para receber esses alunos.

Antes de continuar, é importante destacar três pontos:

- o próprio Piaget ressalta que as crianças não se desenvolvem no mesmo ritmo e ao mesmo tempo, assim, as idades não devem ser levadas ao pé da letra;
- o professor não pode se pautar apenas na ideia de que a aprendizagem só ocorre após o desenvolvimento; o professor e o meio devem ser propícios para que a aprendizagem estimule o desenvolvimento, ou seja, que estímulos um pouco além do que as crianças já dominam devem ser provocados pelas intervenções pedagógicas do professor

1. Sobre o assunto, ver Lino de Macedo (1994) e Marta Khol de Oliveira (2001).

(evidenciando os estudos sobre a zona de desenvolvimento proximal de Vygotsky, 1999, 2000);

- em cada momento da fase de desenvolvimento, algumas características são mais evidenciadas que outras, portanto, o período pré-operatório não é igual do começo ao fim, por isso, recomendo a leitura do livro *A formação do símbolo na criança* (PIAGET, 1990a).

Em meio ao processo de amadurecimento cognitivo, o que marca a saída da criança da fase pré-operatória e a entrada na operatória concreta é exatamente a descentralização.

A criança, por volta dos 6-7 anos, começa o seu processo de socialização. O seu eu se desloca do centro e ela percebe que o processo de adaptação ao mundo exige dela interação com os outros. O mundo já não gira ao redor de seu umbigo. Nesse momento, ela precisa do outro, precisa buscar se adaptar ao mundo, já não é o mundo que se adapta a ela. Para isso, ela precisa seguir regras. Os jogos simbólicos já não são suficientes. O jogo coletivo e de regras passa a ser o jogo principal, propulsor do desenvolvimento e da aprendizagem.

Portanto, a entrada na fase operatório-concreta seria o momento mais adequado para o início do processo de ensino do futebol em uma escolinha, por meio de pequenos jogos coletivos com a bola nos pés ou mesmo um futebol com regras simples, porém, com duas traves, jogadores, bola, goleiro e juiz.

Os conteúdos que as crianças de 6-7 anos devem aprender sobre futebol

Já destaquei em tópicos anteriores o conceito de currículo e de competência. Neste momento, quero caminhar para a materialização do currículo de iniciação ao futebol. Apontarei a matriz curricular, ou seja, quais seriam especificamente os conteúdos (competências ou mesmo saberes) que os iniciantes deveriam aprender numa escola de futebol comprometida com suas funções educativas e seus princípios pedagógicos.

É importante retomar o fato de que a materialização do currículo é dirigida às seguintes competências essenciais: estruturação de espaço, comunicação na ação e relação com a bola. Sua organização ao longo do processo de formação prevê que os iniciantes aprendam esses saberes, em sua maioria, da perspectiva das competências gerais, ou seja, o direcionamento dos planos de aula (unidades de ensino) devem se pautar pelo conceito de competências essenciais gerais.

As competências essenciais gerais surgem nos meus trabalhos de reflexão sobre os estudos de autores como Claude Bayer (1994), Júlio Garganta (1995), Amandio Graça (1995), Lino Macedo (2005, 2006, 2009), Pablo Juan Greco (1998), Greco e Benda (2007), Roberto Paes (2002), Dante de Rose Jr. (2006), Oslin (1996), Santana (2001, 2004), entre outros.

Pensar as competências essenciais da perspectiva geral é entender a família dos jogos, é olhar essa família, inicialmente, pelas suas semelhanças, possibilitando aproximações profícuas, para um processo de formação cada vez mais amplo e diversificado. Por exemplo, por esse prisma, é possível compreender quão semelhantes são os jogos pertencentes à grande família dos jogos de bola com os pés, o quanto jogar rebatida é o mesmo que jogar certo jogo de futebol ou, então, como brincar de controle, bobinho, três dentro três fora, linha, centroavante etc. permite o desenvolvimento de competências e habilidades que podem ser transferidas para o futebol e, ao mesmo tempo, redistribuídas para toda a família dos jogos de bola com os pés, como descrevi em Scaglia (2003, 2011).

Além dos jogos de bola com os pés, há muitas exigências semelhantes, que podem ser transferidas quando se analisa nossa rica cultura lúdica (conceito de Gilles Brougère 1998a). Para o processo de iniciação, com base na lógica interacionista e no conceito de competências gerais, brincar de pega-pega é o mesmo que driblar sem bola ou colocar a bola nos pés, variando jogos de pega-pega e possibilitando a criação de ambientes de aprendizagem para as várias habilidades requeridas pelo jogo de futebol.

Contudo, acredito que essa relação já esteja bem desenvolvida, propositalmente de modo circular, recorrente e contextual, logo, vamos à materialização da matriz curricular para os iniciantes de 6-7 anos em uma escolinha de futebol. No que diz respeito às competências essenciais relativas à comunicação na ação, os iniciantes devem: compreender o que é regra; respeitar as regras, os companheiros e os adversários; aprender a jogar com os outros (cooperação).

Quando destaco compreender o que é regra, estou me referindo às regras dos diferentes jogos, e não às regras do jogo de futebol. Os iniciantes de 6-7 anos estão saindo da fase pré-operatória (em que o egocentrismo é uma característica marcante) e adentrando na fase operatória concreta, que se caracteriza especialmente pelo início do processo de socialização. Surge a necessidade de se adaptar de forma mais inteligível ao coletivo. Para isso, a criança precisa aprender a seguir regras, respeitar as regras acordadas, que possibilitarão a convivência em grupo. Como a vida social, o jogo de futebol, por ser um jogo coletivo, exige muita convivência em grupo.

Já a relação com a bola, de forma geral, deve possibilitar aos iniciantes: reconhecer as habilidades específicas básicas (drible, chute, passe, condução e controle de bola); ampliar seu acervo de jogos/brincadeiras (tanto com bola quanto sem); aprender a brincar de bola com os pés.

Em seu livro, *Pedagogia do futebol*, o professor João Batista Freire (2003) propõe um meio interessante para organizar a distribuição das aulas sobre as habilidades específicas do jogo de futebol. Essa organização advém de seu respeito coerente às teorias piagetianas que sustentam a obra, pois Freire sugere que, para os inciantes de 6-7 anos, o professor deve destinar mais tempo a pequenos jogos conceituais que permitam desenvolver o que ele denomina de habilidades específicas individuais, que seriam a condução e o controle da bola (neste trabalho, analogamente, denominamos de conceitos).

Freire prioriza essas habilidades pelo fato de poderem ser estimuladas por meio de jogos menores ou até solitários, como, por exemplo, o jogo de embaixadas (controle da bola) e o pequeno jogo adaptado de siga o mestre com a bola nos pés (desenvolvimento da condução como competência geral).

Por fim, a competência essencial da estruturação do espaço se preocuparia com a organização de jogos que permitissem, ao longo do tempo: dominar o espaço de um quarto do campo de futebol; dominar o espaço da trave de 3x2 metros (trave de futsal).

Para o desenvolvimento dessa competência essencial, transita-se das competências gerais para as específicas, nas quais se inicia o processo de construção da lógica tática específica do jogo de futebol. Até então, a preocupação não paira sobre a lógica específica do jogo de futebol, mas, sim, sobre a lógica tática de jogos pequenos, médios e grandes para o desenvolvimento, por exemplo, dos conceitos (habilidades técnicas e táticas, entre outros) exigidos pelo futebol e também de todos os outros jogos, diferentes e semelhantes, pertecentes à grande família dos jogos de bola com os pés.

Voltando ao final do tópico deste capítulo intitulado "As competências essenciais do jogo de futebol", em que explico a distribuição das porcentagens de estímulos para as competências gerais, específicas e contextuais, quantificando a periodização de jogo, ou melhor, o planejamento para a iniciação, trabalhar a competência essencial da estruturação do espaço, nesse particular, representaria os 15% do desenvolvimento das competências essenciais na forma de competência específica (a lógica de um pequeno jogo formal de futebol, ou seja, um *jogo específico*).

Os conteúdos sobre futebol que as crianças de 8-9 anos devem aprender

Escrevi sobre o conceito de currículo e sua importância para o estabelecimento das diretrizes pedagógicas de uma escola de futebol. Depois, discorri sobre as competências do jogo, abordando as competências essenciais que se manifestam na forma de competências gerais, específicas e contextuais.

Na última etapa, a preocupação voltou-se à matriz curricular dos iniciantes de 6-7 anos no aprendizado do jogo de futebol. Neste tópico, quero dar sequência ao raciocínio e abordar os conteúdos (conceitos) que as crianças de 8-9 anos devem aprender numa escola de futebol.

Antes, preciso reforçar o conceito de competências essenciais, pois todo o processo, da iniciação à especialização, vai se pautar nessas competências para estabelecer e organizar toda a matriz curricular e os saberes necessários à formação do jogador inteligente (o perfil do egresso desejado).

As competências essenciais (estruturação do espaço, comunicação na ação e relação com a bola) não podem ser pensadas apenas como partes do jogo, é preciso compreendê-las com base em suas inter-relações.

Figura 1: As competências essenciais presentes em todos os jogos coletivos com bola

Quadro 6: As matrizes de jogos para o ensino do futebol (e demais jogos coletivos)

Jogos conceituais	São jogos cujas referências estruturais (bola, alvo e tamanho do campo) e funcionais (cumprimento da lógica do jogo) não respeitam fielmente a lógica do futebol, mas, sim, a manipulação da bola com os pés, logo, os conteúdos evidenciados no processo de organização são diversificados, gerando a manifestação de inúmeras ações conceituais presentes em todos os jogos coletivos, principalmente nos que manipulam a bola com os pés. Exemplos: bobinho, rebatida, passa 10 etc.
Jogos conceituais em ambiente específico	São jogos cujas referências estruturais obedecem àquelas do jogo de futebol (tamanho do campo, presença de gols a atacar e defender e uma bola em jogo). Nelas, conceitos conhecidos, desenvolvidos e reforçados em jogos conceituais serão postos em um ambiente formal, com a finalidade de aplicá-los numa estrutura espacial que se assemelhe ao jogo de futebol. Contudo, ainda há variação em relação ao cumprimento da lógica formal do futebol (a referência funcional é adaptada segundo o conceito trabalhado), pois o processo sistêmico de organização engendrará ações diferentes das especificamente exigidas no jogo de futebol para a obtenção das formas de pontuação provenientes das modificações das regras. Exemplos: jogo de dois toques, futebol alemão etc.
Jogos específicos	São jogos cujas referências estruturais e funcionais são mantidas intactas em relação à lógica do jogo de futebol. Assim, assemelham-se a jogos formais de futebol cujos conceitos desenvolvidos fazem parte de um modelo de jogo (que envolve plataforma de jogo e meios táticos, entre outros) previamente definido. Exemplos: coletivo formal, jogo de confronto de plataformas táticas etc.
Jogos contextuais	São jogos específicos, que guardam relações diretas com a competição formal, ou seja, devem-se manter as referências estruturais exigidas pela competição, como, por exemplo, tempo de duração do jogo, tamanho do campo, número de jogadores, substituições etc. Também, na medida do possível, devem-se manter as estruturas funcionais (ligadas à lógica do jogo), acrescidas (ou incrementadas) dos desafios emocionais presentes na competição formal. Assim, os jogos amistosos e os jogos oficiais são todos jogos contextuais, e devem ser entendidos como conteúdos que necessitam fazer parte do planejamento, pois a competição (na forma de jogos contextuais) é um conteúdo a ser ensinado a todos os alunos na iniciação (GOMES; SCAGLIA, 2005; REVERDITO; SCAGLIA; MONTAGNER, 2012).

É possível observar na Figura 1 que as competências essenciais nunca acontecem, nem devem ser provocadas, isoladamente, porque toda a metodologia é pensada por meio de jogos pequenos, médios e grandes, ou melhor, ela se materializa nas matrizes de jogos conceituais, jogos conceituais em ambiente específico, jogos específicos e jogos contextuais (Quadro 6).

Portanto, os saberes (conceitos/conteúdos) básicos necessários às crianças de 8-9 anos, desenvolvidos nas diferentes matrizes de jogos, seriam os descritos no Quadro 7.

Quadro 7: Conteúdos curriculares para o ensino do futebol para crianças de 8-9 anos

Conteúdos curriculares para 8-9 anos	
Comunicação na ação	– Aprender a modificar as regras (na etapa anterior, aprendeu-se a importância da regra; agora, é momento de manipulá-la, para dar início ao estímulo à autonomia, mesmo vivendo a heteronomia). – Adaptar as regras das brincadeiras para aprender futebol (explorar jogos da cultura popular e adaptá-los às aprendizagens do futebol, ou melhor, de jogos de bola com os pés, como, por exemplo, a adaptação de jogos como pique bandeira, zerinho, mãe da rua, polícia e ladrão, queimada, base 4). – Dar início à compreensão do processo organizacional sistêmico dos jogos (a competência interpretativa, ou seja, os jogadores, já nessa idade, devem ser estimulados a compreender a lógica de cada jogo, desde um pega-pega a um pequeno jogo de futebol em campo de dimensão reduzida)
Estruturação do espaço	– Dominar o espaço de 1/4 do campo, transitando para 1/2 campo. As traves: 5x2 metros (as crianças cresceram, as traves devem crescer, para continuar a possibilitar os estímulos avançados e necessários à aprendizagem de chutes e defesas do goleiro). – Dar início à noção da existência de três zonas no campo: meio-campo, ataque e defesa (ainda não se está falando em posicionamento de jogo, ou seja, as crianças precisam, com a ajuda do professor, transitar do jogo anárquico – "enxame de abelhas", onde está a bola estão todos os jogadores – para o jogo descentrado – que não depende apenas de correr para cima da bola).
Relação com a bola	– Dominar de maneira eficaz habilidades/fundamentos básicos (chute, condução, drible, passe, controle de bola). – Ampliar o acervo de respostas para as exigências dos jogos de bola com os pés (trazer muitos problemas práticos para os jogadores responderem – estou me referindo a jogos com variações cada vez mais complexas, porém, dentro da zona proximal de desenvolvimento). – Continuar a brincar muito de jogos de bola com os pés, especialmente os que explorem as habilidades de drible e chute.

O que os ambientes de ensino do futebol devem ensinar às crianças de 10-11 anos

Para finalizar o capítulo, a discussão e a apresentação sobre o currículo de formação na iniciação ao futebol, é necessário, para não dizer imprescindível, que as escolas de futebol organizem e sistematizem todo o processo de iniciação.

Não se pode chamar de escola se não tem, por exemplo:

- professores com boa formação e remuneração;
- estruturas físicas as mais adequadas possíveis;
- materiais de boa qualidade e em quantidade suficiente para o desenvolvimento do projeto;
- materiais de apoio pedagógico (que podem ser disponibilizados nos *sites* das escolas e/ou nos *blogs* dos professores, por exemplo);
- planejamentos semanais, mensais e anuais;
- reuniões pedagógicas semanais;
- acompanhamento da aprendizagem dos alunos (por meio de fichas e outros instrumentos possíveis, que possam caracterizar e efetivar uma avaliação);
- reuniões periódicas com os pais;
- uma coordenação pedagógica responsável pela organização, pelo controle e pelo acompanhamento da aprendizagem ao longo do processo;
- um projeto pedagógico que determine as diretrizes, os princípios e as condutas pedagógicas dos professores, para que eles saibam aonde devem chegar e o que ensinar para cada uma das idades.

Como ressaltei em tópicos anteriores, entendo, conjuntamente com as novas tendências teóricas em pedagogia do esporte (SCAGLIA, 2012), que as competências essenciais devem ser entendidas como estruturação do espaço, comunicação na ação e relação com a bola.

A interpretação da lógica do jogo é condição imprescindível para a construção de conhecimentos que levem os alunos a ficarem mais inteligentes, de corpo inteiro no jogo, pois, no momento em que todos conseguirem ler a lógica do jogo, as ações coletivas serão muito mais eficazes e eficientes no médio e no longo prazos.

A relação com a bola é mais fácil de entender, porém, está distante da interpretação da construção da relação com a bola pela metodologia tecnicista. Ela precisa ser explorada e desenvolvida sempre em contexto de jogo, ou seja, desenvolver os conceitos técnicos baseada nas matrizes de jogo já explicitadas.

Desse modo, os conteúdos que as crianças de 10-11 anos devem aprender, segundo a matriz curricular que assumimos para o processo de iniciação ao futebol, são os descritos no Quadro 8.

Quadro 8: Conteúdos curriculares para o ensino do futebol para crianças de 10-11 anos

Conteúdos curriculares para 10-11 anos	
Estruturação do espaço	– Dominar o espaço de 1/4 do campo, transitando para um espaço maior (um pouco menor que o campo oficial – sugestão de campo de grande área a grande área, mantendo a largura oficial). – Dominar e explorar traves de tamanho próximo a 6x2 metros (ou seja, um pouco menores que a oficial).
Comunicação na ação	– Aperfeiçoar as respectivas competências interpretativas dos alunos (tomada de consciência das ações desenvolvidas no jogo). – Ficar mais tempo na zona do campo que mais agrada (meio-campo, defesa ou ataque, entendendo zona não como as posições clássicas dos jogadores nas plataformas táticas básicas). – Continuar o processo de compreensão da organização sistêmica dos jogos (a lógica do jogo, mais estimulada em jogos médios e grandes). – Compreender a lógica tática da defesa, do meio-campo e do ataque. – Enfatizar as formas adaptadas de jogo (segunda parte da aula, ver tópico que aborda a organização das aulas nas escolinhas de futebol).
Relação com a bola	– Preocupar-se mais com o aperfeiçoamento das habilidades específicas (evoluir do gesto eficaz, para deixá-lo mais eficiente) básicas: passe, chute, controle, condução e drible/desarme. – Explorar as habilidades derivadas, como lançamento, cruzamento, cobrança de falta, cobrança de pênalti e escanteio.

Esse seria o currículo a ser desenvolvido para crianças que se encontrem no nível básico das escolinhas de futebol. Logo, a preocupação não é com a especialização, mas, sim, com os conhecimentos básicos sobre o jogo de futebol.

Vale ainda destacar que os conteúdos atitudinais (relativos às atitudes, aos comportamentos e valores) não podem ser esquecidos, e devem ser preocupação constante dos professores em suas condutas pedagógicas, atendendo especificamente ao princípio de ensinar mais de futebol a todos, descrito em Freire (2003).

O conteúdo a ser ensinado às crianças de 12-13 anos na última etapa da iniciação ao futebol

Penso que a última etapa do processo de iniciação ao futebol é um período de transição. Não a entendo como transição do processo de iniciação para o de especialização, mas, sim, como término de um currículo que culmina em duas opções de trânsito.

Por analogia, entendo que esse período é similar ao ensino médio da educação básica, pois, ao chegar ao seu final, depois de conhecer uma gama de conteúdos sistematizados, opta-se por uma das inúmeras possibilidades de formação superior. Por exemplo, pensando na matemática (valendo-me de um exemplo dado pelo professor Roberto Rodrigues Paes, em meu primeiro ano de faculdade), na antiga primeira série, aprendemos adição e subtração, para, depois, compreender, na segunda, a multiplicação e a divisão. Na terceira série, aprendemos fração, e assim sucessivamente, passando pela potenciação e pelas equações, até chegar à trigonometria no ensino médio.

Vale destacar que, com esse exemplo, não quero falar em linearidade, pois o mesmo princípio da adição na primeira série é o que aparece na trigonometria, porém, o grau de complexidade e os contextos de aplicação são muito diferentes.

O mesmo acontece no currículo de iniciação, com que eu gostaria de finalizar este tópico, pois não estou falando em primeiro aprender a passar a bola, para depois driblar e só depois jogar. Quero mostrar que todos os conceitos (técnicos, táticos, físicos e emocionais – habilidades –, agrupados com base nas competências essenciais), com suas respectivas contextualizações lógicas, presentes no jogo, são aprendidos ao mesmo tempo em que se aprende a jogar futebol. Isso acontece pelo grau de complexidade que os jogos pequenos, médios e grandes (que se configuram nas matrizes de jogo) vão ganhando com o avançar dos anos no processo de iniciação e também depois, no de especialização. Logo, o passe dos jogos pequenos e grande da turma de sete anos é conceitualmente o mesmo do futebol oficial (jogo/esporte futebol), porém, este (o passe) ganha muito em complexidade.

Assim, continuando a analogia com a educação básica, no final do ensino médio, cada aluno decide o que fará com tudo o que aprendeu ao longo dos vários anos escolares. Alguns vão para a universidade fazer, por exemplo, um curso na área de exatas (se gostarem de cálculos), na área de humanas ou mesmo na área biológica. Outros optam por um curso profissionalizante. Outros, ainda, por não continuar estudando.

Por que enfatizo tanto isso, nesse momento de diplomação dos alunos concluintes? Simplesmente para que todos entendam, de uma vez por todas, que a iniciação não tem por fim último ser um funil por onde, ao final do processo, só passam alguns selecionados. A iniciação tem um currículo com conhecimentos básicos de futebol para todos (como acontece na aula de matématica básica – todos se formam), do começo ao fim.

Depois dessa importante consideração, quero descrever, no Quadro 9, os conteúdos que complementariam a formação básica (inicial) dos alunos que adentraram no processo de iniciação.

É exatamente a preparação para essa transição que afirmo acontecer nessa fase, pois alguns irão para a "universidade da bola", tentar se especializar e profissionalizar no futebol. Outros, porém, podem optar por continuar a jogar (até competindo), mas sem o objetivo de se profissionalizar, continuando a ter prazer em jogar futebol com outros amigos, valendo-se dos conhecimentos básicos adquiridos, envoltos pelos preceitos do esporte educacional, melhorando sua qualidade de vida na atividade física esportivizada.

Quadro 9: Conteúdos curriculares para o ensino do futebol para crianças de 12-13 anos

Conteúdos curriculares para 12-13 anos	
Estruturação do espaço	– Dominar o espaço do campo oficial. – Estruturar o espaço com a utilização da regra de impedimento. – Jogar com a trave oficial.
Comunicação na ação (ênfase maior desta etapa)	– Dominar as regras oficiais. – Compreender a lógica do jogo de futebol com a regra do impedimento e, ao mesmo tempo, o jogo coletivo. – Reconhecer a necessidade e os porquês da existência das plataformas táticas. – Vivenciar as diversas posições táticas do jogo (do goleiro ao ponta-esquerda, passando pelo suplente). – Conhecer e reconhecer, na prática, as plataformas táticas (estratégias) básicas (4-3-3; 3-5-2; 4-4-2). – Compreender a função que cada jogador deve desempenhar ao jogar em certa posição numa determinada plataforma. – Aperfeiçoar a compreensão da lógica do processo organizacional sistêmico do jogo de futebol, ampliando as respectivas competências interpretativas, para que fique cada vez mais clara a necessidade de mudar ações táticas (meios táticos) e até plataformas, em razão do contexto (situação) do jogo.
Relação com a bola	– Aperfeiçoar ainda mais as habilidades específicas básicas e derivadas, sempre no contexto do jogo, tornando-as cada vez mais eficientes. – Iniciar a preocupação com as noções do condicionamento físico, porém, sempre com bola e respeitando as especificidades do jogo de futebol.

Referências bibliográficas

ALVES, R. *Livro sem fim*. São Paulo: Loyola, 2002.

_______. *Variações sobre o prazer: Santo Agostinho, Nietzsche, Marx e Babette*. São Paulo: Planeta do Brasil, 2011.

ATLAN, H. *Com razão ou sem ela*. Trad. Fátima Leal Gaspar e Carlos Gaspar. Lisboa: Instituto Piaget, 1994.

_______. *O livro do conhecimento*. Trad. Maria L. Figueiredo. Lisboa: Instituto Piaget, 1999.

BAYER, C. *O ensino dos desportos coletivos*. Trad. Machado da Costa. Lisboa: Dina, 1994.

BATESON, G. *Mente e natureza: A unidade necessária*. Trad. Claudia Gerpe. Rio de Janeiro: Francisco Alves, 1986.

______. *Steps to an ecology of mind*. Chicago: The University of Chicago Press, 1999.

BRONFENBRENNER, U. *A ecologia do desenvolvimento humano: Experimentos naturais e planejados*. Trad. Maria Adriana Veríssimo Veronese. Porto Alegre: Artmed, 1996.

______. *Making human beings human: Bioecological perspectives on human development*. Thousand Oaks: Sage, 2004.

BROUGÈRE, G. *Brinquedo e cultura*. Trad. Gisela Wajskop. 2ª ed. São Paulo: Cortez, 1997.

______. "A criança e a cultura lúdica". Trad. Ivone Mantoanelli. *In*: KISHIMOTO, T.M. (org.). *O brincar e suas teorias*. São Paulo: Pioneira, 1998a, p. 19-32.

______. *O jogo e a educação*. Trad. Patricia Chittoni Ramos. Porto Alegre: Artes Médicas, 1998b.

CAILLOIS, R. *Os jogos e os homens*. Trad. José Garcez Palha. Lisboa: Cotovia, 1990.

CAPRA, F. *O ponto de mutação*. Trad. Álvaro Cabral. Rev. téc. Newton Roberval Eichemberg. 22ª ed. São Paulo: Cultrix, 2001.

DAOLIO, J. *Cultura, educação física e futebol*. Campinas: Unicamp, 1997.

______. *Futebol, cultura e sociedade*. Campinas: Autores Associados, 2005.

ELKONIN, D. *Psicologia do jogo*. Trad. Álvaro Cabral. São Paulo: Martins Fontes, 1998.

FONSECA, H.; GARGANTA, J. *Futebol de rua: Jogo espontâneo e prática deliberada*. Lisboa: Visão e Contextos, 2006.

FREIRE, J.B. *De corpo e alma*. São Paulo: Summus, 1991.

______. *Jogo: Entre o riso e o choro*. Campinas: Autores Associados, 2002.

______. *Pedagogia do futebol*. Campinas: Autores Associados, 2003.

FREIRE, J.B.; VENÂNCIO, S. *O jogo dentro e fora da escola*. Campinas: Autores Associados, 2005.

FREIRE, J.B. *et al*. *Manual Euroamérica*. Campinas: Escola Superior de Futebol Euroamérica, 1998.

FRONTIER, S. *Os ecossistemas*. Trad. Isabel Andrade. Lisboa: Instituto Piaget, 2001.

GARCIA, R. *O conhecimento em construção: Das formulações de Jean Piaget à teoria de sistemas complexos*. Porto Alegre: Artmed, 2002.

GARGANTA, J. "Para uma teoria dos jogos coletivos desportivos". *In*: GRAÇA, A.; OLIVEIRA, J. (orgs.). *O ensino dos jogos desportivos*. 2ª ed. Porto: Faculdade de Ciências do Desporto e da Educação Física da Universidade do Porto, 1995, p. 11-25.

GARGANTA, J.; PINTO, J. "O ensino do futebol". *In*: GRAÇA, A.; OLIVEIRA, J. (orgs.). *O ensino dos jogos desportivos*. 2ª ed. Porto: Faculdade de Ciências do Desporto e da Educação Física da Universidade do Porto, 1995, p. 95-135.

GEERTZ, C. *A interpretação das culturas*. Trad. Fanny Wrobel. Rio de Janeiro: LTC, 1989.

GOMES, M.; SCAGLIA, A.J. "O jogo e a competição: Investigações preliminares". *In*: FREIRE, J.B.; VENÂNCIO, S. (orgs.). *O jogo dentro e fora da escola*. Campinas: Autores Associados, 2005, p. 139-155.

GRAÇA, A. "Os comos e os quandos no ensino dos jogos". *In*: GRAÇA, A.; OLIVEIRA, J. (orgs.). *O ensino dos jogos desportivos*. 2ª ed. Porto: Faculdade de Ciências do Desporto e da Educação Física da Universidade do Porto, 1995, p. 27-34.

GRECO, P.J. (org.). *Iniciação esportiva universal: Metodologia da iniciação esportiva na escola e no clube*. Belo Horizonte: Ed. da UFMG, 1998.

GRECO, P.J.; BENDA, R.N. *Iniciação esportiva universal: Da aprendizagem motora ao treinamento técnico*. Belo Horizonte: Ed. da UFMG, 2007.

HUIZINGA, J. *Homo ludens: O jogo como elemento da cultura*. Trad. João Paulo Monteiro. 4ª ed. São Paulo: Perspectiva, 1999.

KREBS, R.J. *Teoria dos sistemas ecológicos: Um paradigma para o desenvolvimento infantil*. Santa Maria: Universidade Federal de Santa Maria, 1997.

______. "Desenvolvimento infantil: A ecologia dos processos desenvolvimentais". *In*: KREBS, R.J. *et al*. *Desenvolvimento infantil em contexto*. Florianópolis: Udesc, 2001, p. 33-45.

______. "Jogo e projeto: Irredutíveis, complementares e indissociáveis". *In*: ARANTES, V. (org.) *Jogo e projeto*. São Paulo: Summus, 2006, p. 15-48.

KUHN, T.S. *A estrutura das revoluções científicas*. Trad. Beatriz Vianna Boeira e Nelson Boeira. 7ª ed. São Paulo: Perspectiva, 2003.

LA TAILLE, Y. de; OLIVEIRA, M.K.; DANTAS, H. *Piaget, Vygotsky e Wallon: Teorias psicogenéticas em discussão.* 11ª ed. São Paulo: Summus, 1992.

LEONARDO, L.; SCAGLIA, A.J.; REVERDITO, R.S. "O ensino dos esportes coletivos: Metodologia pautada na família dos jogos". *Motriz*, Rio Claro, v. 15, n. 2, p. 236-246, 2009.

LOBATO, M. *Literatura do minarete.* São Paulo: Globo, 2008.

MACEDO, L. *Ensaios construtivistas.* São Paulo: Casa do Psicólogo, 1994.

______. *Ensaios pedagógicos.* Porto Alegre: Artmed, 2005.

______. "Jogo e projeto: Irredutíveis, complementares e indissociáveis". *In:* ARANTES, V. (org.). *Jogo e projeto.* São Paulo: Summus, 2006.

______. (org.). *Jogos, psicologia e educação.* São Paulo: Casa do Psicólogo, 2009.

MARIO FILHO. *O negro no futebol brasileiro.* 4ª ed. Rio de Janeiro: Mauad, 2003.

MAUSS, M. *Sociologia e antropologia.* Trad. Paulo Neves. São Paulo: Cosac Naify, 2003.

MIZUKAMI, M.G.N. *Ensino: As abordagens do processo.* São Paulo: EPU, 1986.

MOREIRA, M.A. *Teorias de aprendizagem.* São Paulo: EPU, 1999.

MORIN, E. *O método II: A vida da vida.* Trad. Marina Lobo. Porto Alegre: Sulina, 2001.

______. *O método I: A natureza da natureza.* Trad. Ilana Heineberg. Porto Alegre: Sulina, 2002.

MORIN, E.; LE MOIGNE, J.L. *Inteligência da complexidade.* Trad. Nurimar Maria Falci. 2ª ed. São Paulo: Peirópolis, 2000.

______. *Inteligência da complexidade: Epistemologia e pragmática.* Trad. João Duarte. Lisboa: Instituto Piaget, 2007.

NISTA-PICOLLO, V.L. (org.). *Pedagogia dos esportes.* Campinas: Papirus, 1999.

OLIVEIRA, M.K. *Vygotsky: Aprendizado e desenvolvimento.* São Paulo: Scipione, 2001.

OSLIN, J.L. *Tactical approaches to teaching games. Joperd*, Reston, v. 67, n. 1, p. 45-57, 1996.

PAES, R.R. "A pedagogia do esporte e os jogos coletivos". *In*: ROSE JR., D. (org.). *Esporte e atividade física na infância e na adolescência: Uma abordagem multidisciplinar*. Porto Alegre: Artmed, 2002, p. 89-98.

PIAGET, J.A. *Equilibração das estruturas cognitivas*. Trad. Marion Merlone dos Santos Penna. Rio de Janeiro: Zahar, 1976.

______. *Fazer e compreender*. Trad. Laurroudé de Paula Leite. São Paulo: Melhoramentos, 1978.

______. *A formação do símbolo na criança*. Trad. Álvaro Cabral e Christiano Monteiro Oiticica. 3ª ed. Rio de Janeiro: LTC, 1990a.

______. *Epistemologia genética*. Trad. Álvaro Cabral. São Paulo: Martins Fontes, 1990b.

______. *O juízo moral na criança*. Trad. Elzon Lenardon. 2ª ed. São Paulo: Summus, 1994.

______. *Seis estudos de psicologia*. Trad. Maria Alice Magalhães D'Amorim e Paulo Sérgio Lima Silva. 24ª ed. São Paulo: Forense Universitária, 2001.

REIS, H.H.B. "Lazer e esporte: A espetacularização do futebol". *In*: BRUHNS, H.T. (org.). *Temas sobre lazer*. Campinas: Autores Associados, 2000, p. 131-143.

______. *Futebol e violência*. Campinas: Autores Associados, 2006.

REVERDITO, R.S. "Jogo e desenvolvimento: Estudo com crianças de 05 a 06 anos em uma escola privada de Hortolândia-SP". Dissertação de mestrado em Educação Física. Piracicaba, 2011. Faculdade de Ciências da Saúde, Universidade Metodista de Piracicaba.

REVERDITO, R.; SCAGLIA, A.J. "A gestão do processo organizacional do jogo: Uma proposta metodológica para o ensino dos jogos coletivos". *Motriz*, Rio Claro, v. 13, n. 1, p. 51-63, 2007.

______. *Pedagogia do esporte: Jogos coletivos de invasão*. São Paulo: Phorte, 2009.

REVERDITO, R.; SCAGLIA, A.J.; PAES, R.R. "Pedagogia do esporte: Panorama e análise conceitual das principais abordagens". *Motriz*, Rio Claro, v. 15, n. 3, p. 600-610, 2009.

REVERDITO, R.S.; SCAGLIA, A.J.; MONTAGNER, P.C. *Pedagogia do esporte: Aspectos conceituais da competição e estudos aplicados*. São Paulo: Phorte, 2012.

RODRIGUES, N. *À sombra das chuteiras imortais: Crônicas de futebol*. São Paulo: Companhia das Letras, 1993.

______. *A pátria em chuteiras: Novas crônicas de futebol*. São Paulo: Companhia das Letras, 1994.

ROSE JR., D. *Modalidades esportivas coletivas*. Rio de Janeiro: Guanabara Koogan, 2006.

SACRISTÁN, J.G. *O currículo*. Trad. Ernani F. da Fonseca Rosa. 3ª ed. Porto Alegre: Artmed, 2000.

______. *Educar por competências*. Trad. Carlos Enrique Lucas Lima. Porto Alegre: Artmed, 2010.

SANTANA, W.C. *Futsal: Metodologia da participação*. Londrina: Lido, 2001.

______. *Futsal: Apontamentos pedagógicos na iniciação e na especialização*. Campinas: Autores Associados, 2004.

SANTOS, B.S. *Conhecimento prudente para uma vida decente: Um discurso sobre a ciência revisado*. São Paulo: Cortez, 2004.

______. *Um discurso sobre o método*. 4ª ed. São Paulo: Cortez, 2006.

SCAGLIA, A.J. "Escola de esportes: Uma questão pedagógica". Trabalho de conclusão de curso de bacharelado em Treinamento em Esportes. Campinas, 1995. Faculdade de Educação Física, Universidade Estadual de Campinas.

______. "Escolinha de futebol: Uma questão pedagógica". *Motriz*, Rio Claro, vol. 2, n. 1, p. 36-42, 1996.

______. "O futebol que se aprende e o futebol que se ensina". Dissertação de mestrado em Educação Física. Campinas, 1999a. Faculdade de Educação Física, Universidade Estadual de Campinas.

______. "Escola de futebol: Uma prática pedagógica". *In*: NISTA-PICCOLO, V.L. (org.). *Pedagogia dos esportes*. Campinas: Papirus, 1999b, p. 55-78.

______. "O futebol e os jogos/brincadeiras de bola com os pés: Todos semelhantes, todos diferentes". Tese de doutorado em Educação Física. Campinas, 2003. Faculdade de Educação Física. Universidade Estadual de Campinas.

______. "O futebol e os jogos/brincadeiras de bola com os pés: Todos semelhantes, todos diferentes". *In*: FREIRE, J.B.; VENÂNCIO, S. (orgs.). *O jogo dentro e fora da escola*. Campinas: Autores Associados, 2005a, p. 115-138.

______. "Jogo: Um sistema complexo". *In*: FREIRE, J.B.; VENÂNCIO, S. (orgs.). *O jogo dentro e fora da escola*. Campinas: Autores Associados, 2005b, p. 37-69.

______. *O futebol e as brincadeiras de bola*. São Paulo: Phorte, 2011.

______. *As novas tendências em pedagogia do esporte*. São Paulo: Sesc, 2012.

SCAGLIA, A.J.; MEDINA, J.P.S. "Conhecimento e futebol: As bases para sua compreensão em uma perspectiva inter e transdisciplinar". *In*: BRANDÃO, M.R.F. *et al*. (orgs.). *Futebol, psicologia e a produção do conhecimento*. Jundiaí: Atheneu, 2008, p. 1-17.

SCAGLIA, A.J.; SOUZA, A. "Pedagogia do esporte". *In*: COMISSÃO DE ESPECIALISTAS – ME. *Dimensões pedagógicas do esporte*. Brasília: UnB/Cad, 2004.

TANI, G.; BENTO, J.O.; PETERSEN, R.D.S. *Pedagogia do desporto*. Rio de Janeiro: Guanabara Koogan, 2006.

VYGOTSKY, L.S. *O desenvolvimento psicológico na infância*. Trad. Cláudia Berliner. São Paulo: Martins Fontes, 1999.

______. *A formação social da mente*. Trad. José Cipolla Neto, Luís Silveira Menna Barreto e Solange Castro. 6ª ed. São Paulo: Martins Fontes, 2000.

2
ENSINANDO HANDEBOL E CONSTRUINDO O CONHECIMENTO PARA A VIDA: RELATOS DE UMA EXPERIÊNCIA

Raquel Stoilov Pereira

> *Esses eternos aprendizes, de tanto aprender, acabaram virando ensinadores, chamados hoje de professores, como esses que acabaram de escrever* Pedagogia dos esportes; *são professores que ensinam a aprender. Pouco preocupados com a transmissão de conteúdos, querem que seus alunos aprendam a arte de aprender e, talvez um dia, de ensinar.*
>
> Freire 1999, p. 8.

Introdução

Antes de iniciar as proposições específicas acerca do handebol, parece interessante definir o que deve contemplar um estudo sobre a pedagogia de uma modalidade esportiva, visando facilitar o entendimento do leitor do que será apresentado.

Para Santana (2002), a pedagogia do esporte não pode ser compreendida apenas como o momento da iniciação esportiva de uma criança; ela é também um rico processo que envolve, direta ou indiretamente, diferentes elementos da vida (família, docentes, amigos), bem como a relação com os aspectos que permeiam o esporte (mídia, ídolos do esporte). Dessa forma, o autor entende que a pedagogia do esporte é:

> (...) um período relevante para se desenvolver as capacidades motoras, para aprender as habilidades técnicas e táticas, para aprender a cooperar, para construir autonomia, para aprender a gostar de esporte, para aprender uma cultura de lazer esportivo, para aprender a competir, a socializar conhecimentos, a dialogar, a socializar-se, a motivar-se, para se fomentar a autoestima, (...) Portanto, a ideia (*sic*)

> simplista, tão presente em grande parte dos programas de iniciação esportiva e na mentalidade dos agentes que interagem nesse período, de que se deve especializar precocemente, se buscar exclusivamente os talentos e se competir excessivamente não deve ser mais sustentada. (SANTANA, 2002, p. 1)

Por todas essas razões, como autora deste capítulo, tenho a intenção de relatar experiências e situações vividas com o handebol. A ideia é que essa contribuição, permeada de reflexões, subsídios teóricos e propostas de atividades, possa ser um caminho para a compreensão de algo maior, que é o ensino do esporte, que envolve o entendimento acerca da importância que o professor tem na vida do aluno ou atleta, assim como, de que o ato de planejar determinadas ações pedagógicas é fundamental.

A tarefa mais relevante deste capítulo não é indicar ao professor o que deve ser ensinado primeiro nessa modalidade, se o passe ou o arremesso, pois, para isso, seria necessário conhecer os alunos e saber do que precisam, o que querem ou, ainda, se estão prontos para aprender. Essa afirmação vai ao encontro das ideias de Pimenta e Anastasiou (2002), que apontam que o método de ensino, ou seja, a forma como se ensina, depende de algumas variáveis: das concepções de mundo, de homem e de sociedade (de professores e alunos); do conhecimento por eles adquirido e dos meios de que se dispõe para ensinar. Não há fórmulas prontas de ensinar, mas um professor pode observar, analisar, pesquisar e adquirir a capacidade de adaptar o ensino de determinado conteúdo às necessidades de seus alunos e, é claro, isso pode acontecer em qualquer ambiente de aprendizagem de uma modalidade esportiva no espaço em que se está inserido (clube, escola, escolinha de esporte).

Assim, este capítulo baseia-se nas descrições de um professor sobre experiências docentes que ultrapassaram a relação entre professor e aluno. Não se trata de uma receita pronta, que deva ser aplicada, sem compreensão, questionamento ou transformação, mas apenas do relato de uma situação vivida, que transpôs a ação de ensino e aprendizagem, ou seja, a docência que atingiu, especialmente, uma relação de amizade, respeito, companheirismo, empenho e amor, elementos essenciais e primordiais em qualquer relação pedagógica de sucesso.

Um relato de experiência

Como tudo começou

Quando eu cursava a graduação em educação física, surgiu uma oportunidade de estágio num projeto social patrocinado por uma empresa privada, cuja ideia era diminuir o tempo ocioso das crianças na rua e aproximar a comunidade da escola. Como estratégia, a escola precisava escolher uma modalidade esportiva, musical ou cênica, e a empresa patrocinaria o profissional que lá fosse atuar, bem como todo o material necessário para o desenvolvimento das aulas. Assim, ainda que a atividade ocorresse no espaço da escola, não se tratava especificamente de aulas de educação física escolar, visto que a prática das atividades se realizaria em turno diferente do que estudavam os alunos.

Interessei-me de imediato pela oportunidade, por duas fortes razões: em primeiro lugar, porque uma das modalidades esportivas oferecidas pelo projeto era o handebol, esporte que pratiquei por dez anos na escola e em clubes; em segundo, porque teria a oportunidade de atuar diretamente com crianças, o que auxiliaria na minha formação profissional.

Para a seleção desse profissional, foram realizadas duas provas: uma teórica, com questões sobre as características da modalidade, e outra prática, que pretendia aferir o conhecimento dos fundamentos específicos do esporte, bem como a criação de situações de aprendizagem com base em situações-problema, além de uma dinâmica de grupo.

Fui aprovada e me informaram que as atividades seriam desenvolvidas numa escola localizada na Freguesia do Ó, zona norte da cidade de São Paulo, a 30 km de onde eu residia.

Após uma visita à escola para reconhecimento do local, fui recebida pela professora de educação física (a quem, neste capítulo, chamaremos pelo nome fictício de Maria), que acompanharia minhas atividades durante o estágio. Tivemos uma longa conversa e percebi que teria algumas dificuldades pela frente.

O handebol que aprendi e vivenciei com mais intensidade no clube teria que ser desenvolvido no ambiente escolar. A escola era muito grande. As aulas ocorriam em quatro turnos: matutino, intermediário, vespertino e noturno. Havia um histórico de tráfico de drogas e violência, principalmente no vespertino e no noturno. A sala onde ficavam os materiais de educação física era arrombada com frequência e os materiais eram furtados. Por mais que a escola os repusesse, o que não ocorria com frequência, sempre havia falta de material. Outro problema era a disponibilidade ou indisponibilidade de espaço para o desenvolvimento das aulas. Como existia apenas uma quadra esportiva e havia muitos alunos, as aulas de educação física ocupavam todos os horários disponíveis. Não havia nenhuma disponibilidade nos períodos matutino e vespertino. Por sua vez, as noites estavam livres, mas não havia condições de ministrar aula nesse período, porque a quadra não tinha iluminação e ficava fechada (apesar de os alunos pularem as grades para jogar bola e/ou adotarem posturas nada educativas, como o uso de drogas). Finalmente, encontramos um horário disponível: às segundas-feiras, das 7 h às 10 h.

Esse horário poderia trazer dificuldades para conquistar alunos para as aulas de handebol. Como professora responsável, eu deveria enviar mensalmente ao coordenador do projeto todas as atividades desenvolvidas nas aulas, acompanhadas da frequência das crianças. Caso elas não participassem, a parceria com a escola seria desfeita e eu seria transferida para outra instituição. Além disso, como o projeto precisava ocorrer fora do horário de aula das crianças, eu contaria apenas com a participação dos alunos que estudassem no período vespertino (Ensino Fundamental) e noturno (Ensino Médio), ou seja, justamente aqueles que, segundo relatos de professores, coordenadores e diretor, mais "causavam problemas" na escola.

Conversando com a professora Maria, os coordenadores e o diretor da escola, todos solicitaram que dirigíssemos as aulas para os alunos do período vespertino, pois entendiam que poucos alunos do noturno compareceriam às segundas-feiras, logo às sete da manhã na escola, para participar de aulas de handebol.

Se pensarmos essa questão numa aula de educação física, não haveria problema, em razão da obrigatoriedade de participação, e o professor poderia contar com todos os alunos da turma. No caso de uma experiência como essa ocorrer fora do ambiente escolar, como, por exemplo, numa escolinha de iniciação esportiva, o critério seria naturalmente o interesse dos participantes em aprender a modalidade ou mesmo a escolha dos mais habilidosos, se o foco fosse o êxito nas competições. No caso da minha experiência, embora o ambiente fosse uma escola, com os alunos que a frequentavam, era uma atividade extracurricular, que tinha um objetivo bem diferente da busca do alto rendimento.

Tivemos a ideia de confeccionar cartazes e espalhá-los por toda a escola. Havia cartazes com desenhos da modalidade, curiosidades sobre ela e, especialmente, o convite para que todos os alunos interessados comparecessem na segunda-feira da semana seguinte. Como a proposta era aguçar a curiosidade dos educandos, decidimos colocar os cartazes exatamente no horário da entrada dos alunos do vespertino, o que surtiu muito resultado. Percebemos tanto a empolgação dos alunos em aprender uma nova modalidade quanto o desânimo pelo horário em que ocorreriam as aulas; muitos desistiam naquele mesmo momento, alegando preferência por dormir até mais tarde.

Percebi que os cartazes, de certa forma, causaram um impacto interessante, mas algo mais precisava ser feito. Então, decidi passar em todas as salas de aula e convidar pessoalmente os alunos para estar na escola no dia e horário combinados. Mesmo sem tempo necessário para explicações sobre a proposta, procurei enfatizar a importância de participarem de uma aula, para que somente depois tomassem a decisão de continuar ou não no projeto.

É preciso ressaltar que a escolha das estratégias de divulgação de uma modalidade, de diferentes formas, constitui um estímulo positivo à prática, pois muitas vezes vai ao encontro dos interesses de algumas crianças. Assim, nossa primeira sugestão para iniciar um esporte, visando buscar mais integrantes, independentemente do contexto de prática, é utilizar estratégias como essa ou outras, como revelar fatos históricos ou, ainda, promover desafios como tentar fazer gols, identificar quem consegue fazer mais passes sem errar, sempre em tom de brincadeira, durante um período curto, em locais de concentração de crianças.

A preparação para o primeiro encontro

Surgem, então, as primeiras perguntas, muito frequentes em professores que atuam com a iniciação esportiva: O que farei no primeiro dia de aula? Por onde devo começar? Como devo elaborar minha aula? Já começo pelo jogo? Devo contar a história da modalidade ou seria melhor começar por alguns exercícios educativos, que já me permitiriam verificar quais crianças têm mais afinidade com as características da modalidade? São perguntas que ocorrem em qualquer iniciação esportiva quando a proposta é pedagógica.

Eram tantas as perguntas sem resposta que entrei num momento de reflexão profunda, extremamente necessário a qualquer professor. Desde o início, sabia que minha inserção no projeto social não visava à detecção de talentos esportivos, pelo contrário, precisava, acima de tudo, preocupar-me com a formação das crianças, o que resultaria no melhor desenvolvimento de condições para vida em sociedade. Esse pensamento deveria ser premissa para a atuação em qualquer contexto, afinal, não é porque estamos formando "atletas" que deixamos de formar "pessoas", ou seja, muito antes da capacitação, devemos pensar na formação. Muito se fala que o esporte transforma a vida das pessoas, mas será que o esporte em si tem essa capacidade ou isso depende da atuação docente? Essa é uma questão sobre a qual refletir.

Nem minha graduação nem meus tempos de atleta tinham me preparado para isso. Eu conhecia apenas as habilidades técnicas e táticas da modalidade e as famosas sequências pedagógicas, mas não tinha ideia de como auxiliar na formação humana das crianças. Nista-Piccolo (2004) já atentou para essa situação, ao relatar que uma das grandes dificuldades da educação física é a falta de cientificidade durante a intervenção prática, permanecendo uma atuação de professores despreparados, que apenas repetem movimentos, mas não têm condições de analisá-los com profundidade, dando a entender que quem sabe "jogar bola", "sabe ensinar a jogar bola". Na verdade, o ato de ensinar a praticar esporte corresponde a uma tarefa dinâmica e extremamente rica: "Ensinar a praticar esporte é preparar o aluno para executar determinadas habilidades por meio da descoberta do prazer de se exercitar. É conscientizá-lo de suas capacidades e limitações. É mostrar diferentes maneiras de aprender um movimento" (NISTA-PICCOLO, 1999, p. 11).

Analisando cuidadosamente esse aspecto, é possível perceber a complexidade da ação docente de quem trabalha com esportes, pois ensinar uma modalidade é um meio de atingir a formação dos alunos. Um meio que se transforma em oportunidade de conquista de crianças e adolescentes, auxiliando-os a se perceber, a perceber e respeitar o outro, a conhecer a sociedade na qual estão inseridos, a identificar suas escolhas, suas possibilidades e, sobretudo, suas limitações. Nesse momento, compreendi o que Maturama e Rezepka (2000) querem dizer quando escrevem que a educação escolar precisa permitir o desenvolvimento e amadurecimento da criança como ser humano, para que ela possa compreender a importância de respeitar e ser respeitada com base numa postura ativa e responsável, de acordo com o ambiente a que pertence, com amplo senso crítico e reflexivo, a fim de ter condições de conservar ou transformar sua realidade segundo suas necessidades. Esse princípio educacional precisa romper os muros da escola. Muitas vezes, abordamos questões educacionais voltando-nos apenas para o ambiente escolar, mas é preciso ter clareza de que, independentemente do espaço ou do tempo em que se dê a atividade ou do nível de desempenho dos praticantes, o foco deve ter uma intenção formativa, como preconizam esses autores.

Para obtermos êxito nessa empreitada, é importante que os alunos percebam as atitudes do professor não como as de alguém melhor e acima deles, mas como as de um parceiro que pode auxiliar em seu desenvolvimento. De acordo com Freire (1987), o ato de educar não pode ser baseado na doação do saber, como se o professor fosse um ser sábio que depositasse e transmitisse valores, conhecimentos e informações numa relação verticalizada (de cima para baixo) em uma cultura de silêncio, na qual o professor verbalizasse palavras e mais palavras sem significado, como se estivesse enchendo um vaso oco, já que a verdadeira palavra não pertence a um único ser. Foi isso o que aconteceu nessa experiência.

Baseada nesses princípios, resolvi não elaborar nada para a primeira aula. Exatamente assim: não elaborar nada, porque não conhecia meus alunos, na verdade; não sabia nem se teria alunos. Seria muita presunção achar que, nessa situação totalmente desconhecida, teria condições de saber das necessidades e dos interesses dos meus futuros alunos, e só assim seria capaz de planejar minhas aulas.

No entanto, percebi que precisava de mais informações acerca das características da modalidade. Notei que, mesmo após um longo contato com ela, não tinha informações sobre sua origem, pois essas informações não foram trabalhadas com profundidade durante o processo de minha formação profissional. Não tinha condições de me apresentar para a primeira aula com os alunos e conversar sobre a modalidade se não conhecia sua essência, sua história. Naquele momento, percebi que nenhum professor que tivera na iniciação esportiva ou nas aulas de educação física havia conversado sobre isso. Para eles, o importante era apenas fazer e não conhecer e compreender. E isso não servia para o momento que eu experimentava. Era preciso ir além dessa concepção e ação. Assim, busquei informações em livros, um pouco mais difícil, pela escassez, e na internet, nos *sites* oficiais da modalidade. E concluí que precisava me preparar melhor para iniciar a primeira aula, antes mesmo de prepará-la. Podemos dizer que, em toda situação de ensino, seja onde for, a aula precisa ser preparada ou, ao menos, refletida.

O handebol e sua origem: Será que é um esporte recente?

A primeira busca por informações foi o levantamento de referenciais. Nesse momento, percebi que o handebol, da forma como conhecia ou, pelo menos, achava que conhecia, não foi criado como se apresenta atualmente. Muitas alterações ocorreram, desde o nome da modalidade até a forma de jogar. Assim, buscando dados precisos sobre todas essas alterações e esse desenvolvimento, tanto na época dessa experiência como atualmente, para a produção deste capítulo, pude verificar que há informações diferentes acerca do processo. "Contarei uma breve história", com base nas informações oficiais da Federação Internacional de Handebol (International Handball Federation – IHF) ([20--?]), da Federação Paulista de Handebol ([20--?]), primeira federação de handebol brasileira, criada em 1940, e da própria Confederação Brasileira de Handebol ([20--?]), fundada em 1979, pois, até então, a modalidade estava sob responsabilidade da Confederação Brasileira de Desportos.

De acordo com as referências consultadas, o handebol é muito mais antigo do que se imagina. Na verdade, o jogo de "Urânia", registrado no poema épico *Odisseia*, escrito pelo grego Homero por volta do século VIII a.C., foi o primeiro jogo envolvendo o domínio de uma bola com as mãos, em que os participantes, por meio de passes, tinham por objetivo ultrapassar a equipe adversária. Também há relatos de jogos com características semelhantes entre os romanos (*hasparton*) e na Idade Média ("jogo de pegar bola").

No final do século XIX, aponta-se uma grande aproximação entre a ginástica e jogos parecidos com o handebol atual, pois os professores de ginástica utilizavam-se dessas atividades nos treinamentos e no preparo dos ginastas, como no caso de Konrad Koch, com o *Raffballspied*, e de Holger Nielsen, professor dinamarquês, que introduziu, no Instituto de Ensino Médio Ordrup, o *Haadbold*, que era praticado com uma pequena bola, com o objetivo de marcar gols utilizando apenas as mãos.

Em 1907, o professor alemão de educação física Max Heiser cria o *Torball*, um jogo realizado ao ar livre, para as operárias de uma fábrica, que logo foi alterado, porque os homens tiveram interesse em participar, havendo a necessidade de ampliar o tamanho do campo. Foi então que, por volta de 1919, o também professor alemão de educação física Karl Schelenz reformulou as regras do *Torball*, batizando o novo jogo de *Handball*. Esse jogo envolvia a participação de 11 jogadores por equipe, era praticado em campos de futebol e suas regras, agora oficiais, foram publicadas na Federação Alemã de Ginástica, já que a Federação Internacional de Handebol Amador só seria criada em 1929, após a uniformização das regras e sua publicação em três idiomas: alemão, francês e inglês.

Como o handebol de campo era muito popular na Alemanha, considerado o esporte oficial do país, houve uma solicitação ao Comitê Olímpico Internacional para a inclusão da modalidade na Olimpíada de Berlim, em 1936, o que foi aceito em caráter experimental, mas não teve continuidade.

Em razão do clima europeu, sobretudo do forte inverno, além da disputa de espaço com o futebol, uma vez que ambos se utilizavam do campo como local das partidas, o "handebol de campo", aos poucos, foi sendo substituído pelo "handebol de salão", que ocorria em espaços fechados e menores, com a participação de um número menor de jogadores, tornando-se bem mais rápido e atraente. Logo após o final da Segunda Guerra Mundial, em 1946, foi fundada a atual IHF, com sede na Suécia, mas, após quatro anos, em 1950, mudou-se para a Suíça, onde se encontra até hoje.

As modalidades chegaram a existir concomitantemente por alguns anos, mas, a partir de 1966, os campeonatos mundiais de handebol de campo foram suspensos, em virtude do aumento no número de adeptos do "handebol de salão". Anos mais tarde, em 1972, nos Jogos Olímpicos de Munique, novamente a Alemanha solicitou ao Comitê Olímpico Internacional a inclusão da modalidade, agora totalmente reformulada e mais bem organizada. O "handebol de salão" foi bem-aceito e tornou-se olímpico nas competições seguintes. As mulheres passaram a disputá-lo a partir de 1976, nos Jogos Olímpicos de Montreal.

Com o tempo, já não havia necessidade de dizer "handebol de salão", pois o "handebol de campo" não existia mais, como apontei no parágrafo anterior. Atualmente, além do handebol, há também o handebol de praia. A primeira seleção brasileira dessa modalidade surgiu em 1995, durante o Festival Olímpico de Verão. Ela tem características bem particulares, como ser disputada na areia, além de ter quadra, número de jogadores, bola e sistema de pontuação diferentes do handebol convencional. Para os interessados em conhecer mais o handebol de praia, sugiro acessar o *site* da Confederação Brasileira de Handebol ([20--?]), que publica um material bastante interessante.

Durante a Primeira Guerra Mundial, muitos alemães vieram para o Brasil e trouxeram os costumes de seu país, dentre eles, o "handebol de campo", muito praticado nas escolas da Alemanha. O "handebol de salão" somente foi oficializado em 1954, quando a Federação Paulista de Handebol instituiu o I Torneio Aberto de Handebol. Por volta de 1960, o professor francês de educação física Augusto Listello apresentou a modalidade num curso para professores, o que resultou na implantação do handebol nas escolas de outros estados. A partir daí, a prática foi crescendo cada vez mais. De acordo com a Federação Paulista de Handebol ([20--?]), essa é a modalidade mais praticada no âmbito escolar nos dias de hoje.

Apesar disso e do crescimento que se percebe a cada competição, o handebol brasileiro ainda tem uma longa estrada a ser percorrida. Prova disso é o fato de que as medalhas dos Jogos Olímpicos costumam ficar sempre com países europeus. Entre as equipes masculinas, desde 1972, esses países ficaram com os três primeiros lugares. A única exceção foi a medalha de prata da Coreia do Sul, nos Jogos de Seul, em 1988.

No feminino, a história já é um pouco diferente, pois, apesar do forte domínio europeu nas três primeiras colocações desde 1976, a Coreia do Sul ficou com a medalha de ouro nos jogos de 1988 e 1992, além do segundo lugar nos jogos de 1984, 1996 e 2004 e do terceiro lugar em 2008. A grande surpresa, ainda que muito esperada, foi a vitória brasileira inédita no Campeonato Mundial de 2013 contra a Sérvia, dona da casa.

Levantar as informações aqui apresentadas não foi difícil, além de ter sido prazeroso, pois passei a me sentir mais preparada para discutir a modalidade com meus alunos. Sem dúvida, vivenciei situações nas quais não tinha respostas prontas e certas, momento em que humildemente dizia aos alunos que desconhecia esta ou aquela informação, mas que, durante a semana, pesquisaria e traria para a próxima aula. Desconhecer não é crime. O importante é o professor ter consciência de sua incompletude, de seu inacabamento e, ao mesmo tempo, estar seguro e movido pela curiosidade. Se deixar de ter prazer em aprender, não tem possibilidade de ensinar aos outros para que encontrem também o mesmo prazer em aprender:

> (...) inacabado, sei que sou um ser condicionado, mas consciente do inacabamento, sei que posso ir além dele. (...) A diferença entre o inacabado que não se sabe como tal e o inacabado que na história e socialmente alcançou a possibilidade de saber-se inacabado. (FREIRE, 2001, p. 59)

O educador não apenas educa os demais; enquanto o faz, também é educado, em um processo de crescimento mútuo (FREIRE, 1987). Discutir as dimensões conceituais dos conteúdos escolhidos para o desenvolvimento das aulas é permitir que o aluno experiencie situações e conhecimentos além do fazer pelo fazer.

Essa perspectiva de ensino do esporte não deve estar presente apenas na escola, mas em todos os espaços em que o esporte é vivenciado e aprendido. Exemplo disso é constatado nos estudos de Santana (2002), que afirma que, ao participar das escolinhas esportivas, a criança precisa compreender que a prática de jogar bola não é apenas um simples "correr atrás da bola".

Ao estudar essas premissas, minhas ações como professora cresceram e, dessa forma, permitiram que meus alunos também crescessem.

O primeiro dia de aula, meu e dos alunos

Num primeiro momento, antecipando o início da aula, surgiu um medo enorme, que tomou conta de mim. Tudo porque não seria apenas o primeiro encontro da professora Raquel com os alunos que queriam aprender a jogar handebol, mas a minha primeira experiência como professora Raquel.

Na escola, visitei a sala dos materiais enviados pela empresa patrocinadora do projeto para o desenvolvimento das aulas. Bolas de diferentes tamanhos, coletes, cones, cordas, tudo novo! Ainda restava a dúvida se permaneceriam "guardados", mesmo estando trancados.

O local combinado para o encontro com as crianças era um pátio. Havia 21 alunos esperando o início da aula, 11 meninos e dez meninas de quinta série, hoje sexto ano do ensino fundamental. Isso me fez feliz, pela conquista de interessados no projeto.

Perguntei aos alunos qual o lugar preferido para uma conversa inicial, porque estava chovendo, e decidimos ir para a sala de aula.

A primeira surpresa foi o espanto dos alunos quando solicitei um círculo, para que todos se vissem e ouvissem. Não tinham esse hábito na escola.

Querendo respeitar a vontade deles, perguntei por onde começaríamos. O silêncio foi assustador. Ninguém nem se mexeu na cadeira até que um aluno perguntou qual era meu nome. Depois de responder, perguntei se todos se conheciam, se estudavam no mesmo período. Disseram que as "caras" não eram estranhas, pois todos estudavam no período vespertino (como já era esperado), mas não sabiam o nome de todos. Assim se deu o início de nossas atividades, na busca do reconhecimento dos integrantes. Essa é uma boa ideia antes de começar qualquer proposta, saber se todos se conhecem.

A pergunta seguinte foi sobre o que achavam que iam fazer em nossas aulas das segundas-feiras. Sem exceção, todos responderam: jogar handebol. De imediato, pude perceber como todo aquele contexto estava atrelado ao fazer. Não pensavam em mais nada, queriam apenas *jogar*. Então, iniciamos um longo diálogo:

> *Professora*: Pois bem, se é jogar que querem, jogaremos, então. Mas só para matar minha curiosidade, vocês sabem jogar handebol?

Alunos: É claro que sim, só precisamos jogar a bola no gol com as mãos. Se fosse com os pés seria futebol.

Professora: Então, é só isso? É só ficar jogando a bola de um lado para o outro? Não existe mais nada nesse jogo?

Alunos: Não, também tem o goleiro! Também tem que "bater" a bola no chão!

Professora: Muito bem! Vamos aprender uma coisa nova! Vamos trocar esse "bater" a bola no chão por quicar a bola, tudo bem? Vocês falaram do goleiro, ele pode jogar igual a todo mundo? Pode fazer gol? Só pode pegar a bola com as mãos como os outros jogadores?

Nossa conversa estendeu-se por muito tempo. Nessa aula, brincamos de conhecer o handebol e as intenções do projeto que estava por trás de toda aquela ação, para que soubessem que existiam pessoas que estavam acreditando e investindo no potencial de cada um deles, o que os deixou muito orgulhosos. Sem que notássemos o tempo passar, conforme relata Rangel-Betti (1992), comprovamos que crianças e adultos parecem estar num outro universo quando estão brincando ou fazendo algo de que realmente gostam, pois entram numa espécie de "estado de fluxo". Esse era o universo do brincar, sem que os alunos percebessem que estavam aprendendo sobre o handebol, pois, na "cabeça" deles, só estavam brincando de quem sabia mais ou de quem encontrava as respostas certas mais rápido, sem a preocupação de vencer, apenas interessados em brincar de saber mais sobre o jogo de handebol.

Foi um momento muito rico, no qual pude conhecer meus futuros alunos. O mais tímido, o mais desinibido, o mais aceito pelo grupo, que, mesmo estando errado, era defendido por todos, o que não falava por medo de errar e ser zombado pelos outros, enfim, foi possível identificar características importantes para o trato com eles. Com isso, ficou mais fácil planejar a aula seguinte. Como afirma Pereira (2007), só se o professor conhecer seu aluno, suas necessidades, seus gostos, suas preferências e experiências anteriores, terá condições de elaborar atividades que beneficiem o educando, transitando da brincadeira ao jogo, da dança à luta, das formas mais simples e variadas de movimento à ginástica, sempre em busca de um ambiente que favoreça um processo de aprendizagem sólido e rico.

Arribas (2002) e Gallardo *et al.* (2003) também escrevem sobre a importância de conhecer a criança, seja no momento da aula, seja em qualquer outra ocasião, pois a qualidade essencial do bom professor, em qualquer contexto de ensino-aprendizagem apto a desenvolver uma prática pedagógica responsável e compromissada, é conhecer e entender seus alunos, baseado no que são ou não capazes de fazer, do que gostam, pelo que se interessam, o que e como pensam, e assim por diante.

Após esse bate-papo informal, os alunos não queriam ir embora, pediram mais tempo. Foram atendidos, com o alerta de que era preciso cumprir horários, para que não se atrasassem para as aulas da tarde. Diante de todo esse entusiasmo, aproveitei para falar sobre a importância do compromisso com as aulas, de não faltar, de levar a sério, pois, apesar de nossas aulas serem formadas sobretudo por brincadeiras, naquele momento, eles firmavam um acordo de colaboração comigo e com os demais colegas, já que aluno não tem aula se não tem professor, mas o professor também não leciona sem alunos. Percebemos que essa recomendação faz com que se sintam importantes e se comprometam com a responsabilidade da presença em aula.

O passo seguinte foi planejar as atividades, certa de que não poderia escolher "qualquer" atividade para aplicar nas aulas, uma vez que a importância não estava na diversão, mas, sim, nos efeitos sobre o desenvolvimento (FREIRE, 1997). Mesmo porque, apenas deixar as crianças brincando com qualquer jogo não garante um processo de aprendizagem competente e de qualidade (RANGEL, 2004).

A preparação das aulas: Repetição ou criação de movimentos? Planejar é mesmo necessário?

Planejar é, ou deveria ser, uma das primeiras tarefas dos professores quando se dispõem a ensinar, pois, além de permitir um processo de reflexão sobre ações anteriores e futuras, facilita a identificação de equívocos oriundos da prática, uma vez que os objetivos iniciais já foram traçados (MOREIRA, 2008). Além disso, ao planejar as aulas, o professor escapa do risco de cair na monotonia da repetição das mesmas atividades diariamente, já que teve tempo para refletir sobre o resultado das atividades realizadas anteriormente e pensar nas ações futuras.

Sobre a repetição de atividades, Oliveira (2004) aponta que o descaso do professor pelas inúmeras possibilidades de intervenção resulta no desinteresse e desânimo dos alunos, com posterior abandono das aulas ao longo do tempo. Além disso, de acordo com Kamii ([19--?]), as crianças gostam de fazer algo novo, já que se interessam por desafios e não pela repetição das mesmas "velhas" situações que já conhecem e sabem fazer.

Para Darido (2001, 2004), as possibilidades de movimento são inúmeras, não devendo limitar-se à repetição de padrões de execução, atentando ao gesto motor correto; pelo contrário, o professor de educação física precisa ser capaz de problematizar, interpretar, relacionar e compreender com seus alunos as amplas manifestações corporais, de maneira que estes percebam os diferentes sentidos e significados das diversas práticas e ações.

A prática de movimentos, segundo Ferraz (2000), não deve limitar-se à repetição mecânica de um mesmo movimento, deve buscar as diferentes possibilidades de resolver um mesmo problema. Afinal, assim como é possível atingir objetivos por diferentes caminhos, o desenvolvimento também ocorre com base em movimentos diferentes.

Dessa perspectiva, o aparecimento de novas habilidades depende muito do contexto, do ambiente e da exigência da tarefa executada (CAETANO; SILVEIRA; GOBBI, 2005) e a melhoria e o amadurecimento dos movimentos da criança dependem, especialmente, da prática, da oportunidade de vivenciar a maior variedade possível de movimentos e suas infinitas variações (GALLAHUE; OZMUN, 2005).

Assim, atividades simples e descontextualizadas (como seguidas repetições de movimentos), que não contemplem novas formas de movimento com situações-problema inusitadas, não auxiliam na aquisição das habilidades que a criança ainda não possui. É o contato com situações diferentes (produzidas por bolas, espaços, tempos, pessoas, ambientes etc.) que favorece a riqueza de experiências e, consequentemente, a ampliação do acervo motor do educando, potencializando que ele se conheça em movimento.

Azevedo, Suassuna e Daolio (2004, p. 78) coadunam com essa ideia:

> Afirmar que o homem possui construções corporais diferentes em função de contextos culturais diversos é de fácil comprovação. Basta observar o enorme elenco de hábitos corporais, formas de cobrir o corpo, práticas lúdicas, formas de marcar o corpo, tipos de dança, cuidados com o corpo, conceitos de saúde, etc., que os mais variados grupos humanos espalhados pelo mundo apresentam. O mais sutil e relevante, entretanto, é discutir as formas de significação a respeito do corpo e do movimento que o ser humano vai construindo ao longo do tempo e do espaço. Assim, a mesma modalidade esportiva, como o basquetebol, por exemplo, adquire matizes diferentes em função da dinâmica cultural específica de cada local. Nesse sentido há várias formas de se praticar o basquetebol, assim como há várias formas culturais de se compreender a dança, o jogo, a ginástica. Essa variabilidade dos fenômenos humanos ligados ao corpo e ao movimento é fundamental quando se pensa na pluralidade de formas de vida.

O professor precisa ter sensibilidade para perceber que o mais importante para a criança é a vivência, a experiência de realizar este, aquele, ou melhor, a maior variedade possível de movimentos. Portanto, uma atividade que possibilite ao aluno tocar diversas vezes na bola ou executar de diferentes maneiras um movimento é muito mais importante do que ficar esperando para jogar ou apenas repetir o que é imposto.

Além de atentar para todas essas questões, eu sabia que as atividades precisavam fazer sentido para as crianças. Não poderia levar para a aula qualquer proposta, sem refletir se seria interessante para meus alunos.

A bola: Especificidade ou universalidade? Brincando de bola: O processo de descoberta das crianças

A bola exerce uma grande atração sobre a humanidade. É difícil ver uma bola parada num determinado lugar sem que nos dê vontade de tocá-la.

Há bolas de diversos tamanhos, cores, texturas e pesos, mas, muitas vezes, proporcionamos às crianças o contato com a bola considerada "oficial" da modalidade que ensinamos. No entanto, para que se adaptem às habilidades permitidas pela bola, o uso de outros tipos, que não o oficial, pode trazer melhor familiarização com a prática esportiva.

É importante que a própria criança descubra as diferenças entre as bolas (peso da bola de basquete, tamanho da bola de voleibol, impossibilidade de quicar a bola de futsal etc.), especialmente em relação à proposta de jogar handebol. Não deve ser o professor a induzir essas conclusões pelos seus próprios pensamentos no ato de ensinar. Dessa forma, o planejamento da primeira aula "prática" estava centrado no ato de brincar de bola, visando à familiarização da criança com esse material.

Reunindo várias bolas diferentes, da bolinha de isopor, de gude, de meia, de papel, de jornal, de tampinha de garrafa até as bolas oficiais das diferentes modalidades esportivas, coloquei-as em grandes sacos escuros, pedindo que adivinhassem do que se tratava, até que houve uma sugestão de ser um saco cheio de bolas. E o alvoroço se deu entre as crianças. A primeira proposta era que levantassem as características diferentes entre as diversas bolas. Elas foram alertadas de que o material não nos pertencia e de que, se não cuidassem dele, teríamos de ressarcir os donos.

De posse das bolas, os meninos imediatamente levaram-nas aos pés, ao passo que as meninas jogaram-nas para cima ou umas para as outras. Ao perceber que já estavam se acostumando com as características das bolas, pediam para mudar o material, começando uma nova descoberta. Eles criaram tantos movimentos, tantas variações, que naquele momento tive a certeza de que, por mais que tivesse me empenhado em imaginar movimentos com cada uma das bolas, jamais teria conseguido atingir a riqueza e a variedade de ações que eles me mostraram. Essa situação apenas reforça a importância de respeitarmos as características e experiências de nossos alunos. Antes de conhecê-los, fica difícil projetar algo. Com o passar do tempo, eles foram ficando mais críticos e passaram a escolher a bola que mais se aproximava das características da atividade que queriam realizar. Chegou o momento da intervenção, mas como mediação, e não imposição.

Como já tinham feito os movimentos que achavam interessantes, solicitei que elaborassem movimentos diferentes com as bolas. Trabalhando individualmente ou em grupos, utilizando uma ou mais bolas, pedi que apresentassem algo novo, desconhecido por eles até então. Entraram em desespero. Não sabiam o que fazer. Num primeiro momento, chegaram a dizer que não havia nada novo, que não sabiam fazer nada de novo, que queriam saber "como e o que deviam fazer", da perspectiva de que sempre recebem ordens para executar as atividades, como se não fosse possível um movimento nascer só pelo seu próprio pensar.

Diferentes autores (DAOLIO, 1994; MOREIRA; PEREIRA; LOPES, 2009; PORTO, 1995, dentre outros) já relataram a importância de considerar os conhecimentos trazidos pelas crianças, uma vez que elas não esperam chegar à escola para começar a aprender. A escola e mesmo as aulas de educação física não são os únicos espaços e momentos da criança participar de jogos e brincadeiras em sua vida. É preciso considerar sua história, sua experiência anterior e aprender com elas.

> Quando os alunos vêm, é claro, eles trazem com eles, dentro deles, em seu corpo, em suas vidas, eles trazem suas esperanças, desespero, expectativas, conhecimento, que obtiveram vivendo, lutando ou se frustrando. Não há dúvida de que eles não vêm até aqui de mãos vazias. Chegam carregados de coisas. Na maioria dos casos, trazem consigo suas opiniões sobre o mundo, sobre a vida. Trazem consigo seu conhecimento em nível de senso comum e têm o direito de ir além desse nível de conhecimento. (...) Esse é um direito que as pessoas têm, e a que chamo de direito de saber melhor aquilo que elas já sabem (*sic*). (HORTON; FREIRE, 2003, p. 158-159)

Objetivando auxiliar as crianças naquela atividade e estimular a participação, pedi que pensassem com carinho, pois, depois de alguns minutos, cada uma ou cada grupo mostraria sua atividade para as demais e todas fariam os novos movimentos juntos. Com o tempo, elas foram se animando e a criatividade "rolou solta". Ao perceber que eram capazes de criar e, sobretudo, de criar atividades que os amigos achavam interessantes, a aula foi um sucesso. Não queriam mais parar de criar e mostrar suas novas invenções.

Um aspecto importante a ser lembrado por todos que ensinam algum conteúdo é sintetizar o que foi aprendido em conversas ou mesmo na construção de um produto que possa demonstrar o que foi aprendido. Relato a seguir como construí esse momento e as dificuldades encontradas.

Iniciamos uma breve conversa no final da aula. Perguntei aos alunos se sabiam o motivo, o porquê daquelas atividades. O silêncio fez-se presente.

Ninguém tinha nada a comentar. Percebi que o medo de serem chamados por mim, para uma arguição sobre algo que não saberiam responder, fazia com que nem olhassem para mim. Disse a eles que não precisavam ter medo de responder, pois descobriríamos a resposta juntos. Como nada saiu, mudei de estratégia.

Aos poucos, fui perguntando o que tinham feito na aula, como tinham se sentido, se tinha sido fácil ou difícil, do que gostaram mais, do que não gostaram. A conversa estendeu-se bem e, sem perceber, eles me deram a resposta para a pergunta que tinha feito. Quando expliquei todo esse processo para eles, começaram a rir, pois perceberam como era fácil responder, mas, como ninguém fizera perguntas desse tipo para eles antes, naturalmente, ficaram assustados. Para finalizar a aula, pedi que se acostumassem com essa situação, pois esse bate-papo sempre estaria presente em nossos encontros e era muito importante a participação deles.

Para Daolio (2004), a criança precisa ter a oportunidade de refletir sobre seu corpo (quais as suas representações e concepções, de acordo com o contexto cultural), bem como sobre sua relação com outros corpos. Nesse processo de reflexão e percepção, o professor situa-se como o maior facilitador das situações, por permitir e favorecer a liberdade de expressões e gestos, de acordo com as características individuais de seus alunos, especialmente porque, de acordo com Porto (1995, p. 97):

> Quando a criança está correndo, saltando e saltitando pelo espaço, o corpo como um todo expõe-se e revela-se perante tudo e todos. De modo transparente, o corpo revela uma explosão de sentimentos e emoções que podem variar desde alegria, prazer e satisfação, até excitação, frustração, insatisfação entre outros.

A autora afirma, ainda, que o corpo tem a capacidade de se comunicar de maneira significativa (o que sente, percebe e expressa), mas, para isso, precisa ser percebido, compreendido e, de fato, sentido da maneira mais completa possível, por meio dos contatos consigo próprio, com os outros e com o mundo.

O professor precisa perceber que seu objetivo deve ser, acima de tudo, o ser humano nas suas manifestações culturais relacionadas ao corpo

(DAOLIO, 2004). As concepções transmitidas devem transcender a ideia do corpo pelo corpo ou do movimento pelo movimento, visto que corpo e movimento humanos são mais do que sistemas mecânicos constituídos de ossos, articulações, músculos e tendões.

O mais importante nessa aula foi que as crianças tiveram a oportunidade de se descobrir, ao mesmo tempo em que descobriam as limitações e capacidades do material que manipulavam. Quando conheceram a bola de handebol, ficaram um pouco assustadas com o peso e o tamanho. Algumas preferiram a bola de plástico, menor e mais leve.

Dessa forma, não é porque a aula é de handebol que preciso "forçar" meu aluno a jogar com essa bola, se ele ainda não tem condições físicas (tamanho da mão ou força, por exemplo) para utilizar esse tipo de material. É a partir da brincadeira ou do jogo, desde que contextualizados e estruturados, que a criança vai se descobrindo e se percebendo e, com o tempo, adquirindo mais sensibilidade para perceber que já é capaz de jogar com uma bola maior e mais pesada.

A brincadeira e o jogo não podem ser utilizados como simples passatempo ou forma de diversão para a criança. A criança não precisa do professor para jogar ou brincar. Ela é capaz de criar e recriar brincadeiras com grande habilidade e espontaneidade. Nesse contexto, cabe ao docente não apenas assistir a essas ações, mas interpretá-las, a fim de extrair a maior variedade de elementos possíveis. Então, será capaz de atuar efetivamente em prol do desenvolvimento de seus alunos. Assim, a brincadeira e o jogo constituem verdadeiras ferramentas pedagógicas, desde que utilizadas com seriedade, responsabilidade e intencionalidade, a ponto de o professor perceber a necessidade de planejá-las e sistematizá-las de acordo com suas intenções e com as características das crianças.

Ayoub (2001, p. 57) ainda afirma que a compreensão do brincar é muito complexa:

> Brincar com a linguagem corporal significa criar situações nas quais a criança entre em contato com diferentes manifestações da cultura corporal (entendida como as diferentes práticas corporais elaboradas pelos seres humanos ao longo da história, cujos significados foram sendo tecidos nos diversos contextos sócio-

culturais) sobretudo aquelas relacionadas aos jogos e brincadeiras, às ginásticas, às danças e às atividades circenses, sempre tendo em vista a dimensão lúdica como elemento essencial para a ação educativa na infância. Ação que se constrói na relação criança/adulto e criança/criança e que não pode prescindir da orientação do(a) professor(a).

Este último trecho da citação reforça a importância de o professor atentar para todo esse processo de construção e formação da criança, com consciência de que não poderá permitir qualquer jogo ou brincadeira, pois, para essa escolha, precisará ter intencionalidades e objetivos preestabelecidos com clareza.

São essa intencionalidade e a finalidade das ações que permitem que um mesmo jogo seja utilizado dentro e fora do contexto escolar (FERRAZ, 2001). Assim, a diferença entre essas práticas precisa estar no objetivo, já que, na escola, deve-se ir além da ideia do simples jogar, do fazer pelo fazer, pois o intuito da atividade é atingir os objetivos previamente formulados pelo professor ou mesmo pelos próprios alunos. E é isso que difere fundamentalmente um jogo na escola de um jogo entre amigos, na rua, que ocorre sem a preocupação de uma sistematização efetiva ou mesmo de um planejamento prévio.

A sistematização e o planejamento configuram uma ação trabalhosa, que demanda tempo de dedicação do docente. Ao escolher uma brincadeira ou um jogo para a aula, o professor precisa pensar em inúmeras variáveis, buscando saber: por que está aplicando determinada atividade; quais as contribuições ela traz para o desenvolvimento biopsicossocial do aluno; se é desafiadora e permite a suspensão de problemas que precisem ser pensados, partilhados e discutidos entre os alunos; se está dentro das características dos alunos; se as regras e os objetivos estão bem formulados e foram assimilados pelos alunos; se as crianças atribuem significado a elas. Enfim, essas e muitas outras questões precisam permear continuamente o trabalho do professor, pois só assim as atividades poderão contribuir para todo o processo de aprendizagem. Fica aqui um alerta aos professores para não negligenciarem essas questões.

O jogo propriamente dito: Fragmentação ou aproximação?

É comum os técnicos pedirem aos atletas para que repitam inúmeras vezes o mesmo movimento ou jogada, como uma forma de treinamento de um exercício. O mais interessante é que dificilmente um atleta consegue aplicar no momento do jogo aquilo que foi treinado. Por diversas vezes, isso aconteceu em meus treinamentos, que não eram compreensíveis para mim. Após assumir a função de professora que ensina uma modalidade esportiva, consegui descobrir a razão disso. Durante o treinamento, o exercício/movimento acontecia sem nenhuma interferência, ou seja, sem nenhuma marcação, sem nenhum elemento que me preocupasse mais que a execução em si. No jogo, a situação era muito diferente. Conclusão: repetindo o movimento de maneira isolada, não o compreendemos no contexto do jogo e aprendemos apenas a executá-lo tecnicamente correto, sem que seja transferido para uma situação real de jogo.

Assim, ao propor atividades sem pensar nas características e nas interferências de cada uma delas, corremos o risco de formar alunos dependentes, que atuem apenas em situações fragmentadas, pontuais, estanques e que não consigam encontrar respostas sozinhos, ou seja, que não consigam criar soluções para os problemas apresentados durante um jogo propriamente dito de maneira autônoma. Pensando nisso, busquei propor atividades nas quais as crianças tivessem contato com situações parecidas com aquelas a serem vividas num jogo, com a preocupação de que não estivessem desvinculadas da prática da modalidade e baseadas nas regras institucionalizadas pelas confederações e federações nacionais e internacionais.

O handebol tem características comuns com outros esportes coletivos, como o futebol e o basquetebol, afinal, em todas essas modalidades:

- existe um alvo preestabelecido (gol ou cesta) e a pontuação nos jogos depende exclusivamente de acertá-lo;
- para a equipe ter êxito na partida, os jogadores precisam encontrar saídas positivas, ou seja, formas de "despistar" a equipe adversária, que tentará evitar a conversão dos pontos, mas, para isso, os jogadores precisam aprender a se posicionar de forma adequada

para receber e/ou passar a bola, que é a grande atração desses jogos, além de ter pleno domínio desse implemento.

Esse foi meu ponto de partida, que pode servir de exemplo para qualquer professor que ensine handebol em qualquer âmbito esportivo.

As atividades sempre tinham estes objetivos: acertar alvos e buscar as melhores oportunidades para receber, passar e/ou interceptar a bola. O grande desafio estava em trabalhar todas essas características de uma forma prazerosa, pois o que as crianças queriam de verdade era jogar.

Situações de confronto são muito comuns no handebol. Dificilmente o jogador encontra-se sozinho no momento do arremesso. Por isso, é importante criar situações de superioridade numérica (por exemplo: 2x1; 3x2; 4x3; 3x1; 4x2) e inferioridade (por exemplo: 1x2; 2x3; 3x5; 4x6), ou seja, situações em que os atacantes estejam em maioria ou minoria, respectivamente. Na verdade, uma grande saída para os problemas encontrados no jogo de handebol é buscar essa superioridade numérica, pois sempre se estará em vantagem, seja como atacante, seja como defensor.

Como sabemos, no handebol, há seis jogadores que atuam "na linha" e um goleiro. No entanto, durante o jogo, como a quadra é grande, é muito comum haver confrontos com número reduzido de jogadores, como no próprio 1x1, que seria a situação ideal de jogo, mas que dificilmente ocorre, já que os jogadores buscam constantemente posicionamentos privilegiados para passar ou receber a bola, alterando a situação anterior para, por exemplo, 2x1, deixando uma das equipes em vantagem.

Dessa forma, é importante propor situações com esse tipo de confronto, com redução e/ou aumento de espaço, com limitações em relação ao tipo de passe (só de peito ou só quicado, por exemplo) ou ao número de vezes em que é possível quicar a bola, em suma, situações que ocorram o tempo inteiro no jogo, mas que possam ser trabalhadas fora dele.

Sem dúvida, essas situações devem ser trabalhadas durante o jogo propriamente dito, mas é preciso considerar que, da mesma forma que existem alunos que aprendem jogando, há alunos que precisam dessa condição, digamos, mais "reduzida" para se perceber, perceber o outro e o próprio espaço em que estão inseridos.

Não há receitas de atividades. Uma mesma atividade pode ser aplicada em duas turmas distintas com resultados e efeitos diferentes. O mais importante é que o objetivo central da aula seja a criança, o nosso aluno. Não são receitas dadas em livros, de atividades diversificadas, que nos permitirão ensinar melhor. Ao utilizá-las da mesma forma como estão descritas nos manuais, pode ser que não consigamos atender às necessidades dos alunos, por não estarem contextualizadas. É preciso variá-las e adaptá-las, contextualizando-as de acordo com a nossa realidade, o nosso contexto estrutural e pedagógico (infraestrutura, recursos materiais, tempo de aula, concepção de ensino, relacionamento com os alunos).

Da mesma forma, não podemos permanecer com os mesmos jogos e brincadeiras. Além deles, devemos apresentar a modalidade em si para a criança, das características oficiais da quadra, passando pelo posicionamento dos jogadores, até as tão famosas e bonitas jogadas. Tudo é uma questão de tempo. Mais uma vez, o professor precisa ter bom senso para perceber quando será esse momento. Vejamos como isso aconteceu na minha experiência vivida com esses alunos.

A quadra e as regras do handebol

Ao solicitar aos alunos que observassem bem a quadra que usávamos para o desenvolvimento de nossas atividades, percebi que estranharam meu pedido. Na percepção deles, já conheciam muito bem o espaço. Responderam que estavam em um retângulo cheio de linhas. Perguntei se sabiam para que serviam todas aquelas linhas e, rapidamente, responderam que as linhas de fundo, atrás das balizas do gol, existiam para marcar "escanteio" e "tiro de meta" durante o jogo, da mesma forma que as "linhas do lado" serviam para marcar a "lateral"; a linha no meio da quadra era o lugar em que os jogadores colocavam a bola para começar ou recomeçar o jogo e a linha mais perto do goleiro era a "área do goleiro".

Ouvindo essas respostas, identifiquei que os alunos apresentaram a quadra de handebol da forma como conheciam a do futsal ou mesmo o campo de futebol, incluindo até a utilização de termos técnicos, pois essas práticas estavam muito mais presentes na vida deles do que o handebol. No entanto, apesar de essas modalidades terem algumas semelhanças, as crianças não perceberam as características específicas de uma quadra de handebol.

Aos poucos, fui apresentando as especificidades dela. O tamanho da quadra na qual jogávamos não correspondia às medidas oficiais. Como os alunos não tinham ideia de tamanho, com o auxílio de uma trena, aumentamos a quadra até o tamanho correto, desenhando com giz as novas medidas. Novamente se assustaram! As demais demarcações foram apresentadas e discutidas da mesma forma, sempre com a intenção de levar as crianças a pensar, pois não bastava que apenas soubessem que essa ou aquela linha existia, mas, especialmente, por que, quais eram as finalidades e pretensões desta ou daquela marcação. Foi dessa forma que apresentei a quadra de handebol e todas as suas linhas.

Discutimos, então, que o jogo de handebol ocorre numa quadra retangular com 40 metros de comprimento e 20 metros de largura. O jogo tem a participação de sete jogadores por equipe, que podem ser substituídos a qualquer momento, desde que respeitem a "área de substituição" e que o jogador que vá entrar na partida espere o outro sair da quadra, garantindo sempre a existência de sete jogadores por equipe e não oito ou mais. Esse aspecto é interpretado como atitude ilegal, acarretando punição aos infratores. Além da "área de substituição", há várias outras linhas espalhadas pela quadra, dentre elas:

- linha central: local em que o jogo se inicia e reinicia após a conversão de gols;
- área do goleiro: linha contínua, com raio de seis metros, contados da linha de fundo, onde se localizam as balizas (gols), e na qual somente o goleiro pode entrar e sair, desde que não esteja com o domínio da bola durante essas ações;
- linha de tiro livre (mais conhecida como nove metros): linha tracejada, a três metros da linha da área do gol, utilizada, principalmente, durante a cobrança das faltas que acontecem entre a linha da área de gol e a linha de nove metros, garantindo assim a distância regulamentar de três metros;

- linha de sete metros: tem um metro de comprimento e está marcada na frente de cada baliza, a sete metros da linha de fundo; sempre que há uma falta da defesa durante a realização de um arremesso, impedindo uma clara chance de gol, ou quando o defensor, estando dentro da área do goleiro, impede uma clara chance de gol do atacante, o árbitro sinaliza a cobrança do tiro de sete metros, livre, sem marcação de nenhum jogador (semelhante a um pênalti no futebol); durante a cobrança desse tiro, o jogador não pode saltar e nem pisar na linha de sete metros e nenhum dos demais jogadores pode ultrapassar a linha de nove metros antes do arremesso;
- linha de limitação do goleiro: tem 15 centímetros de comprimento e está marcada na frente de cada baliza, a quatro metros da linha de fundo; da mesma forma que o atacante tem a linha de sete metros para determinar o local da cobrança do arremesso livre e direto, a linha de quatro metros determina a distância máxima que o goleiro pode ficar do gol no momento da cobrança do tiro de sete metros, respeitando assim os três metros de distância para as cobranças de faltas.

Sobre a duração da partida, há uma variação de 20 a 30 minutos, de acordo com a idade dos participantes. No entanto, partidas oficiais ocorrem em dois tempos de 30 minutos, com intervalo de dez minutos entre esses períodos, havendo a necessidade de prorrogações para desempate da partida, dependendo do regulamento da competição.

Independentemente de utilizar ou não a bola considerada oficial da modalidade, é importante apresentar aos alunos as bolas oficiais de handebol, que são de couro ou material sintético, de três tamanhos diferentes, de acordo com a IHF:

- bola tamanho 1 da IHF: de 50 a 52 centímetros de diâmetro, utilizada por equipes femininas, com jogadoras de 8 a 14 anos, e por equipes masculinas, com jogadores de 8 a 12 anos;
- bola tamanho 2 da IHF: de 54 a 56 centímetros de diâmetro, utilizada por equipes juvenis femininas, com jogadoras acima dos 14 anos, e equipes masculinas, com jogadores de 12 a 16 anos;

- bola tamanho 3 da IHF: de 58 a 60 centímetros de diâmetro, utilizada por equipes juvenis masculinas, ou seja, com jogadores acima de 16 anos.

O controle da bola é o ponto fundamental no jogo de handebol, principalmente, porque há regras que regulamentam essa ação. O jogador que está em domínio da bola não pode permanecer mais de três segundos parado, pode dar apenas três passos sem quicar a bola e, caso realize este último movimento, não poderá repeti-lo, caso contrário, o árbitro sinalizará as "duas saídas" (quicou, segurou, quicou), passando a bola para a outra equipe. Sem a bola, o jogador pode se deslocar livremente pela quadra, desde que não entre na área do goleiro adversário, o que resulta em "invasão" por parte do jogador e a bola também passa para a equipe adversária.

É comum dizerem que o jogo de handebol tem muito contato físico e, por isso, torna-se violento. Isso depende do ponto de vista de que se analisa a situação. Há, sem dúvida, jogadores que exageram em suas atitudes e, por isso, para diferentes atitudes, há diferentes punições, dentre elas: *advertência* com cartão amarelo; *exclusão* com dois minutos fora do jogo; *desqualificação*, em que o jogador faltoso fica fora do restante da partida, mas outro pode substituí-lo passados dois minutos.

As situações de violência durante o jogo precisam, a todo o momento, ser analisadas, discutidas e exploradas por todo o grupo, pois favorecem o desenvolvimento social, afetivo e humano das crianças. É o momento de perceberem que não adianta agredir, não adianta bater, pois não estão jogando contra alguém, mas, sim, com alguém e, se não houver uma equipe do outro lado da quadra, simplesmente não haverá jogo.

Assim, as crianças precisam perceber que o jogo pode ou não ser violento, depende apenas das atitudes dentro e fora da quadra. É importante levá-las à compreensão de que o desenvolvimento do jogo é consequência de seus atos e, caso extrapolem, além de serem punidas, a equipe também o será e o jogo em si perderá toda sua função, pois o foco já não estará na atividade, mas nas atitudes dos jogadores.

Os jogadores de handebol precisam perceber que, mais do que se preocupar com faltas ou movimentos faltosos, devem atentar para questões muito mais interessantes e importantes para o jogo, uma vez que essa é uma modalidade extremamente dinâmica e rica em variações.

O jogo de handebol: Movimentação, posicionamento, comunicação e defesa

O handebol tem um forte ritmo de marcação, passes, arremessos, e talvez seja um dos jogos mais rápidos e intensos que existe. Ao acompanhar um jogo pela televisão, é comum perceber a dificuldade da emissora em mostrar a repetição de certas jogadas, pois não sobra tempo para isso. Num piscar de olhos, pode ocorrer um gol!

Como já apontei, a grande "sacada" do handebol é a movimentação,[1] pois nela o ataque encontra formas para passar pela defesa, da mesma forma que a defesa encontra maneiras de surpreender o ataque, recuperando a posse de bola, adquirindo superioridade numérica.

É comum em jogos com bola todas as crianças correrem em blocos, aonde a bola vai, todas vão atrás. Com o tempo, as crianças do projeto perceberam que era muito mais fácil se organizar do que correr sem rumo para todos os cantos da quadra. Elas já compreendiam que não precisavam ocupar o mesmo espaço, pelo contrário, era na busca de espaços vazios que ocorriam as melhores condições de jogo, fosse no ataque, fosse na defesa. Por exemplo, perceberam que não adiantava ficarem paradas esperando a bola chegar a suas mãos. Era preciso se mover. Da mesma forma, não adiantava marcar a bola, mas, sim, as pessoas que apresentavam grandes possibilidades de recebê-la. É claro que não "descobriram" tudo isso sozinhas nem num único dia. Durante as atividades, sempre emergiam situações (contato, diversidade, respeito, atitudes, hábitos, valores) que eram discutidas por todos, sempre em busca das melhores saídas, mas isso sempre ocorria com a minha mediação,

1. A movimentação mais conhecida é o "engajamento", uma sequência de movimentos que os atacantes fazem ao mesmo tempo em que passam a bola para um companheiro de sua equipe, na intenção de "abrir buracos na defesa", ou seja, com o propósito de encontrar espaços entre um jogador e outro, facilitando o arremesso, já que estarão mais próximos do gol.

visto que, no início, os alunos tinham dificuldades para perceber e reconhecer esses momentos. Isso significa que, com o passar do tempo, fomos construindo juntos o conhecimento.

Para eles, não interessa saber o nome da posição, mas descobrir as características dela, a ponto de perceber onde se encaixavam melhor, de acordo com as próprias limitações e potencialidades. Mais uma vez, foi um momento de os alunos se perceberem, de se conhecerem.

De fato, há posições fixas no handebol, como em muitos outros esportes. Basta observar o jogo e logo se saberá o posicionamento de cada jogador em relação à quadra ou ao campo.

Com a intenção de apresentar esses posicionamentos e algumas de suas características, uma vez que este capítulo não tem a intenção de ser um manual de técnicas, seguem algumas informações relevantes para a compreensão do jogo de iniciantes na modalidade. Os jogadores de handebol podem assumir cinco posicionamentos distintos em relação à quadra; dois deles se repetem do lado direito e do lado esquerdo, totalizando sete posicionamentos possíveis. São eles:

- goleiro: sem dúvida, a peça fundamental na defesa, mas também muito importante no ataque, principalmente nas situações de contra-ataque, em que a equipe adversária ainda não conseguiu organizar sua defesa; para ser goleiro, o jogador precisa ter um arremesso certeiro, a fim de, nesse tipo de situação, conseguir passar a bola direto para o jogador de sua equipe que estiver mais bem posicionado; ele precisa de muita concentração, excelente velocidade de reação, boa flexibilidade para alcançar a bola em todos os ângulos do gol, além, é claro, de não ter medo da bola;
- armador central: posiciona-se no centro da quadra; é o jogador que organiza o jogo, por estar em uma posição privilegiada; precisa ser muito inteligente técnica e taticamente, bem como agir rápido (mudar a direção da bola, o que chamamos de "quebra de ritmo"), facilitando o encontro dos melhores espaços na defesa adversária; para tanto, precisa ter um grande repertório de passes, além de uma

forte sintonia com o técnico e demais jogadores, sempre com uma visão clara de todo o jogo;

- armador ou meia-direita e armador ou meia-esquerda: localizam-se ao lado do armador central; o armador direito costuma estar do lado esquerdo e o armador esquerdo, do lado direito, para facilitar o arremesso; geralmente, são jogadores bem altos, com arremessos muito potentes, pois tendem a realizar arremessos de fora da linha dos nove metros, necessitando de uma impulsão vertical elevada para não correr o risco de cair em cima da defesa e cometer falta de ataque;
- ponta-direita e ponta-esquerda: localizam-se no fundo da quadra e são muito ágeis e velozes; o ponta-direita fica à esquerda da quadra e o ponta-esquerda, à direita, para facilitar o arremesso; estão mais próximos do gol, o que facilita o arremesso; atuam sempre em espaços com ângulos reduzidos em relação ao gol, o que os obriga a se movimentar constantemente em busca de espaços melhores, de melhores posições para o arremesso ou mesmo para um contra-ataque, já que são os primeiros a chegar ao ataque da equipe adversária;
- pivô: geralmente é um jogador forte e muito ágil; pode-se dizer que é a grande carta do jogo, pois se posiciona no meio da defesa adversária, ou seja, entre a linha dos seis e nove metros, para buscar espaços privilegiados, receber a bola, apenas girar para realizar o arremesso ou mesmo para "abrir" espaços nessa defesa para outro jogador de sua equipe arremessar, o que chamamos de cortina (note que o pivô, muitas vezes, facilita a situação de superioridade numérica, deixando sua equipe em vantagem).

A troca de posições é muito frequente no handebol, principalmente porque a movimentação é a grande saída para as situações-problema encontradas nesse jogo. No entanto, não adianta apenas se movimentar em qualquer direção. O importante é, acima de tudo, observar, ler, compreender o andamento do jogo para, então, buscar as melhores saídas.

Além da movimentação, a comunicação também é fundamental no handebol, especialmente na defesa, pois, como não é possível olhar para todos os jogadores do ataque ao mesmo tempo, a defesa precisa conversar para perceber o que está acontecendo do outro lado da quadra, enfatizando ainda mais a importância do goleiro, que tem visão privilegiada de todo o espaço e dos jogadores e auxilia muito nesse processo de comunicação.

Apesar de sua grande importância, as crianças tiveram muita dificuldade em adotar e incorporar a comunicação. Quando estavam na quadra, ficavam mudas, só queriam tocar na bola, a qualquer custo. O ataque tinha muito mais importância do que a defesa. Demorou até perceberem que só por meio da conversa, do diálogo, é que conseguiriam saber o que os demais integrantes da equipe estavam pensando. Nas atividades, tive de instigá-las a todo momento. Quando se instaurava o silêncio, lá estava a professora pedindo para falarem.

Não tenho como mensurar o tempo que levaram até se acostumarem com a comunicação nas atividades, pois ela foi adotada aos poucos. Aqueles que compreendiam primeiro auxiliavam os demais; foi um exercício de persistência que deu certo. Chegaram ao ponto de, em algumas atividades, eu nem ter o que falar. Identificavam os erros e as possibilidades de acerto. De fato, minha função foi apenas mediar a situação, como deve ser a atuação de todo professor diante de qualquer situação de ensino e aprendizagem. Os alunos construíam suas ações em quadra, deixando visível o direito que exerciam sobre o jogo.

Além das posições no ataque, há diversos tipos de defesa, ou seja, diferentes formas de os jogadores da defesa posicionarem-se (por exemplo, 6x0; 5x1; 5+1; 4x2; 3x3), o que varia de acordo com a estratégia adotada pelos jogadores do ataque. No entanto, no início do trabalho com as crianças, não determinei nenhuma defesa específica, ou seja, não obriguei que ficassem neste ou naquele lugar determinado. Embora tivéssemos treinado situações de superioridade e inferioridade na disputa da posse de bola e na tentativa de superar o adversário, isso foi feito para que não tivessem algo a mais a pensar durante um jogo, pois já havia uma carga excessiva de elementos a serem percebidos. Ocupar um lugar determinado poderia impedi-los de enxergar suas próprias dificuldades diante dos problemas. Também era importante que descobrissem a necessidade de definir lugares específicos. O professor não deve ter pressa em acelerar a aprendizagem de seus alunos sobre todos os detalhes de uma partida de handebol; assim, permite a construção do conhecimento pelos próprios jogadores.

Por essa experiência vivida, entendo que, durante a iniciação, o mais adequado seja privilegiar a situação 1x1, mais chamada de marcação individual, que oferece às crianças mais oportunidade de alcançar as próprias percepções do jogo. Como exemplo, relato uma das aulas, na qual realizamos um jogo de handebol com marcação individual. Cada aluno optou por escolher um jogador da equipe adversária e, durante o jogo, deveria marcá-lo, impedindo-o de pegar a bola ou arremessá-la ao gol. As crianças cumpriram essa tarefa, mas ficaram muito cansadas, pois, em vez de observar quem estava posicionado mais perto para marcar esse jogador, corriam atrás dos jogadores que haviam escolhido para marcar. Essa marcação ocorria desde a saída da bola com o goleiro. Com isso, corriam quando estavam no ataque e mais ainda na posição de defesa, atravessando a quadra de um lado para o outro sem descanso. Após vivenciarem essa situação, os próprios alunos disseram que não aguentavam mais correr. Então, perguntei o que poderíamos fazer para tornar aquela situação menos cansativa. Depois de muita conversa, chegaram a duas conclusões: primeira, não precisavam marcar o amigo desde a saída de bola com o goleiro, pois o perigo maior estava depois da linha central, ou seja, apenas da metade da quadra em diante; segunda, deveriam escolher quem iriam marcar de acordo com o posicionamento que ocupavam (se estavam jogando como armador direito, teriam muito trabalho para marcar o ponta-esquerda, pois precisariam atravessar a quadra o tempo inteiro).

Há situações em que a troca de marcadores é necessária; há também o fato de, em equipes de alto rendimento, existirem jogadores especializados em defesa, tanto que se realizam substituições contínuas dos jogadores especialistas em ataque. Porém, durante a iniciação, não é necessário complicar tanto a vida das crianças. Se elas não conseguirem se perceber, cabe ao professor auxiliá-las, mas, para que isso ocorra, ele deve proporcionar situações de conflito, a fim de que os próprios alunos descubram as intempéries vividas no confronto real de uma partida.

O handebol e a competição

Ao trabalhar com crianças, em qualquer contexto ou nível de desempenho, seja em jogos, seja em brincadeiras ou mesmo no próprio esporte, o professor precisa tomar cuidado com a competição.

A competição existe e é inerente ao ser humano, seja pelo contexto político-histórico-cultural, seja por características intrínsecas ao indivíduo. Dessa forma, o professor, e não apenas o de educação física, precisa saber lidar com a competição, pois, caso lhe atribua grande importância, as crianças também o farão, e muitos objetivos, como o próprio prazer de realizar determinadas atividades ou descobrir novas possibilidades para uma mesma prática, podem dar lugar, exclusivamente, à competição, numa busca incessante e incansável pela vitória, quando vencer é o único e soberano objetivo.

A ideia não é negar a competição no ambiente escolar, em clubes nem mesmo em outros espaços de iniciação esportiva, apenas dosá-la, não a supervalorizando, para que as crianças percebam que tão gostoso como competir e vencer é vivenciar, descobrir, aproveitar, enfim, aprender e transformar essa prática em algo útil e/ou prazeroso para a vida. Sem dúvida, a questão da competição no alto rendimento não pode ser compreendida dessa mesma forma, mas essa já é outra história. Mais do que ficar discutindo os resultados do jogo, as crianças devem ter a oportunidade de refletir sobre sua atuação nele, assim como sobre as dificuldades encontradas e as reações apresentadas pelos adversários em decorrência de suas ações. É papel do professor conduzir os alunos nessa reflexão, sem desmerecer quem "perdeu", buscando os motivos que levaram o time a perder, ou seja, aproveitar-se da situação para uma aprendizagem tática de jogo, por meio de soluções a serem encontradas coletivamente, ativamente e não de maneira preconceituosa.

Há necessidade de o professor, com bom senso e compreensão da evolução da modalidade, desenvolver atividades e até competições de forma educativa. Sem dúvida, uma manifestação corporal sistematizada não é imprescindível, mas se for aplicada de forma adequada, coerente e responsável, permitirá que o esporte interfira e auxilie positivamente na formação do aluno como cidadão consciente.

No segundo ano do projeto que ora descrevemos, surgiu a oportunidade de participação nos jogos estudantis da região, representando a escola.

Minha preocupação era a possível frustração das crianças diante dos resultados do campeonato, que poderia ter como consequência o abandono das nossas aulas. Ao partilhar essa preocupação com o grupo, a opção dos alunos foi participar dos jogos e enfrentar as situações que, por ventura, fossem frustrantes. A oportunidade de jogarmos com pessoas diferentes, em lugares diferentes, sem que o foco estivesse voltado exclusivamente para vitória, e sim para uma primeira participação em jogos oficiais, trouxe um grande estímulo à automotivação de cada aluno. É importante ressaltar o quanto possibilidades de confronto com outra equipe tornam-se aspectos motivacionais para qualquer praticante ou atleta, dentro ou fora de seu ambiente de prática cotidiana.

Essa participação pode mostrar a diferença entre nossa equipe e as outras nos quesitos de organização, orientação sobre o jogo, de discussão sobre ações erradas nos momentos do tempo oficialmente pedido pelo técnico de cada equipe. Os próprios alunos diziam como estavam se sentindo, como percebiam o jogo e as ações dos demais jogadores. Isso provou que a construção do conhecimento sobre uma modalidade realizada em conjunto, mediada pelo professor, pode permitir a compreensão das ações. Assim os resultados nos mostraram que o método empregado no ensino de uma modalidade esportiva, desenvolvida em qualquer ambiente de aprendizagem, sempre pautado num apoio essencialmente pedagógico, pode ser plenamente satisfatório.

A equipe masculina foi campeã e a feminina, vice-campeã. Foi preciso minha intervenção, após observar excessiva cobrança das meninas diante de uma equipe superior, visando converter aquela situação em algo prazeroso para elas. Isso foi feito durante um pedido de tempo, no qual ressaltei meu orgulho de suas atuações, solicitando que não cobrassem tanto de si mesmas, o que as afastaria da alegria de jogar. Esse comentário permitiu que as brigas diminuíssem dentro da quadra, ao descobrirem a superioridade das adversárias. Foi um momento de escolhas individuais entre continuar brigando e perder o jogo ou aproveitar aquela situação ao máximo para que ela se tornasse uma verdadeira aprendizagem na tentativa de jogar melhor. Enfrentar um adversário dando o máximo não se torna motivo de tristeza pela derrota, mas de compreensão das próprias possibilidades, permitindo a comemoração até mesmo de um segundo lugar.

O orgulho de ser professor pode se dar apenas diante da alegria de seus alunos jogarem, nem sempre diante das vitórias conquistadas nos jogos.

No ano seguinte desse projeto vivido em minha trajetória profissional, vários jogos foram realizados com outras escolas, mas sempre com a intenção de aprender com os outros e não de vencê-los a qualquer custo.

Com o objetivo pautado em questões pedagógicas, incentivando a participação, com foco na formação dos alunos, é possível conseguir resultados positivos, mas não se pode deixar de compreender que a realidade encontrada nos confrontos é muito diferente dos aspectos ensinados em nossas aulas.

Assistindo à gravação de jogos ou mesmo de montagens diferenciadas daquelas vividas habitualmente, muitos conteúdos podem ser mais bem assimilados. Isso acontece pelo fato de que nem todos aprendem pelo mesmo caminho. Alguns compreendem melhor vendo, ao passo que outros preferem ouvir o que se ensina e outros, ainda, só aprendem fazendo, ou seja, em suas ações dentro da quadra. São as rotas de acesso à aprendizagem, necessárias ao conhecimento de todo professor, pois permitem que os alunos atinjam o objetivo maior, que é compreender o que é ensinado. A possibilidade de oferecer uma apresentação por meio de vídeos facilitou a compreensão, pelo fato de os alunos não conseguirem observar diferentes equipes, tampouco a si próprios, em jogo. É preciso ter cuidado para que não queiram transportar para as quadras a realização dos movimentos que atletas profissionais executam. A ânsia de jogar bem pode levar as crianças também às frustrações, em face da sua incapacidade para executar arremessos diferentes, passes que parecem impossíveis e até ações negativas, como condutas violentas (bater, xingar).

Nesses momentos, há necessidade de conversas a respeito da mídia, enfatizando que as reportagens e as gravações de jogos profissionais voltam-se para o destaque de belas execuções, conquistadas em longo tempo de treinamento.

No entanto, aspectos como o pouco interesse da mídia em apresentar jogos de handebol, as discussões acerca dos grandes ídolos, o consumo de produtos esportivos, a questão do *doping*, entre tantos outros pontos que fazem parte do universo de uma competição, devem ser considerados nos conteúdos das aulas. Incentivar a capacidade de discernir, de perceber as distorções de uma realidade esportiva é um passo importante na formação de alunos críticos e autônomos, para que se tornem verdadeiros atores e avaliadores sensatos em suas atuações na sociedade, e não apenas em suas participações nas práticas esportivas.

Final da história

Com o fim do projeto, vários aspectos puderam ser analisados, transformando-se em aprendizagem de minha atuação docente. Por exemplo, a paixão pela função profissional tem enorme significado motivacional, que permite sair em busca de mais conhecimento, ultrapassando as barreiras encontradas em nossa trajetória. Nessa experiência, foi possível avaliar pontos positivos e negativos em minhas práticas pedagógicas.

Nesse projeto de iniciação esportiva, contemplamos a aprendizagem de 60 crianças, separadas por gênero, que, mesmo com tempo reduzido de aula, puderam experimentar a prática de uma modalidade desconhecida por elas, por meio de métodos diferenciados das vivências de esporte que encontramos em nossos caminhos. Os resultados dessa intervenção mostraram-se muito positivos, pois até mesmo alunos que mudaram de residência não quiseram sair dessa escola, em razão de sua participação nessa prática extracurricular.

Outro destaque foi a dificuldade encontrada por outros professores em lidar com alunos considerados "problemas para a escola". Estes, em minhas aulas, não exigiram qualquer posicionamento diferente de minha parte. Havia, de ambas os lados, respeito e carinho.

Os próprios integrantes dessa atividade de iniciação esportiva identificaram os alunos que roubavam os materiais usados nas aulas de educação física e foram conversar com eles sobre a importância da conservação e manutenção desses materiais. Problema resolvido por iniciativa dos próprios alunos.

Com um jogo para finalizar essa proposta esportiva, destacamos no último encontro os efusivos agradecimentos por parte deles.

Sem dúvida, o handebol ainda é uma prática esportiva muito jovem em nosso país, mas, independentemente de todas as dificuldades e dos obstáculos que podemos encontrar em nossos caminhos profissionais, essa experiência mostrou-me o quanto a fundamentação pedagógica é capaz de transformar práticas esportivas em atividades prazerosas com foco na formação que antecede a capacitação.

Essa vivência com o handebol deu-me a oportunidade de saber o que é ser professora, numa posição de mediadora do conhecimento a ser construído com os alunos, como atriz de meu compromisso pedagógico na formação de crianças e adolescentes. Não importa a tendência pedagógica a ser seguida, não importam os livros que apoiem nossas ações, não importa a modalidade a ser aplicada nem mesmo o local onde se desenvolve o ensino, o mais importante é que o foco central de uma atuação docente seja voltado ao aluno, visando seu bem-estar e sua aprendizagem efetiva e de boa qualidade. Seja na escola, no clube ou na escolinha de iniciação esportiva, o tripé aluno, professor e modalidade esportiva deve estar em equilíbrio, assim, o sucesso na condução das atividades estará garantido.

Referências bibliográficas

ARRIBAS, T.L. *A educação física de 3 a 8 anos*. Trad. Fátima Murad. 7ª ed. Porto Alegre: Artmed, 2002.

AZEVEDO, A.A. de; SUASSUNA, D.; DAOLIO, J. "Aspectos socioantropológicos do esporte". *In*: COMISSÃO DE ESPECIALISTAS DE EDUCAÇÃO FÍSICA DO MINISTÉRIO DO ESPORTE (org.). *Esporte e sociedade*. 2ª ed. Brasília: UnB/Centro de Educação a Distância, 2004, p. 59-97.

AYOUB, E. "Reflexões sobre a educação física na educação infantil". *Revista Paulista de Educação Física*, São Paulo, supl. 4, p. 53-60, 2001.

BELL, B.; GAVENTA, J.; PETERS, J. (orgs.). *O caminho se faz caminhando: Sobre educação e mudança social – Paulo Freire e Myles Horton*. Trad. Vera Lúcia Mello Josceline. Petrópolis: Vozes, 2003.

CAETANO, M.J.D.; SILVEIRA, C.R.A.; GOBBI, L.T.B. "Desenvolvimento motor de pré-escolares no intervalo de 13 meses". *Revista Brasileira de Cineantropometria e Desempenho Humano*, Universidade Federal de Santa Catarina, v. 7, n. 2, p. 5-13, 2005.

CONFEDERAÇÃO BRASILEIRA DE HANDEBOL, [20--?]. [Disponível em: <http://www.brasilhandebol.com.br>. Acesso em: 3/3/2014.]

DAOLIO, J. *Da cultura do corpo*. Campinas: Papirus, 1994.

______. *Educação física e o conceito de cultura*. Campinas: Autores Associados, 2004.

DARIDO, S.C. "Os conteúdos da educação física escolar: Influências, tendências, dificuldades e possibilidades". *Perspectivas em Educação Física Escolar*, Niterói, v. 2, n. 1 (supl.), 2001.

______. "Educação física escolar: O conteúdo e suas dimensões". *In*: DARIDO, S.C.; MAITINO, E.M. *Pedagogia cidadã: Cadernos de formação – Educação física*. São Paulo: Unesp/Pró-Reitoria de Graduação, 2004.

FEDERAÇÃO PAULISTA DE HANDEBOL, [20--?]. [Disponível em: <http://www.fphand.com.br>. Acesso em: 3/3/2014.]

FERRAZ, O.L. "Educação física na educação infantil e o Referencial Curricular Nacional: Perspectiva dos professores". Tese de doutorado em Educação. São Paulo, 2000. Faculdade de Educação, Universidade Estadual de São Paulo.

______. "Parâmetros Curriculares Nacionais: Reflexões e críticas". *Motriz*, Universidade Estadual Paulista "Julio de Mesquita Neto", v. 7, n. 1 (supl.), jan.-jun., p. 77-83, 2001.

FREIRE, J.B. *Educação de corpo inteiro: Teoria e prática da educação física*. 4ª ed. São Paulo: Scipione, 1997.

______. "Prefácio". *In*: NISTA-PICCOLO, V.L. (org.). *Pedagogia dos esportes*. 2ª ed. Campinas: Papirus, 1999.

FREIRE, P. *Pedagogia do oprimido*. 17ª ed. Rio de Janeiro: Paz e Terra, 1987.

______. *Pedagogia da autonomia: Saberes necessários à prática educativa*. São Paulo: Paz e Terra, 2001.

GALLAHUE, D.L.; OZMUN, J.C. "Compreendendo o desenvolvimento motor: Bebês, crianças, adolescentes e adultos". Trad. Maria Aparecida da Silva Pereira Araújo,

Juliana de Medeiros Ribeiro e Juliana Pinheiro Souza e Silva. 3ª ed. São Paulo: Phorte, 2005.

GALLARDO, J.S.P. *et al.* "Educação física escolar: Ensino fundamental". *In*: GALLARDO, J.S.P. (org.). *Educação física escolar: Do berçário ao ensino médio.* Rio de Janeiro: Lucerna, 2003, p. 65-94.

INTERNATIONAL HANDBALL FEDERATION, [20--?]. [Disponível em: <http://www.ihf.info/Home/tabid/40/Default.aspx>. Acesso em: 3/3/2014.]

KAMII, C. "Autonomia". Direção: Regis Horta. Roteiro: Constance Kamii e Marta Rabioglio. Apresentação: Constance Kamii. *Atta Mídia e Educação.* 1 cassete sonoro, [19--?].

MATURAMA, H.; REZEPKA, S.N. de. *Formação humana e capacitação.* Trad. Jaime A. Clasen. Petrópolis: Vozes, 2000.

MOREIRA, E.C. "Pensando e planejando a educação física escolar". *Anais do III Congresso Centro-Oeste de Ciências do esporte: Formação profissional em Educação* Física e *Ciências do Esporte no Centro-Oeste.* Cuiabá: UFMT, 2008, p. 1-7.

MOREIRA, E.C.; PEREIRA, R.S.; LOPES, T.C. "Considerações, reflexões e proposições para a educação física na educação infantil e séries iniciais do ensino fundamental". *In*: MOREIRA, E.C.; NISTA-PICCOLO, V.L. (orgs.). *O quê e como ensinar educação física na escola.* Jundiaí: Fontoura, 2009, p. 109-149.

NISTA-PICCOLO, V.L. "Pedagogia dos esportes". *In*: NISTA-PICCOLO, V.L. (org.). *Pedagogia dos esportes.* 2ª ed. Campinas: Papirus, 1999, p. 9-12.

______. "A produção do conhecimento em educação física". *Corpoconsciência*, Santo André, n. 13, jan.-jun., p. 15-24, 2004.

OLIVEIRA, A.A.B. de. "Planejando a educação física escolar". *In*: VIEIRA, J.L.L. *Educação física e esportes: Estudos e proposições.* Maringá: Eduem, 2004, p. 25-56.

PEREIRA, R.S. "A educação física nas séries da fase inicial do ensino fundamental das escolas públicas municipais de Santo André: O olhar dos professores polivalentes". Dissertação de mestrado em Educação Física. São Paulo, 2007. Universidade São Judas Tadeu.

PIMENTA, S.G.; ANASTASIOU, L. das G.C. *Docência no ensino superior*, v. 1. São Paulo: Cortez, 2002.

PORTO, E.T.R. "Mensagens corporais na pré-escola: Um discurso não compreendido". *In*: MOREIRA, W.W. *Corpo pressente*. Campinas: Papirus, 1995, p. 83-110.

RANGEL, I.C.A. "Jogos e brincadeiras nas aulas de educação física". *In*: DARIDO, S.C. e MAITINO, E.M. *Pedagogia cidadã: Cadernos de formação – Educação física*. São Paulo: Unesp/Pró-Reitoria de Graduação, 2004, p. 111-138.

RANGEL-BETTI, I.C.A. "O prazer em aulas de educação física escolar: A perspectiva discente". Dissertação de mestrado em Educação Física. Campinas: Faculdade de Educação Física. Campinas, 1992. Universidade Estadual de Campinas.

SANTANA, W.C. A tarefa da pedagogia do esporte na infância à luz do paradigma da complexidade. Pedagogia do Futsal, 2002. [Disponível em: <http://www.pedagogiadofutsal.com.br/interna_artigos.aspx?id=10>. Acesso em: 18/6/2014.]

3
MERGULHANDO NA APRENDIZAGEM DA NATAÇÃO

Aline Dessupoio Chaves

A história da natação e a evolução dos nados

A prática da natação parece estar cada vez mais presente no dia a dia das pessoas. É uma atividade muito prazerosa, por ser realizada na água, promove uma alta sensação de bem-estar e é acessível a qualquer um, desde a primeira infância até a terceira idade. Dentre os principais motivos que levam as pessoas a buscar a prática da natação, podemos citar saúde, segurança no meio líquido, lazer e competição.

A utilização da água é conhecida desde a Antiguidade, por diversas civilizações, já que o homem sempre a usou com diversas finalidades: cozinhar, beber, banhar-se etc. A história mostra que a água vem sendo utilizada há milênios, e de diversas formas, com o objetivo de melhorar a qualidade de vida dos indivíduos, vinculada a atividades físicas e terapêuticas que vão desde uma simples caminhada até exercícios mais elaborados para as diversas partes do corpo, com objetivos diferentes.

Estudiosos da natação afirmam que é impossível datar seu surgimento, afirmando que suas origens confundem-se com as da humanidade (CATTEAU; GAROFF, 1998). Por ser uma atividade física tão antiga, sua prática e seus benefícios para a saúde despertaram o interesse e a curiosidade das pessoas.

O homem começou a utilizar a água para sua subsistência: para pescar, para beber, para higienizar o corpo e os instrumentos de casa ou no comércio etc. A necessidade também fez o homem criar pequenas embarcações, entrar na água e dominar seu corpo. Isso foi fundamental para que ele percebesse que teria de aprender a sobreviver no meio aquático (SANTOS, 1996).

A aprendizagem da natação na era primitiva parece ter se dado principalmente por instinto. Por instinto, o homem percebeu a necessidade de resolver problemas que aconteciam na água, como acidentes, busca de alimentos, fuga de animais, transposição de obstáculos e também diversão. Acredita-se que, pela imitação de animais como a rã e o sapo, o nado de *peito* ou *clássico* tenha sido a primeira forma encontrada pelo homem para se locomover na água.

Essa relação com o meio líquido, futuramente a "natação", proporcionaria até certa distinção social, como na Roma antiga, onde em referência à ignorância de alguém, dizia-se que aquela determinada pessoa "não sabia ler nem nadar" (CATTEAU; GAROFF, 1998, p. 22).

A natação era uma arte nobre em civilizações antigas como a egípcia, a fenícia, a grega; fazia parte, até, do treinamento militar. Para os antigos gauleses, nenhum fidalgo poderia ser armado cavaleiro se não dominasse com perfeição a arte de nadar.

Durante a Idade Média, não se registrou grande interesse pela natação como meio para melhorar a saúde. É uma característica da época o não atendimento a tudo o que se referisse ao corpo humano. Só nos países do norte da Europa a natação era vista, naquela época, como atividade benéfica (LEWIN, 1979; REYES, 1998).

Com a queda do Império Romano, a natação praticamente desapareceu na Idade Média, em virtude da forte repressão corporal imposta pelas concepções morais e religiosas da época. Acreditava-se, também, que havia uma proliferação de epidemias nos banhos públicos comunitários. Dessa forma, quando as pessoas nadavam, preferiam um tipo de nado de peito, para manter a cabeça fora da água. Ainda assim, sabe-se que, naquela época, havia uma festa com a participação da plebe, a "Festa da Fortuna", que tinha o intuito de abrandar a ira dos deuses da chuva. As provas eram o remo e o nado; o prêmio, uma enorme coxa de frango, havendo até registro dos campeões (LEWIN, 1979; REYES, 1998).

Somente com o Renascimento essas ideias perderam força e a natação reconquistou seu prestígio, fazendo surgir piscinas para banhos públicos em diversos países.

No século XVII, a natação passou a ser vista de outra forma. Por exemplo, entre os estudantes japoneses, era matéria obrigatória, determinada por decreto assinado pelo imperador em 1603.

De acordo com Lacoste e Semerjian (2000), foi na primeira metade do século XIX que a natação progrediu como desporto, principalmente graças à atuação de lorde Byron. Por ser um lorde e nadar em público, ele atraiu uma corrente muito simpática para si e para a natação. Lorde Byron, inspirado em uma lenda, atravessou a nado o canal que liga a Europa à Ásia, o estreito de Dardanelos, completando uma distância de pouco mais de 1,5 km em aproximadamente uma hora, um feito que impulsionou ainda mais a prática da natação.

Em 1837, realizaram-se em Londres as primeiras provas de natação competitiva, contando com nadadores de outros países, em seis piscinas.

A evolução dos nados

Nas primeiras competições em Londres, em 1837, os nadadores realizavam a braçada de peito lateralmente. Depois, em razão da resistência da água, surgiu o *single overarm stroke*, que levava um dos braços à frente, acima da superfície da água, que evoluiu para o *double overarm*, em que ambos os braços realizavam a fase aérea e aquática.

Da observação dos nativos da América do Sul, Trudgen, em 1893, aperfeiçoou o nado com o movimento de perna em forma de tesoura. Frederick Caviel, na Austrália, observou que os indígenas de lá movimentavam as pernas com mais agilidade na superfície da água, adotando assim o *crawl australiano*, com o qual seu filho bateu o recorde mundial das 100 jardas em 1900 (COLWIN, 2000).

Na Olimpíada de 1912, surgiu o *crawl moderno*, com o havaiano Duke Kahanamoku, vencedor dos 100 m nado livre. Na Olimpíada de Paris, Johnny Weissmuller bateu novamente o recorde, utilizando o nado *crawl*, consagrando-o assim como nado mais veloz.

O nado de costas surgiu inicialmente como um nado de descanso, realizado em decúbito dorsal, com giros simultâneos dos braços para trás e uma pernada de tesoura. O nado só evoluiu na Olimpíada de 1912, quando o norte-americano Harry Habner venceu os 100 m com uma puxada semelhante à do nado *crawl*. Posteriormente, Adolph Kiefer modificou a pernada e a braçada para movimentos alternados como o do nado *crawl*, porém, a entrada do braço na água era feita com o braço estendido, para garantir uma melhor flutuação.

O nado de peito é um dos nados mais antigos e provavelmente foi a primeira forma encontrada pelo homem para se locomover na água, como já mencionamos, com a braçada realizada com grande amplitude para os lados e para trás.

Nos Jogos Olímpicos de Paris, em 1924, um nadador alemão assumiu a posição baixa dos joelhos, arredondando o movimento dos membros inferiores. Ele também usava o mesmo processo para a braçada (CATTEAU; GAROFF, 1998).

O Museu de Belas Artes de Paris ostenta a estátua de um nadador grego, em posição de peito. Por esse motivo, alguns autores justificam esse nado ser conhecido como clássico. Como o nado de peito era realizado submerso, em 1957, ele foi proibido, permitindo-se a submersão total apenas na saída e na virada (CATTEAU; GAROFF, 1998). É também o mais lento, por ter movimentos de braços e pernas submersos, com maior resistência frontal. Esse nado exige grande coordenação de movimentos, o que torna seu aprendizado com boa técnica um pouco complexo. Foi o nado que mais sofreu alterações, tanto nas regras como na técnica.

Em 1933, na cidade de Nova York, Henry Myers, que tinha certa dificuldade na braçada de peito, resolveu tirar os braços da água por cima dos ombros, à frente da cabeça, e manteve o movimento de pernas. Seu movimento de braços tornou-se semelhante à figura de uma borboleta, e foi assim batizado (COLWIN, 2000).

Em 1934, Jack Silg, por brincadeira, realizou algumas ondulações, sem movimento de braços. Seu técnico foi agrupando os movimentos até encontrar a coordenação ideal, para que o estilo fosse aceito, lembrando-se da braçada de Myers (COLWIN, 2000).

Com a introdução da braçada de borboleta, o nado de peito tornou-se uma das provas mais interessantes da natação de competição. Alguns competidores continuaram a praticar o nado de peito submerso, outros passaram a praticar o novo nado de peito-borboleta na superfície.

Na década de 1970, foi introduzido na natação um estilo ondulante, que envolvia a movimentação do corpo como o de um golfinho, um pouco parecido com o movimento do nado borboleta. Esse estilo é denominado nado de peito ondulante (COLWIN, 2000).

Com o tempo, os nadadores descobriram que podiam praticar o nado peito-borboleta mais rápido se utilizassem o que atualmente conhecemos como pernada de golfinho. Essa pernada também se conformava às regras do nado de peito então em uso, porque as pernas movimentavam-se simultaneamente e no mesmo plano (COLWIN, 2000).

Utilizando a pernada de golfinho, o nado peito-borboleta tornou-se tão mais rápido que o peito convencional, que o borboleta passou a ser considerado um nado distinto. Assim, o nado borboleta foi separado do nado de peito pela Federação Internacional de Natação Amadora (Fina), em 1952, que determinou provas isoladas para cada estilo.

A aprendizagem da natação

A natação é uma modalidade esportiva que pode ser praticada desde a mais tenra idade, com objetivos tanto de aprendizagem e lazer quanto de esporte competitivo. É conhecida popularmente como um "esporte completo" e envolve adeptos também preocupados com a segurança no meio líquido. Por esses motivos, ela tem atraído, nas últimas décadas, um grande público, especialmente o infantil.

É um esporte praticado em clubes, academias, associações, piscinas públicas e escolas, e isso pode definir o objetivo de sua prática, embora deva-se salientar que o processo de aprendizagem independe do ambiente de ensino, pois todos os conteúdos dessa fase inicial devem ser trabalhados de forma concreta para que, no futuro, o praticante tenha condições de decidir se permanece praticando natação por questões de saúde, lazer ou para se tornar um atleta de alto rendimento.

Durante a aprendizagem da natação, é importante, de acordo com Lima (2006), apresentar aos alunos exercícios e estratégias coerentes com os níveis pedagógicos e de maturidade, para que esse processo ocorra de maneira ideal. Assim, devemos respeitar a individualidade de cada aluno tanto nas questões físicas quanto nas psicológicas, porque elas caminham juntas no processo de aprendizagem.

Para Velasco (1997), os bebês são considerados "autodidatas", pois já têm vários reflexos inatos que, com o passar do tempo, serão desenvolvidos ou adormecidos, dependendo da quantidade e da qualidade de estímulos recebidos. As crianças vivem as experiências de maneira descontraída e acabam aprendendo simplesmente pelo prazer da realização. Já os adultos necessitam se conscientizar e refletir mais para superar suas dificuldades, uma vez que tendem a registrar mais o que não querem do que o que querem. Os idosos buscam melhora da autoestima, relaxamento, aceitação de dificuldades e valorização de pontos fortes.

Na natação, a infância pode ser dividida em duas fases: uma que vai dos 18 meses aos 6 anos e outra que vai dos 6 aos 12 anos (BEE; MITCHELL, 1986). Para cada fase, o professor deve adequar as aulas e os objetivos a serem atingidos, de acordo com a capacidade motora e cognitiva do aluno. Em qualquer dessas fases, a natação é uma atividade que traz muitos benefícios para o crescimento e desenvolvimento saudável.

É muito comum que os pais matriculem seus filhos na natação para melhorar problemas circulatórios e também por questões de segurança (para que não se afoguem em piscinas de casa, clube, chácara etc.).

Durante a adolescência, muitos jovens são orientados a praticá-la, em virtude de desvios posturais e para auxiliar no processo de crescimento, mas atualmente merece destaque a busca desse esporte para que o jovem condicione-se fisicamente (adquira boa forma física) num ambiente que proporciona prazer, o meio líquido. Para que se obtenham benefícios, o profissional que ensina a natação deve entender a biomecânica dos nados e as propriedades da água, e como elas atuam no corpo do praticante.

A natação é muito desenvolvida também na fase adulta, que vai dos 20 aos 59 anos (GALLAHUE; OZMUN, 2005). É nessa fase da vida que a pessoa deve assumir maior responsabilidade. Surgem novas atividades, que ocupam a maior parte do tempo, como trabalho e vida familiar. Além disso, é bem comum os adultos serem acometidos pelo estresse, considerado uma doença da era moderna, que atinge pessoas que trabalham excessivamente. Uma das formas de combater esse mal é a prática regular de atividade física. Acredita-se que muitas pessoas que praticam a natação têm por objetivo minimizar os efeitos do estresse, recuperando-se física e mentalmente. Para alunos que querem apenas relaxar, o professor deve utilizar uma metodologia diferente daquela utilizada para aqueles que querem competir ou emagrecer, por exemplo.

Um fator importante, que pode ser lembrado quando se trabalha com adultos, é a questão do medo e da influência que ele causa no processo de aprendizagem, podendo retardar a evolução do aluno e até mesmo fazê-lo desistir de praticar a natação. Muitas pessoas têm medo de água, às vezes, por influência dos pais ou por algum trauma sofrido na infância. Muitas vezes, é difícil fazer com que o aluno sinta confiança no professor e em si mesmo. Assim, é importante que o professor encontre estratégias para convencer o aluno da importância de superar o medo para aprender a nadar (MACHADO, 1978).

Atividades na água são bastante procuradas pelos idosos. De acordo com Gallahue e Ozmun (2005), são consideradas idosas as pessoas que têm idade igual ou superior a 60 anos. Há certo tempo, vem crescendo no Brasil essa parcela da população e essa fase, como as demais, necessita também de diferentes propostas de atividades relacionadas à saúde e ao entretenimento.

O processo de envelhecimento acarreta várias mudanças no organismo e aumenta o risco de incidência de doenças. Segundo Trindade (2005), as alterações mais frequentes que podem ocorrer nessa fase são: hipertensão arterial, obesidade, diabetes, arteriosclerose, osteoporose, redução das funções cardiovascular, pulmonar e renal e lentidão cognitiva e motora. Porém, o autor ressalta que o envelhecimento não pode ser considerado como um período da vida em que só ocorre declínio das capacidades físicas e redução das funções corporais. É também uma fase de adaptações, para a qual os professores de educação física devem criar atividades que desenvolvam as potencialidades que os idosos têm, tanto físicas como cognitivas, pois eles ainda são capazes de aprender.

Também podem ocorrer alterações endócrinas e redução da massa muscular e óssea, seguida de perda de força muscular. A prática regular de atividade física retarda os efeitos do envelhecimento e promove longevidade (MCARDLE; KATCH; KATCH, 2003). A aprendizagem de novas habilidades motoras gera plasticidade cerebral, ou seja, aumenta o número de neurônios centrais e periféricos e aumenta o número de sinapses entre os neurônios. Para o idoso, isso é benéfico, pois aumenta sua capacidade cognitiva e motora (SANTOS, 2005).

Na natação, o método de ensino utilizado pelo professor é crucial para a permanência do idoso nas aulas, visto que alguns podem ter algum tipo de receio com relação à água, como medo de se afogar ou algum trauma de infância, assim como os adultos. Observa-se que a hidroginástica é a atividade aquática mais procurada por esse público, já que não há necessidade de contato direto do rosto com a água e nem de saber nadar.

O professor deve criar situações de desafio e superação, a fim de auxiliar o aluno a alcançar seus objetivos com a atividade. Para os estudiosos do assunto, mesmo a natação sendo um esporte individual, o professor deve criar atividades recreativas que auxiliem a sociabilização dos alunos e deve oportunizar vivências aquáticas importantes para facilitar o domínio do esporte e a saúde mental (CORRÊA; MASSAUD, 2004).

Assim, para cada aluno, devemos adequar a melhor estratégia, no intuito de alcançar o objetivo pretendido, indo, muitas vezes, além da aprendizagem dos quatro estilos.

A aprendizagem da natação inicialmente era feita pelo *método global*, no qual nadar significava resolver problemas que aparecem numa ordem fixa e imutável. São eles: equilíbrio, respiração e propulsão. As características desse método são incompetência técnica, não intervenção do professor e aluno autodidata (CATTEAU; GAROFF, 1998).

Com base nessas características, criaram-se duas correntes que enxergavam na concepção global: aspectos positivos (trabalho na água, atitude ativa do aluno, respeito às condições biológicas do aluno, modalidade de nado adaptado às necessidades e circunstâncias, aprendizagem por tentativa e erro) e aspectos negativos (espontaneidade e falta de controle, ausência de método, ausência de professor, não descoberta dos erros, lentidão da aprendizagem, confiança na adaptação instintiva, falta de simplificação do gesto).

Por outro lado, o *método analítico* utilizava-se de exercícios repetitivos e sequenciais a seco; os alunos realizavam os movimentos fora da água, seguindo o comando 1, 2, 3, para depois repeti-los dentro da água. A aprendizagem da natação caracterizava-se pela falta de significado do gesto. Isso se torna mais evidente com o aparecimento de "máquinas para aprender a nadar", em que os alunos, querendo ou não, deslocavam os segmentos presos por correias a sistemas de canos, manivelas etc. (CATTEAU; GAROFF, 1998).

Esse método foi uma tentativa metodológica de utilizar exercícios pedagógicos, com aspectos positivos (formas coletivas de trabalho sob o comando do professor, exercício como facilitador da aprendizagem, progressão na dificuldade das atividades) e aspectos negativos (natação reduzida aos movimentos, estudo dos movimentos a seco, criação de um nado artificial, atitude passiva do aluno, estudo de posições, professor substituído por máquinas e disco).

Outra estratégia utilizada na aprendizagem da natação é o *método sintético*, que se preocupa com o trabalho da adaptação ao meio líquido, assim como com a coordenação das partes progressivas, ou seja, o aluno aprende a pernada e a braçada, coordena os dois movimentos e, depois, aprende como fazer a respiração na água e a coordena com os movimentos já aprendidos, até chegar ao nado completo. Assim, é um método que também apresenta um caráter de globalidade, garantindo o conhecimento da parte (CATTEAU; GAROFF, 1998).

Para garantir a aprendizagem, esse método tentou integrar a teoria que havia no método analítico com a prática do método global e, dessa forma, satisfazer as necessidades de cada aluno, fazendo uma interdisciplinaridade entre a fisiologia, a cinesiologia, a psicologia e outras ciências. Como instrumentos para o processo pedagógico, foram adotados materiais com variações de superfície, forma, profundidade, e se desenvolveu a preocupação com as instalações, como o espaço da piscina, a estrutura e até a temperatura da água.

Porém, independentemente do método utilizado na aprendizagem da natação, a ação pedagógica está fundamentada no trinômio: equilíbrio – respiração – propulsão. Nesse sentido, espera-se que o professor tenha conhecimentos de biomecânica do esporte, pois a natação necessita do entendimento das forças do fluido (resistência da água) para melhorar o desenvolvimento da aprendizagem (MAGLISCHO, 1999; MCGINIS, 2002; PALMER, 1990).

Cada método tem, então, vantagens e desvantagens; cabe ao profissional verificar aquele que se adequa à faixa etária e às habilidades aquáticas de cada aluno. O profissional que aplica o método deve ter embasamento técnico bem fundamentado, não bastando ser estudioso ou saber nadar; ele deve saber aplicar a teoria e, principalmente, ter condições de passar didaticamente esses conhecimentos a todos aqueles que quiserem aprender, assim como estar sempre aberto às novas experiências e à análise de sua própria prática docente.

A pedagogia mais utilizada atualmente nas aulas de natação lança mão de recursos técnicos específicos, baseados na repetição de movimentos, na separação de sequências, em um instrumental que poderia ser classificado como tradicional, com o objetivo de conseguir o domínio do meio líquido, dos movimentos e da aprendizagem o mais rápido possível (PEREIRA, 1999).

A importância da natação é salientada ao se dizer que "nos dias de hoje, ela é vista como uma atividade com múltiplas finalidades: educação, disciplina, segurança própria, destreza, saúde e recreação" (MANSOLDO, 1986, p. 47).

Na maioria das vezes, de acordo com Freire (2004), o que se percebe é que, na ânsia de alcançar os objetivos da aula, o professor não aguarda até que a interiorização do saber converta-se em base para a aprendizagem, atropelando as etapas da fase de iniciação.

Mais uma vez, pode-se afirmar que o problema não é a mudança de conteúdos, mas a forma como os conteúdos são apresentados aos alunos. Os conteúdos (informações e materiais) são, segundo Lima (2006, p. 29), "na verdade, irrelevantes: fundamental é a forma como se 'operam' os dados da realidade".

Num estudo de Limongelli (2006), realizado com o objetivo de levantar o que se tem estudado em relação à natação, verificou-se uma tendência internacional de estudá-la no contexto da saúde (os estudos sobre variáveis fisiológicas e biodinâmicas são 4 mil na base de dados Medline), em vez de no contexto educacional (os estudos sobre formação de professor e processo de ensino-aprendizagem são 300 na base de dados Eric). De acordo com esse estudo, essa tendência internacional repete-se em âmbito nacional, pois, das 86 teses e dissertações encontradas, somente 17 inserem-se no contexto educacional, representando menos de 20% da produção acadêmica nacional sobre o assunto.

Ao reconhecer que as pessoas são diferentes e vivem fases distintas, a forma de ensino da natação deve respeitar tais características para que o objetivo maior do aluno, e do ensino de maneira mais ampla, seja alcançado. Portanto, é esperado percebermos procedimentos, atividades e posturas distintas do professor quando observamos aulas para diferentes faixas etárias. Esse conhecimento do grupo e a adequação dos exercícios é princípio fundamental para que a aprendizagem flua e os benefícios da atividade ocorram.

De acordo com a pesquisa realizada por Santana, Tavares e Santana (2003) sobre a metodologia da aprendizagem da natação, a maioria dos autores (ANDRIES JR., 2002; LIMA, 2006; MACHADO, 1978; PALMER, 1990; TURCHIARI, 1996), mesmo com o passar do tempo, segue um raciocínio muito próximo. Esses métodos apresentam propostas de sequência pedagógica que enfatizam a importância da organização dos conteúdos de forma planejada, para que a aprendizagem seja efetiva e prazerosa para o aluno.

A sequência pedagógica é importante para o ensino da natação, já que sistematiza o ensino dos conteúdos do simples para o complexo. Um exemplo disso é que não adianta o aluno aprender os movimentos propulsivos de pernas e braços se ainda não domina o mecanismo de respiração, pois se deslocará na água apenas bloqueando a respiração e, quando for necessário inspirar, terá de parar os movimentos e colocar os pés no chão, não dando continuidade ao nado.

Assim, cabe ao professor estabelecer uma sequência pedagógica que facilite o aprendizado do aluno, para que um conteúdo complexo ensinado antes do simples não seja comprometido nem desmotive o aprendiz.

Propostas de sequências pedagógicas

Machado (1978) divide a sequência pedagógica do ensino da natação em cinco unidades, que são desenvolvidas com base em exercícios e jogos:

1) ambientação ao meio líquido;
2) flutuação;
3) respiração;
4) propulsão;
5) mergulho elementar.

Já Palmer (1990) acredita que, antes de pensar em ensinar, deve-se levar em consideração a água como um meio estranho ao aluno, que necessita de algumas atividades básicas, como locomoção na água, antes de aprender os estilos formais. Dessa forma, o processo pedagógico seria:

1) exercícios de confiança;
2) flutuação;
3) recuperação do pé na posição pronada e supinada;
4) impulsão e deslizamento pronado e supinado;
5) nado cachorrinho.

Turchiari (1996) menciona a importância de a iniciação à natação respeitar as potencialidades de aprendizado da criança, principalmente na faixa de três a seis anos. Assim, acredita que a pedagogia da natação deva conter os seguintes itens:

1) reconhecimento do ambiente externo e interno da piscina;
2) entrada na piscina;
3) reconhecimento da piscina;
4) controle respiratório;
5) contato com a água;
6) submersão da cabeça na água;
7) flutuação em decúbito ventral;
8) flutuação em decúbito dorsal;
9) deslocamento sem auxílio de apoio dos pés no fundo;
10) adaptação e deslocamento em piscinas de maior profundidade.

De acordo com Lima (2006), o ensino da natação deve ser pautado em:

1) adaptação ao meio líquido;
2) respiração geral;
3) flutuações ventral, dorsal, vertical e lateral;
4) propulsão de pernas;
5) propulsão de braços;
6) coordenação de pernas e braços;
7) respiração específica lateral e frontal;
8) coordenação de pernas e braços e respiração;
9) saltos;
10) sobrevivência;
11) salvamento.

Para Andries Jr. (2002), na fase de adaptação, deve-se criar no aluno uma relação de prazer com a água, de envolvimento com ela. Assim, é necessário incorporar novos mecanismos de respiração e locomoção para a aprendizagem dos nados *crawl*, costas, peito e borboleta. A sequência pedagógica, então, seria:

1) primeiros contatos com a água;
2) respiração;
3) flutuação;
4) propulsão;
5) entrada na água.

Em relação à ambientação no meio aquático, os autores citados a abordam como parte inicial da aprendizagem da natação, demonstrando que é uma fase imprescindível para que o aluno conheça o ambiente da piscina, sinta a resistência da água, a visão subaquática e, também, as alterações de equilíbrio.

O conteúdo respiração também fica evidente entres os autores, já que o meio líquido exige que o aluno respire de maneira inversa da que faz em terra: deve inspirar pela boca, em razão da maior capacidade de captação de ar, e expirar pelo nariz, evitando a entrada de água nas vias aéreas. Apenas Palmer (1990) não explicita a fase de respiração, porém, para que o aluno consiga realizar os exercícios de recuperação do pé na posição pronada e supinada e os de impulsão e deslizamento pronado e supinado, será necessária a aprendizagem da respiração.

A propulsão também é abordada por todos os autores, já que é um dos principais fundamentos do esporte. Lima (2006) subdivide essa fase, dando ênfase à coordenação dos movimentos do nado.

Independentemente da sequência adotada para o ensino da natação, devemos encaminhar essa prática "no sentido de formação total, racionalizando o movimento sem inibir a criatividade, a espontaneidade e a liberdade, promovendo no aluno a significação e o sentido do que está sendo realizado" (VELASCO, 1998, p. 81).

Além disso, é importante proporcionar uma diversidade de experiências na água, para que o processo pedagógico não se torne repetitivo nem cansativo para o aluno. Assim, podemos utilizar variações em relação ao ambiente da piscina (lado raso ou fundo/nadar na largura ou no comprimento), ao tipo de instrução (verbal, por demonstração), aos materiais utilizados (flutuantes ou que afundem), ao método de ensino etc.

Devemos atentar, também, para o número de alunos para cada professor, o que influencia, e muito, o processo pedagógico, pois, na turma muito numerosa, a atenção a cada aluno fica diminuída.

O aspecto lúdico

O prazer é o princípio determinante da vida da criança. Assim, o ensino deve ocorrer de forma que ela perceba que aprender pode ser tão bom quanto brincar na rua ou na piscina de casa, pois aprender e brincar podem ser coisas parecidas, quando não iguais (PEREIRA, 1999).

Segundo o mesmo autor, para ensinar a nadar, não precisamos apenas nos basear em grandes campeões olímpicos, deixando claro que eles são importantes para o desenvolvimento do esporte. Podemos também nos basear em golfinhos, sereias, piratas e outros personagens que "moram" no mundo de fantasia das crianças e que convivem com o meio líquido.

É comum escutarmos frases como "meu filho nada como um golfinho" ou "ele é um peixinho dentro d'água". Essas observações normalmente levam em consideração a habilidade de nadar da criança. Porém, podemos atentar para uma habilidade que toda criança tem, a de brincar (PEREIRA, 1999).

Existem alguns profissionais e pais de alunos que criticam e desvalorizam a utilização do brincar durante as aulas. Porém, as pesquisas demonstram que muitos pais, quando indagados sobre os motivos que os levaram a matricular os filhos na natação, segundo Tahara e Santiago (2006), referem-se à possibilidade de momentos alegres e descontraídos para a criança, num aprendizado associado a brincadeiras e recreação aquática.

As aulas que utilizam o componente lúdico são motivadoras e despertam emoções positivas, associando alegria, prazer e satisfação com a aprendizagem do esporte. Dessa forma, as crianças se engajam e envolvem mais nas tarefas propostas pelo professor.

A ludicidade também é uma ferramenta bastante utilizada no processo pedagógico da natação. As brincadeiras, os jogos e as músicas são bastante comuns nas aulas para crianças, e também podem estar presentes nas aulas dos adultos.

Pereira (1999) cita a utilização do "faz de conta" em suas aulas temáticas, como ferramenta de trabalho, ao nomear as aulas como "ambientes lúdico-educativos", em que se contam histórias às crianças, envolvendo-as em um mundo de fantasia e realizações.

Cabe ao professor fazer a relação do lúdico com os conteúdos da natação em cada momento de seu planejamento, evitando que a utilização de brincadeiras seja sinônimo de desinteresse do professor na elaboração das atividades ou recompensa pelo comportamento dos alunos.

De acordo com Freire (2004), da perspectiva de utilizar a vivência lúdica na prática pedagógica, deve-se tomar cuidado para que o lúdico não perca sua identidade ao ser utilizado como estratégia.

Lima (2006) aconselha que, ao depararmos com exercícios novos e desafiadores, não devemos nos contentar somente com a emoção momentânea que eles nos oferecem, pois é importante despertarmos a curiosidade sobre as causas de eles nos emocionarem.

Assim, o papel do professor deve ser o de facilitador do processo de aprendizagem. Ele deve conhecer os mecanismos que envolvem o aluno e criar situações para a aquisição de novos conhecimentos.

Para finalizar, devemos conduzir o ensino da natação como "um ato que envolve uma série de procedimentos pedagógicos que precisam ser observados. Do contrário, corremos o risco de comprometer toda a aprendizagem" (VELASCO, 1998, p. 87). A natação não pode ficar restrita a um conceito puramente mecanicista; deve ser também "uma atividade de integração das pessoas que a praticam, muito mais voltada para o aspecto de socialização, realizada com prazer, na qual o ser se descobre e aprimora sua personalidade" (ARAÚJO JR., 1993, p. 53).

Referências bibliográficas

ANDRIES JR., O. *Natação animal: Aprendendo a nadar com os animais*. Barueri: Manole, 2002.

ARAÚJO JR., B. *Natação: Saber fazer ou fazer sabendo?* Campinas: Ed. da Unicamp, 1993.

BEE, H.L.; MITCHELL, S.K. *A pessoa em desenvolvimento*. Trad. Jamir Martins. São Paulo: Harbra, 1986.

CATTEAU, R.; GAROFF, G. *O ensino da natação*. Trad. Márcia Vinci de Moraes *et al.* Barueri: Manole, 1998.

CORRÊA, C.R.F.; MASSAUD, M.G. *Natação na pré-escola*. Rio de Janeiro: Sprint, 2004.

COLWIN, L.S. *Nadando para o século XXI*. Trad. Maria de Lourdes Giannini. Barueri: Manole, 2000.

FREIRE, M. "Ti-bum: Mergulhando no lúdico". *In*: SCHWARTZ, G.M. *Dinâmica lúdica: Novos olhares*. Barueri: Manole, 2004, p. 131-146.

GALLAHUE, D.L.; OZMUN, J.C. *Compreendendo o desenvolvimento motor: Bebês, crianças, adolescentes e adultos*. Trad. Maria Aparecida da Silva Pereira Araújo, Juliana de Medeiros Ribeiro e Juliana Pinheiro Souza e Silva. 3ª ed. São Paulo: Phorte, 2005.

LACOSTE, L.; SEMERJIAN, M. *A natação*. 1ª ed. Lisboa: Editorial Estampa, 2000.

LEWIN, G. *Natación*. Madri: Augusto Pilha Teleña, 1979.

LIMA, W.U. *Ensinando natação*. 2ª ed. São Paulo: Phorte, 2006.

LIMONGELLI, A.M.A. "Formação de professores de natação/educação física: Contribuições de princípios e conceitos wallonianos". Tese de doutorado em Educação. São Paulo, 2006. Programa de Estudos Pós-graduados em Psicologia da Educação, Pontifícia Universidade Católica.

MACHADO, D.C. *Metodologia da natação*. São Paulo: EPU, 1978.

MAGLISCHO, E.W. *Nadando ainda mais rápido*. Trad. Fernando Gomes do Nascimento. Barueri: Manole, 1999.

MANSOLDO, A.C. "Estudo comparativo da eficiência do aprendizado da natação (estilo *crawl*) entre crianças de três a oito anos de idade". Dissertação de mestrado em Educação Física. São Paulo, 1986. Escola de Educação Física e Esportes, Universidade de São Paulo.

McARDLE, W.D.; KATCH, F.I.; KATCH, V.L. *Fisiologia do exercício: Energia, nutrição e desempenho humano*. Trad. Giuseppe Taranto. 5ª ed. Rio de Janeiro: Guanabara Koogan, 2003.

McGINIS, P.M. *Biomecânica do esporte e exercício*. Porto Alegre: Artmed, 2002.

PEREIRA, M.D. "Brincando com a água: A aprendizagem da natação". *In*: NISTA-PICCOLO, V.L. (org.). *Pedagogia dos esportes*. Campinas: Papirus, 1999, p. 35-54.

PALMER, M.L. *A ciência do ensino da natação*. Trad. Flávia Cunha Bastos e Simone Aguiar. Barueri: Manole, 1990.

REYES, R. "Evolución de la natación española en los campeonatos del invierno y del verano 1977/1996". Tese de doutorado em Ciência da Atividade Física e do Esporte. Las Palmas de Gran Canaria, 1998. Universidade de Las Palmas de Gran Canaria.

SANTANA, V.H.; TAVARES, M.C.F.; SANTANA, V.E. *Nadar com segurança*. Barueri: Manole, 2003.

SANTOS, C.A. *Natação: Ensino e aprendizagem*. Rio de Janeiro: Sprint, 1996.

SANTOS, S. "Habilidade motora e envelhecimento". *In*: TANI, G. (org.). *Comportamento motor: Aprendizagem e desenvolvimento*. Rio de Janeiro: Guanabara Koogan, 2005, p. 173-184.

TAHARA, A.K.; SANTIAGO, D.R.P. "Lazer, lúdico e atividade aquática: Uma relação de sucesso". *Movimento e percepção*, v. 6, n. 9. Espírito Santo do Pinhal, SP: Centro Regional Universitário de Espírito Santo do Pinhal, p. 26-36, 2006.

TRINDADE, P.M. "Pedagogia do esporte: Contribuições para um envelhecimento bem-sucedido". *In*: PAES, R.R.; BALBINO, H.F. (orgs.). *Pedagogia do esporte: Contextos e perspectivas*. Rio de Janeiro: Guanabara Koogan, 2005, p. 79-90.

TURCHIARI, A.C. *Pré-escola da natação*. São Paulo: Ícone, 1996.

VELASCO, C.G. *Natação segundo a psicomotricidade*. Rio de Janeiro: Sprint, 1998.

4
O ENSINO DO ATLETISMO

André Luís Ruggiero Barroso

Introdução

O esporte é considerado por vários autores um fenômeno sociocultural, que cresce ano a ano em quantidade de praticantes e está cada vez mais difundido em todos os continentes. Como destacam certos estudiosos, esse fenômeno tem múltiplas possibilidades, de acordo com o local onde é desenvolvido, com os praticantes e, sobretudo, com os objetivos propostos. Podemos destacar alguns desses objetivos: esporte direcionado para o treinamento de alto nível, em busca de resultados, índices e marcas mundiais; esporte desenvolvido em ambientes de lazer, como hotéis ou praças públicas nos finais de semana; esporte para pessoas com deficiências; esporte como tema de aulas de educação física escolar.

O fenômeno esporte tem um número elevado de modalidades, criadas ou reproduzidas ao longo do tempo, essencialmente pela capacidade do ser humano de intervir na cultura e ser cultura, mostrando que o processo não tem fim.

Neste capítulo, trataremos especificamente do atletismo, uma das modalidades esportivas mais antigas e que mantém sua importância no âmbito esportivo, especialmente num dos maiores eventos esportivos do mundo, os Jogos Olímpicos, nos quais é uma das modalidades de maior destaque.

No Brasil, infelizmente, não há políticas públicas voltadas para o desenvolvimento do atletismo, o que impossibilita um tratamento apropriado tanto no ambiente formal de ensino (escolas) como fora dele (clubes, prefeituras etc.). A maioria da nossa população tem contato com essa modalidade de quatro em quatro anos, durante as Olimpíadas e, mesmo assim, quando há resultados expressivos de atletas nacionais. Nos últimos anos, temos assistido a campeonatos nacionais e internacionais ("*Meetings*" sediados no Brasil) em canais abertos de televisão, com destaques para atletas brasileiros, o que tem colaborado para a visibilidade e a prática do esporte no país.

Preocupa-nos o fato de, praticamente, a população não ter a possibilidade de conhecer o atletismo adequadamente, pois são raros os locais onde se pratica essa modalidade orientada por um profissional de educação física. Nas aulas de educação física escolar, o professor, em boa parte dos casos, limita o aluno ao contato com as modalidades coletivas tradicionais. Podemos apontar alguns motivos que levam os professores, especificamente na escola, a não ter o atletismo como temática do componente curricular educação física: *deficit* na formação profissional; falta de local específico para a prática da modalidade no espaço da escola; inexistência de materiais próprios da modalidade; pouca experiência ou vivência do professor no atletismo. Matthiesen (2007) apresenta uma discussão sobre alguns desses questionamentos, com propostas para resolvê-los, sinalizando a importância de os conteúdos desse esporte serem contemplados pelo professor de educação física escolar.

Essa é uma realidade bastante preocupante, pois o atletismo, além de ser uma modalidade de história extensa, que se mistura com a própria trajetória do ser humano e da educação física, tem também uma gama variada de provas, distribuídas em três grupos: corridas, saltos e lançamentos.

Este capítulo tem o propósito de valorizar o atletismo como elemento da cultura corporal de movimento e oferecer subsídios para o profissional de educação física desenvolver conhecimentos específicos sobre essa modalidade em sua prática pedagógica, independentemente do contexto de prática, formal ou não formal.

Um pouco sobre a trajetória do atletismo

Ao tratarmos do atletismo, temos inicialmente de considerar sua dimensão histórica, pois essa é uma das modalidades esportivas mais antigas do mundo ocidental. Há relatos de competições de corridas, saltos, arremessos e lançamentos desde os jogos da Antiguidade realizados na Grécia, muitas vezes compreendidas como provas de ginástica.

Durante a realização de grandes batalhas na Grécia antiga surgiram provas de atletismo, como é o caso da tradicional prova da maratona. A história mostra que, em 490 a.C., o soldado Fidípedes foi incumbido de percorrer o trajeto entre as cidades de Maratona e Atenas, com o objetivo de informar a vitória de Maratona sobre os persas em batalha. Conforme os relatos, após cumprir sua missão, Fidípedes faleceu abruptamente. Esse episódio serviu de inspiração para a criação da prova da maratona, presente nos Jogos Olímpicos da Era Moderna já a partir da primeira edição, em 1896, quando foi realizada com o percurso total de 40.000 m. Em 1908, em Londres, o percurso sofreu um pequeno acréscimo, totalizando 42.195 m, com o objetivo de acontecer do caminho entre o castelo de Windsor e o estádio olímpico de Londres. Posteriormente, nos jogos de Paris, em 1924, essa distância tornou-se oficial (MATTHIESEN, 2007).

Conforme Publio (2002), na história das Olimpíadas, algumas provas do atletismo aconteceram junto com as da ginástica. Na segunda edição dos Jogos Olímpicos da Era Moderna, em 1900, em Paris, o programa contou com uma competição combinada de provas das duas modalidades: as argolas, as barras paralelas, a barra fixa, o salto em extensão, o salto em altura e o salto com vara. Em edições posteriores, tanto a ginástica como o atletismo se consolidaram como modalidades esportivas independentes. Atualmente, dá-se grande atenção à realização de cada uma delas, com um número elevado de provas e considerável distribuição de medalhas.

Outras curiosidades apresentam-se na origem e na evolução de determinadas provas do atletismo. Uma delas é o caso do arremesso do peso, em que o material era uma pedra; outra é a prova de lançamento de disco, que também era confeccionado com pedra; outra curiosidade a destacar refere-se à prova de salto em distância, inicialmente realizada pelos atletas com pesos nas mãos, que eram soltos antes da queda, procedimento adotado porque se acreditava que, com o sobrepeso, o atleta conseguiria um melhor desempenho (MATTHIESEN, 2007).

Obviamente, com o passar do tempo, as provas de atletismo sofreram alterações na estrutura, nas regras e na forma de realização, da mesma maneira como aconteceu em diversas modalidades esportivas. Essas alterações são explicadas por variados fatores, cujo objetivo era o melhor desenvolvimento de cada prova:

- questões motoras dos participantes, como a técnica empregada em determinadas provas;
- renovação dos materiais esportivos e constante avanço da tecnologia;
- mudanças relativas às próprias limitações do corpo humano.

No entanto, não se pode deixar de mencionar que as alterações, em geral, acontecem em virtude da evolução das práticas esportivas de alto rendimento, que apresentam avanços no treinamento, na medicina, na nutrição, entre outros.

Para caracterizar as alterações nas técnicas e, paralelamente, nos materiais esportivos no desenvolvimento das provas de atletismo, tomamos como exemplo a prova de salto em altura. Na origem, realizava-se com as pernas um movimento para transpor o sarrafo que aparentava o formato de uma tesoura; em razão desse movimento, a técnica recebeu o nome de tesoura. Nessa época, os competidores caíam em pé em uma caixa de areia. Posteriormente, surgiu a técnica do rolo ventral, na qual o atleta ultrapassa o sarrafo com o ventre voltado para ele e efetua um movimento de rotação do tronco, caindo de ombros (FERNANDES, 2003c). Além de a queda poder causar lesões, pelo fato de acontecer na areia, outro ponto determinante da utilização do rolo ventral foi o alcance de melhores marcas, agravando ainda mais o perigo na aterrissagem. A partir daí, substituiu-se a caixa de areia por um colchão para amortecer a queda. Em 1968, Richard Fosbury apresentou um novo movimento para a realização dessa prova, que exige a passagem por cima do sarrafo com o corpo em decúbito dorsal, caindo de costas no colchão. Essa técnica recebeu o nome de *Fosbury Flop* (FERNANDES, 2003c).

Conhecendo a modalidade

O atletismo tem uma grande quantidade de provas e uma diversidade de movimentos. São diferentes provas de corrida, realizadas em curtas, médias e longas distâncias, com obstáculos no percurso ou não. Já o grupo de provas de salto tem o objetivo de alcance tanto no plano horizontal como no vertical. Um dos saltos inclui um implemento, a vara. No grupo de provas de arremesso e lançamentos, além de movimentos distintos, utilizam-se também materiais variados, de acordo com a característica de cada prova.

Selecionamos duas provas como exemplo para destacar a diversidade do atletismo, comparando suas características: a corrida dos 100 m rasos e o arremesso de peso. Na prova de corrida, o percurso total é de 100 m, ao passo que, na de arremesso, o espaço máximo para deslocamento é de 2,135 m. Na primeira, os membros inferiores são mais requisitados, já na segunda, um dos membros superiores trabalha mais. Nos 100 m, há a necessidade de reagir o mais rápido possível ao estímulo externo que dá início à prova e, no arremesso de peso, o início da prova é determinado pelo participante. Na corrida, são geralmente de seis a oito competidores ao mesmo tempo, ao passo que, no arremesso de peso, há um competidor de cada vez. O objetivo de uma é percorrer o espaço determinado no menor tempo, já o intuito da outra é fazer com que o implemento seja lançado o mais longe possível.

Podemos observar que, relacionando apenas duas provas, identificamos vários detalhes distintos na realização. Isso ocorre em proporções maiores ou menores também em outras provas do atletismo. Obviamente, em determinadas provas, mesmo pertencendo a grupos diferentes, temos características semelhantes, como é o caso de atingir grande velocidade tanto na prova dos 100 m rasos como na prova de salto em distância, para que se obtenha um bom desempenho.

Um destaque no atletismo é o fato de ser predominantemente individual nos vários grupos de provas, corrida, salto, arremesso e lançamento. Porém, especificamente nas corridas de revezamento, há uma diferenciação, pois essas provas apresentam uma característica coletiva, com equipes compostas por quatro corredores, que percorrem, cada um, uma determinada parte do trajeto. Entretanto, o contato entre os integrantes de cada equipe é restrito, ocorre apenas nas denominadas zonas de passagem, nas quais um corredor entrega a outro um bastão. Nas demais provas de atletismo, o participante depende somente de seu desempenho individual; já no revezamento existe no grupo uma dependência, para que se obtenha sucesso na prova.

Para um melhor entendimento das provas do atletismo, baseando-nos no livro de regras oficiais de atletismo da Confederação Brasileira de Atletismo (2002), em Fernandes (2003a, 2003b, 2003c) e em Matthiesen (2005 e 2007), apresentamos as principais (realizadas em Jogos Olímpicos) e algumas de suas características.

Tabela 1: Provas de pista do atletismo

Grupo de corridas	Rasas	Com barreiras	Com obstáculos	De revezamento	Marchas
De velocidade	100 m, 200 m, 400 m	100 m (fem.), 110 m (masc.), 400 m		4x100 m, 4x400 m	
De meio-fundo	800 m, 1.500 m				
De fundo	5.000 m, 10.000 m, 42.195 m		3.000 m		20 km, 50 km (masc.)

Corridas

Rasas

- De velocidade – 100 m, 200 m e 400 m: são provas de curta duração e grande velocidade, em que os participantes têm de atingirem a velocidade máxima e procurar mantê-la até o final da prova; as saídas são baixas, utilizando blocos de saída; as provas são balizadas, ou seja, cada participante inicia e termina a prova na sua respectiva raia; nas provas de 200 m e 400 m, as saídas são escalonadas – pelo fato de os atletas terem de percorrer uma curva e duas curvas, respectivamente, nessas provas, na saída, há um escalonamento, que garante que todos os participantes percorram a mesma distância; predomina a utilização do metabolismo anaeróbio.
- De meio-fundo – 800 m e 1.500 m: são provas intermediárias entre as de curta e de longa duração; a prova de 800 m inicia-se com escalonamento e é balizada até o final da primeira curva; depois de completados os primeiros 100 m, já não há necessidade de os participantes respeitarem as respectivas raias da saída; apresentam a característica do *sprint* entre os últimos 100 m e 200 m do percurso; há um equilíbrio na utilização dos metabolismos anaeróbio e aeróbio.

- De fundo – 5.000 m, 10.000 m e maratona: são provas de longa duração e baixa intensidade; não há nenhum tipo de balizamento; apresentam determinado ritmo durante o desenvolvimento; há predominância do metabolismo aeróbio.
- De revezamento – 4x100 m e 4x400 m: são provas em que cada participante percorre um trecho; caracterizam-se por ser de grande velocidade; as saídas são baixas, utilizando blocos de saída; as saídas são balizadas e escalonadas; na prova de 4x100 m, cada equipe tem de permanecer durante todo o percurso na sua raia, já na prova de 4x400 m, é obrigatória a permanência nas respectivas raias até o segundo corredor da equipe completar os seus primeiros 100 m; há predominância do metabolismo anaeróbio.

Com barreiras e com obstáculos

- Com barreiras – 100 m (fem.), 110 m (masc.) e 400 m: são provas de curta duração e grande intensidade; as saídas são baixas, utilizando blocos de saída; são provas balizadas, com escalonamento na prova dos 400 m; são distribuídas dez barreiras no percurso das provas; essencialmente as provas de 100 m feminina e 110 m masculina são ritmadas; há predominância do metabolismo anaeróbio.
- Com obstáculos – 3.000 m: provas sem balizamento; são transpostos cinco obstáculos em cada volta; junto dos obstáculos, há um fosso com água; os quatro obstáculos simples são transpostos como nas barreiras, já no obstáculo com fosso, a perna de ataque realiza um apoio no obstáculo, efetuando uma impulsão, com o objetivo de deslocar o corpo para frente, para que haja o menor contato possível com a água; há predominância do metabolismo aeróbio.

Marchas

- Provas feminina – 20 km – e masculina – 20 km e 50 km: provas de saída alta, como nas corridas de fundo; é obrigatório o constante contato do pé com o solo em todo o percurso; não pode haver a denominada fase aérea (momento em que os dois pés ficam sem nenhum contato com o solo), característica das demais provas de corrida; há predominância do metabolismo aeróbio.

Informações importantes

- A pista de atletismo oficial tem 400 m de comprimento, contados na primeira raia.
- As pistas atuais estão sendo construídas com nove raias, para haver uma menor utilização da raia interna em determinadas provas, com o intuito de diminuir o desgaste dela.
- As provas são desenvolvidas em sentido anti-horário.
- A chegada de todas as provas é no mesmo local (final da reta principal), havendo variações nos locais de início de cada prova (de acordo com a metragem total).

Tabela 2: Provas de campo do atletismo

Saltos no plano horizontal	Saltos no plano vertical	Lançamentos	Arremesso
Em distância	Em altura	De dardo	De peso
Triplo	Com vara	De disco	
		De martelo	

Saltos

Salto em distância: tem as fases de corrida, impulsão, flutuação e queda; velocidade no início da prova e impulsão para a execução do salto; utilização de técnicas na fase aérea: grupado, em arco, passadas no ar.

Salto triplo: tem as mesmas fases do salto em distância, porém, com a execução de três impulsos (saltos) na execução do salto; o segundo salto, obrigatoriamente, é com a perna que efetuou o primeiro e o terceiro com a outra perna, exemplos: direita-direita-esquerda ou esquerda-esquerda-direita; utilização das mesmas técnicas do salto em distância na fase aérea.

Salto em altura: utiliza como técnicas principais tesoura, rolo ventral, costas; tem corrida de aproximação em curva para as técnicas de tesoura e costas; corrida de aproximação em linha reta, na diagonal em relação ao sarrafo, para a técnica de rolo ventral; não requer grande velocidade de aproximação, mas alta potência no momento do impulso, que deve ser realizado com um dos pés.

Salto com vara: utilização do implemento vara para elevação do corpo do saltador; requer elevado domínio corporal e grande participação de grupos musculares localizados nos membros inferiores, superiores e no abdome; há necessidade de bom desenvolvimento técnico para realização completa da prova.

Arremesso e lançamentos

Arremesso de peso: tem as fases de empunhadura, posição inicial, deslocamento, arremesso propriamente dito e estabilidade; utilização das técnicas giros e O'Brien (deslocamento linear); no feminino, o peso é de 4 kg; no masculino, de 7,260 kg.

Lançamento de disco: tem as fases de empunhadura, posição inicial, deslocamento, lançamento propriamente dito e estabilidade; realização de balanceamentos antes do deslocamento de todo o corpo; realização do giro durante o deslocamento; no feminino, o disco pesa 1 kg; no masculino, 2 kg.

Lançamento de dardo: tem as fases de empunhadura, posição inicial, deslocamento, lançamento propriamente dito e estabilidade; realização das passadas cruzadas momentos antes do lançamento; no feminino, o dardo pesa 600 g; no masculino, 800 g.

Lançamento de martelo: tem as fases de empunhadura, posição inicial, deslocamento, lançamento propriamente dito e estabilidade; realização dos movimentos de molinete antes de iniciar o giro do corpo; realização de giros durante o deslocamento; no feminino, o martelo tem 4 kg; no masculino, 7,260 kg.

Tabela 3: Provas combinadas do atletismo

Grupos de provas combinadas	Primeiro dia	Segundo dia
Heptatlo (fem.)	100 m com barreiras, salto em altura, arremesso de peso, 200 m rasos.	Salto em distância, lançamento de dardo, 800 m rasos.
Decatlo (masc.)	100 m rasos, lançamento de disco, salto com vara, lançamento de dardo, 400 m rasos.	110 m com barreiras, salto em distância, arremesso de peso, salto em altura, 1.500 m rasos.

1. Provas combinadas

As regras são as mesmas das provas disputadas isoladamente, com pequenas exceções; a pontuação, em cada uma das provas, ocorre de acordo com a tabela de pontuação da Federação Internacional de Atletismo; vence a competição o atleta que, ao final, obtiver a maior pontuação acumulada nas provas.

Por que ensinar atletismo?

A apresentação das provas do atletismo serve para dar uma ideia da dimensão dessa modalidade, bem como para conhecer determinadas características e aspectos do regulamento de sua prática. Entretanto, é importante deixar claro que, dependendo do local onde as aulas de atletismo forem desenvolvidas, e do nível dos participantes, devem ser definidos objetivos específicos, ou seja, para uma equipe de alto rendimento, são necessários local e material oficial para desenvolver o treinamento, objetivando uma melhora nas marcas e nos índices. Porém, nos trabalhos voltados para grupos de iniciação, seja em aulas de educação física escolar, seja em praças esportivas e clubes, o objetivo passa a ser outro, não havendo obrigatoriedade de pista com tamanho regulamentar nem mesmo de material oficial.

Infelizmente, constatamos em pesquisas que há cada vez menos espaços para a prática do atletismo. Algumas das escolas privadas mais antigas têm estruturas em grandes espaços físicos, com espaço para salas de aula, quadras poliesportivas, campos de futebol, pista de atletismo etc., mas as escolas mais novas são construções com espaço físico restrito, com pouca ou nenhuma área esportiva, o que prejudica não só o ensino do atletismo como o componente curricular educação física de forma geral.[1] Alguns estudos trazem essa constatação, como o de Damazio e Silva (2008).

---

1. Destacamos que algumas escolas, situadas em grandes centros urbanos, em razão do espaço físico insuficiente, estabelecem parcerias com clubes ou academias para o desenvolvimento das aulas de educação física escolar.

Temos a clareza de que isso dificulta muito a prática do atletismo, mas será que os professores de educação física devem ficar desmotivados a ponto de não viabilizarem o ensino dessa modalidade aos alunos? Justamente uma modalidade esportiva que apresenta um histórico tão rico e extenso, que tem uma grande diversidade de provas, que utiliza variados gestos motores? E, principalmente pelo fato de o atletismo ter um traço determinante na cultura esportiva e na trajetória de vida do ser humano numa concepção mais ampla, nossos alunos não deveriam ter acesso a esse conhecimento, à sua vivência?

Daolio (2004, p. 2) destaca a importância da cultura na área da educação física:

> Cultura é o principal conceito para a educação física, porque todas as manifestações corporais humanas são geradas na dimensão cultural, desde os primórdios da evolução até hoje, expressando-se diversificadamente e com significados próprios no contexto de grupos culturais específicos.

Na abrangência do termo cultura, fazemos um recorte, relacionando-o com a prática esportiva. Referindo-se ao professor de educação física, Daolio (*ibid.*) afirma: "Trata do ser humano nas suas manifestações culturais relacionadas ao corpo e ao movimento humanos".

Outros autores corroboram essa ideia de a cultura servir como referência para a área da educação física, como Galvão, Rodrigues e Sanches Neto (2005) e Darido e Rangel (2005). São autores que tratam especificamente dessa questão nas aulas do ambiente escolar, defendendo que o objetivo da educação física deve ser o de introduzir e integrar os alunos na esfera da cultura corporal de movimento, para que possam usufruir, partilhar, produzir e reproduzir novas formas de manifestação cultural.

Estamos cientes das dificuldades com que o professor depara-se para desenvolver a modalidade esportiva atletismo com os alunos, independentemente do ambiente de trabalho, escola, clube, secretaria de esporte ou outro. Muitas vezes, as razões que o impedem são semelhantes, como a inexistência de espaço físico apropriado, a escassez de material e, em muitos casos, até a resistência dos alunos à prática de uma modalidade esportiva que não seja o futebol. Foi justamente pensando nessa realidade do professor que elaboramos o conteúdo e as propostas deste capítulo no intuito de colaborar com possibilidades pedagógicas para que esses profissionais de educação física e ciências do esporte atuem em diferentes contextos, incluindo o ensino do atletismo.

O que ensinar na modalidade atletismo?

Felizmente, em nossa área de conhecimento, há profissionais competentes e compromissados com o processo educacional de seus alunos e com o desenvolvimento da educação física, mesmo enfrentando algumas dificuldades. Independentemente do conteúdo a ser abordado, conseguem desenvolver trabalhos de boa qualidade. Podemos constatar isso nos estudos realizados por Bracht *et al.* (2002) e Barroso e Darido (2010).

Apesar de ocorrer de forma restrita, há relatos de professores que trabalham com o atletismo em quadras esportivas de escolas, em áreas de terra batida ou mesmo em ruas de bairros residenciais. Esses professores comumente fazem uso de materiais alternativos para substituir os implementos oficiais da modalidade, que, em muitos casos, não se mostram essenciais. Podemos e devemos criar com os nossos alunos materiais para serem utilizados no processo na aprendizagem do atletismo, como cabos de vassoura para a prova de lançamento de dardo ou, ainda, cabos cortados para servir de bastão de revezamento e barreiras confeccionadas com tubos de PVC. Vale também encher meias velhas com areia para fazer o peso para o arremesso, utilizar cordas para substituir o sarrafo no salto em altura, entre outras possibilidades, viáveis em diferentes ambientes de ensino. Isso faz com que a experiência de alguns professores em escolas possa ser partilhada e utilizada em outros contextos de ensino do atletismo.

Todavia, fazemos uma ressalva: entendemos que o trabalho com qualquer conteúdo esportivo deva ir além de ensinar aos alunos determinados gestos motores, sempre com materiais adaptados. Devemos, sim, cada vez mais, propor metodologias que ofereçam ao aluno condições de se apropriar desse ampliado repertório de movimentos que a modalidade engloba e do significado que possuiu e ainda possui em diferentes sociedades.

Iniciamos pelo significado da palavra conteúdo. Conforme Coll *et al.* (2000), há uma interpretação equivocada do significado desse termo, especialmente quando utilizado em outras áreas do conhecimento, como matemática, história, geografia etc. Conforme os autores, em inúmeras ocasiões, ele fica restrito a uma "concepção transmissiva e cumulativa do ensino e da aprendizagem" (COLL *et al.*, 2000, p. 12). Dessa forma, presenciamos uma constante transmissão de dados, definições, conceitos, teoremas, sem haver maior integração do aluno com o seu próprio processo de aprendizagem.

Para Coll *et al.* (2000, p. 12), o termo conteúdo deve ser utilizado com um sentido mais amplo, pois "os conteúdos designam o conjunto de conhecimentos ou formas culturais cuja assimilação e apropriação pelos alunos e alunas é considerada essencial para o seu desenvolvimento e socialização".

Assim, ao delinearmos os conteúdos a serem desenvolvidos, temos, em primeira instância, de abolir a visão restrita do seu conceito, pois os conteúdos curriculares são uma seleção de formas ou saberes culturais que incluem conceitos, explicações, raciocínios, habilidades, linguagens, sentimentos, atitudes etc. (COLL *et al.*, 2000). Esses autores sugerem uma classificação do conteúdo nas dimensões conceituais, procedimentais e atitudinais.

Para facilitar o entendimento dessa tipologia, é possível relacionar cada dimensão a uma pergunta: "dimensão conceitual - o que se deve saber?; dimensão procedimental - o que se deve saber fazer?; dimensão atitudinal - como se deve ser?" (ZABALA, 1998, p. 31).

Ao tratarmos especificamente da educação física, apresenta-se a tendência a enfatizar a dimensão procedimental (DARIDO, 2004). Essa autora entende que, em virtude da trajetória histórica e da própria tradição dessa área de conhecimento, os professores acabam direcionando os conteúdos apenas para que os alunos aprendam a saber fazer (procedimental), deixando de lado as demais dimensões.

Defendemos a ideia da incorporação de conteúdos da cultura corporal, vivenciados em todas as suas dimensões, com mais reflexão sobre o fenômeno esporte, discussões sobre as atitudes e as condutas de comportamentos.

Concordamos com Darido (2004) quando evidencia a importância de a educação física abordar o ensino de movimentos em todas as suas dimensões.

Conforme indica a autora, devemos ir além da aprendizagem do movimento em si, incluindo fatos ligados a ele, conceitos que o próprio movimento nos traz, além das atitudes adotadas pelo professor e pelos alunos que ensinam, às vezes, muito mais que qualquer palavra.

Podemos observar, em determinados autores da pedagogia do esporte, a preocupação em apontar aspectos que ultrapassem a barreira do ensino de habilidades motoras específicas ao se trabalhar com modalidades esportivas, com o propósito de oferecer mais qualidade na formação dos alunos.

Freire (2003), ao escrever sobre propostas pedagógicas para o ensino do futebol, aponta para quatro princípios pedagógicos norteadores: "ensinar futebol a todos", "ensinar bem futebol a todos", "ensinar mais que futebol a todos" e "ensinar a gostar do esporte". Fazendo referência aos dois últimos, vemos que "ensinar mais que futebol a todos" determina a preocupação em ensinar não só as habilidades que compõem a modalidade, mas também aspectos que contribuam para a formação do educando, como, por exemplo, a convivência no grupo, os questionamentos, as discussões e a construção de regras, permitindo que ele entre em contato com situações desafiadoras, compreendendo as próprias ações. Quanto ao princípio "ensinar a gostar do esporte", defende-se a ideia de que, proporcionando uma vivência que dê prazer, é mais provável que o aluno aproprie-se dessa prática, que se torna habitual na vida dele. O autor coloca em evidência aspectos relacionados às atitudes, pois existe tanto o direcionamento para as condutas de comportamento como para a incorporação da prática.

Mesmo o autor tratando especificamente do ensino do futebol, entendemos que seus posicionamentos também cabem ao ensino de outros esportes, incluindo o atletismo, pois aspectos como conduta de comportamento, incorporação da prática, satisfação devem permear qualquer prática esportiva.

Greco e Benda (2006), no seu projeto de iniciação esportiva, concebem que, além de promover as capacidades necessárias para a prática esportiva, é também objetivo do ensino de modalidades esportivas propiciar uma formação humana, com pressupostos de uma prática esportiva consciente. Nesse projeto, são pontuados fatores relacionados à formação, como educação, socialização, desenvolvimento da personalidade, e à interpretação e ao ordenamento de informações.

De acordo com Gallardo, Oliveira e Aravena (1998) é mais significativo o aluno desenvolver uma compreensão sobre suas ações do que propriamente realizá-las. Os autores defendem a necessidade de os alunos aprenderem a viver em sociedade. Para tanto, precisam entender as normas de convívio dos grupos de que participam. As aulas de educação física devem se apresentar como um momento importante para os alunos entrarem em contato com diferentes maneiras de organização, possibilitando aprendizagens que poderão levar a uma transformação interior e que também favoreçam uma atuação transformadora no meio em que vivem.

Para Santana (2005), durante a realização de aulas envolvendo atividades esportivas, não devemos nos concentrar exclusivamente nos aspectos motores, mas primordialmente na aprendizagem de uma convivência harmoniosa, ensinando a importância da cooperação e traçando um caminho que leve à autonomia.

Conforme Freire e Scaglia (2003), o esporte deverá ajudar o aluno a percorrer um caminho que o leve à autonomia; isso, entretanto, somente será possível se ele compreender sua própria prática.

Segundo Paes (2002), a pedagogia do esporte precisa ser balizada por dois referenciais: o metodológico, contemplado pelo enfoque técnico-tático das modalidades coletivas, e o socioeducativo, embasado pelos princípios norteadores de cooperação, participação, convivência, emancipação e co-educação.

Verificamos, portanto, a preocupação dos autores com a formação dos alunos, salientando aspectos inerentes às dimensões procedimentais e atitudinais. Cabe, neste momento, apontarmos sugestões para a atuação do professor de educação física, ou seja, como ele pode abordar todas as dimensões durante sua prática pedagógica.

Possibilidades pedagógicas para o ensino do atletismo

É importante destacar que a identificação do que trabalhar em cada dimensão do conteúdo visa a um melhor planejamento, pois, durante o desenvolvimento das aulas, há uma inter-relação das dimensões, e a ênfase numa delas se dá em determinados momentos (DARIDO, 2004).

Nos Parâmetros Curriculares Nacionais (PCNs) (BRASIL, 1998), observamos o trabalho direcionado para uma coligação entre as dimensões conceituais e procedimentais, entendendo que se estabelece um constante diálogo entre o fazer, o pensar e o sentir em tudo o que envolve a cultura corporal de movimento.

Zabala (1998) também defende uma integração das dimensões, caso contrário, o ensino fica fragmentado, tomando um sentido diferente do que se propõe. Porém, admite ser essencial, para a elaboração do planejamento, a identificação dos conteúdos nas dimensões apresentadas e das formas de trabalhá-las.

Nesse contexto, apresentamos sugestões de atividades que envolvem as três dimensões do conteúdo para o ensino do atletismo. Ressaltamos que o intuito não é a reprodução na íntegra dessas atividades durante a prática docente; é necessário adequá-las ao respectivo contexto de trabalho. O propósito é apontar algumas possibilidades pedagógicas, para que o professor as modifique, atendendo a seus objetivos educacionais. Com base no entendimento da proposta de trabalho, o professor pode criar as suas próprias atividades, para serem desenvolvidas em diferentes séries do ambiente escolar ou em diferentes turmas de aprendizagem em clubes e praças esportivas.

A apresentação será temática. Cada atividade poderá ser desenvolvida pelo professor em uma, duas ou mais aulas, dependendo da estruturação por ele estabelecida e do envolvimento dos alunos. Os temas têm o propósito de serem abrangentes, abordando vários aspectos da modalidade. As atividades neles contidas poderão ser aplicadas e/ou adaptadas, não necessariamente seguindo a sequência apresentada. Em virtude das inúmeras possibilidades de temas que a modalidade abarca e à limitação de espaço para seu desenvolvimento neste capítulo, optamos pela seleção de alguns temas. Ressaltamos, ainda, que demais temas podem ser selecionados e desenvolvidos em diferentes locais, com públicos distintos, com objetivos apropriados a cada contexto de trabalho.

Sugestões de atividades

Tema: Conhecendo o atletismo

1. O professor organiza os alunos em grupos; cada grupo recebe temas relacionados ao atletismo, como corridas rasas, corridas com barreiras, corridas de revezamento, saltos no plano horizontal (em distância e triplo), saltos no plano vertical (em altura e com vara), arremesso (de peso), lançamento (de dardo, disco, martelo), heptatlo e decatlo.
2. O professor solicita que os alunos façam pesquisa em livros e/ou internet sobre os seus temas; a pesquisa deve conter histórico, provas desenvolvidas, características, curiosidades e nomes de atletas que representaram e representam o Brasil em competições internacionais; ou o professor organiza e entrega aos grupos esse material, encontrado em livros específicos de atletismo, como os que constam nas referências bibliográficas ao final deste capítulo ou, ainda, em *sites* na internet.
3. Os alunos apresentam seus respectivos temas verbalmente, fazendo uso da expressão corporal, por meio de mímicas, ou realizando uma encenação teatral (ao final de cada apresentação, é importante que o professor inclua informações significativas, caso o grupo não as tenha abordado).
4. O professor solicita que os alunos tragam figuras referentes ao atletismo, tiradas de revistas, jornais ou mesmo de *sites* da modalidade; em seguida, o professor tira cópias de cada figura, cola em pedaços de cartolina e confecciona, juntamente com os alunos, um jogo da memória referente a essa modalidade esportiva; durante a realização desse jogo da memória, o professor pode reforçar as informações trabalhadas anteriormente, pois provavelmente surgirão novos aspectos para serem abordados.[2]

---

2. Essa atividade foi desenvolvida pela professora Sara Quenzer Matthiesen e pelo professor Eduardo Vinícius Mota e Silva na oficina de atletismo no I Congresso de Educação Física Escolar na Unesp de Rio Claro em 2006. A diferença foi que o material não foi confeccionado com os participantes, mas trazido pronto pelos professores.

5. O professor solicita aos alunos a elaboração individual de um texto, apresentando o que aprenderam sobre o atletismo durante o desenvolvimento do tema.

* Caso seja possível, é interessante que o professor apresente aos alunos, em vídeo, provas de atletismo em eventos recentes, preferencialmente com atletas brasileiros, para que os alunos conheçam melhor e valorizem esses desportistas.

Tema: A pista de atletismo

1. O professor desenhar com giz, na quadra ou no espaço de aula (pátio, salão etc.), uma pista de atletismo, guardadas as devidas proporções; se possível, traça algumas raias e demarca os locais de desenvolvimento das provas de campo (salto, arremesso e lançamento).
2. O professor organiza os alunos em grupos e entrega questões a serem respondidas, tais como:

- Qual a extensão de uma pista oficial de atletismo?
- Em qual sentido são realizadas as provas de corrida?
- Onde fica a chegada das provas de corrida?
- Onde acontece a saída das provas de 100 m, 200 m, 400 m, 800 m, 1.500 m, 5.000 m, 110 m com barreiras, 4x100 m, 4x400 m?
- Qual o local do fosso da prova de 3.000 m com obstáculos?
- Em quais locais são realizadas as provas de salto em distância e triplo?
- Em quais locais são realizadas as provas de salto em altura e com vara?
- Em quais locais são realizadas as provas de arremesso e lançamentos?
- Que tipo de proteção deve haver nas provas de lançamento de disco e martelo? Por quê?

  (Para que os alunos respondam a essas questões, o professor pode utilizar diferentes estratégias: realizar uma exposição anterior à atividade; fornecer em aula os materiais didáticos para os alunos consultarem; solicitar que os alunos pesquisem em casa e respondam na aula seguinte.)

3. Cada grupo deve apresentar as respostas para toda a turma, com o professor intermediando as correções, porém, sem estabelecer a resposta final, procurando oferecer sinalizações para que haja debates e para que os alunos coletivamente cheguem à resposta correta.
4. O professor pode aproveitar para falar sobre os materiais oficiais utilizados e quais materiais alternativos podem ser confeccionados para as provas de atletismo, além de mostrar aos alunos que as medidas das provas de corrida, por exemplo, só precisam ser exatas em competições oficiais, pois, na escola, em praças esportivas ou em outros locais, é possível realizar atividades com características das provas dessa modalidade sem fazer uso da medida e do material regulamentar.
5. O professor propõe aos alunos que, coletivamente, procurem soluções para praticar atletismo naquele contexto (escola, clube etc.), adequando-se ao espaço.

Tema: Corridas de revezamento

1. O professor organiza a turma em três ou mais equipes e realiza uma estafeta, na qual cada integrante tem de percorrer um determinado espaço, contornar um objeto (cone, arco, bola), retornar, bater na palma da mão do colega, para que este execute os mesmos procedimentos; a equipe que acabar primeiro, ou seja, aquela cujos integrantes já tiverem feito a tarefa, ganha um ponto.
2. As equipes realizam a mesma atividade anterior, porém, em vez de bater na palma da mão do colega, o aluno entrega a bola que está transportando durante o percurso da atividade.
3. As equipes repetem a atividade, mas passando um bastão para o colega (caso não haja bastão na escola, pode ser pedaço de cabo de vassoura cortado, tubo de batata, tubo de rolo de papel toalha).
4. O professor propõe que haja um espaço de corrida para o próximo aluno da equipe, para que receba o bastão correndo: o aluno (1) que está com bastão, indo em direção à coluna composta por todos os

integrantes da sua equipe, deve contornar a equipe antes de entregar o bastão para o aluno (2); este, durante o contorno do aluno (1), inicia sua corrida, a fim de receber o bastão em movimento.

5. Até então, as estafetas foram caracterizadas por serem de caráter competitivo entre os grupos. Nesse momento, o professor deve estabelecer um tempo para que todas as equipes completem a atividade, independentemente de qual delas terminará primeiro, pois o objetivo é que todas terminem antes do tempo determinado. Para isso, os grupos podem ser reorganizados pelos próprios alunos. É permitido ter número diferente de integrantes em cada equipe, misturando meninos e meninas. É importante que o tempo estipulado apresente-se como um desafio para a turma, mas que seja compatível com a realização da atividade. Caso os alunos não consigam na primeira tentativa, devem ser oferecidas outras oportunidades. Os grupos podem ser constantemente reorganizados.
6. Esse momento é propício para estimular reflexões dos alunos e discussões com a turma, com questionamentos e abordagem de assuntos como:

- O atletismo é predominantemente uma modalidade individual ou coletiva? E em relação às provas de revezamento?
- A importância do trabalho em equipe.
- O respeito às diferenças individuais, como capacidade física de velocidade e agilidade.
- O que podemos transferir dos aspectos coletivos e do respeito para com as demais pessoas, para as atividades do dia a dia na escola ou em outros ambientes?

7. O professor pode retomar as atividades, apresentando aos alunos como ocorre a passagem do bastão nas provas de revezamento. Para isso, utilizando as marcações da quadra de voleibol (demarcando a quadra com giz ou utilizando cordas no chão), marca a área de passagem do bastão entre uma linha dos três metros até a outra. O aluno deve começar a correr no início da quadra em direção à linha dos três metros com o bastão na mão e fazer a passagem deste a um colega dentro da área delimitada. O professor pode apresentar aos

alunos os tipos (visual, não visual ou às cegas) e as formas (ascendente e descendente) de passagem do bastão utilizados nessas provas.

Tema: Saltos em distância e triplo

1. O professor pode iniciar esse tema perguntando aos alunos quais as provas de salto, sem uso de materiais, que eles conhecem, se sabem os nomes corretos e se conseguem identificar semelhanças e diferenças entre elas. Após esses questionamentos, o professor pode apresentar as referidas modalidades, salto em distância e triplo, com suas características.
2. Atividades relacionadas ao salto em distância:

- O professor solicita aos alunos que se sentem no chão, com os joelhos unidos e estendidos. Somente dois alunos ficam em pé, representando o pegador e o fugitivo. O fugitivo, para se salvar, tem de saltar as pernas de um colega que estiver sentado. Nesse momento, há uma inversão de funções, ou seja, quem está sentado, levanta e tem a função de pegador, quem está pegando vira fugitivo (caso aconteça de o pegador tocar no fugitivo, invertem-se automaticamente as funções).
- O professor inicia essa atividade com uma brincadeira conhecida por boa parte dos alunos, denominada "metrinho". Coloca no chão duas cordas paralelas, solicita aos alunos que façam uma corrida, realizem um impulso antes da primeira corda e executem a queda após a segunda corda (aumentar a distância entre as cordas gradativamente). Em seguida, coloca as cordas em formato de "V", solicitando que os alunos efetuem o salto dentro das possibilidades individuais, procurando aumentar a própria distância, segundo uma autoavaliação (e não baseado na orientação do professor).[3]

---

3. Observação: Essas duas atividades têm o propósito de manter a motivação dos alunos, sem que nenhum deles fique um tempo exagerado como pegador durante a primeira atividade; assim, possibilita-se que todos tenham os seus desafios individuais na atividade seguinte, quando as cordas forem dispostas em V.

- O professor solicita que os alunos façam a corrida e o salto na caixa de areia (caso não haja uma, realize a atividade na grama ou em colchões). O professor mede o salto de cada aluno com uma trena. Essa tarefa pode ser feita pelos próprios alunos.
- O professor traça um desafio para os alunos: propõe que cada um melhore a sua própria marca após alguns exercícios. Nesse momento, pode utilizar algumas estratégias: demonstrar o movimento com a técnica do salto grupado (aproximação dos joelhos ao tronco), apresentar fotos aos alunos, exibir um vídeo. O mesmo procedimento pode ser feito com as técnicas em arco (projeção do quadril à frente) e passada no ar (troca de pernas). Atenção: esta última é mais complexa no movimento, portanto, a aprendizagem requer um tempo maior. A cada técnica apresentada, o professor destina um tempo para que os alunos a experimentem.
- O professor explica aos alunos que as técnicas foram criadas no decorrer da história da modalidade para alcançar melhores marcas, mas não temos obrigatoriamente de fazer uso delas.
- O professor solicita aos alunos que criem novos saltos, como se adaptarem melhor, voltando a fazer a medição com a trena ou não. Depois, faz uma reflexão sobre as características dos saltos que os alunos mais gostaram e observa as semelhanças e diferenças em relação aos padrões da modalidade.

3. Atividades relacionadas ao salto triplo:

- Em um determinado espaço, começar a brincadeira de pega-ajuda. O pegador inicial e, posteriormente, os demais pegadores têm de se deslocar utilizando apenas uma das pernas (essa brincadeira é conhecida por alguns alunos como “pega-saci”).
- O professor posiciona arcos no chão (ou desenha círculos na quadra com giz), dispostos para que se coloque um pé em cada arco, nas seguintes sequências: direito-direito-esquerdo e esquerdo-esquerdo-direito. O professor solicita que os alunos venham correndo em direção à sequência de arcos, façam o deslocamento nesses arcos e finalizem com os dois pés juntos (após o impulso realizado no último arco). Para os alunos mais novos, é interessante também

desenhar no chão amarelinhas que apresentem essas características na sequência de saltos.

- O professor pede que os alunos saltem, criando diferentes formas de impulso e aterrissagem.
- O professor explica aos alunos que a regra da prova do salto triplo exige essa estruturação, ou seja, o primeiro e o segundo impulsos têm de ser executados com o mesmo pé e o terceiro, obrigatoriamente, com o outro. O desenvolvimento dessa prova é com a queda na caixa de areia (ou na grama, caso não haja caixa de areia).

4. Alguns aspectos podem ser desenvolvidos com os alunos:

- Quais as semelhanças e diferenças entre as provas?
- Que sensação tiveram ao criar os próprios saltos e ao executar os saltos padronizados da modalidade?
- O professor deixa claro para os alunos que o objetivo não é uma comparação de desempenho entre eles, mas, sim, o conhecimento das provas e a tentativa de cada um melhorar seu próprio desempenho. Dessa forma, possibilita a participação efetiva de todos, respeitando as facilidades e dificuldades individuais.
- O professor solicita aos alunos uma pesquisa sobre os atletas brasileiros que historicamente obtiveram bons resultados em competições internacionais na prova do salto triplo (ex.: Nelson Prudêncio, Adhemar Ferreira da Silva, João do Pulo) e quais são os competidores atuais que representam o país nessas provas (ex.: Jardel Gregório, Maurren Maggi).
- O professor explica os conceitos de velocidade e seus tipos, como velocidade de reação, velocidade de aceleração, velocidade máxima, e faz o mesmo com a força seus tipos, como força máxima, potência, resistência de força. Em seguida, verifica com os alunos quais características das capacidades motoras de velocidade e força manifestam-se nas provas de salto em distância e triplo.[4]

---

4. Esses conceitos estão disponíveis em alguns livros sobre atletismo e nos livros que tratam de treinamento esportivo, de fácil acesso em bibliotecas de faculdades de educação física. Indicamos um livro de Valdir Barbanti, de fácil compreensão: *Treinamento físico: Bases científicas*.

Tema: Salto em altura

1. O professor pode iniciar este tema fazendo algumas perguntas aos alunos: Vocês conhecem a prova de salto em altura? Já tiveram contato com essa prova ou viram na televisão? Como ela é realizada? Em que local da pista ela acontece? Quais são os seus materiais? Que movimentos são executados no salto sobre o sarrafo? Será que sempre foi da mesma maneira?
2. O professor faz uma exploração das diferentes formas de saltar obstáculos. Espalha na quadra diferentes tipos de obstáculos (bancos suecos, plintos, mochilas, cones, corda elástica amarrada em postes etc.) ou os organiza em forma de circuito e pede que os alunos corram e transponham esses obstáculos sem encostar neles.
3. Para a realização das atividades, utiliza como estratégia a trajetória histórica da prova, de acordo com as técnicas que foram sendo criadas ao longo do tempo. Inicialmente, forma grupos e solicita que dois alunos de cada grupo segurem as pontas de uma corda, numa altura compatível com a faixa etária da turma, podendo variar de aluno para aluno (os alunos que seguram a corda devem se revezar com os colegas, para que todos saltem). Os demais alunos imaginam que os membros inferiores são as "pernas" de uma tesoura. Começando com uma corrida leve, de frente para a corda, devem executar uma trajetória em curva, passando próximo a um dos alunos que seguram as pontas da corda. Ao aproximar-se da corda, realiza um salto, utilizando como perna de impulso aquela que estiver mais afastada da corda; com um movimento de "tesoura", deve passar por cima da corda, primeiro com a perna mais próxima (essa perna entra em contato primeiro com o solo, depois que todo o corpo passa pela corda). Logo em seguida, a perna de impulsão também entra em contato com o solo (procurando deixar os joelhos estendidos durante a fase aérea). Curiosidades para apresentar aos alunos:

- Essa foi a primeira técnica empregada pelos principais atletas, porém, a prova pode ser executada de outras maneiras, desde que o impulso seja realizado com um dos membros inferiores.
- No início, a queda não acontecia no colchão, como atualmente, mas na areia (recomenda-se a realização dessa atividade na areia ou na grama).

4. Após a criação dessa técnica, outras surgiram. Se os alunos pudessem ser os inventores de novas técnicas, quais proporiam? Quais outras formas de passar sobre a corda (sarrafo) são possíveis? O professor deixa que os alunos pensem um pouco e, em seguida, mantendo a estrutura da atividade anterior, solicita que experimentem e executem as possibilidades pensadas. Depois, os alunos que desejarem poderão mostrar suas propostas (individualmente ou em grupo).
5. Retornando ao movimento da tesoura, o professor solicita aos alunos que, gradativamente, durante o percurso da corrida, procurem deixar o corpo cada vez mais de costas para a corda, realizando o impulso com um dos membros inferiores e realizando a queda de costas no colchão.
6. Utilizando a estrutura da terceira atividade (uma corda para cada grupo e dois alunos para segurá-la pelas pontas), os alunos devem realizar uma corrida diagonal à corda; ao se aproximarem dela, dão impulso com a perna que estiver mais próxima da corda e executam meio giro durante a fase aérea, aterrissando com os dois pés, de frente para o colega que estiver segurando a corda. Em seguida, fazem o mesmo movimento, mas, na queda, devem tocar o solo com os pés e as mãos ao mesmo tempo. Caso haja colchões apropriados para a segurança dos alunos, o professor pode solicitar que façam a queda lateralmente, com o ombro no colchão. Essa técnica recebeu o nome de rolo ventral e foi bastante utilizada, porém, requer grande força muscular. Caso o local de trabalho somente disponha de colchões finos, sugerimos que os alunos tragam pneus velhos e coloquem os colchões por cima dos pneus. O professor deve realizar essa atividade na grama, para maior segurança dos alunos.
7. O professor proporciona um novo debate aos alunos, para que compreendam melhor a utilização de diferentes movimentos, a inclusão do colchão para segurança dos participantes, o maior alcance das marcas etc.[5]

---

5. Observações: a) mesmo que, no local de trabalho, haja suporte e sarrafo, o professor deve procurar ter cuidado, pois, dependendo do material do sarrafo, este pode machucar os alunos, se for derrubado durante o salto; b) o professor deve estabelecer alturas compatíveis com cada aluno, para que o desafio seja constante e haja motivação para as

Tema: Lançamento de dardo

1. Num primeiro momento, o professor pode solicitar aos alunos que identifiquem quais modalidades esportivas utilizam movimentos relacionados a arremessos e lançamentos (exemplos: arremesso do basquetebol, arremesso do handebol, lançamento do goleiro no futebol, lançamento do beisebol, lançamento do futebol americano e provas de atletismo: arremesso de peso, lançamento de dardo, disco e martelo). Posteriormente, solicita que os alunos estabeleçam as semelhanças e diferenças entre esses movimentos.
2. Dividindo a turma em dois grupos, o professor utiliza as marcações da quadra de voleibol para a realização do jogo de queimada; caso não tenha quadra com marcações, demarca o espaço com giz ou mesmo, se a atividade for executada na grama, com cordas ou cones. Em seguida, o professor:

- Conversa com os alunos sobre os tipos de queimada que conhecem e realiza o jogo, com as regras mais tradicionais possíveis. Após uma vivência da atividade, interrompe e pergunta se todos estão tendo a oportunidade de lançar a bola; caso isso não esteja acontecendo, solicita que façam sugestões de regras que possibilitem a todos, efetivamente, realizar o lançamento.
- Apresenta outra estrutura para o jogo de queimada – queimada dos sexos: meninos só podem queimar meninos, meninas só podem queimar meninas. Após alguns momentos de desenvolvimento do jogo, é interessante o professor parar a atividade e destinar um tempo para os alunos elaborarem estratégias; posteriormente, dá continuidade ao jogo (os alunos que forem sendo queimados vão para o espaço atrás da linha de fundo do campo da outra equipe, denominado tradicionalmente de cemitério, e continuam participando do jogo).
- Propõe a queimada quartel general: os alunos de cada equipe definem um capitão, os demais são os soldados. As equipes devem informar ao professor quem elegeram para capitão. O objetivo

---

atividades, deve estar sempre atento a possíveis quedas e lesões, e disponível para um rápido auxílio (não se fixando em alguma posição ou segurando algum material).

do jogo é descobrir quem é o capitão da outra equipe e procurar queimá-lo (os alunos que forem sendo queimados vão para o espaço atrás da linha de fundo do campo da outra equipe, continuando a participação no jogo).

- Propõe a queimada salve sua equipe: os alunos que forem queimados devem ir para o espaço atrás da linha de fundo do campo da outra equipe (como nas atividades anteriores). Após o lançamento da bola, caso algum aluno do outro grupo a segure, todos os integrantes da respectiva equipe que estiverem queimados são salvos, retornando ao campo de jogo.

3. O professor aproveita esse momento para realizar determinadas discussões com os alunos:

- Como os alunos podem aprender se nem todos realizam o lançamento da bola, como na primeira atividade? Será que isso é justo?
- Como se sentiram ao ter de proteger os colegas na queimada dos sexos? Quais estratégias utilizaram?
- Quais critérios utilizaram para a escolha do capitão na queimada quartel general? O que fizeram para a outra equipe não descobrir?
- Qual foi a sensação de trazer os colegas de volta ao campo de jogo na queimada salve sua equipe?
- Como foi trabalhar coletivamente nessas atividades? Como se sentiram cooperando com os colegas da equipe?
- Será que o trabalho coletivo e a colaboração mútua não são melhores do que o individualismo?
- Na vida diária, damos atenção aos outros ou estamos concentrados apenas nos nossos interesses pessoais?
- Em que situações podemos agir coletivamente em atividades do nosso cotidiano?

4. O professor retoma as atividades, entretanto, nesse momento, procura fazer relações entre os movimentos de lançamento da bola nos jogos de queimada e o movimento de lançamento de dardo. Pode realizar os exercícios:

- Com a pelota (caso não tenha uma, com uma bola de borracha pequena ou confeccionando uma bola com uma meia cortada ao meio cheia de areia – é importante que esse material não fique grande), solicitando que os alunos façam o lançamento parados.

- Seguindo o mesmo procedimento, com uma corrida inicial.
- Da mesma maneira, porém, solicitando que os alunos, um pouco antes do local do lançamento, façam uma extensão do cotovelo atrás do corpo, com a palma da mão voltada para cima.
- Na mesma sequência das atividades anteriores, utilizando o dardo (caso não disponha desse material, pode utilizar cabo de vassoura).[6]

Tema: O atletismo e a deficiência visual

Sabemos que há uma grande diversidade de deficiências e também da necessidade de atendermos adequadamente às pessoas que as possuem, em diferentes contextos de práticas corporais. Neste capítulo, elegemos um tipo de deficiência, a visual, para apresentar sugestões de atividades que atendam não especificamente a um grupo composto totalmente por deficientes visuais, mas, sim, a um grupo que tenha, em sua maioria, pessoas videntes, com a participação de uma ou mais pessoas cegas ou mesmo um grupo no qual todos sejam videntes.

É extremamente interessante propor estas atividades também para grupos de videntes com vendas nos olhos, para que os participantes possam vivenciar a experiência, colocando-se no lugar do outro, e comparar essa vivência com outras do cotidiano e da modalidade atletismo.

1. O professor inicia o tema com uma discussão sobre a diferença entre os indivíduos e a questão da deficiência visual. Para tanto, pode abordar determinados aspectos, como:

---

6. Observações: alguns cuidados são essenciais para a segurança dos alunos no desenvolvimento das atividades desse tema: a) utilize uma bola leve ou murcha, para que ela não machuque os alunos nos jogos de queimada; b) ao realizar os lançamentos com a pelota e com o dardo, assegure-se de que nenhum aluno esteja no espaço a ser percorrido por esses objetos; c) é importante explicar aos alunos os perigos de se trabalhar com pelotas e dardos.

- Será que os costumes e os hábitos são semelhantes na cultura de diferentes países?
- Será que todas as pessoas são iguais?
- Quais são as nossas atitudes em relação às pessoas que não pensam como nós e têm gostos diferentes?
- Será que tenho respeito pelas diferenças físicas (gordo, magro, alto, baixo etc.), étnicas e de gênero?
- Com relação aos deficientes, sei respeitar suas características e necessidades?
- Especificamente em relação aos deficientes visuais, conhecem algum? Como é a minha postura ao encontrar um cego no centro da cidade ou no *shopping*?
- Será que os deficientes visuais têm menos direito à aprendizagem do atletismo do que as pessoas que enxergam?
- Se respeitarmos as necessidades específicas de pessoas com essa deficiência, será que não é possível elas conhecerem o atletismo?

2. O professor organiza os alunos em duplas e entrega uma venda para cada grupo. Um aluno coloca a venda e o outro é responsável por guiá-lo pelas seguintes etapas:

- De mãos dadas com o colega e por meio de informações verbais, o aluno que não está vendado guia o outro.
- O aluno guia apenas pelo contato das mãos dadas, sem informações verbais.
- Neste momento, os alunos soltam as mãos e as informações são fornecidas verbalmente.
- Posteriormente, sem verbalização e sem contato físico constante com o colega vendado, o aluno o guia da seguinte maneira: ao tocar a nuca do não vidente, este caminhará reto; ao lhe tocar o ombro direito, ele deverá virar para a direita; o mesmo procedimento acontece em relação ao lado esquerdo; ao lhe tocar a testa, o não vidente deverá fazer um meio giro (180 graus).
- O vidente segura uma cordinha (de aproximadamente 40 cm) numa das pontas, o não vidente segura na outra e caminham sem contato físico entre si.

- Ainda com a cordinha, deverão correr em ritmo lento, realizando trajetos em linhas reta e, posteriormente, em curvas para a direita e para a esquerda (pode haver uma comunicação verbal na dupla).
- Dependendo da confiança em cada dupla, pode-se gradativamente solicitar que os alunos aumentem o ritmo da corrida.[7]

3. Neste momento, é importante o professor retomar alguns itens discutidos no início do tema, referentes especificamente à possibilidade de os deficientes visuais aprenderem sobre o atletismo. É importante observar se houve alguma mudança na opinião dos alunos e aproveitar para abordar como devem ser as nossas atitudes perante pessoas com determinadas deficiências.
4. O professor pode apresentar as provas de atletismo realizadas nos jogos paraolímpicos e jogos parapanamericanos (pesquisa feita previamente), citando os nomes e mostrando fotos de atletas brasileiros. Caso seja possível, seria muito significativo o professor apresentar provas de competições em vídeo.

Finalizando

Procuramos apresentar sugestões de atividades para o ensino do atletismo, contemplando as três dimensões do conteúdo: conceitual, procedimental e atitudinal. Destacamos, novamente, que essas dimensões estão inter-relacionadas na prática pedagógica do professor de educação física. O que certamente acontece é a prevalência de determinadas dimensões em alguns momentos ou atividades, mas não há problema nisso, desde que o planejamento das aulas abarque todas as dimensões. O principal é que todos os conteúdos estejam interligados durante o desenvolvimento das atividades.

---

7. Observações: para essas atividades, são necessárias a realização em espaço amplo, a garantia de que não haja objetos que possam prejudicar o desenvolvimento das etapas e a conscientização dos alunos quanto à atenção com a segurança dos colegas. A cada etapa ou a cada sequência de etapas, deve haver troca de funções entre os alunos da dupla.

Para um melhor entendimento, podemos citar alguns exemplos das propostas apresentadas anteriormente:

- Ao confeccionar o jogo da memória e efetivamente fazer uso dele, a atividade contempla tanto a dimensão procedimental, durante a elaboração do material e o ato de jogar, como a dimensão conceitual, na apresentação de informações sobre a modalidade.
- Nas questões referentes à pista de atletismo, o professor aborda a dimensão conceitual na discussão das respostas, nas quais conhecimentos sobre a modalidade esportiva são levantados, e também a dimensão procedimental, pois os alunos estão envolvidos num jogo caracterizado por perguntas e respostas.
- Nas atividades de estafetas, trabalhamos a dimensão procedimental nos movimentos de corrida dos alunos e também a dimensão atitudinal, quando discutimos a organização em grupo, a importância do trabalho coletivo, a questão do respeito às diferenças.
- Nas atividades referentes ao salto em distância e ao salto triplo, os alunos podem conhecer tanto os movimentos específicos, relacionados à dimensão procedimental, como possibilitar a participação de todos e o respeito à individualidade, referentes à dimensão atitudinal, e também, na dimensão conceitual, adquirir conhecimentos sobre determinadas capacidades motoras.
- Durante o desenvolvimento da prova de salto em altura, a estratégia utilizada propicia tanto a aprendizagem das técnicas referentes a essa prova, na dimensão procedimental, como a apresentação e a discussão de sua origem e evolução, na dimensão conceitual.
- Nos jogos de queimada, abordamos a dimensão procedimental, referente à realização do movimento de lançar a bola, estando também presente na transferência do movimento para o lançamento de pelota e do dardo, e a dimensão atitudinal, ao discutirmos o direito de todos participarem efetivamente das ações dos jogos e da importância da cooperação em um grupo de trabalho.
- As atividades sugeridas para trabalharmos com deficientes visuais deram-nos possibilidade de discutir a questão das diferenças e

da inclusão na dimensão atitudinal, bem como proporcionaram aos alunos a realização de simulações de provas para esse tipo de deficiência, na dimensão procedimental.

É importante ressaltar que a dimensão procedimental envolve não só a realização de gestos motores específicos como também ações referentes a pesquisa, leitura, escrita, confecção de materiais e outras mais, que também fazem parte desse conteúdo. Esse conjunto de ações potencializa a compreensão do aluno acerca do conhecimento, compreendendo-o de diferentes perspectivas e com base em diferentes vivências, o que o capacita para a apropriação do conhecimento dentro e fora do ambiente de aprendizagem.

Destacamos que existe, nas aulas de educação física escolar, como também em outros espaços de ensino de esportes, uma predominância de conteúdos procedimentais; entretanto, em várias situações, é possível nos depararmos com o desenvolvimento de conteúdos conceituais e atitudinais, totalmente relacionados com os procedimentais. No nosso entendimento, esse destaque não oferece nenhum tipo de inconveniência, pois o fazer é característico da área da educação física, mas ressaltamos neste capítulo as possibilidades de inserção de outras dimensões de conteúdos na prática pedagógica do professor, com o intuito de propiciar um ensino mais abrangente e de mais qualidade, possibilitando a melhor formação dos alunos.

Assim, buscamos contribuir para o enriquecimento da atuação do professor de educação física, tanto daqueles que trabalham na escola como dos que atuam em outros ambientes de ensino. Essa contribuição está relacionada às possibilidades pedagógicas para o ensino do atletismo, desenvolvidas nas diferentes dimensões do conteúdo dessa modalidade.

Referências bibliográficas

BARBANTI, V. *Treinamento físico: Bases científicas.* 3ª ed. São Paulo: Balieiro, 2001.

BARROSO, A.L.R.; DARIDO, S.C. "Voleibol escolar: Uma proposta de ensino nas dimensões conceitual, procedimental e atitudinal do conteúdo". *Revista Brasileira de Educação Física e Esporte*, São Paulo, v. 24. n. 2, abr.-jun., p. 179-194, 2010.

BRACHT, V. *et al.* "A prática pedagógica em educação física: A mudança a partir da pesquisa-ação". *Revista Brasileira de Ciência do Esporte*, Campinas, v. 23, n. 2, jan., p. 9-29, 2002.

BRASIL. SEF. *Parâmetros Curriculares Nacionais: Educação Física*. Brasília: MEC/SEF, 1998.

COLL, C. *et al.* *Os conteúdos na reforma: Ensino e aprendizagem de conceitos, procedimentos e atitudes*. Porto Alegre: Artmed, 2000.

CONFEDERAÇÃO BRASILEIRA DE ATLETISMO. *Regras oficiais de atletismo*. São Paulo: Phorte, 2002.

DAMAZIO, M.; SILVA, M. "O ensino da educação física e o espaço físico em questão". *Pensar a Prática*, América do Norte, n. 11, ago., 2008. [Disponível em: <http://www.revistas.ufg.br/index.php/fef/article/view/3590>. Acesso em: 13/10/2010.]

DAOLIO, J. *Educação física e o conceito de cultura*. Campinas: Autores Associados, 2004.

DARIDO, S.C. "Educação física escolar: O conteúdo e suas dimensões". *In*: DARIDO, S.C; MAITINO, E.M. (orgs.). *Pedagogia cidadã: Cadernos de formação - Educação física*. São Paulo: Unesp/Pró-Reitoria de Graduação, 2004, p. 59-70.

DARIDO, S.C.; RANGEL, I.C.A. (orgs.). *Educação física na escola*. Rio de Janeiro: Guanabara Koogan, 2005.

FERNANDES, J.L. *Atletismo: Corridas*. 3ª ed. São Paulo: EPU, 2003a.

______. *Atletismo: Lançamentos e arremesso*. 2ª ed. São Paulo: EPU, 2003b.

______. *Atletismo: Os saltos*. 2ª ed. São Paulo: EPU, 2003c.

FREIRE, J.B. *Pedagogia do futebol*. Campinas: Autores Associados, 2003.

FREIRE, J.B.; SCAGLIA, A.J. *Educação como prática corporal*. São Paulo: Scipione, 2003.

GALLARDO, J.S.P.; OLIVEIRA, A.B. de; ARAVENA, C.J.O. *Didática de educação física: A criança em movimento - Jogo, prazer e transformação*. São Paulo: FTD, 1998.

GALVÃO, Z.; RODRIGUES, L.H.; SANCHES NETO, L. "Cultura corporal de movimento". *In*: DARIDO, S.C.; RANGEL, I.C.A. (orgs.). *Educação física na escola*. Rio de Janeiro: Guanabara Koogan, 2005, p. 25-36.

GRECO, P.J.; BENDA, R.N. "Iniciação aos esportes coletivos: Uma escola da bola para crianças e adolescentes". *In*: ROSE JR., D. de. *Modalidades esportivas coletivas*. Rio de Janeiro: Guanabara Koogan, 2006, p. 180-193.

MATTHIESEN, S.Q. *Atletismo se aprende na escola*. Jundiaí: Fontoura, 2005.

______. *Atletismo: Teoria e prática*. Rio de Janeiro: Guanabara Koogan, 2007.

MATTHIESEN, S.Q.; SILVA, E.V.M. *Anais do I Congresso de Educação Física escolar. Educação física na escola: Implicações para a prática pedagógica*. Rio Claro: Unesp, 2006.

PAES, R.R. "A pedagogia do esporte e os jogos coletivos". *In*: ROSE JR., D. de *et al. Esporte e atividade física na infância e na adolescência*. Porto Alegre: Artmed, 2002, p. 89-98.

PUBLIO, N.S. *Evolução histórica da ginástica olímpica*. 2ª ed. São Paulo: Phorte, 2002.

SANTANA, W.C. de. "Pedagogia do esporte na infância e complexidade". *In*: PAES, R.R.; BALBINO, H.F. *Pedagogia do esporte: Contextos e perspectivas*. Rio de Janeiro: Guanabara Koogan, 2005, p. 1-23.

ZABALA, A. *A prática educativa: Como ensinar*. Porto Alegre: Artmed, 1998.

5
ESTRATÉGIAS DE ENSINO QUE FAVORECEM O APRENDIZADO SIGNIFICATIVO DO BASQUETEBOL

Sheila A.P.S. Silva
Leopércio Guimarães

Introdução

O esporte é um fenômeno humano cujo aspecto essencial é seu enorme potencial mobilizador de energias. Seja no papel de praticante, seja no de espectador, o envolvimento emocional, com consequências para o convívio social, é muito grande.

Quando abordamos o esporte do ponto de vista pedagógico, ele se torna uma das poderosas ferramentas de que o educador pode lançar mão para promover o desenvolvimento integral do aluno. Assim, pretendemos apresentar uma proposta pedagógica que contemple o desenvolvimento físico, cognitivo, emocional e social do público infantil com o objetivo de iniciá-lo numa prática culturalmente construída que pode lhe proporcionar saúde, prazer, descoberta e manutenção de amizades, independentemente do contexto de prática.

O basquetebol é considerado um esporte dinâmico. Todos os integrantes de um jogo atuam de forma ativa e participativa. Caso seja possível identificar se há praticantes detentores de talento, determinação e perseverança, a ideia é que possam, dominando o basquetebol, ser direcionados para o mundo do trabalho – o atleta profissional.

Queremos deixar claro que o ensino de um esporte não deve ser visto apenas como preparação de futuros atletas de alto desempenho. A aprendizagem não deve incluir apenas os fundamentos ou estratégias de ataque e defesa, mas seguir no caminho do desenvolvimento do ser humano por inteiro. Por isso, consideramos que o esporte, ao adotar um tratamento pedagógico, adquire condições de ser uma fonte educativa significativa. Nesse contexto, a descoberta de um talento é uma das consequências possíveis dessa perspectiva pedagógica, e não seu objetivo.

A aprendizagem significativa e o desenvolvimento psicossocial por meio do basquetebol

Um dos aspectos importantes da pedagogia do basquetebol, e que não pode deixar de ser levado em consideração, é o significado que essa modalidade esportiva tem ou pode vir a ter na vida do aluno. Aliás, poderíamos dizer que esse é o ponto de partida para qualquer elaboração de uma proposta de ensino.

Tomando como base a teoria da aprendizagem significativa, estabelecida por Ausubel, Novak e Hanesian (1980), o princípio que deve ser seguido para que uma experiência possa ser significativa para uma pessoa e, dessa forma, vir a se incorporar à sua estrutura cognitiva, é a determinação do que o aprendiz já sabe a respeito do assunto (objeto do ensino).

Segundo Ausubel "(...) o fator isolado mais importante que influencia a aprendizagem é aquilo que o aprendiz já sabe. Averigue isso e ensine-o de acordo" (*apud* MOREIRA, 2006, p. 13).

Em outras palavras, o ponto de partida do professor é investigar que tipo e nível de informação os alunos detêm sobre o basquetebol, ou seja, seu conhecimento prévio sobre o assunto, o que pode ser realizado por meio de testes motores e/ou jogos ou apenas com base no diálogo com os aprendizes.

O professor precisa questionar a respeito desse esporte e se há algum interesse dos alunos nele. No caso de resposta afirmativa, deve verificar que motivos os levaram a querer aprender ou praticar essa modalidade esportiva, refletindo sobre as seguintes questões: Trata-se de uma prática imposta pelos pais ou de tentar reproduzir a imagem de um ídolo?

Para que o professor obtenha tais informações, é interessante realizar tais averiguações nas aulas iniciais, para que os alunos não venham esperando, naquele momento, "pegar na bola" e jogar. É importante esclarecer, de antemão, que o grupo está sendo reunido para que se dedique apenas a conversar sobre basquetebol, preparando o terreno para a prática.

Para estimular o diálogo e verificar o conhecimento prévio do aluno, o professor pode utilizar revistas com fotos de atletas renomados, recortes de jornais, vídeos de curta duração com *flashes* de partidas históricas e ilustrar a conversa com as diferentes formas de interação nesse esporte: basquete de rua, apresentações individuais de habilidades com bola, torneio de arremessos, torneio de enterradas, entre outras (ver o item "Sugestão de atividade 2", mais adiante neste capítulo).

Nesse encontro, no qual o mais recomendável é o estabelecimento de um clima informal, o professor poderá detectar os alunos que conhecem mais sobre o esporte, os entusiastas, aqueles para quem o basquetebol é completamente desconhecido e, até mesmo, aqueles que detestam a bola de basquete ou "morrem de medo" dela.

A dinâmica das "fichas de conceitos" é outro exemplo que pode auxiliar nesse momento de verificação do conhecimento prévio. Para a realização dessa atividade, o professor deve propor a divisão da turma em grupos e formular fichas com alguns conceitos e palavras relacionados ao basquetebol, como mostra a sugestão da Atividade 2.

O papel do professor nesses encontros iniciais é observar atentamente e registrar as reações e as participações dos alunos. Os dados coletados dessa maneira servirão de suporte para todo o trabalho posterior, uma vez que o professor poderá tomar como exemplo reações, comentários, curiosidades, dúvidas e significados que os alunos tenham demonstrado sobre o assunto.

De qualquer maneira, seja qual for a causa pela qual o aluno está presente, o importante é que o professor desenvolva um trabalho pedagógico pautado nos resultados obtidos com base na reflexão sobre as questões já mencionadas e também outras:

- Como posso contribuir para que a aprendizagem do basquetebol seja uma experiência marcante na vida do aluno?
- Como o basquetebol poderá contribuir para que esse aluno seja um adulto fisicamente ativo?
- Quais valores serão transmitidos na prática desse esporte e que podem ser extrapolados para qualquer área de atividade na qual esse aluno se insira no momento ou virá a se inserir futuramente?

Quando se adota como princípio norteador a valorização do significado das aprendizagens para a vida presente e futura dos alunos, as tradicionais "sequências pedagógicas" são substituídas por "sequências significativas". As "unidades de ensino" poderiam passar a ser denominadas "unidades significativas", garantindo que cada uma delas viesse a responder ou a atender as curiosidades legítimas expressas pelos alunos. Além disso, Garcia (2007) afirma que os alunos são sujeitos curiosos, pulsantes de vida e sonhos. Dessa forma, pelo simples fato de o professor levar em conta o passado que viveram, proporcionando a expressão e a interação dialógica com eles e entre eles, estará estimulando a motivação para aprender, algo que pode se estender ao longo de toda a vida do aluno.

Considerando que dificilmente se encontrará uma turma que apresente homogeneidade de conhecimentos e interesses sobre o assunto, torna-se necessário que o professor seja habilidoso para lidar com as heterogeneidades, sem desrespeitar as características deste ou daquele aluno.

O professor não pode esperar que, ao fazer o levantamento das curiosidades que motivam os alunos ao aprendizado, obterá automaticamente uma hierarquização delas, visto que, como se manifestaram espontaneamente, todas são igualmente legítimas.

Da constatação dessa heterogeneidade, como trabalhar?

Para o aproveitamento satisfatório no ensino do esporte, é importante o estabelecimento de um clima harmonioso, no qual as diferenças sejam respeitadas e a cooperação com a diversidade dos alunos esteja presente.

Essa é uma situação que oferece ao professor excelente oportunidade de conversar com os alunos sobre as diferenças entre as pessoas sem, no entanto, lançar mão de discursos de cunho moral, classificando este ou aquele como melhor aluno ou mais interessado. Simplesmente expressando o fato de que, até aquele momento, alguns tiveram melhores oportunidades para prestar atenção ao basquetebol do que outros, construirá o clima de respeito necessário para a convivência grupal. As questões que os alunos desejem resolver podem ser mencionadas e todos participam da escolha de a qual delas se dedicarão em primeiro lugar.

Perceba-se que, dessa forma, deixa-se em segundo plano uma pretensa "*significatividade* lógica" dos conteúdos, contida na hierarquização conceitual ou no estabelecimento da complexidade das tarefas de domínio motor dos conteúdos a ensinar, colocando-se a "*significatividade* psicológica" (COLL, 1997) como o "carro-chefe" da elaboração da proposta pedagógica.

Cada questão levantada pelos alunos se tornará, portanto, uma "unidade significativa". É interessante que cada uma se apresente como um "todo", para que o aluno consiga integrá-las em diferentes momentos do jogo.

O clima de diálogo não se restringe às aulas iniciais sobre o assunto. Ele permanece durante todas as aulas, mantendo aceso o interesse dos aprendizes pelo assunto, pelo processo de aprendizado.

Não é raro que o professor precise interferir no processo de elaboração de perguntas dos alunos quando perceber que não têm, ainda, uma visão ampla do assunto, ou seja, não percebem como o basquetebol pode ser um tema de estudo extremamente enriquecedor para suas vidas.

Como responsável pela condução da aprendizagem e na condição de profissional com mais conhecimento sobre o assunto, o professor pode se antecipar e listar uma série de perguntas que, caso não sejam levantadas pelos alunos, podem ser estimuladas por ele para evidenciar os mais diferentes e interessantes aspectos do basquetebol.

Pensando nessa condição do professor, é possível questionar: "Por que perder tempo fazendo levantamento de perguntas com os alunos quando o professor já tem uma listagem de quais delas são importantes para o processo educativo?". A resposta é que, em decorrência de serem os únicos responsáveis pela elaboração da proposta pedagógica, tradicionalmente, os professores têm enfrentado o problema de "ter de legitimar" os conteúdos e os objetivos de ensino que trazem aos alunos. Em regra, empreendem um grande esforço para "vender seu peixe" à turma de alunos. Todo esse esforço pode ser minimizado e maior adesão às aulas pode ser conseguida se os alunos participarem do processo de tomada de decisões e, dessa forma, serem corresponsáveis pelas experiências que vierem a ser promovidas.

Acreditamos que a aprendizagem legítima e duradoura ocorra em consequência de problemas reais com os quais o aprendiz se depara, ou seja, o interesse do aluno é o fator ligado à aprendizagem com maior poder mobilizador de energias. O ato de educar requer cuidados e atitudes que, em conjunto com o aluno, formam a arte de ensinar, por meio do diálogo. Segundo Freire (1996, p. 123), "(...) o diálogo é uma espécie de postura necessária, na medida em que os seres humanos se transformam cada vez mais em seres criticamente comunicativos". Esse autor afirma, ainda, que transformar a experiência educativa em puro treinamento técnico é amesquinhar o que há de fundamentalmente humano no exercício educativo: o seu caráter formador. Se o professor respeita o desenvolvimento humano, o ensino dos conteúdos não pode se dar alheio à formação moral do educando. Educar é substantivamente formar.

O desenvolvimento cognitivo por meio do basquetebol

As questões referentes ao desenvolvimento humano não poderiam deixar de estar interligadas, uma vez que o indivíduo que se pretende desenvolver é um só, apenas estudado em diferentes dimensões. Dessa forma, aquilo que aqui se compreende como a promoção do desenvolvimento cognitivo refere-se à transmissão/apreensão de conceitos por meio do basquetebol. Em outras palavras, trata-se de abordar conhecimentos necessários para que o aluno seja capaz de jogar basquetebol e, ainda, ampliar seu conhecimento sobre o assunto.

Desde a etapa da formação profissional, ouvimos perguntas comuns, que surgem entre estudantes universitários de educação física, mas que também se repetem entre alguns professores já graduados quando o assunto está relacionado aos princípios pedagógicos de que vimos tratando até agora. As perguntas são as seguintes: Em que idade começo a transmitir informações aos meus alunos? Em que idade começo a permitir que meus alunos participem das decisões? Costumamos responder da seguinte maneira: A partir de que idade você os considera seres humanos? Em outras palavras, seja adulto ou criança, o princípio é o mesmo, trata-se de dimensionar o nível em que o conhecimento será transmitido ou a forma dessa transmissão, o tipo de decisão que se pode compartilhar com os alunos, considerando que, quanto mais cedo forem habituados a refletir sobre situações, mais cedo entenderão que não é apenas o professor a pessoa responsável pela aprendizagem.

Retomando as questões que podem ser utilizadas como norteadoras do processo pedagógico, podemos mencionar uma lista delas, cujas respostas indicam que o basquetebol está sendo tratado em vários aspectos e com diversas implicações.

Do ponto de vista do professor, podemos afirmar que o basquetebol é um assunto que pode ser abordado em suas dimensões técnicas, táticas, psicológicas, históricas, sociais, fisiológicas e biomecânicas. Se considerarmos tais aspectos e transformá-los em questões que os alunos devem ser auxiliados a responder, teremos algo parecido com:

- Por que praticar basquetebol? Quais benefícios ele me traz?
- Onde e como surgiu o basquetebol?
- Quem inventou o basquetebol e por quê?
- Em que lugares do mundo é comum as pessoas praticarem o basquetebol?
- Quais são os melhores times do mundo?
- Quais são os melhores times do Brasil?
- Por que o basquete norte-americano é diferenciado?
- De quantas "partes" o basquetebol é feito ou quais são os elementos que compõem o basquetebol e quais são os seus nomes?
- O que preciso saber fazer para começar a jogar?
- Quais regras devo saber e respeitar para começar a jogar?
- De que material e local preciso para jogar basquetebol?
- Quais problemas podem me ocorrer se eu não souber jogar direito?
- É arriscado jogar basquetebol?
- O que é preciso fazer para evitar que esses riscos se transformem em problemas reais?
- O que acontece com meu corpo no momento em que jogo basquetebol?
- O que poderá acontecer comigo se passar a jogar basquetebol com frequência e regularidade?

- Com qual frequência e intensidade devo praticar o basquete para que ocorram transformações duradouras em meu condicionamento físico e na minha forma de jogar?
- Que tipo de obstáculos devo superar durante um jogo de basquetebol?
- Quais são as melhores formas de superá-los?
- De que forma aumento minhas chances de sucesso? O que devo fazer para aumentar minhas chances de me tornar um atleta de alto rendimento?

Certamente, outras questões podem surgir, como também, dessa longa lista de possibilidades, somente algumas serem mencionadas pelos alunos. O papel do professor é importante, então, no sentido de auxiliar os alunos a encontrar respostas para suas curiosidades e, principalmente, envolvê-los com questões nas quais eles nem ao menos haviam pensado, mas que podem perceber que são importantes se quiserem realmente conhecer e praticar o basquetebol.

Na abordagem dessas questões, não há uma significância lógica a ser previamente definida. Pode-se evoluir no processo de ensino estudando as diferentes dimensões e implicações da prática do esporte à medida que elas forem surgindo "naturalmente" ou sendo estimuladas pelo professor.

É sempre recomendável que a discussão sobre o esporte surja das situações de prática. As crianças, sobretudo, anseiam por oportunidades de se movimentar amplamente e não seria muito agradável se o professor lhes oferecesse longas aulas teóricas, expositivas, que acabariam se tornando tediosas e não conduzindo ao aprendizado esperado.

O desenvolvimento físico e motor por meio do basquetebol

O basquetebol pode ser compreendido, quando consideramos as habilidades motoras necessárias à sua prática, como um esporte no qual estão presentes as três classes de habilidades motoras: locomoção, equilíbrio e manipulação.

É importante salientar para os alunos que, analisando isoladamente, o praticante de basquetebol é chamado a dominar as habilidades locomotoras representadas por andar, correr, saltar, impulsionar; em relação às habilidades de equilíbrio, há a necessidade de paradas bruscas, mudanças de direção, realização de posturas defensivas, esquiva, bloqueio; quanto às habilidades de manipulação, o praticante executa dribles, passes, lançamentos, arremessos e pega rebotes.

No entanto, a observação de um jogo de basquetebol evidencia que essas habilidades não são requisitadas isoladamente, mas sempre em combinação, o que nos leva a classificá-lo como um esporte complexo, cujos aprendizes necessitam, para praticá-lo dentro das regras oficiais, ter atingido um estágio de desenvolvimento motor que os possibilite combinar as habilidades motoras fundamentais.[1]

Serão estimuladas as capacidades perceptivas do iniciante, como a orientação espacial, a noção espaço-tempo, as capacidades coordenativas como coordenação motora grossa, coordenação óculo-manual e as capacidades físicas de agilidade, velocidade, diminuição do tempo de reação, resistência muscular localizada. A prática sistemática do basquetebol, além das capacidades já mencionadas, promoverá a melhoria da capacidade aeróbica geral.

Pelo fato de o basquetebol ser um esporte que permite amplos deslocamentos em ambos os lados da quadra, o professor não pode deixar de ensinar ao aluno o controle da bola com a mão direita e com a mão esquerda, assim como exercitar o controle do corpo em giros, mudanças de direção, fintas, bandejas, também para ambos os lados.

Apesar de o basquete ser composto por estímulos ao desenvolvimento de todos os aspectos mencionados, não se pode afirmar que se trata de um "esporte completo", como muito professores, simpatizantes e técnicos dessa modalidade gostam de defender, uma vez que a busca do esporte que possa deter o adjetivo de "completo" representa apenas mais um dos mitos da área esportiva.

---

1. Classificação desenvolvimentista, segundo Gallahue e Ozmun (2001).

Os pais, sobretudo, devem ser esclarecidos sobre o que o basquetebol é capaz de proporcionar ao desenvolvimento de seu filho e também sobre o que não pode proporcionar, estimulando-os a ampliar as experiências motoras da criança em outras atividades e alertando-os sobre os perigos da especialização esportiva precoce.[2]

Aspectos metodológicos: O modelo pendular no ensino do basquetebol

De modo geral, a maioria dos professores de educação física utiliza o método das partes para o todo no ensino de habilidades esportivas. O princípio da aprendizagem "do simples para o complexo, do mais fácil para o mais difícil" tem servido como suporte para essa adoção metodológica.

No entanto, se for considerada, em primeiro lugar, a necessidade do aluno de compreender o sentido da prática que está aprendendo, parece ser mais adequado dar significado ao aprendizado, considerar a dimensão simbólica inerente às ações humanas, em contraposição à pedagogia tradicionalmente praticada, que utiliza o método analítico-sintético ou o método das partes para o todo.

Nesse contexto, adotar o modelo pendular proposto por Daolio (2002), com base nas ideias de Claude Bayer, mostra-se uma escolha acertada. Daolio recomenda que o ensino dos esportes coletivos seja iniciado pelos princípios operacionais e, por último, pelos gestos técnicos de cada modalidade. Ensinar os gestos técnicos, atentando para cada detalhe de sua execução, não é eliminado do ensino, mas, no modelo pendular, constitui a última etapa do processo.

---

2. Quanto ao tema de especialização precoce no basquetebol, recomendamos a leitura dos trabalhos de Roberto Rodrigues Paes, da Unicamp. Sobre os riscos gerais da especialização precoce, indicamos a leitura dos Parâmetros Curriculares Nacionais de Educação Física, terceiro e quarto ciclos.

De nosso ponto de vista, essa proposta vem ao encontro da promoção de maior significado do material que está sendo ensinado para o aprendiz e, portanto, será abordada no tópico sobre aspectos metodológicos, a seguir.

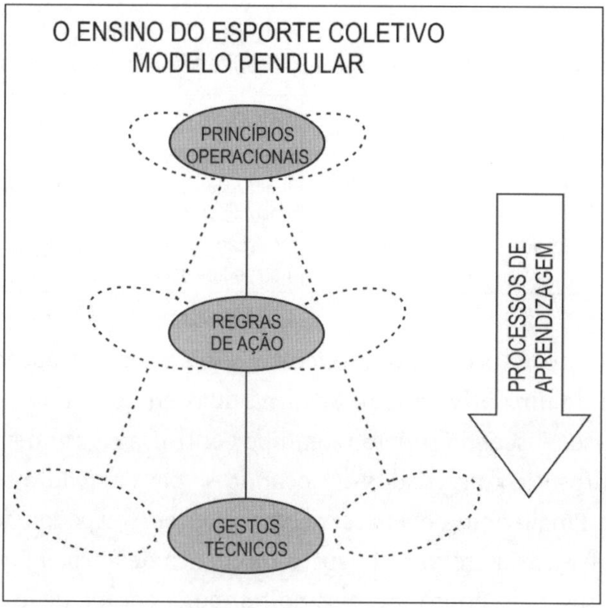

Fonte: Daolio (2002, p. 103).

A análise do pêndulo permite verificar que o ensino é iniciado com a apresentação dos princípios operacionais, propiciando ao aluno compreender o funcionamento do basquetebol como um conjunto. É interessante destacar que os princípios operacionais representam a parte fixa do pêndulo, ou seja, representam a estrutura comum aos esportes coletivos; é praticamente inexistente a possibilidade de mudança e de interpretação pessoal.

Adotar esse modelo pode ajudar muito o professor de educação física na escola, pois pode fazê-lo aproveitar a etapa em que se abordam os princípios operacionais dos jogos esportivos coletivos para ensinar todos os aspectos comuns ao futebol, futsal, handebol e basquetebol, de uma só vez, ganhando um tempo importante durante o ano. Essa também é uma proposta que vem sendo ofertada em cursos de ensino superior em educação física e ciências do esporte e em vivências esportivas em outros contextos.

Os princípios operacionais são os mesmos nos diferentes esportes coletivos mais conhecidos e ensinados nas escolas do Brasil. Segundo Bayer (*apud* DAOLIO, 2002, p. 100), são seis os princípios operacionais, três de ataque e três de defesa, conforme o Quadro 1.

Quadro 1: Princípios operacionais do ensino do esporte segundo Bayer (*apud* DAOLIO, 2002)

Ataque	Defesa
conservação individual e coletiva da bola; progressão da equipe e da bola em direção ao alvo adversário; finalização da jogada, visando à obtenção de ponto.	recuperação da bola; interrupção do deslocamento da equipe adversária em direção ao alvo; proteção do alvo, visando impedir o ponto da equipe adversária.

Portanto, o praticante do basquetebol inicia o aprendizado identificando que se trata de uma atividade na qual há duas equipes, que essas equipes confrontam-se, buscando superar a equipe contrária em número de pontos, e que os pontos são convertidos deslocando-se para a quadra ocupada pela outra equipe. Finalmente, devem conservar a bola em seu poder, defendendo-a da equipe adversária até que chegue o momento de abrir mão dessa posse da bola em busca do ponto. Ao mesmo tempo, a equipe deve se organizar internamente, para tentar recuperar a bola quando ela estiver com a equipe contrária e tentar impedi-la de deslocar-se em direção à cesta e marcar pontos.

Do ponto de vista do prazer da prática, essa abordagem é muito positiva, pois mesmo o iniciante, logo nas primeiras aulas, já consegue jogar basquete, ainda que não domine tecnicamente seus gestos. É importante que o professor ensine alguns cuidados básicos para que o aluno corra para frente ou para trás, procurando olhar para o lugar para onde se desloca como também ensinar o posicionamento das mãos no contato com a bola. Dessa maneira, procuram-se evitar as quedas e lesões que, acidentalmente, possam tirar a satisfação do aprendiz ou causar-lhe algum medo.

O passo seguinte é passar ao ensinamento das regras estabelecidas para o esporte. Essas regras de ação não podem ser entendidas como aquelas verificadas pelo árbitro durante a realização do jogo, pois são regras que permitem ao indivíduo e à equipe colocar em prática as ações de ataque e defesa, ou seja, atender aos princípios operacionais de forma organizada.

Os jogos e exercícios utilizados nessa etapa do aprendizado devem atingir os seguintes objetivos:

- desenvolver a capacidade do aluno de se colocar em espaços vazios da quadra em condições de receber um passe;
- promover o deslocamento da equipe para o campo de ataque ou de defesa distribuída equitativamente pelo espaço;
- promover o deslocamento coletivo de maneira coordenada, a fim de dificultar ou impedir que jogadores adversários aproximem-se da cesta;
- promover o posicionamento da equipe no campo de ataque ou de defesa distribuída equitativamente pelo espaço;
- possibilitar a alternância rápida entre as funções e posições de ataque e defesa;
- possibilitar a comunicação verbal e não verbal entre os membros da mesma equipe;
- oportunizar a identificação de estratégias de ação da equipe adversária.

Percebe-se que os objetivos desses jogos ou exercícios levam o aprendiz ao desenvolvimento da compreensão do aspecto coletivo do jogo, do seu papel como componente da equipe em situações de defesa ou ataque e, ainda, à capacidade de identificação e proposição de estratégias ou táticas de jogo.

Como destaca Daolio (2002, p. 101), "(...) com a abordagem da técnica (o como fazer) aliada à tática (as razões do fazer), a especialização do gesto técnico acaba sendo retardada em nome da garantia da aquisição, por parte do aluno, dos princípios operacionais e das regras de ação".

Em outras palavras, antes de "esportear"[3] basquetebol, a criança deve jogar basquetebol, andando, correndo, saltando, recebendo, passando, arremessando. Tudo isso sem as cobranças rígidas do gesto técnico e sem

3. Neste contexto, o termo refere-se à prática do basquetebol dentro dos padrões técnicos e das regras oficiais estabelecidas pelas federações.

interrupções ao jogo por não atender às regras do esporte (por sua falta de domínio da bola ou do próprio corpo) e, ainda, com as adaptações ao equipamento e às instalações que lhe permitam experimentar sucesso e satisfação durante o aprendizado.

Uma vez que o aluno conheça os princípios operacionais do basquetebol e tenha praticado as regras de ação desse esporte, passa-se ao ensino dos gestos técnicos, conhecidos como "fundamentos do basquetebol", agora resumidos aos diversos tipos de dribles, passes e arremessos. A posição defensiva básica, o deslocamento na defensiva individual, as paradas bruscas, as fintas e mudanças de direção, os giros, os rebotes, o contra-ataque, os bloqueios e corta-luzes, a distribuição da equipe no espaço para defesas individuais, por zona ou mistas, a distribuição da equipe em situações de ataque contra diferentes tipos de defesa já terão sido ensinados na etapa anterior.

Na abordagem dos gestos técnicos, permite-se que o aluno desenvolva seu estilo pessoal, desde que as regras oficiais do esporte sejam respeitadas, ou seja, permitem-se formas particulares de driblar, passar e arremessar, representadas, por isso, no extremo móvel do pêndulo que ilustra essa possibilidade de variação.

O ensino do gesto técnico pode ser apresentado como subsídio para a melhor dinâmica do jogo, mas não deve ser confundido com a obrigatoriedade do movimento estandardizado. O professor deve estimular o aluno iniciante numa modalidade esportiva a ser criativo e acreditar sempre em sua capacidade, procurando desenvolver autonomia.

A autonomia para a realização de jogadas durante uma partida está intimamente ligada à criatividade do aluno e à confiança que desenvolve em si mesmo, por isso, o ambiente do ensino de basquetebol deve propiciar aos aprendizes diversos momentos de exploração e criação dos gestos ensinados. A experiência de brincar com os gestos ensinados e o criar baseado no aprendido torna o ensino do basquetebol lúdico e prazeroso.

Propiciar um clima de confiança aos alunos, incentivando-os com a possibilidade de aprender e superar dificuldades comuns a toda experiência de aprendizado, colabora para tornar a prática do basquete significativa. Em razão disso, o erro deve ser visto como ponto de partida para futuros acertos e estímulo para uma nova tentativa. O professor deverá valorizar os acertos e dar novos significados aos resultados considerados indesejáveis. Nesse momento, do ensino dos gestos técnicos, é importante a valorização do empenho e do esforço com elogios sinceros e adequados.

Sugestões de atividades

Apresentamos a seguir algumas atividades que podem ser propostas pelos professores para o ensino do basquetebol baseado nessa perspectiva pedagógica que propusemos. Destacamos que essas propostas constituem um banco de ideias, mas podem, e devem, ser ampliadas pelo professor.

Atividade 1: Apresentação do esporte

- Objetivos:
  apresentar o basquetebol aos praticantes;
  provocar a curiosidade dos participantes pelo basquetebol;
  estimular o diálogo sobre o basquetebol;
  diagnosticar o conhecimento prévio dos praticantes sobre o basquetebol.
- Desenvolvimento:
  Mostrar aos alunos trechos de filmes, reportagens, vídeos, recortes de revistas referentes ao basquetebol. Promover um diálogo com os alunos sobre o que foi apresentado.
- Sugestões:
  Site: Confederação Brasileira de Basquetebol <http://www.cbb.com.br>. Acesso em: 2/3/2014. Esse *site* apresenta diversas informações sobre o basquetebol: regras, ídolos nacionais, vídeos, competições nacionais e internacionais.
  Site: Liga Urbana de Basquete (LUB) <http://www.lub.org.br>. Acesso em: 2/3/2014. A LUB faz parte da Associação Brasileira de Cultura Urbana (ABC Urbana), organização sem fins lucrativos que tem como

principal objetivo o desenvolvimento social, cultural e esportivo da comunidade em torno da cultura urbana. A *LUB* tem como foco o desenvolvimento do basquete praticado nas ruas.

Filme: *A alma do time* (*The heart of the game*). Direção: Ward Serril, Estados Unidos, 2005, 97 min. Documentário sobre a trajetória de uma equipe escolar de basquetebol. Os métodos pouco ortodoxos de um técnico transformam a equipe feminina de basquete de uma escola.

Filme: *Coach Carter: Treino para a vida*. Direção: Thomas Carter, Estados Unidos; Alemanha, 2005, 136 min. Um filme sobre a história de um ex-jogador de basquetebol que volta para sua cidade para ser técnico do time da escola onde conseguiu recordes no passado. O técnico enfrenta resistência dos jogadores e da comunidade do bairro, por impor um contrato aos atletas, que os obrigava a adotar um comportamento respeitoso, um modo de se vestir e a tirar boas notas na escola em todas as matérias.

Livro: De autoria do importante jogador brasileiro Guerrinha, *Basquete, aprendendo a jogar*, publicado pela editora Idea em 2001. Esse livro apresenta boas ilustrações das posições dos jogadores em quadra, fundamentos do basquetebol, tipos de defesas, história do basquetebol, além da biografia de Guerrinha.

Atividade 2: Fichas de conceitos

- Objetivos:

  estimular o diálogo sobre conceitos do basquetebol;

  reconhecer o conhecimento prévio dos participantes.

  Exemplo:

Cesta	Garrafão	Bandeja	Lance livre
Jump	Tabela	Oscar Schmidt	Drible
Toco	Rebote	Finta	24 segundos
Corta-luz	CBB	Hortência	Defesas
Andar	Michael Jordan	NBA	Enterrada

- Desenvolvimento:

  As fichas devem conter palavras relacionadas a diversos conceitos e informações sobre basquetebol, tais como: história, regras, fundamentos, personalidades, entre outros. Após a elaboração das fichas, o professor deve dividi-las entre os grupos e estimular o diálogo sobre os conceitos apresentados. Para que todos os alunos discutam os diversos conceitos, é necessário um revezamento das fichas entre os grupos. O passo seguinte é recolhê-las e formar um único grupo para discussão e apresentação dos resultados de cada conceito discutido.

Atividade 3: Brincando com bolas de basquetebol

- Objetivos:

  propiciar o contato com a bola de basquetebol;

  estimular a apreciação pelo material.
- Desenvolvimento:

  Colocar diversas bolas de basquetebol espalhadas pela quadra e deixar os alunos manipularem livremente o material. Estimular posteriormente que o utilizem em duplas, trios e pequenos grupos e criem possibilidades de brincadeiras com as bolas.

Atividade 4: O jogo bagunçado

- Objetivos:

  diagnosticar o conhecimento corporal dos praticantes na prática do basquetebol;

  mostrar aos participantes a importância do jogo organizado, das regras básicas e do jogo coletivo.
- Desenvolvimento:

  O professor divide os alunos em equipes com cinco participantes e, propositalmente, não direciona regras nem uma forma de organização. Permite, assim, que cada equipe jogue livremente durante cinco minutos. Ao final, reúne todos os participantes e pergunta como se desenrolou o jogo. Geralmente, para alunos iniciantes, o jogo é totalmente desorganizado e, por esse motivo, muito mais exaustivo. É o momento de o professor evidenciar a importância de um jogo organizado, da utilização das regras básicas e do desenvolvimento de um jogo coletivo.

Atividade 5: Basquete dez passes

- Objetivos:
  conservar a bola coletivamente;
  movimentar-se sem a posse de bola;
  estimular a recuperação da bola.
- Desenvolvimento:
  Duas equipes, com os participantes espalhados aleatoriamente pela quadra. A equipe com posse de bola tenta realizar dez passes consecutivos e, dessa forma, marcar um ponto. A outra equipe tenta recuperar a bola quando ela estiver em trajetória aérea. O participante com posse da bola não pode correr com ela nem driblar. A cada recuperação de bola, é iniciada uma nova contagem, com o objetivo dos dez passes. O professor deve estimular o deslocamento sem a posse de bola e a movimentação rápida com passes da equipe de posse da bola.

Atividade 6: Basquete dez passes com bola à torre

- Objetivos:
  conservar a bola coletivamente;
  movimentar-se sem a posse de bola;
  estimular a recuperação da bola;
  finalizar a jogada visando ao alvo;
  proteger o alvo da equipe adversária.

- Desenvolvimento:

  A mesma dinâmica do jogo anterior (Basquete dez passes), acrescentado um participante de cada equipe no fundo da quadra. Após os dez passes, a equipe com posse de bola tenta lançar a bola no jogador da sua equipe que está no fundo da quadra, marcando mais um ponto, ou seja, um ponto ganho quem conseguir os dez passes e mais um ponto se o jogador do fundo pegar a bola sem deixá-la cair no chão. Posteriormente, pode-se liberar o drible parado para quem está com a posse da bola. O jogador do fundo da quadra pode estar sobre uma cadeira ou banco e marca o ponto se a bola for lançada para ele, que deve agarrá-la sem se desequilibrar ou descer da cadeira ou banco.

Atividade 7: Basquetebol 3x3

- Objetivos:

  estimular a organização defensiva;
  utilizar princípios da defesa individual;
  provocar situação de jogo;
  promover diálogo e ação crítica sobre a forma de marcação.
- Desenvolvimento:

  Utilização de um minijogo, no qual três alunos jogam contra outros três. Com o intuito de ensinar os aspectos táticos de defesa individual, ao iniciar o minijogo, é provável que todos os alunos defensores saiam juntos marcando a bola. O professor, nesse momento, interrompe o exercício e estimula os alunos a perceber a melhor forma de organizar a defesa. Durante a discussão, os alunos aprendem que, para se organizar melhor, cada um deve marcar um atacante, assim já estará utilizando o princípio da defesa individual. Continuando o minijogo, pode acontecer de os alunos defensores passarem a marcar os atacantes, colocando-se muito próximos deles, sendo fintados facilmente. Novamente, o professor questiona quais são os meios para a resolução desse novo problema. O aluno poderá dar a sugestão de marcar mais afastado do atacante, compreendendo e passando a executar a defesa individual com flutuação. Nessa atividade, o professor deve atentar para outras faces da prática do basquetebol, como, por exemplo, os aspectos biodinâmicos da postura defensiva, provocando questionamento e discussão sobre o assunto.

Atividade 8: Basquete de pontos adaptados

- Objetivos:

  propiciar situação do jogo convencional;

  estimular a busca pelo alvo;

  utilizar o jogo coletivo;

  organizar os participantes coletivamente.

- Desenvolvimento:

  Propiciar aos alunos o jogo de basquete mais próximo da prática completa, com cinco jogadores de cada lado, definição de posições e formas de defesa. Utilizando as regras do basquetebol convencional, a pontuação deve ser adaptada da seguinte forma:

  1 ponto: quando a bola tocar somente na tabela.

  2 pontos: quando a bola tocar no aro e não entrar na cesta.

  3 pontos: quando a bola entrar na cesta.

  -1 ponto: quando a bola for lançada ao alvo e não tocar na tabela nem no aro.

- Observações importantes:

  Após essas atividades de jogos, é o momento de uma reflexão conjunta sobre quais fundamentos devem ser trabalhados para melhorar a ação do jogo de basquetebol, de discussões sobre as dificuldades e as facilidades encontradas, de revisões sobre posicionamentos, posturas e atitudes durante um jogo, enfim, é o momento de verificar o quanto os alunos aprenderam.

Possíveis conclusões

Considerando o basquetebol uma prática com enorme potencialidade para promover o desenvolvimento integral de crianças, jovens e adultos, e optando por respeitar o princípio de ensinar conteúdos que tenham significado para o aprendiz, recomendamos promover a compreensão dos princípios que regem a dinâmica desse jogo. Essa promoção deve proporcionar a vivência, a discussão e a compreensão do porquê das ações adotadas durante o jogo, antes que sejam ensinados os gestos técnicos, invertendo a ordem e modificando a ênfase das pedagogias esportivas tradicionais. Como dizia Freire (1996), o fundamental no aprendizado é que o professor e os alunos tenham uma postura dialógica, aberta, curiosa, indagadora e não passiva.

Referências bibliográficas

AUSUBEL, D.P.; NOVAK, J.D.; HANESIAN, H. *Psicologia educacional.* Rio de Janeiro: Interamericana, 1980.

COLL, C. *Psicologia e currículo: Uma aproximação psicopedagógica à elaboração do currículo escolar.* 2ª ed. São Paulo: Ática, 1997.

DAOLIO, J. "Jogos esportivos coletivos: Dos princípios operacionais aos gestos técnicos – Modelo pendular a partir das idéias de Claude Bayer". *Revista Brasileira Ciência e Movimento*, Brasília, v. 10, n. 4, out., p. 99-104, 2002.

FREIRE, P. *Pedagogia da autonomia: Saberes necessários à prática educativa.* 7ª ed. São Paulo: Paz e Terra, 1996.

GALLAHUE, D.L.; OZMUN, J.C. *Compreendendo o desenvolvimento motor: Bebês, crianças, adolescentes e adultos.* São Paulo: Phorte, 2001.

GARCIA, O.G. "Tempos de tanto desencanto, são tempos de pensar a recriação da escola". *Revista de Educação da AEC*, ano 36, n. 143, abr.-jun., p. 54-65, 2007.

MOREIRA, M.A. *A teoria da aprendizagem significativa e sua implementação em sala de aula.* Brasília: Ed. da UnB, 2006.

6
FUTSAL: UMA REFLEXÃO PEDAGÓGICA

Nicolino Bello Jr.

Introdução

Com cinco jogadores na linha e mais um goleiro, utilizando uma bola e tendo a parede como tabela, as traves e a área do goleiro de handebol servindo de referência, numa quadra esportiva que pode ser do mesmo tamanho da quadra de basquetebol e a essência do jogo de futebol como base, assim surgiu uma nova modalidade esportiva *indoor*, que mais tarde seria denominada "futebol de salão".

Uma prática oficial, *esportivizada* pelos sistemas do desporto, que fundamentalmente caracteriza-se como um jogo de bola com os pés, que, como outras modalidades esportivas, nasce de uma brincadeira de criança, do "jogar pelo jogar", pelo simples prazer de brincar, numa atividade na qual prevalece o lúdico e na qual cada participante tem consciência das suas possibilidades.

Não há pesquisas que evidenciem com precisão quão importante foram as instituições de ensino e de fomento à atividade física (ginástica e esporte) para a constituição das características desse jogo, mas se sabe que a Associação Cristã de Moços (ACM) desempenhou um papel fundamental em seu desenvolvimento.

O futebol de salão tem seu marco inicial na década de 1930, com o intercâmbio cultural e esportivo dos professores de educação física da ACM, especificamente entre Brasil e Uruguai, provocando uma dualidade histórica acerca de sua criação, até hoje não esclarecida. É interessante também notar que esse confronto deu-se entre países que, até então, não tinham no futebol de campo o destaque que têm hoje (BELLO; ALVES, 2008).

O que importa é que surgia mais uma prática desportiva com finalidade cultural e lúdica, pois a ACM já se destacava no intercâmbio na área da educação física e na criação de modalidades esportivas importantes no mundo. "Independente da sua origem, por ser de fácil entendimento e prática simples, no início da década de 1950, esse jogo espalha-se pelo Brasil, passando a ser chamado de futebol de salão" (BELLO; ALVES, 2008, p. 14). Sua prática popularizou-se cada vez mais, provavelmente em consequência do papel da ACM no Brasil e no mundo e de suas similaridades com o futebol de campo. O futsal pode ser jogado em qualquer quadra ou ginásio, independentemente das condições climáticas, e pode se utilizar de espaços de outros esportes (como os do basquete e do handebol).

Após muitos anos de evolução e prática, associadas a uma intensa divulgação, principalmente pela ACM, ocorre em 1982 o Primeiro Campeonato Mundial de Futebol de Salão, realizado na cidade de São Paulo. Entendemos que esse campeonato somente ocorreu no Brasil em razão da prática já popular e do potencial do Brasil para obter um lugar de destaque.

Esse evento fez a modalidade crescer ainda mais no país, fortalecendo o potencial brasileiro no cenário mundial. Essa hegemonia só foi quebrada depois da conquista do pentacampeonato em 1996, na Espanha, quando, em 2000, na Guatemala, os espanhóis venceram o torneio mundial. Durante 20 anos, o Brasil destacou-se pela grande habilidade de seus jogadores e pelas grandes conquistas. Vale ressaltar que a maioria dos jogadores talentosos do futebol de salão não adveio do futebol de campo (nem era composta por "refugos" ou jogadores "aposentados"). Ela se consolidou com uma identidade muito própria, embora parecida com a do futebol de campo.

Havia certo ciúme da parte de muitos dirigentes da Federação Internacional de Futebol (Fifa), em razão de o futebol de salão ser praticado com mais frequência em vários continentes e manter, como órgão maior, outra federação internacional, específica de futebol de salão, a Fifusa, desde a década de 1970. Porém, finalmente, foi feito um acordo entre os dirigentes nacionais e internacionais, para que o futebol de salão tivesse mais apoio. Houve uma transformação radical em sua prática, com alterações nas regras do jogo, nas dimensões e no peso da bola, na atuação do goleiro fora da área e na cobrança de lateral (que é feita com os pés).

Dessa forma, podemos considerar esse acontecimento um verdadeiro marco histórico na evolução dessa modalidade esportiva, quando todo o comando, a organização e a divulgação estiveram sob a batuta da Fifa, em 1990. Dessa década em diante, a modalidade passa a ser conhecida como *futsal* (BELLO; ALVES, 2008).

Um dos grandes acontecimentos dessa década no Brasil foi a criação da Liga Nacional de Clubes, em 1996, que tornou o futsal um esporte extremamente organizado, impondo aos clubes e jogadores um trato mais profissional. Assim, grandes clubes brasileiros passaram a profissionalizar essa modalidade esportiva, fornecendo grandes incentivos (financeiros, técnicos etc.) aos atletas, assim como aos dirigentes e, principalmente, aos profissionais de educação física. Dessa forma, abriu um novo espaço no mercado de trabalho.

Em 2007, o futsal foi incluído nos Jogos Pan-americanos realizados na cidade do Rio de Janeiro. Assim como no Primeiro Campeonato Mundial, o Brasil não só sediou um evento internacional de grande importância na história da modalidade como também se sagrou campeão, agora com o título pan-americano.

Diante desses fatos históricos, percebemos que a prática do futsal em nosso país é intensa desde as categorias de base aos veteranos. Segundo Bello e Alves (2008), no Brasil, existem dois grupos de praticantes: os cadastrados, isto é, com vínculo em alguma instituição oficial (que girava, em 2007, em torno de 289 mil atletas) e os não cadastrados (estimados em 20 milhões de praticantes em 2007).

Como a essência do futsal nasceu de forma livre, desenvolvida de uma perspectiva lúdica, visando ao gosto pela prática, por meio da atuação de um profissional competente que tinha o mínimo de exigência técnica e tática, surgem questionamentos: Será que o futsal deveria se tornar uma modalidade olímpica? Por quê? Será que isso tornaria a prática do futsal mais bem "cuidada" em relação ao seu aspecto pedagógico pelos profissionais da educação física? Será que, ao se tornar um esporte olímpico, isso incitará uma maior valorização profissional de quem pratica e de quem ensina/aperfeiçoa? Essas são perguntas ainda sem respostas consensuais.

No entanto, mesmo sem ter como responder a essas questões, podemos apontar aspectos pedagógicos importantes, que nos ajudem a conhecer melhor a modalidade e, assim, desenvolver o ensino do futsal mais adequado aos seus aprendizes. Para tanto, precisamos compreender como se dá o jogo nessa prática esportiva.

O jogo de futsal

Para entendermos os aspectos pedagógicos que permeiam uma situação de jogo no futsal, retomamos um evento específico da categoria pré-mirim (9-10 anos), ocorrido em 1993, analisando detalhes de observações que fizemos durante a realização do Campeonato Brasileiro de Clubes de Futsal, na cidade de São Paulo. Conseguimos observar muitos jogos e filmamos a participação das crianças. Todos os detalhes foram registrados e analisados, desde a entrada dos times em quadra até a saída.

Um dos primeiros itens analisados foi a intensa cobrança feita às crianças de uma postura adequada, exigindo-se, principalmente, alta concentração, voltada apenas para o jogo. No aquecimento, observamos a formação de várias filas para a prática de exercícios, além de muita exigência na aplicação do gesto técnico da modalidade. Durante o jogo, várias crianças foram chamadas para substituir as companheiras e, quando isso acontecia, era possível perceber a ansiedade estampada em seus rostos ao se preparar para entrar na quadra, assim como a expressão de tristeza e frustração dos que deixavam a partida. Os técnicos cobravam a todo momento um posicionamento adequado dos jogadores em quadra, do começo ao fim. Quando o técnico pedia tempo para instruções, percebemos claramente a tensão dos jogadores e também do próprio técnico, preocupado com o objetivo único de vencer.

A maior responsabilidade, sem dúvida, ficava para o goleiro. Qualquer erro de sua parte poderia ser fatal para a equipe, mas, por outro lado, as boas defesas eram consideradas atitudes normais de quem estava defendendo o próprio "gol".

Os pais cobram os filhos das mais variadas formas, por meio de gritos, olhares ou, ainda, por meio de atitudes antidesportivas, xingando não só os filhos como também os técnicos e árbitros, mostrando sempre sua real frustração como torcedores e seu despreparo na função de "pais de jogador", como educadores.

Durante os intervalos dos jogos, as crianças que não eram "titulares" entravam na quadra. Nesses momentos, pudemos observar o que consideramos "o melhor momento da criança": todas elas participavam de forma "alegre" e "descontraída", em jogos alternativos como "joão bobo", "roda de bola", "jogo do drible" e outras jogadas espontâneas (BELLO, 1998).

Desse primeiro relato, derivou uma reflexão: *Será que estamos realmente educando nossos alunos e jogadores de forma adequada, para o jogo e para a vida? Ou será que buscamos apenas a vitória como resultado?*

Essa reflexão pode ser acrescida do comentário feito por japoneses, interessados no nosso futsal, vindos das mais diferentes regiões. Eles têm vindo ao Brasil participar de clínicas, eventos e encontros de futsal em parceria com a Federação Paulista de Futebol de Salão (FPFS). Esses intercâmbios ocorrem da década de 1980 até o início da década de 2000. Um técnico de delegação, em visita às universidades brasileiras, apreciando os jogos nas categorias de base, teceu o seguinte comentário: "Por que as crianças só chutam e passam a bola, na maioria das vezes, durante o jogo e não desenvolvem a conhecida habilidade dos brasileiros?". Essa pergunta traz, mais uma vez, a necessidade de refletir: *Será que o que estamos ensinando às nossas crianças, nas atividades de futsal, tem sido adequado para a aprendizagem do ato de jogar?*

Mais uma vez, caminhamos em busca de respostas.

Os conceitos que permeiam a prática

Segundo Bello e Alves (2008), podemos conceituar tecnicamente o futsal, em relação à ação motora, como um esporte coletivo acíclico, em razão das múltiplas ações praticadas durante o jogo, tais como correr (para frente, para trás, para os lados), saltar, caminhar, deslocar-se em diagonais, passar a bola, chutar a bola, cabecear e girar.

Os objetivos da prática desse jogo podem ser:

- recreativos, visando ao prazer e à alegria em todo o transcorrer;
- educativos, de aprendizado e treinamento das diferentes ações técnicas;

- e competitivos, buscando sempre a vitória, em detrimento do prazer da atividade.

Conforme alguns estudos publicados, como Bello (1998), as capacidades físicas evidenciadas no jogo de futsal são resistência aeróbica, resistência anaeróbica alática, potência, ritmo, agilidade, tempo de reação, força e velocidade. Ainda segundo o autor, podemos notar essas capacidades durante o jogo, por exemplo, numa partida da categoria adulta, que dura em média 62 minutos, ressaltando, portanto, a importância do trabalho aeróbio. As jogadas ensaiadas, a posse de bola e as ações individuais denotam todo o trabalho de velocidade.

O futsal, por ser praticado em quadra pequena, exige dos praticantes mudanças rápidas de direção, evidenciando a agilidade como um dos trabalhos a serem desenvolvidos pelos técnicos. Para toda a ação técnica individual, é necessária a aplicação da potência, representada pelo produto de força e velocidade.

Bello e Alves (2008) ainda consideram que as ações individuais técnicas do futsal são domínio de bola, controle de bola, passe, chute, drible, finta, cabeceio, condução de bola e giro. Mutti (1999) considera essas ações atividades específicas do futsal, que representam os seus fundamentos. Essas ações individuais traduzem o caminho para a construção do jogo e, quando muito bem treinadas e exercitadas, levam a um bom entendimento do jogo.

As ações coletivas da modalidade são sistema de jogo, tática (ofensiva e defensiva), padrão de jogo, manobras (jogadas ensaiadas). A tática pode ser mutável, de acordo com o andamento do jogo e até mesmo pelo resultado (BELLO; ALVES, 2008).

Uma pesquisa realizada em 1996 com os técnicos que disputavam competições oficiais da FPFS nas categorias menores teve como objetivo apurar até que ponto os técnicos trabalhavam com elementos que possibilitavam uma real aprendizagem motora, buscando, assim, melhorar o aproveitamento dos atletas nas ações técnicas. Foram visitados 12 clubes da cidade de São Paulo e entrevistados os técnicos. Todos eles afirmaram trabalhar com as questões de acervo motor, porém, na prática, esse discurso não se confirmou (BELLO, 1998). Os resultados apontados nessa pesquisa levam-nos novamente a algumas reflexões: *Será que a competição e a forma como ela vem sendo valorizada e ensinada ajudam ou atrapalham a construção do repertório motor da criança em crescimento?*

Aspectos pedagógicos da aprendizagem

Estudando os aspectos do processo de aprendizagem em geral, reportamo-nos a Cury (2003), que vem esclarecer que transformar a informação em conhecimento e conhecimento em experiência é um grande passo na aprendizagem e que bons professores são aqueles que aplicam métodos adequados. Porém, ressalta o autor, professores fascinantes são aqueles que têm sensibilidade no ato de ensinar.

Para Gardner (1999), os estudantes têm diferentes pontos de entrada ou vias de acesso ao conhecimento, seja por analogia, metáfora ou representações múltiplas. O professor, por sua vez, deve identificar os interesses e as necessidades dos alunos, provocando uma constante dialética entre as ideias a serem enfatizadas. O caráter está acima do intelecto, e os indivíduos não devem ser apenas pensadores, críticos ou criadores, mas também verdadeiros seres humanos.

Analisando as ações dos professores, é possível concluir que o maior professor da história foi Jesus Cristo, pois ele ensinava por meio de parábolas, compreendendo a forma de pensar das pessoas em suas práticas cotidianas, em seu tempo histórico. As parábolas são consideradas histórias que ajudam a compreender a realidade, extraindo verdades e aplicando-as à vida (BAKER, 2005).

Para Freire (2004), as exigências do ensinar estão na rigorosidade metódica a ser usada pelo professor, na utilização das pesquisas e no respeito aos saberes do educando. Para esse autor, é preciso ensinar de forma crítica, fazendo prevalecer a ética, apropriando-se da corporificação das palavras pelo exemplo. O professor deve sempre aceitar o novo, refletir criticamente com seus alunos sobre a prática, reconhecendo sua identidade cultural e, sobretudo, com a consciência de que nenhum professor passa pela vida do aluno sem deixar marcas, independentemente do seu modo de ser, daí a importância do exemplo.

Todo indivíduo tem potencial para ser criativo, portanto, é importante que o professor sempre considere isso. As experiências vividas e o domínio de determinado assunto são identificados à medida que se sobressaem, e isso não se constrói em pouco tempo (ALVES, 2002).

Já para Mattos e Neira (1998), ao se reportarem ao processo de aprendizagem infantil, só existe interesse no aprendizado se o conhecimento disposto tem significado. Nesse sentido, são importantes as experiências vividas para a apreensão dos conhecimentos, assim como para a formação do caráter.

Todos esses aspectos, vividos e estudados por esses autores, com diferentes conteúdos e em diversificados ambientes de ensino, são importantes também para a aprendizagem e o treinamento do futsal. Eles devem ser somados à necessidade de construir uma boa relação professor-aluno. Esse pode ser considerado um quesito principal para que haja uma conexão saudável para a aprendizagem, incluindo entendimento e motivação para a prática da modalidade esportiva.

Nesse contexto, todas as formas de aprendizagem devem ser abordadas, buscando-se ensinar os movimentos do mais simples ao mais complexo, assim como partir das atividades individuais para as coletivas. A observação de quem é melhor ou pior não cabe nesse contexto, lembrando que a pedagogia "inclusiva" deve vigorar nesse momento.

Todos esses aspectos provocam uma nova reflexão: *Será que os conteúdos que têm sido ensinados na prática do futsal têm respeitado todas as questões pedagógicas levantadas para uma aprendizagem significativa?*

Sistematização do aprendizado no futsal

O desenvolvimento de uma aula cujo conteúdo é o esporte, ou até mesmo de um treinamento esportivo, deve estar voltado inicialmente para a intencionalidade "casada" entre o grupo e o professor. Esse "casamento" é o que permite a "automotivação", elemento primordial na execução de uma prática.

Os elementos técnicos ou os movimentos determinados culturalmente que compõem o futsal começam com o domínio, a recepção e o controle de bola. A proposta de uma aula prática, de iniciação ou treinamento, deve conter aspectos que envolvam todos os segmentos corporais, pois, assim, será possível ampliar e aperfeiçoar o repertório motor dos alunos.

Para a prática dessa modalidade, é importante desenvolver o equilíbrio corporal associado aos fundamentos. Porque o futsal tem uma prática essencialmente desenvolvida com os pés, não podemos descuidar dos movimentos dos membros superiores. Uma proposta interessante de atividades com esse fim é buscar o domínio e o controle da bola com as duas mãos, com uma das mãos, com a cabeça, o peito, a coxa e, por último, com os pés; desenvolver o trabalho individualmente, em duplas, trios, quartetos e, depois, em grupos; apresentar atividades com e sem deslocamento, além de jogos alternativos. Essas propostas podem ser feitas com diferentes tipos de bola, tais como: bola de tênis, de voleibol, de borracha e as várias versões da bola de plástico.

Para o domínio com os pés, existe um consenso entre os treinadores de que o melhor domínio é o chamado "empurrado", no qual o praticante domina a bola com a sola dos pés, empurrando-a imediatamente para frente, demonstrando, assim, um domínio ofensivo em relação ao adversário.

As formas de buscar o domínio da bola com o corpo são muitas e exigem criatividade do professor e dos alunos. Por essa razão, podemos refletir: *Devemos trabalhar todos os segmentos corporais numa aula de domínio e controle?*

Há diferentes maneiras de aprimorar o domínio corporal das crianças que aprendem os fundamentos básicos do futsal. Os passes e os chutes também fazem parte das ações individuais da modalidade e, de acordo com a superfície de contato do pé com a bola, é possível nomear e classificar esses fundamentos, segundo as regiões do pé, em seis diferentes partes (BELLO; ALVES, 2008, p. 43):

- parte lateral externa (trivela);
- parte lateral interna (chapa);

- parte inferior (sola);
- parte superior (peito do pé);
- parte anterior (bico);
- parte posterior (calcanhar).

Podemos incluir, ainda, o passe "cavado", no qual o praticante dá um toque embaixo da bola, para que suba descrevendo uma trajetória parabólica. Por último, o passe "encoberto" ou de cobertura, em que o praticante coloca o pé embaixo da bola e o arrasta para levantá-la.

Quanto à localização da bola, podemos executar o "voleio", entrando em contato com a bola acima do solo, e o "semivoleio", entrando em contato com a bola imediatamente após o contato dela com o chão (bola de tempo ou bate-pronto).

O que diferencia o passe do chute é simplesmente o objetivo. Quem passa a bola passa para alguém ou, ainda, em um espaço vazio; quem chuta a bola tem como objetivo fazer o gol.

O cabeceio, segundo Bello (1998), pode ser considerado ofensivo ou defensivo. O cabeceio é ofensivo quando se tem por objetivo fazer o gol; já no cabeceio defensivo, o objetivo é defender a sua meta de gol. Pedagogicamente, devemos executar o cabeceio sempre com os olhos abertos e ele deve ser ensinado inicialmente de maneira suave, como, por exemplo, utilizando-se uma bola de borracha mais leve ou até mesmo uma bola de voleibol.

De acordo com Bello e Alves (2008), podemos estruturar a prática desses fundamentos quanto:

- à distância (curta, média, longa);
- à trajetória da bola (retilínea, curvilínea, parabólica);
- à altura da bola (rasteira, meia altura, alta); e
- ao espaço (diagonal, lateral, paralelo).

Em relação ao ensino desses fundamentos, podemos refletir: *será que o passe e o chute não dependem da força para serem considerados diferentes?*

Retomando os fundamentos, assim como no basquetebol, no handebol e no futebol de campo, temos no futsal os elementos técnicos que chamamos de "drible" e "finta". O que diferencia o drible da finta é: quem dribla ultrapassa o adversário com o domínio da bola; quem finta ilude ou engana o adversário sem o domínio da bola.

Os dribles e as fintas são usados com muita frequência no jogo de futsal, pois, como a quadra oficial é menor que o campo de futebol, ela acaba por exigir que o jogador desvencilhe-se das marcações um maior número de vezes.

Espaço pequeno, bola menor e maior velocidade de jogo são características fundamentais da prática do futsal. O professor e o técnico devem se preocupar com esses aspectos, que dão maior fundamentação ao jogo. É nesse contexto que o drible e a finta devem ser ensinados, sempre respeitando os níveis de dificuldade (do mais simples para o mais complexo).

Com relação aos movimentos mais simples, podemos destacar a iniciação básica de "gingar" na frente da bola ou, até mesmo, executar um "corte" com a bola para a direita e, posteriormente, para a esquerda. Seguindo uma sequência lógica, o auge do domínio do drible dá-se com o que denominamos de "criação", que é o que destaca o modo ou o jeito de driblar como traço individual de um jogador. As criações mais conhecidas são "elástico", "pedalada", "chapéu", "carretilha", "rolinho", entre outros movimentos considerados dribles. Não podemos descartar esse momento único da criança ou do adulto com a bola, pois individualmente, da intimidade com a bola, nascem movimentos criativos e extraordinários.

Para refletir: *Falcão, Robinho, Ronaldinho Gaúcho, Ronaldo Fenômeno e Manoel Tobias se destacaram no esporte pela ousadia em jogo. Devemos considerar essas ousadias como dribles ou fintas?*

"Condução de bola", "recepção" e "giro" complementam as ações individuais do futsal. Podem ser desenvolvidas em trabalhos individuais, em duplas, trios e grupos, com foco pedagógico. A condução de bola, que se caracteriza pelo ato de carregar ou transportar a bola, é normalmente executada com o pé, porém, também é possível fazer a condução com outras partes do corpo, como a cabeça, o ombro, a coxa e o peito. Assim como no passe, os contatos com os pés podem ser: lateral interna, lateral externa, superior, inferior, anterior e posterior.

Já a recepção e o giro são considerados movimentos complexos, compostos pelo ato de receber a bola, executar um giro e passar ou chutar a bola. São movimentos específicos do jogador atacante e característicos do jogador denominado "pivô". Também devem ser treinados individualmente e em duplas, sempre ofertando atividades nas quais o jogador desenvolva a noção de espaço, tempo e domínio de bola.

Para refletir: *Conduzir a bola exige maior visão periférica? Recepção e giro devem ser executados sempre de costas para o gol?*

Para finalizar as ações individuais, não poderíamos deixar de destacar o trabalho do "goleiro", posição que mais sofreu modificações na história da regulamentação do esporte. Como revela um velho ditado brasileiro: "Um grande time começa por um bom goleiro". Atualmente, o goleiro é um destaque individual, porque, além de atuar como grande defensor (utilizando mais as mãos), deve saber atuar também com os pés, com noção de passe e finalização. As últimas alterações de regras do futsal, na década de 1990, favoreceram a atuação dos goleiros, dando-lhes mais liberdade de movimentação na quadra. As grandes equipes brasileiras já não contratam goleiros que saibam apenas defender, pois o jogador que ocupa essa posição é considerado o último defensor e o primeiro atacante de uma boa equipe.

As ações específicas do goleiro começam com sua colocação no gol, tendo como parâmetros: a atenção, o foco na bola, os deslocamentos, a saída de gol e as orientações fornecidas durante a partida. Posteriormente, devemos observar o controle de bola, a defesa, o ato de rebater a bola, desviar a bola, a parada da bola no chão (na meia altura, com bola alta), o mergulho e as formas de amortecimento. Finalmente, a reposição de bola em jogo, que vai desde o arremesso com as mãos até a atuação em quadra com passes e finalizações. As quedas e defesas podem ser trabalhadas com bolas de diferentes tamanhos e pesos, com treinamentos com bola de tênis, bola de borracha, de voleibol e mesmo de futebol de campo.

Para refletir: *A formação de um bom goleiro depende da idade? A escolha para essa posição deve ocorrer muito cedo? Nessa posição, todos devem passar por um processo pedagógico inicial?*

A prática do jogo de futsal

Após a prática e o treinamento de todos os elementos que compõem a modalidade, devemos focar a situação de jogo, que envolve toda a movimentação e composição do que foi aprendido anteriormente. As posições dos jogadores são: goleiro, ala (direito e esquerdo), fixo e pivô. Pedagogicamente, os praticantes devem passar por todas essas posições, proporcionando uma vivência mais ampla e diversa, assim como o entendimento das qualidades e funções de cada posição. Outro fator que se soma a esses é que o jogo de futsal tornou-se altamente eclético, sem posições muito definidas, portanto, não devemos impor posições fixas aos atletas e aprendizes.

O futsal deve ser compreendido como um jogo de defesa e ataque, e esses princípios fundamentais do esporte é que definem a tática a ser utilizada. No jogo de defesa, temos: marcação por zona, marcação individual e marcação mista. Todas podem ser treinadas com simulação ou, ainda, em prática efetiva de jogo. No jogo de ataque, temos: jogadas ensaiadas, padrões de movimentação (posse de bola coletiva), contra-ataques, que também podem ser treinados de forma isolada ou na prática efetiva de jogo.

Os jogos alternativos, com número diferente de jogadores , contribuem para uma movimentação melhor dos aprendizes, como, por exemplo: 2x2, 3x3, 4x4, 3x2, 4x3.

Para refletir: *A competição deve ser estimulada no jovem independentemente da idade?*

Segundo Kushner (1999), a competição força-nos a ver os outros como adversários ou, ainda, como indivíduos que ameaçam a nossa alegria. Muitas vezes, sem sabermos analisar o jogo, culpamos os outros por nossas derrotas e infelicidades. Não podemos nos esquecer de que, numa competição, só existe um vencedor. A forma de encarar uma competição depende do objetivo que temos na partida. Assim, é possível refletir: *Será que estamos preparados para perder tanto quanto para ganhar? E estamos preparando nossos alunos e atletas para isso?*

Como educadores, devemos ensinar os valores positivos que uma competição pode trazer, as razões de saber ganhar e saber perder e, especialmente, ensinar os alunos a dar mais importância aos novos amigos que o jogo proporciona. Precisamos, ainda, levá-los a descobrir o prazer de jogar, sabendo se relacionar com os outros jogadores, assim como com as pessoas numa sociedade. Ninguém vive sozinho e aprender a viver é uma necessidade, sempre.

Para refletir: *Será que alguém sabe perder? O ato de perder um jogo pode trazer algum benefício? O conformismo faz parte do saber perder?*

Referências bibliográficas

ALVES, U.S. *Inteligências: Percepções, identificações e teorias*. São Paulo: Vetor, 2002.

BAKER, M.W. *Jesus, o maior psicólogo que já existiu*. Trad. Cláudia Gerpe Duarte. Rio de Janeiro: Sextante, 2005.

BELLO JR., N. *A ciência do esporte aplicada ao futsal*. Rio de Janeiro: Sprint, 1998.

BELLO JR., N.; ALVES, U.S. *Futsal: Conceitos modernos*. São Paulo: Phorte, 2008.

CURY, A. *Pais brilhantes, professores fascinantes*. Rio de Janeiro: Sextante, 2003.

FREIRE, P. *Pedagogia da autonomia: Saberes necessários à prática educativa*. 29ª ed. São Paulo: Paz e Terra, 2004.

GARDNER, H. *O verdadeiro, o belo e o bom*. Trad. Álvaro Cabral. Rio de Janeiro: Objetiva, 1999.

KUSHNER, H. *Quando tudo não é o bastante*. Trad. Elizabeth e Djalmir Mello. São Paulo: Nobel, 1999.

LASZLO, E. *Como viver a macrotransição*. Adaptado por Inty Mendoza. Ilustrações e versos de Walmir Cedotti. São Paulo: Axis Mundi/Willis Harman House, 2002.

MATTOS, M.G.; NEIRA, M.G. *Educação física infantil: Construindo o movimento na escola*. São Paulo: Plêiade, 1998.

MUTTI, D. *Futsal: Da iniciação ao alto nível*. São Paulo: Phorte, 1999.

7
É JOGANDO QUE SE APRENDE: O CASO DO VOLEIBOL

Adriano José de Souza

Introdução

Ao utilizar como referencial o voleibol, apresentamos neste capítulo elementos que podem proporcionar uma reflexão sobre o ensino desse esporte nas aulas de educação física escolar ou mesmo como iniciação de um treinamento, pois o foco está voltado para uma abordagem pedagógica em diferentes contextos de prática.

O que pretendemos discutir é a questão da repetição de gestos ou a sobrecarga de treinamento técnico, muitas vezes exercida na busca do desenvolvimento das habilidades técnicas (da iniciação ao treinamento), sem transferência para o jogo. Na verdade, queremos demonstrar uma proposta de aproximação do ensino com o desenvolvimento de jogos/esportes coletivos, neste caso o voleibol, privilegiando a aprendizagem pela compreensão do jogo. A ênfase desta proposta está na ação de jogar para aprender e não aprender para jogar.

Com base numa apresentação científica do resultado de um trabalho realizado em uma escola de voleibol na cidade de Rio Claro, estado de São Paulo, há alguns anos, foi possível demonstrar que o ensino de uma modalidade esportiva pode seguir meios que priorizem a compreensão de determinados objetivos, em vez de repetir exaustivamente fundamentos específicos.

É essa metodologia de ensino que apresentamos neste capítulo, a mesma que tem sido usada em nossas atuações como técnico de voleibol nos Estados Unidos com equipes de treinamento para idades entre 10 e 22 anos desde 2003, com grande aceitação, mas ainda despertando curiosidade por parte dos técnicos de voleibol que acompanham nosso trabalho.

Neste capitulo, são levantadas as questões metodológicas e pedagógicas da aprendizagem do voleibol voltado para a faixa dos 11 aos 16 anos no ambiente escolar. O ponto-chave deste estudo está na valorização da execução das habilidades dos fundamentos (técnica), associada a um método que propicia a compreensão das metas estabelecidas (tática). Isso pode levar à formação de alunos autônomos, tanto para a prática de esportes como para a apreciação deles. Iniciamos pelo conhecimento da modalidade esportiva.

As origens

O voleibol foi inventado nos Estados Unidos, no ano de 1895, pelo americano William G. Morgan. Na época, ele era diretor de educação física da Associação Cristã de Moços (ACM) de Holyoke. Esse jogo surgiu para que os alunos das aulas de Morgan, com idade entre 40 e 50 anos, pudessem participar de uma prática esportiva em que não houvesse muita intensidade nem necessidade de força.

Com base na ideia de uma adaptação do tênis, logo descartada, em virtude das exigências dos implementos, pensou-se em manter a rede que separava as equipes e evitava o contato direto com o adversário. Decidiu-se, então, elevar a rede a uma altura de 1,98 m, para um jogo feito com qualquer número de jogadores, que se utilizavam das mãos para impulsionar uma bola, que deveria ser maior do que a de tênis. Primeiramente, jogaram com a bola de basquete, mas ela machucava as mãos e os pulsos dos jogadores; depois, tentaram a câmara de ar da mesma bola, mas ficou muito leve. Isso fez com que procurassem uma fábrica de bolas em Chicopee, Massachusetts, para que preparasse uma bola especial para o novo jogo. A bola encomendada foi aprovada pelos jogadores.

O voleibol era então chamado de *mintonette*. Posteriormente, houve uma proposta de mudança desse nome para o atual, feita pelo doutor A.T. Halstedt, já que o *mintonette* era um jogo que tinha o objetivo de volear a bola por cima da rede para a quadra oposta.

No Brasil, não há uma origem definida. Alguns dizem que o voleibol foi praticado pela primeira vez em Pernambuco, no Colégio Marista, em 1915; outros afirmam que foi introduzido em 1916-1917, na ACM de São Paulo.

Compreendendo o voleibol

O voleibol é uma modalidade esportiva com características aéreas. Ao observarmos as trajetórias que o seu objeto de jogo percorre, é possível verificar a diferença do tempo de contato da bola com os jogadores em relação ao tempo de voo, tempo de bola no ar. Isso torna compreensível a regra que diz: no voleibol, bola no chão é bola fora de jogo.

Os jogadores também estão no ar durante a construção de lances definidores dos ralis[1] e, por isso, precisam ter muita força nos membros inferiores e um bom equilíbrio dinâmico. Além disso, passam a maior parte do tempo posicionando-se em diferentes locais da quadra, o que muitos especialistas chamam de "flutuar em quadra".[2]

A cada disputa pela posse do saque ou mesmo por um ponto, um ou dois dos jogadores que participam dos três ou quatro lances de uma equipe (recepção, levantamento, ataque ou bloqueio, defesa, levantamento, ataque) estão no ar quando executam sua função. São os jogadores do ataque e do bloqueio. Contudo, se o levantador saltar para preparar a jogada, já serão dois jogadores no ar em três lances do voleibol (recepção ou defesa, levantamento e ataque).

Atualmente, no voleibol moderno, além de saltar para levantar, atacar e bloquear, os jogadores também saltam para sacar, e ainda fazem algumas defesas aéreas fantásticas, com mergulhos laterais e frontais.

Nessa modalidade de esporte, a bola é controlada pelos jogadores por meio de contatos de mínimas frações de segundo, diferenciando-se dos outros esportes coletivos como o futebol, o basquetebol, o handebol, entre outros. É um esporte de batidas, rebatidas e propulsões rápidas.

Segundo Graça e Oliveira (1995), no voleibol, diferentemente dos outros esportes coletivos, a retenção da bola se dá em sua repulsão, o que torna o contato com ela muito breve e proporciona uma resolução rápida dos jogadores sobre cada situação a enfrentar.

---

1. Rali: contínua manutenção da bola em jogo (bola no ar).
2. "Flutuar em quadra" é uma movimentação de troca de posicionamento, que se caracteriza por ser rápida, exigindo agilidade do jogador.

A busca do controle da bola, desafiando a gravidade, que sempre a empurra para o chão, somada à construção das jogadas, exige muita habilidade e movimentação dos jogadores para o acontecimento da disputa no jogo.

Relevando esses aspectos, há autores que acreditam haver diferença nos momentos de introdução dos esportes para crianças e jovens, baseando-se na facilidade ou dificuldade de aprendizagem deles. Sobre essas arguições, Werner, Thorpe e Bunker (1996, p. 30; trad. nossa) fazem o seguinte comentário: "Em geral, jogos de alvo são naturalmente menos complexos e devem ser introduzidos primeiro". Esses autores, adeptos do modelo do ensino para compreensão, argumentam que a criança pequena fica intrigada com um arremesso ou uma batida e, em virtude de seu próprio prazer, deve gostar mais desse tipo de jogo. De modo similar, um jogo cooperativo de passe e um jogo de rali podem servir melhor a crianças de idade mais avançada.

Com base nesses aspectos exigidos na prática do voleibol, surgem alguns questionamentos relacionados à melhor compreensão do jogo pelos alunos. Buscando encontrar soluções para essas questões, partimos para a análise do ensino tradicional dessa modalidade, experimentando novas propostas de aprendizagem do voleibol, baseadas no reconhecimento de suas metas. Assim nasce nosso trabalho.

O ensino tradicional diante de uma proposta diferente: Compreender e aprender

A aprendizagem de modalidades esportivas tem acontecido, na maioria das vezes, por meio da repetição de gestos técnicos e cópias de treinamentos de equipes adultas. Usando como exemplo o voleibol, Báfero (1996, p. 26) menciona: "A maioria das 'escolas" de voleibol, fundamentadas na cultura do voleibol brasileiro, proclamam que 'saber voleibol' é jogar como se joga no alto nível. (...) Entende-se, pois, que, na maioria das 'escolas' de voleibol, a prática usual seja o treinamento". Costumeiramente, um professor tenta copiar os treinos de equipes mais avançadas, mesmo sem saber adequá-los à sua turma de iniciantes, imaginando que a excessiva repetição dos fundamentos seja a única maneira de aprender.

Báfero (1996, p. 155) ainda acrescenta que o voleibol é pouco adequado às necessidades dos aprendizes: "Os treinamentos utilizados nas altas performances têm sido as formas mais copiadas no ensino-aprendizagem do jogo de voleibol". Essa reprodução repetitiva dos exercícios, utilizada para desenvolver técnicas e habilidades em equipes de treinamento de idade adulta, é denominada de modelo tradicional por autores como Werner, Thorpe e Bunker (1996), pois o conteúdo é transferido mesmo que os alunos não saibam como aplicar as novas habilidades durante um jogo nem mesmo compreendam como se desenvolve um jogo.

Vários artigos publicados na revista *Joperd*, em 1996, revelam a aprendizagem dos jogos/esportes por meio da compreensão e não pela pura e simples repetição, que não serve para resolver um problema criado num jogo, pois leva o jogador a executar apenas movimentos predeterminados.

Werner, Thorpe e Bunker (1996, p. 28; trad. nossa) afirmam: "O modelo tradicional segue uma série de aulas altamente estruturadas baseando-se fortemente no ensino de habilidades e técnicas". As técnicas apuradas só serão atingidas depois de um longo período de treinamento contínuo; no entanto, esse não pode ser o único caminho para a prática do jogo. Criticando o modelo tradicional, Werner, Thorpe e Bunker (1996, p. 28; trad. nossa) declaram: "Acredita-se que, uma vez que as habilidades tenham sido desenvolvidas, o aluno estará pronto para transferir essas habilidades para a situação de jogo".

Esse modelo de ensino, que privilegia a aprendizagem por inúmeras repetições dos fundamentos visando alcançar uma habilidade específica, tem ocasionado, segundo esses mesmo autores, resultados como: a) uma grande porcentagem de crianças que alcançam pouco sucesso, em virtude da ênfase na *performance*; b) jogadores habilidosos com técnicas inflexíveis e pouca capacidade de tomar decisões; c) jogadores dependentes do professor/técnico para tomar decisões; e d) uma maioria de jovens que deixa a escola sabendo pouco sobre jogos (WERNER; THORPE; BUNKER, p. 29; trad. nossa).

Graça e Oliveira (1995, p. 14), ao tratar dos jogos desportivos coletivos, reproduzem as palavras de Gréhaigne e Guillon:

> O ensino dessas modalidades tem freqüentemente consistido em fazer adquirir aos praticantes sucessões de gestos técnicos, empregando-se muito tempo no ensino da técnica e muito pouco ou nenhum no ensino do jogo propriamente dito.

As questões expressas por esses autores deixam clara a excessiva insistência em desenvolver a técnica, em que as metas voltam-se para o modo de fazer (técnica), deixando pouco tempo para o desenvolvimento do jogo em si, isto é, separando os objetivos das razões de fazer (tática) (GRAÇA; OLIVEIRA, 1995). Isso nos leva a crer que é necessário que o aluno jogue para aprender a desenvolver a técnica.

Sabemos que, na fase de aprendizagem de qualquer esporte, não há de se ter grandes habilidades técnicas para poder jogar, já que adaptações podem ser feitas. Do reconhecimento dos objetivos que a prática esportiva determina, crianças, adolescentes e adultos podem se utilizar de adaptações para fazer de uma modalidade esportiva um jogo possível de ser praticado, adequando-o às suas condições sem descaracterizá-lo. Na verdade, esse é um outro enfoque para ensinar e desenvolver modalidades coletivas. Ao contrário do modelo tradicional, há uma preocupação em aplicar as técnicas dos movimentos em situações de resolução de problemas táticos. Griffin (1996, p. 34; trad. nossa) aponta:

> Em vez de fazer exercícios com a bola para alcançar o desenvolvimento de uma habilidade isolada, o objetivo muda para a resolução de problemas táticos (...), movimentos com a bola e habilidades com a bola tornam-se soluções táticas para problemas gerais dentro do jogo.

Percebe-se, então, que não é só pela repetição dos elementos básicos de cada esporte que o aluno pode desenvolver sua forma de jogar. É preciso entender o porquê de se movimentar atrás de uma bola, e muitas vezes sem a bola. O aluno está apto para jogar desde o momento em que começa a enxergar a necessidade de suas ações durante o jogo, sentindo-se, então, participativo.

O jogo de voleibol diversifica as possibilidades de escolha do local da quadra adversária para onde queremos enviar a bola e nos oferece a chance de criar uma defesa com o objetivo de que a bola não caia no chão. Dessa forma, o aluno tem de ter condições de compreender o jogo para chegar a decisões que possibilitem essas duas ações (a escolha do ataque e a definição da defesa).

Sobre o ensino do voleibol, sustentando o parágrafo acima, Graça e Oliveira (1995, p. 27) acrescentam:

> É necessário ter presente, no entanto, que, na simplificação didática do ensino das habilidades do jogo, ao apresentá-las como habilidades fechadas, elas estão desprovidas de sua razão de ser mais importante, que é a de ser capaz de utilizá-las em cada momento do jogo de uma forma deliberada e oportuna.

A metodologia de introdução ao ensino de jogos/esportes que ora apresentamos busca também a aquisição do conhecimento e da compreensão do esporte e não unicamente a execução da técnica. Esta deve acontecer com a necessidade de sua execução para a resolução de problemas táticos, atribuindo maior valor à sua prática.

À medida que o aluno entende o jogo e descobre a necessidade de melhorar a execução de suas habilidades, o aprendizado e o desenvolvimento técnico tornam-se valiosos. Primeiramente, é recompensador, pois ele consegue ver sua eficácia e, além disso, internaliza cognitivamente o conhecimento sobre o conteúdo aprendido, podendo utilizá-lo em práticas e recriações posteriores. Sobre esse aspecto, em Coletivo de Autores (1994, p. 66), consta que "quando a criança joga, ela opera com o significado das suas ações, o que a faz desenvolver sua vontade e ao mesmo tempo tornar-se consciente das suas escolhas e decisões".

Discorrendo sobre as habilidades dos estudantes, Oslin (1996, p. 27; trad. nossa) relata: "Em vez de se concentrar em habilidades que os estudantes não têm ou não têm totalmente desenvolvidas, as aproximações táticas concentram-se nas habilidades que os estudantes têm, e permitem a eles jogar para aprender sobre o jogo".

Os alunos querem jogar e os professores podem ensinar modificando a aprendizagem de uma técnica por meio de jogos com regras adaptadas, muito próximos do jogo oficial, estimulando a participação dos alunos, pois, com menos complexidade, atividades adequadas às suas possibilidades e ao seu nível de compreensão facilmente serão aceitas.

Com base nos princípios que fundamentam a abordagem "ensinando jogos para a compreensão", acreditamos que é possível criar oportunidades para que os alunos pensem o jogo e o valorizem porque o compreendem. Dessa perspectiva, podemos visualizar o caminho da aprendizagem pela aproximação demonstrada na teoria "ensinando jogos para a compreensão", adaptando o que nos ensinam Bunker e Thorpe (1982), Thorpe, Bunker e Almond (1986) e Mitchell (1996), além dos modelos dos jogos para compreensão, de Werner, Thorpe e Bunker (1996, p. 29).

Mitchell (1996) explica três passos que aqui mostramos da seguinte forma:

1. no primeiro passo, o professor utiliza-se de formas exageradas de representação do jogo/esporte para explicá-lo aos alunos;
2. no segundo passo, o próprio aluno percebe as necessidades do jogo e se questiona, buscando "o que fazer" para poder jogar;
3. com essa aproximação, propicia-se, também, o desenvolvimento da técnica, ou seja, depois de perceber e saber "o que fazer", o aluno busca "como fazer".

A apreciação da execução da técnica é maior quanto maior for sua necessidade no desenrolar do jogo, por vezes imposto pelo professor, já contendo algumas mudanças para facilitar o desenvolvimento. Sobre esse assunto, Mitchell (1996, p. 32; trad. nossa) escreve: "Uma aproximação tática (...) concentra-se em desenvolver a aquisição de habilidades apropriadas e garante que as habilidades sejam aprendidas em um momento em que seu valor no jogo é apreciado".

É preciso salientar que, ao propormos uma aproximação do ensino de uma modalidade esportiva pela tática e pela compreensão do enredo do jogo, as regras adaptadas e a liberdade de mudanças podem, muitas vezes, deixar o jogo mais fácil. Isso permite a participação de mais indivíduos, mas não nega a melhoria da técnica. Essa meta deve ser alcançada à medida que o aluno se conscientize de sua necessidade e, com o aumento da intensidade de treino, busque melhorar.

O professor deve sempre proporcionar, até para os mais habilidosos, novas formas e novos caminhos para execuções mais complexas. Para isso, pode se utilizar de pequenos jogos, jogos modificados, com ênfase na tática, na compreensão "do que fazer?", para buscar o "como fazer?" e o "para que fazer?". Ensina Mitchell (1996, p. 32-33; trad. nossa) que:

> Embora as instruções possam concentrar-se em problemas táticos particulares e habilidades associadas com nível de compreensão, os professores podem individualizar suas instruções apresentando aos jogadores mais avançados habilidades mais complexas em relação a um problema tático especial.

Werner, Thorpe e Bunker (1996, p. 29) revelam modelos de jogos pela compreensão, apresentando as seguintes etapas:

- Número 1: o jogo, modificado ou não, é apresentado ao aluno, juntamente com as regras.
- Número 2: em seguida, o aluno faz, cognitivamente, uma avaliação do jogo. Graça e Oliveira (1995, p. 13) enfatizam essa questão, afirmando que "a forma de atuação de um jogador está fortemente condicionada por seus modelos de explicação, ou seja, pelo modo como ele concebe e percebe o jogo".
- Número 3: durante o jogo, procura-se compreender qual é a tática, o que promove o próximo passo. Também nessa passagem contribuem Graça e Oliveira (1995, p. 12): "O comportamento dos jogadores é determinado pela interligação de diversos fatores (...) devem os jogadores resolver situações de jogo que (...) exijam uma elevada adaptabilidade, especialmente no que respeita à dimensão tático-cognitiva".
- Número 4: é nesta etapa que os alunos questionam e decidem "o que fazer" e "como fazer". Os professores devem saber como ajudar os alunos a superar as dificuldades com base nas observações de

quais e como foram as respostas que apresentaram. Confirmando essa necessidade, Báfero (1996, p. 57) nos traz a seguinte reflexão:

> Para entender onde a criança está ou a natureza dos seus problemas de aprendizagem, precisa-se saber não só quais os problemas que ela pode resolver, mas como ela pretende resolvê-los. Precisa-se perguntar não só "que resposta ela deu?", como também "como ela chegou à resposta?".

- Número 5: depois das decisões anteriores, acontece a execução das habilidades dos fundamentos do esporte em questão.
- Número 6: este momento é o mais importante; após a percepção de "o que fazer" e "como fazer", o aluno chega à sua *performance*, podendo melhorá-la cada vez mais, aprimorando sua técnica por meio de desafios táticos mais complexos.

Assim, esse ciclo de ensino-aprendizagem e desenvolvimento pode ser interminável. Cabe ao professor ser criativo e ao aluno perceber e ser persistente.

As etapas apresentadas anteriormente mostram que os alunos têm a chance de descobrir as necessidades que um jogo determina e, com isso, tomar suas próprias decisões. Tudo se desenvolve durante o jogo, tornando a realidade mais próxima da aprendizagem. Sobre essa abordagem, Griffin (1996, p. 36; trad. nossa) enfatiza: "A perspectiva para a compreensão estimula o processo de tomada de decisões pelos estudantes em relação ao que fazer (consciência tática) e a como fazer (execução da habilidade)".

Considerando esse quadro elucidativo e reforçando as palavras de Griffin, Turner (1996, p. 46; trad. nossa) enfatiza que, nessa abordagem, consciência e tomada de decisão sempre vêm antes da prática: "Diferentemente dos métodos tradicionais, essa aproximação começa com um jogo e suas regras (...) a consciência tática e a tomada de decisão (...) sempre precedem os fatores responsáveis pela execução da habilidade e pela performance".

Deve haver também a preocupação com o ensino da técnica, mas sempre posterior à compreensão que se adquiriu de jogo, enriquecendo sua função. Berkowitz (1996, p. 45; trad. nossa) escreve: "O estudo de habilidades técnicas ainda tem seu lugar, mas nunca isolado – sempre como se fosse em um jogo e, na maioria das vezes, como meio para resolver um problema tático".

Durante um jogo, aparece o gosto, o prazer da busca do sucesso, e isso pode valorizar o papel da técnica. Muitas vezes, no momento da apresentação dos problemas táticos aos alunos, estes tentarão se empenhar na melhoria da técnica como solução para a autorrealização durante o jogo. Então, há extrema importância no trabalho de desenvolvimento técnico das habilidades, para que se possa jogar cada vez melhor.

Os autores Graça e Oliveira (1995, p. 28) esclarecem que, no processo de aprendizagem dos jogos, existem dois problemas que os alunos devem solucionar:

> 1) os problemas relativos à seleção da resposta adequada à situação (o que, o quando e o porquê) e 2) os problemas relativos à realização da resposta motora (o como). (...) A idéia será (...), desde muito cedo, colocar os alunos perante situações que solicitem esses dois tipos de problema.

Alterar as regras, constituindo um agente facilitador

Alterar as regras é um dos meios mais eficazes para que os alunos possam jogar sem grandes habilidades e, assim, estimular a automotivação de crianças ou jovens: modificar espaço, altura da rede e número de jogadores, além de mudar o número de contatos permitidos na bola. Sobre as alterações nas regras, descrevemos o posicionamento de diferentes autores.

Griffin (1996, p. 36; trad. nossa) entende que "modificações simplificam e diminuem o ritmo do jogo, dando aos estudantes a oportunidade de pensar taticamente". Já Graça e Oliveira (1995, p. 18) declaram: "Deve-se propor um jogo ou formas jogadas acessíveis, isto é, com regras pouco complexas, com menos jogadores e num espaço menor, de modo a permitir a continuidade das ações e elevadas possibilidades de concretização".

Esses mesmos autores reproduzem as palavras de Queirós, citando esse autor da seguinte forma: "A simplificação da estrutura complexa do jogo é um método de análise que consiste em reduzir a complexidade da estrutura do jogo a níveis que, embora mais simples, não desvirtuem sua natureza fundamental" (GRAÇA; OLIVEIRA, 1995, p. 146).

Portanto, as regras do jogo realmente podem ser modificadas, auxiliando os alunos a compreender como o jogo acontece, sem desvirtuá-lo. Partimos, então, do mais simples para o mais complexo, não em relação às habilidades, mas, sim, em relação à compreensão do jogo, valorizando a desenvoltura das habilidades específicas do voleibol.

Ao tratar do assunto "aprendizagem no voleibol", Graça e Oliveira (1995, p. 158) dizem que "a prática do jogo formal (modelo 6x6), no nível de iniciação, constitui-se inadequada". As crianças não conseguem sustentar a bola no ar por muito tempo, pois o espaço a ser defendido é muito grande e a velocidade da bola é muito alta. Assim, há uma constante ruptura no jogo. Consequentemente, as crianças têm pouco contato com a bola. Para que haja uma aprendizagem válida, é necessário que a bola fique no ar pelo maior tempo possível e, para que isso aconteça, parece ser determinante a escolha de estratégias que promovam o aumento do número de contatos com a bola e o grau de êxito nas tarefas, utilizando para tal situações facilitadoras da sustentação da bola (diminuição do espaço de jogo e do número de jogadores por equipe).

Modificações no espaço

Os espaços reservados para essa prática nas quadras devem ser condizentes com a proposta a ser ensinada, conforme preocupação demonstrada pelos autores anteriormente citados. Todos devem ter como base uma quadra oficial de voleibol, apresentando as várias possibilidades de modificar um jogo, trabalhando também habilidade e técnica. Diferentes tamanhos de quadra podem ser utilizados para o desenvolvimento de um jogo de voleibol.

Modificações no número de toques

Durante um jogo oficial de voleibol, são permitidos três toques de cada equipe na bola antes de enviá-la para a quadra adversária, mas, durante a aprendizagem da modalidade, podemos facilitar o jogo para os aprendizes e criar e recriar jogos com um limite de toques diferente do jogo oficial, variando de acordo com a facilidade ou dificuldade que os alunos apresentam.

Diversificação do material utilizado

Os materiais, alternativos ou não, devem ser introduzidos nas aulas: lousa, giz, textos, livros, cartazes, vídeos e outros. Para a diversificação das tarefas, é possível utilizar ainda materiais alternativos como corda, jornal, bancos, colchões, bolas de tamanhos e pesos diferentes, outros objetos, como marcadores do espaço determinado.

As cordas e os bancos são usados para atividades que aprimorem a coordenação nas diferentes formas de saltar, com diferentes objetivos a serem alcançados. O voleibol é uma modalidade esportiva em que grandes lances acontecem no ar, portanto, os alunos precisam saltar muito e de várias formas.

Os colchões são utilizados para atividades de rolamento e queda lateral e frontal. No voleibol, durante a ação de defesa, muitas vezes, há necessidade de o jogador fazer uma queda para rebater sem deixar a bola tocar o chão.

O jornal é utilizado também para fazer quedas. Quando se fazem defesas em quedas laterais ou frontais, é importante saber deslizar na quadra para prevenir contusões. Utilizamos um jornal cortado em tamanho quatro vezes maior do que a mão do aluno e colocado na quadra a seu lado. Ao fazer a queda, ele apoia a mão no jornal, deslizando até ficar com o corpo todo no solo. É interessante repetir esse movimento de ambos os lados.

Para marcar o espaço, usamos as fitas adesivas e as cordas em diferentes formas e tamanhos de quadra. Dessa maneira, facilitamos ou evidenciamos e, com certeza, modificamos os objetivos e os requisitos para jogar voleibol.

Os cones e os arcos são colocados como alvos e pontos de referência em nossas atividades.

Bolas de tamanho e peso diferentes são utilizadas para o desenvolvimento de força no toque, mas principalmente para desenvolver percepções de como se relacionar com a bola no jogo de voleibol, isto é, "como precisar" quando é adequada a utilização do toque ou da manchete.

O papel do professor e sua relação com o aluno

Na função de responsável pela aprendizagem de "jogar voleibol", é preciso o professor utilizar estratégias diversificadas, que possam problematizar as situações de jogo para os alunos, além de sempre avaliar a compreensão que eles demonstram ter alcançado sobre o jogo proposto. Reconhecendo os mais e os menos habilidosos, o professor deve oferecer, a todo momento, *feedback* de incentivo à turma.

Devemos estar atentos à maneira como nos comunicamos com os alunos que estão aprendendo a jogar. Ao usar palavras e frases positivas e outras formas diferentes, é possível estimulá-los. Com uma postura de observação constante, que demonstre atenção e interesse no desenvolvimento do aluno, o professor tem de cuidar dos meios que usa nas suas avaliações. Sobre a intervenção nas atividades e a prontidão do professor para com os alunos, Turner (1996, p. 48; trad. nossa) destaca: "A intervenção oportuna do professor nas situações de jogo é crucial. Necessita-se de habilidade pedagógica considerável e muita prática. As táticas e estratégias têm de ser primeiro compreendidas pelo professor".

É preciso lembrar que cada grupo tem necessidades próprias e, para atendê-las, os professores devem buscar instrumentos de ação pedagógica que possam adaptar os fatores considerados necessários para a aprendizagem. Deve haver autonomia, atualização, flexibilidade e bom senso nos planejamentos elaborados pelos responsáveis, bem como nas suas atuações em aula.

A utilização de modelos em determinadas situações pode fazer o aluno visualizar uma futura *performance* e trabalhar para alcançá-la. Isso pode ser por meio dos exemplos dados pelo próprio professor ou também pelo uso de gravações das atuações de jogadores profissionais.

Quem vive uma situação de aprendizagem passa, em geral, por certa ansiedade, causada pela busca de algum resultado. Nesse momento, receber incentivos de pessoas próximas como pais e professores serve de conforto emocional, podendo trazer mais tranquilidade, especialmente quando os aprendizes ainda são imaturos.

Fundamentos do voleibol

O voleibol tem cinco fundamentos básicos: saque, manchete, toque, ataque e bloqueio. A manchete pode ser dividida em duas ações: executada como defesa e como passe. Esses fundamentos básicos podem gerar inúmeras possibilidades de ações derivadas desses elementos.

Os fundamentos denominados gerais são aqueles que todos os jogadores de uma equipe desempenham durante uma partida de voleibol, ou seja, saque, defesa e bloqueio. Os fundamentos especiais são aqueles que priorizam as ações específicas e, portanto, dependem da execução de jogadores especializados para tal. São eles: levantamento, passe e ataque.

As funções no voleibol

O voleibol é uma modalidade esportiva que tem basicamente duas funções, que caracterizam dois tipos de jogador: o levantador e o atacante. O levantador tem a função de levantar a bola, executa durante o jogo os fundamentos gerais (sacar, defender e bloquear) e tem a responsabilidade de organizar e armar o ataque da equipe. O atacante tem a função de atacar, mas também executa durante o jogo os fundamentos gerais (sacar, defender e bloquear). Há alguns jogadores com a função específica de fazer o passe (recepção) do saque adversário em sua equipe. O atacante pode se especializar nas diferentes derivações de sua posição, por exemplo: atacante de meio (posição 3), que ataca bolas baixas e rápidas; atacante de ponta de rede (posições 2 e 4), que ataca bolas altas e mais lentas. Essas derivações de atacante podem ser encontradas em Graça e Oliveira (1995, p. 150): "O atacante de primeiro tempo (ou de bola rápida), o atacante de segundo tempo (ou jogador de combinação), o atacante de terceiro tempo (ou de bola alta) e o(s) atacante(s) de segunda linha (ou defesa)".

Há alguns anos, surgiu o chamado "atacante universal", que indica que o jogador tem função específica de atacante, mas sem posição definida, isto é, ele pode atacar de todas as posições em que estiver, tanto da zona de ataque quanto da zona de defesa. Essa liberdade tática e sua habilidade técnica é que o tornam universal.

Há atualmente uma nova função, ainda em teste, denominada "líbero".[3] O líbero é o jogador que pode entrar em quadra a qualquer momento e em qualquer lugar, substituindo um jogador das posições 1, 6 e 5, desde que devidamente autorizado pelo árbitro. Além de poder realizar substituições múltiplas, ele pode entrar no lugar de jogadores diferentes. Essa nova função é ainda limitante, porque só permite que o jogador execute as funções de passador e defensor, ou seja, ao entrar na área de ataque, ele deve ser substituído, por não poder fazer nenhum ataque nem levantamento.

A função de líbero, no voleibol moderno, traz de volta jogadores com exímia habilidade na defesa. É uma chance para os jogadores de menor estatura voltarem a ter espaço nas grandes equipes de voleibol. Isso dá aos técnicos a oportunidade de criar novas possibilidades táticas para suas equipes, pois, quanto mais jogadores versáteis, mais espetacular será o jogo.

Operacionalização da proposta

O objetivo da escola de voleibol que vivenciamos é proporcionar diferentes formas de aprendizagem e desenvolvimento desse esporte para várias faixas etárias. Com a intenção de oferecer o maior número de vivências práticas, buscamos conduzir os alunos a diversas situações de desafio durante todo o tempo que permanecem na escola.

Existe, ainda, certa preocupação com a questão da competição. Fazemos uso de jogos internos durante as aulas, de jogos amistosos com outras escolas ou festivais que durem apenas meio período do dia, possibilitando várias participações.

Nossa proposta de ensinar o voleibol por meio da compreensão dos objetivos propostos, bem como de sua técnica, determina a duração de duas horas de aula, divididas em quatro etapas, apenas para uma melhor organização:

3. O líbero é uma função que está sendo testada pela Federação Internacional de Voleibol; começou a ser utilizada em 1996, após a Olimpíada de Atlanta, nos Estados Unidos.

- 1ª etapa: 30' de aquecimento;
- 2ª etapa: 40' de desenvolvimento;
- 3ª etapa: 40' de jogo-síntese;
- 4ª etapa: 10' de diálogo, avaliação da aula e informação.

Primeira etapa: é o momento de aquecimento, em que são desenvolvidas, em cada aula, as atividades que evidenciem uma determinada habilidade motora. Essa atividade inicial deve ser lúdica e motivadora, deve envolver características do tema a ser desenvolvido naquela aula. É durante essa etapa que buscamos aprimorar capacidades e habilidades gerais, válidas para a prática do voleibol e de outros esportes. São utilizados os deslocamentos, os giros, os saltos e as quedas, atentando sempre para as variações de velocidade, direção e plano.

Segunda etapa: é o momento de desenvolvimento dos fundamentos técnicos do voleibol. Procuramos usar materiais diversificados, que possam auxiliar na aprendizagem do voleibol, como cones, arcos e cordas, para fazer demonstrações concretas aos alunos em quadra. Nessa parte da aula, o aluno deve se envolver com o voleibol propriamente dito, por meio de jogos em duplas, trios ou grupos, visando principalmente ao controle de bola e à cooperação. Priorizamos atividades com bola após uma introdução e uma discussão teórica do tema da aula. Essa é a hora de comentários e perguntas relevantes que explicitem "o que fazer" para ter sucesso nas atividades. Chega, então, o momento em que o aluno se questiona, tentando se adaptar a novas situações e exigências.

Terceira etapa: é o momento de desenvolver o jogo de voleibol, seja ele 1x1, 2x2, 3x3, 4x4, 5x5 ou 6x6, em que adaptamos as regras para que os alunos possam jogar. No entanto, com a evolução da aprendizagem e o passar do tempo, jogamos em todas as aulas um pouco de 6x6. Durante o "jogo-síntese" (SCAGLIA, 1995), procuramos propor jogos de voleibol relevando o tema da aula, para que os alunos possam buscar na prática a realização das habilidades desenvolvidas anteriormente. Esse é o momento de criação e de mais questionamentos dos alunos, que procuram encontrar respostas para "como fazer?".

Quarta etapa: é o momento em que ocorre uma "conversa informal com os alunos", para avaliar a aula. É realizada uma atividade de finalização, para que todos possam rever o tema dado e esclarecer as principais dúvidas. Dessa forma, procuramos que os alunos atinjam os três objetivos mais importantes do trabalho, que são: o gosto de aprender, a compreensão do jogo e a obtenção, ao sair das aulas, da real sensação de ter jogado.

Mesmo sabendo que as turmas são heterogêneas, que nem todos aprendem da mesma maneira e na mesma velocidade, com o auxílio da divisão etária e dos níveis de complexidade tática, essa metodologia tem demonstrado excelente eficácia em nosso trabalho.

Introduzindo os alunos no ambiente do voleibol

Numa primeira fase, procuramos introduzir os alunos no ambiente do voleibol exemplificando situações de jogo e demonstrando algumas ações. É uma fase de primeiro contato e reconhecimento da quadra, da bola e dos companheiros de aula. Durante esse período, os alunos são apresentados às regras básicas do voleibol, como, por exemplo, a necessidade da manutenção da bola no ar, que traz para eles a real ideia do que é preciso para jogar voleibol. Nesse momento, o aluno precisa compreender duas situações. A primeira é determinar que o jogo começa com o saque de uma das duas equipes e que a equipe que estiver recebendo o saque tem a chance de fazer um ataque e retomar a posse de bola. A segunda é que o jogo começa como a primeira situação, mas, após um ataque da equipe adversária, a outra equipe pode fazer uma defesa, construir uma situação de continuidade do jogo, deixar a bola no ar, podendo, assim, desenvolver um contra-ataque.

É muito importante que o aluno saia dessa fase compreendendo o que é o jogo de voleibol, seu enredo, isto é, como ele acontece.

Introdução da tática

São iniciadas as movimentações básicas, que proporcionam exercícios e jogos que estimulam a valorização da execução dos movimentos e o gosto por ela. Nesse momento, é mais importante a compreensão das quatro ações do jogo:

- ação ataque inicial (saque);
- ação ataque construído (recepção/levantamento/ataque);
- ação defesa (bloqueio/defesa);
- ação contra-ataque construído (levantamento/ataque).

A tática tem como grandes funções e objetivos a melhoria da técnica e a introdução de diferentes técnicas que solucionem os mais variados problemas táticos. Devem ser trabalhadas as mais simples possibilidades de cada posição em jogo, aumentando a complexidade de acordo com a compreensão e a necessidade dos alunos. O professor deve estar atento para trabalhar as diferentes funções, enfatizando ora os objetivos de execução do fundamento, ora os de direcionamento da bola.

Nesse momento, a maior parte da aula será desenvolvida com os jogadores ocupando posições específicas. A ênfase será distribuída entre execução de esquemas de jogo (tática), aperfeiçoamento dos fundamentos (técnica) e volume de jogo. Os treinos de "momentos de disputa de ponto/vantagem" devem ser divididos em:

- ataque inicial (saque);
- ataque construído (recepção/levantamento/ataque);
- defesa (bloqueio e defesa);
- contra-ataque construído (levantamento/ataque).

São sugeridos momentos diferentes para a aprendizagem do saque e do bloqueio, para que aconteça a recepção. O saque constitui, hoje, o primeiro lance ofensivo do jogo de voleibol. O bloqueio também deve ser considerado um momento distinto no jogo, porque pode ser uma "primeira defesa" quando amortece um ataque adversário, dando possibilidade a sua equipe de continuar a jogada e fazer um contra-ataque ou, ainda, pode encerrar uma jogada, fazendo a bola atacada voltar imediatamente para o solo da quadra adversária.

Segundo Graça e Oliveira (1995), nessa fase, o maior trabalho é levar os alunos ao encontro da bola, e não o contrário.

Junto com os alunos, é possível desenvolver, criar e recriar diferentes formas de jogar. Com o objetivo de compreender o voleibol, esse trabalho propicia aos aprendizes mais autonomia nas decisões sobre:

- ação primeiro ataque;
- ação ataque construído;
- ação defesa;
- ação contra-ataque construído;
- coletivos dirigidos.

Sugestões

O esporte deve existir também na escola formal, entretanto, é imprescindível que ele tenha um tratamento especial quando for trabalhado com crianças e adolescentes aprendizes.

Precisamos criar novas formas de jogar e acreditar na capacidade de compreensão, criação e recriação de nossos alunos. A abordagem "ensinando jogos para compreensão", além de proporcionar aos alunos a aprendizagem de um esporte, pode colaborar para a promoção de jogadores autônomos.

A escola é um espaço de acesso de crianças e adolescentes ao esporte, portanto, nós, professores de educação física, precisamos propiciar práticas condizentes com as necessidades dos alunos. Isso pode ser feito pela compreensão de jogo, pela adaptação de regras e objetivos de acordo com a capacidade de cada grupo, visando, assim, à melhoria das habilidades técnicas dos alunos. Em escolas de esportes, desenvolvidas em clubes, instituições esportivas municipais e outros, é preciso rever as práticas planejadas para os iniciantes de qualquer modalidade esportiva, pois dificilmente encontramos trabalhos voltados à compreensão do jogo, como o que estamos propondo neste capítulo.

Com base em nossas experiências, com esse método de trabalho em nossa escola de voleibol, nos quadros abaixo, apresentamos sugestões de formas de atuação no ensino desse esporte, fundamentando-nos na proposta anteriormente apresentada de jogos por compreensão.

Para aprendizes de 11 e 12 anos

Fundamentos básicos: saque, manchete, toque, ataque, bloqueio.

Esquemas de jogo: 6x6 ou 4x4 (número de atacantes *x* número de levantadores). Nesse esquema, todos desempenham as funções de atacante e levantador.

Combinações de fundamentos: fundamentos isolados e fundamentos combinados (até dois).

Características dos exercícios: habilidades motoras básicas; deslocamentos e saltos; mudança de direção; giro em todos os eixos.

Área de jogo: 16x4,5 m; 13x4,5 m

Altura da rede: feminino, 2 m; masculino, 2,10 m.

Ênfase nos jogos adaptados de 2x2, 3x3, utilizando os fundamentos saque por baixo, toque e manchete, sempre com três ou mais toques para cada equipe. Assim, os alunos começam a assimilar o objetivo do jogo de voleibol, que é trabalhar a bola na sua quadra e enviá-la para a quadra adversária. Há necessidade da participação de todos. É importante que todos os alunos comecem a jogar como estímulo para a automotivação.

Para aprendizes de 13 e 14 anos

Fundamentos derivados (ações): levantar, passar, atacar, defender, sacar, bloquear.

Esquemas de jogo: 4x2 (número de atacantes *x* número de levantadores) – nesse esquema, temos quatro atacantes e dois levantadores, assim, temos sempre dois atacantes e um levantador na área de ataque; 4x2 ofensivo – nesse esquema, temos seis atacantes e dois levantadores, assim, temos sempre três atacantes na área de ataque e um levantador na área de defesa.

Combinações de fundamentos: fundamentos combinados, 2 e 3 – avanço na tática de defesa e ataque na combinação dos dois fundamentos.

Características dos exercícios: deslocamentos e saltos; mudança de direção; giros em todos os eixos; quedas.

Área de jogo: 13x4,5 m; 16x4,5 m; 16x6 m; 17x8 m.

Altura da rede: feminino, 2,10 m; masculino, 2,20 m.

Diferentes possibilidades de execução, modificando e recriando os elementos básicos:

- levantamento (toque): no solo, em suspensão, em queda e em giro;
- passe: baixo (manchete) e alto (toque);
- defesa: baixa (manchete), alta (toque ou rebatida) e em queda;
- ataque: na rede (área de ataque) e no fundo (área de defesa);
- saque: do solo e em suspensão;
- bloqueio (parte da defesa): individual, duplo.

Os exercícios gerais devem ser feitos por todo o grupo, por exemplo:

- exercícios que promovam a capacidade física geral do aluno;
- trabalho dos fundamentos combinados (2 ou 3) no mesmo exercício, por exemplo: toque e manchete, toque e ataque ou manchete e ataque;
- jogos modificados com uma complexidade maior do que o trabalho feito anteriormente.

Para aprendizes de 15 e 16 anos

Fundamentos específicos (funções): levantador, passador, atacante, defensor, sacador e bloqueador.

Esquemas de jogo: 4x2 – ofensivo (número de atacantes x número de levantadores); nesse esquema, temos quatro atacantes e dois levantadores, assim, temos sempre dois atacantes e um levantador na área de ataque; 5x1 – nesse esquema, temos cinco atacantes e um levantador desempenhando posições específicas.

Combinações de fundamentos: fundamentos combinados (mais de três ao mesmo tempo); variações das técnicas dos fundamentos.

Características dos exercícios: saltos específicos; quedas específicas; simulação do jogo; introdução das posições do voleibol.

Área de jogo: 18x9 m; 16x9 m; 19x9 m.

Altura da rede: feminino, 2,20 m; masculino, 2,35 m.

Diferentes possibilidades de executar os fundamentos específicos:

- levantamento;
- recepção com diferentes números de jogadores;
- ataque: alto (bola longa); 1/2 altura (segunda bola); baixo (rápido e curto – primeira bola); flecha longo (rápido – segunda bola); flecha curto (rápido – primeira bola);
- defesa: alta, baixa, em queda, de recuperação (depois da primeira defesa, recupera-se uma bola perdida);
- saque (com variação de trajetórias e alvos): flutuante, do chão, forte, em suspensão;
- bloqueio: dinâmico e estático, ofensivo e defensivo;
- simulação de situações de jogo;
- exercícios de controle de bola no ar por tempo e em forma de competição;
- trabalho dos fundamentos combinados, por meio da tática;
- introdução de coletivos dirigidos, com ênfase nos jogos 5x5, 5x6 e 6x6;
- introdução de tática de levantamento e contra-ataque.

Essas são algumas das ideias trabalhadas em nossa escola de voleibol que se mostraram eficientes, diferentes, educativas, motivadoras, propiciando a aprendizagem simples de uma modalidade esportiva considerada complexa.

Referências bibliográficas

ALVES, R. *Conversas com quem gosta de ensinar*. 28ª ed. São Paulo: Cortez, 1994.

BÁFERO, A.P. "A prática informal como meio pedagógico totalizante". Tese de doutorado em Educação Física. São Paulo, 1996. Escola de Educação Física e Esporte, Universidade de São Paulo.

BERKOWITZ, R.J. "A practitioner's journey: From skill to tactics". *Joperd*, v. 67, n. 4, p. 44-45, 1996.

BETTI, M. *Educação física e sociedade*. São Paulo: Movimento, 1991.

BOTTA, J.L.; GALLARDO, C.M. *Voleibol: Técnica y didáctica de los fundamentos*. Buenos Aires: Ministerio de Educación y Justicia/Dirección Nacional de Educación Física, Deportes y Recreación, 1966. (Didáctica)

BUNKER, D.; THORPE, R. "A model for the teaching of games in secondy schools". *Bulletin of Physical Education*, v. 18, n. 1. Driffield, p. 5-8, 1982.

CARVALHO, O.M. *Voleibol: 1000 exercícios*. Rio de Janeiro: Sprint, 1993.

CHANDLER, T. "Teaching games for understanding: Reflections and further questions". *Joperd*, v. 67, n. 4, p. 49-51, 1996.

COLETIVO DE AUTORES. *Metodologia do ensino de educação física*. São Paulo: Cortez, 1994.

CONFEDERAÇÃO BRASILEIRA DE VOLEIBOL – CBV. *Regras oficiais do voleibol*. Rio de Janeiro: Palestra, 1979.

CURTER-SMITH, M.D. "Teaching for understanding: Using games invention with elementary children". *Joperd*, v. 67, n. 3, p. 33-37, 1996.

DE SOUZA, A.; MITCHELL, S. "Teaching games for understanding as a coaching methodology". *In*: BUTLER, J.I.; GRIFFIN, L.L. (orgs.). *More teaching games for understanding: Theory, research and practice*. Champaign: Human Kinetics, 2010.

DE SOUZA, A.; OSLIN, J. "A player-centered approach to coaching". *Journal of Physical Education Recreation and Dance*, v. 79, n. 6, ago., 2008.

DÜRRWACHTER, G. *Voleibol: Treinar jogando*. Trad. Margit Greve. Rio de Janeiro: Ao Livro Técnico, 1984.

GRAÇA, A.; OLIVEIRA, J. (orgs.) *O ensino dos jogos desportivos*. 2ª ed. Porto: Universidade do Porto, 1995.

GRIFFIN, L.L. "Tactical approaches to teaching games: Improving net/wall game performance". *Joperd*, v. 67, n. 2, p. 34-37, 1996.

MITCHELL, S.A. "Tactical approaches to teaching games: Improving invasion game performance". *Joperd*, v. 67, n. 2, p. 30-33, 1996.

MONTAGNER, P.C. "Esporte de competição x educação: O caso do basquetebol". Dissertação de mestrado em Educação Física. Piracicaba, 1993. Faculdade de Educação Física, Universidade Metodista de Piracicaba.

MORRIS, G.S.D.; STIECHL, J. *Changing kids' games*. Champaign: Human Kinetics Books, 1989.

OSLIN, J.L. "Tactical approaches to teaching games". *Joperd*, v. 67, n. 1, p. 27, 1996.

RAUSCHENBACH, J. "Charge! and catch coop: Two games for teaching game play strategy". *Joperd*, v. 67, n. 5, p. 22-24, 1996.

SARISCSANY, M.J. "Turning ideas into practices: A teacher development workshop". *Joperd*, v. 67, n. 3, p. 38-40, 1996.

SCAGLIA, A.J. "Escola de esportes: Uma questão pedagógica". Trabalho de conclusão de curso de bacharel em Treinamento em Esportes. Campinas, 1995. Faculdade de Educação Física, Universidade Estadual de Campinas.

SUVOROV, Y.P.; GRISHIN, O.N. *Voleibol iniciação*, v. I. Trad. Regina Helena de Araújo Ribeiro. 2ª ed. Rio de Janeiro: Sprint, 1990.

TANI, G. *et al. Educação física escolar: Fundamentos de uma abordagem desenvolvimentista*. 2ª ed. São Paulo: EPU, 1998.

THORPE, R.; BUNKER, D.; ALMOND, L. (orgs.). *Rethinking games teaching*. Loughborough: University of Technology, 1986.

TURNER, A. "Teaching for understanding: Myth or reality?". *Joperd*, v. 67, n. 4, p. 46-48 e 55, 1996.

WERNER, P.; THORPE, R.; BUNKER, D. "Teaching games for understanding: Evolution of a model". *Joperd*, v. 67, n. 1, p. 28-33, 1996.

8
PROPOSTAS PEDAGÓGICAS PARA O ENSINO DO TÊNIS DE CAMPO*

Sérgio Stucchi

Introdução

Em atenção à proposta desta coletânea de autores, apresentamos apontamentos pedagógicos para o jogo de tênis que podem ser apropriados a qualquer ambiente esportivo. As ideias expressas neste capítulo revelam um novo teor pedagógico, experienciado pelo autor. São questões pertinentes, que nasceram de um diagnóstico realizado com professores de educação física, no qual buscamos compreender qual o conhecimento deles sobre a temática, visando destacar suas reais necessidades no ensino dos elementos considerados importantes no desenvolvimento do tênis.

A pesquisa foi realizada com o intuito de identificar o quanto a modalidade esportiva tênis de campo está inserida em nossa sociedade. A maioria dos professores de educação física é graduada sem nenhum conhecimento dessa prática, mas os resultados obtidos na investigação demonstraram seu interesse em aprender, além de detectar possibilidades de aplicação dessa modalidade esportiva. Como pesquisa científica, os dados obtidos podem orientar estratégias de ação pedagógica na atuação docente.

Tratando-se de uma modalidade ainda pouco ofertada e, por conseguinte, pouco praticada no país, entendemos que o tênis está em crescente desenvolvimento diante de outras modalidades já consagradas culturalmente, o que nos faz acreditar que a prática desse esporte é, de certo modo, novidade para a maioria das pessoas, dado comprovado pela pesquisa que realizamos. Isso é resultado de poucas iniciativas de organização do

* Todas as figuras deste capítulo são do autor.

tênis de campo fora dos muros de alguns clubes, academias e condomínios residenciais, que alcancem os espaços públicos das praças municipais.

Mesmo quando surgiu Maria Ester Bueno, uma das grandes estrelas brasileiras na história mundial do tênis, não houve crescimento nessa prática esportiva, a ponto de para ampliar o ensino voltado à estimulação do tênis. Em outro momento histórico, o surgimento do talento de Gustavo Kuerten também parece não ter sido suficiente para impulsionar a oferta na mesma proporção do interesse da população, motivada pelo excelente desempenho internacional do atleta. Cada um a seu tempo, esses esportistas fenomenais contribuíram para que o tênis de campo fosse gradativamente propagado pela mídia, ampliando seu reconhecimento.

São as organizações responsáveis pelo oferecimento do esporte (clubes, academias, escolas e espaços mantidos pelas prefeituras) que podem possibilitar a aprendizagem do tênis. Por meio de um planejamento consistente, pautado num tronco pedagógico que abarque objetivos, conteúdos, métodos e avaliações, é possível proporcionar experiências bem-sucedidas com diferentes finalidades. Alguns desses locais que possibilitam diferentes práticas esportivas gratuitas podem favorecer o aumento da procura pelo tênis.

Assim como outros esportes, o tênis de campo apresenta a possibilidade de aprimoramento motor em face de seus ricos fundamentos. Para jogar, o praticante faz uso de força muscular, velocidade, equilíbrio e, sobretudo, coordenação motora, sem contar as frequentes tomadas de decisão imediatas diante de jogadas inusitadas, o que demonstra alto nível de reflexo. Quando pode ser jogado em duplas, o tênis evoca um *hall* de estratégias que podem ser modificadas em diferentes momentos do jogo, mediante a evolução de cada *set*.

O desafio de rebater a bola lançada pelo adversário é um estímulo que pode motivar à prática do jogo. A ansiedade de conquistar um ponto à frente do outro traz a vontade de vencer. Quando jogado como diversão e brincadeira, o tênis, com a finalidade de prática por lazer, sempre conquista mais adeptos, não diferindo do jogo de alto rendimento, pois há aqueles apaixonados por competir cada vez mais em torneios organizados. Diferentemente de outros esportistas, o tenista pode se inscrever nesses torneios se filiando a uma instituição organizadora, como ligas municipais, federações e confederação, sem pertencer a clube, academia ou qualquer instituto esportivo, ou seja, pode fazer isso individualmente.

Num jogo, o tenista percebe que o resultado da ação depende somente dele e, ao lidar com situações-problema, fortalece sua formação intelectual, afetiva e motora, quesitos necessários à convivência em comunidade (STUCCHI, 2007b).

No aspecto social, como muitas práticas esportivas, o jogo de tênis pode proporcionar excelentes formas de convivência quando desenvolvido como lazer ou, até mesmo, com fins competitivos, por meio do encontro e do convívio com novos parceiros.

O fator econômico trouxe evolução ao tênis, com patrocinadores interessados na mídia, no aumento de transmissões midiáticas de jogos internacionais e, atualmente, até de jogos de nível internacional realizados no Brasil, além de fabulosos prêmios dados aos vencedores desses torneios.

Todos esses fatores podem impulsionar uma prática esportiva ainda incomum quando comparada a outras modalidades, como futebol, voleibol, basquetebol, mas, independentemente de ampliar o número de praticantes de tênis, consideramos mais importante refletir sobre as formas de ensiná-lo, de estarmos atentos aos aspectos pedagógicos que norteiam esse processo, de inseri-lo na formação de novos profissionais da área da educação física, cuidando, assim, das iniciações de novos tenistas às quadras. Dessa perspectiva, nosso foco é poder ofertar abordagens pedagógicas para o ensino dessa modalidade, que certamente produzirão aulas diferenciadas e significativa aprendizagem para o aluno-tenista e, consequentemente, o aumento de adeptos.

A ideia deste capítulo, portanto, é instrumentalizar o professor de educação física, desmistificando preconceitos relacionados a esse esporte. Esse é o ponto forte da inclusão do tênis de campo na cultura esportiva. O professor é o principal agente transformador cultural e deve, portanto, ter uma participação positiva na vida esportiva de seus alunos, consciente da importância de seu papel, seja no esporte de alto rendimento, seja no campo do lazer.

Antes de descrever os instrumentos de ação pedagógica que podem auxiliar aqueles que se propõem a ensinar essa modalidade, é preciso contextualizá-la, contando um pouco de sua trajetória histórica como esporte, para que possamos nela intervir.

Devemos considerar as novas relações institucionais em face da evolução social e dos novos desafios a serem encarados. Um dos grandes mitos criados pela nossa educação conservadora destaca as diferenças entre as *pessoas comuns* e os mais dotados. No campo do domínio motor, por meio do movimento corporal, isso parece ser mais evidente. Já está estabelecida como indevida a valorização apenas da proposta de *descobrir talentos* para o *mundo da alta competição* do esporte profissional como função da educação. Está comprovada a existência de uma parcela pequena que tende para a alta competição e uma quase totalidade para o âmbito das atividades de tempo livre – categoria que apresenta mais liberdade de organização pessoal nas duas últimas fases do "ciclo vital" num sistema de sociedade como o nosso. Felizmente, a intenção educativa para o lazer é cada vez mais percebida pelas instituições que congregam os profissionais mais atualizados nos estudos dessa problemática, ou seja, a saúde e o equilíbrio entre a vida de labor e de lazer (PARKER, 1978, p. 60).

Na história dos jogos, o tênis de campo mostra aspectos do conteúdo cultural esportivo de uma sociedade em evolução, decorrente do processo de industrialização, especialmente no que se refere à imigração de colonizadores que trouxeram costumes e atividades de tempo livre de outro contexto social. São elementos de práticas corporais características de jogos e atividades de lazer oriundos de outra fase de evolução e que passaram a influenciar fortemente a cultura brasileira.

Todos os manuais de tênis publicados trazem alguns registros de fatos ligados ao jogo de bola, jogo de palma, jogo de tênis e tênis de campo ao longo dos anos. Certamente, são elementos importantes, que colaboraram para a evolução e iniciaram a compreensão de suas principais características. Para nós, a intenção de resgatar alguns fatos históricos visa demonstrar a importância desse processo de desenvolvimento como cultura esportiva de responsabilidade da educação.

Diante das observações das poucas formas de oferecimento desse jogo e das diferentes demandas pela prática, organizamos um método capaz de iniciar a aprendizagem dessa modalidade em qualquer tipo de ambiente, mesmo os mais carentes de estrutura específica.

As primeiras regras

Consultando as principais fontes de informação sobre o passado do jogo (ESCORCIA; LÓPES MATTEO, 1982), a *Enciclopedia mundial del tenis*, publicação espanhola de 1982, relata fatos importantes, como a história de um mascate francês chamado Estienne Perlin, que escreveu, em 1558, que era mais fácil ganhar dinheiro em uma partida de tênis que vendendo artesanato. Ainda segundo Perlin, aquele jogo com apostas poderia ser uma forma de trabalho. Faltava, todavia, que alguém redefinisse regras, para evitar que cada um jogasse à sua maneira.

Ainda segundo essa enciclopédia, o primeiro a escrever um livro dedicado integralmente a esse objetivo foi Antonio Scaino. O período era o século XVI e, naquela época, era necessário buscar distração com qualquer coisa, a fim de enfrentar as longas esperas antes de alguma guerra ou algum combate. E foi o jogo de bola que teve mais aceitação. Por vezes, era necessário separar dois jogadores que brigavam durante uma partida por discordar de um ponto. Essa falta de regras e de procedimentos para a prática dos jogos com bola foi a motivação para que Scaino se dedicasse a criar um tratado que orientasse quanto aos princípios fundamentais do jogo, com a intenção de que, no futuro, todos os jogadores o respeitassem.

Em seu *Trattato del giuoco della palla*, publicado em 1555, Scaino (*apud* ESCORCIA; LÓPES MATTEO, 1982) descreve as modalidades de jogos. Uma é com a *bola vazia* ou a *bola cheia*. A bola não era recoberta com tecido e dentro dela havia simplesmente ar. Com esses instrumentos de jogo, praticavam-se outros esportes, similares aos atuais basquetebol, handebol e futebol (o célebre *calcio*). No tratado, a modalidade de *bola cheia* destaca duas formas distintas de praticar. Uma é o *jogo a mão* e a outra é *golpeando a bola*. Para outra modalidade, a *bola dura*, estavam indicadas quatro formas distintas: com raquete, com a mão e, na defensiva, com a mão e com uma corda e com raquete e corda. A *bola dura* já estava recoberta com tecido especial e recheada de pano, o que a deixava compacta e pesada.

A enciclopédia ainda destaca que o termo *tenetz* era então utilizado em muitas situações nas diferentes modalidades de jogo com bola. No auge da demanda pelo jogo de tênis, Gosselin, um bibliotecário da corte do rei

Henrique III, elaborou um manifesto em 1579, a *Declaração sobre as duas dúvidas que surgem ao contar no jogo de paume*. A argumentação de Gosselin sobre a pontuação estava baseada no número 15, derivado da astronomia e da geometria, ciências que ele dominava. No tênis de campo, desde os tempos mais remotos, o número 15 tem sido a unidade do marcador. Scaino informa em seu tratado que também em sua época (século XVI) cada ponto ganho marcava 15 para o ganhador. Assim, para o primeiro ponto, 15; para o segundo, 30; para o terceiro, 45 ou *a uma*, que significava que só era necessária uma jogada para ganhar a partida; e *a dois*, quando o jogo era fixado em duas jogadas de vantagem para vencer. O termo *a uma* é agora antiquado, porém, conserva-se a expressão francesa *à deux*, que, no caminho etimológico, tornou-se *deuce* (igualdade).

O termo vantagem (em italiano, *vantagio*; em francês, *avantage*) era usado também naquela época. A única troca que aconteceu ao longo dos séculos foi a do termo composto *quarenta e cinco* por *quarenta*, motivada simplesmente por razões de brevidade.

Ainda na mesma fonte de referência, a enciclopédia mundial espanhola, e com respeito ao misterioso *quinze* usado até hoje no tênis de campo, Scaino conta que não foi possível encontrar em livro algum dados esclarecedores sobre a origem desse elemento da regra. Os historiadores do jogo, em todos os tempos, nunca tiveram certeza da procedência dessa expressão e da razão de sua existência. No entanto, muitos estão de acordo com o tratado de Gosselin (ESCORCIA; LÓPES MATTEO, 1982), que sustenta que os números 15, 30, 45 etc. não poderiam ser escolhidos sem razão nenhuma. Certamente, foram extraídos de algum sistema de medida familiar para os que praticavam o tênis no princípio.

A melhor explicação é a de que os números podem ter vindo da astronomia, sob influência do *sextante*, um instrumento utilizado para medir distâncias entre os astros, cujo setor é a sexta parte do círculo, ou seja, 60° de uma circunferência, em que cada grau está dividido, por sua vez, em 60 minutos e cada minuto em 60 segundos. Como aqueles intelectuais (os astrônomos) estavam familiarizados com esses símbolos, isso dá a impressão de que o marcador do jogo tomou emprestada essa divisão numérica do círculo.

Assim, quatro pontos (quatro vezes 15 graus) equivalem a um *game* (jogo) e quatro jogos completam um *set*, de acordo com a prática na França naquela época. No princípio do século XVIII, começou a ser usado o *set* de seis jogos, com o que se fecha o círculo: 15°x4 (pontos) = 60°; 60°x6 (*games*) = 360° (círculo).

O primeiro clube

No período de mudanças revolucionárias das práticas físicas antigas para o esporte moderno, apareceram grupos de jogadores experimentando um jogo ao ar livre que ocuparia um lugar de destaque na preferência dos cidadãos. Chegou a desbancar o *croquet*, que, naquela época, ia perdendo popularidade nos círculos da aristocracia rural, em virtude da necessidade de uma relva em perfeitas condições para ser praticado. Segundo Escorcia e Lópes Matteo (1982), T.H. Gem e Juan Bautista Augurio Perera haviam jogado, em 1860, um jogo de raquete denominado *tênis sobre relva*. Isso foi quando James Lillywhite convidou para realizar, em sua casa, um jogo de origem hindu, mais divertido que o *croquet*, conhecido como *raquete sobre relva*.

Gem e Perera chegaram a Leamington e fizeram amigos, dentre eles os médicos Frederick Hary e Arthur Wellesley, do hospital de Warneford. Os quatros companheiros jogavam o tênis sobre relva do hotel Manor House. Esse movimento originou, provavelmente, o primeiro clube de tênis do mundo: The Leamington Club, cujo primeiro presidente foi o major Gem.

Segundo Escorcia e Lópes Matteo (1982), nesse mesmo período, um personagem importante da história do tênis, que colaborou para a renovação e evolução de sua prática, foi o major Walter Clopton Wingfield, patenteando uma derivação desses jogos com todas as suas regras. Wingfield organizou e publicou um folheto intitulado *Sphairistike*, em Nantchwyd, e registrou o jogo com uma nova quadra. O que realmente o major fez foi aproveitar comercialmente esse esporte, que já tinha adeptos na Inglaterra. Wingfield, militar profissional, que permaneceu muito tempo na Índia e na China, quando regressou à Grã-Bretanha passou a fazer parte da escolta da rainha Vitória, aprendeu os princípios do jogo de raquete, observou o jogo ao ar livre e organizou o *sphairistike*. Esse jogo se praticava sobre a relva e tomava emprestada a rede do *badminton*, de quase dois metros de altura. O sistema de pontuação foi emprestado do *rackets* (antecedente do *squash*).

O major Gem, por sua vez, também redigiu, em 1874, uma carta ao periódico *The Field*, afirmando que Perera havia introduzido esse jogo 15 anos antes em sua residência da Amton Road.

O *sphairistike* usava uma quadra com formato de ampulheta, estreita no centro e larga nas bases, com uma rede alta. Em fevereiro de 1874, Wingfield registrou a patente desse jogo (conjunto de rede, bola e raquete). Em uma especificação sobre a solicitação dessa patente, Wingfield reclamou a invenção, por ter uma rede portátil, nova e melhorada, do antigo jogo de raquete. O *sphairistike* alcançou êxito imediato e logo chegou a ser o jogo sobre relva mais popular da Inglaterra. Wingfield publicou também um folheto de oito páginas intitulado *Sphairistike or lawn tennis*, contendo as primeiras regras adaptadas para esse jogo, muito diferentes das de hoje em dia. O jogador que sacava o fazia detrás da linha e tinha de colocar a bola dentro de um espaço atrás da linha da quadra contrária. O recebedor deveria golpear a bola sacada antes que ela tocasse o solo ou após o primeiro pulo. O sistema de marcação era similar ao que se utilizava no *badminton*, no qual a pessoa que saca é a que faz o ponto. Um jogo constava de 15 pontos.

Em agosto de 1874, Wingfield publicou outro folheto com novas regras sobre esse jogo, que ainda era conhecido com a difícil denominação de *sphairistike*. Por ser uma palavra de difícil pronúncia, somente utilizada por uma minoria, logo foi abreviada para *sticky*. Finalmente, Wingfield publicou outro folheto, no qual omitiu a palavra *sphairistike*, e o jogo passou a denominar-se *lawn tennis*.

É importante mencionar que o major Wingfield recebeu, ao longo de sua existência, uma infinidade de críticas por parte de quem punha em dúvida a paternidade do *lawn tennis*. Muitos entendiam que ele não merecia o reconhecimento como criador de um jogo novo, que havia se aproveitado das ideias de outros esportes.

O jogo que conhecemos hoje

De acordo com Escorcia e Lópes (1982), o *lawn tennis* chegou a se converter num esporte de massa, praticado em todos os estratos da sociedade inglesa. Em 1875, o clube de críquete de Marylebone, na Inglaterra, anunciou a modificação das regras do tênis de Wingfield (*sphairistike*). Porém, ainda assim, permaneciam as quadras em forma de ampulheta, o sistema de marcação do *rackets* e a rede mais alta nos lados do que no centro. Esse folheto, sem dúvida, introduziu mudanças importantes, algumas das quais se conservam até hoje, como o comprimento da quadra, cujo tamanho se estabeleceu em 78 pés (23,77 m), usando-se como medida a raquete de 68 cm de comprimento por 23 cm de largura na cabeça. Consultando Karl-Heinz Sturm (1982), esse autor mostra o interessante fato do uso da raquete como unidade de medida para o novo desenho da quadra como parte da grande mudança na forma de jogar tênis, que permanece até os dias de hoje.

As linhas laterais, que medem 26 jardas (23,77 m), equivalem a 34 vezes o comprimento da raquete, mais duas larguras. As linhas de fundo para o jogo simples medem 9 jardas (8,23 m), ou seja, 12 vezes o comprimento da raquete. As linhas de fundo para o jogo de duplas medem 12 jardas (10,97 m), 16 vezes o comprimento da raquete. A extensão das áreas de serviço mede 7 jardas (6,40 m), nove vezes o comprimento da raquete, mais uma largura. A distância da linha de fundo à de serviço mede 6 jardas (5,48 m), oito vezes o comprimento da raquete. A altura da rede mede 0,9 jardas (0,91 m), um comprimento de raquete mais uma largura. O comprimento da raquete é de 0,685 m, a largura, 0,235 m. Nessa nova quadra para o jogo de raquete, o saque passaria a ser executado detrás da linha de fundo, em vez de na linha média da quadra.

O impulso definitivo desse esporte na Inglaterra se deu nos clubes de críquete de Wimbledon. Da mesma forma que para o jogo de críquete, o tênis de campo também exigia relva em perfeitas condições, o que, naquela época, era muito custoso. Worple Road, em Wimbledon, era admirada por seu estado de conservação. Assim, Julian Marshall, Henry Jones e C.G. Heathcote decidiram que havia de ser a superfície ideal para o novo e atraente jogo de raquete, que pouco a pouco ia ganhando a simpatia dos ingleses. Esses três homens começaram a cogitar a possibilidade de invadir os terrenos destinados ao críquete e criar o primeiro campeonato de *lawn tennis*. As mudanças, renovações e promoções de novas ideias culminaram com a organização do primeiro campeonato de Wimbledon.

Como grande incentivador, Heathcote, excelente jogador e magistrado de Brighton, deu grande colaboração a esse evento. Nesse grupo renovador, logo entrou J.H. Walsh, editor da revista *The Field*, especializada em esportes ao ar livre. Em decorrência de suas relações pessoais, foram favorecidos determinados locais e se fundaram outros clubes de tênis. Em 9 de junho de 1877, a *The Field* anunciou a realização de um campeonato de tênis, sob o comando de Henry Jones, secretário honorário do subcomitê de *lawn tennis*:

> Todos os clubes de tênis sobre relva e *croquet* da Inglaterra propõem celebrar um encontro de tênis sobre relva, aberto a todos os aficionados, na segunda-feira, 9 de junho e dias seguintes. Cota de entrada: uma libra e um xelim. Os prêmios serão: um troféu de ouro para o ganhador e um de prata para o segundo classificado. (ESCORCIA; LÓPES MATTEO,1982; trad. nossa)

Apesar de todas essas mudanças, até 1877, existiam muitos regulamentos diferentes para o jogo de tênis e, apesar de ter sido padronizado pela comissão de tênis do clube de críquete de Marylebone, ainda em 1875, as diferentes formas de disputa causavam infinitas controvérsias. Outras modificações ocorridas nessa época diziam respeito à rede, que se estendia entre dois postes, no centro das linhas longitudinais da quadra, três pés (0,91 m) fora da quadra. Também nessa ocasião, passou a ser permitido um erro de saque (duas chances) e se exigiu a realização do saque detrás da última linha no fundo da quadra.

As mudanças de regras que mais provocaram polêmica foram as relativas à pontuação. Foi retirado o sistema do *rackets*, utilizado até então, e substituído pela nova fórmula, segundo a qual os sucessivos pontos iam sendo anotados em *pontos*, *jogos* e *séries* (*points*, *games* e *sets*).

Os 22 jogadores que se inscreveram no primeiro torneio estavam familiarizados com a contagem nova, fato que Heathcote considerou uma evolução para os organizadores.

O começo do século XX

No final do século XIX, o tênis se espalhou pelos cinco continentes. Com diferentes interpretações das regras e das técnicas, foram numerosos os países que encontraram adeptos para o novo esporte. Na Índia, onde o major Wingfield havia formado os fundamentos de seu invento, o tênis foi jogado de maneira gradual desde 1880, sempre nos círculos coloniais britânicos. Em 1895, disputaram-se em Lahore, capital e maior cidade da província do Punjab, no Paquistão, os primeiros campeonatos locais, da mesma forma como os que se iniciaram em Bengala, em 1902. Oito anos mais tarde, disputaram-se os campeonatos englobando toda a Índia – All India Championships –, nos quais concorriam os campeões dos vários estados do vasto território indiano.

Na Austrália, a disputa de campeonatos entre províncias começou em 1880 e, seis anos mais tarde, foi inaugurado o Campeonato Nacional da Nova Zelândia. Australianos e neozelandeses foram, durante muitos anos, uma só equipe, que entrou na Copa Davis com o nome de *Australasia.*

No Japão também apareceram os primeiros principiantes do tênis por volta de 1880. Os tenistas japoneses competiam apenas no exterior e o esporte era aprendido pela juventude japonesa, que, no final do século XIX, já formava uma notável massa de aficionados.

Na África, salvo outros pequenos focos, sempre circunscritos às tropas coloniais inglesas ou aos círculos de fazendeiros brancos, o tênis entrou com força na África do Sul. Em 1880, já se disputavam torneios locais em Durban e Joanesburgo e um ano depois se disputou o primeiro campeonato internacional, em Port Elizabeth.

À América Latina, o tênis também chegou nos últimos anos do século XIX por intermédio dos ingleses. Na Argentina, no Brasil e no Chile, esse esporte estabeleceu-se rapidamente, sobretudo em clubes que, até então, dedicavam-se ao críquete e às regatas. Colômbia e Brasil eram grandes produtores de café. Os comerciantes desse mercado enviavam os filhos para estudar na Europa e estes retornavam praticando o esporte da raquete (ESCORCIA; LÓPES MATTEO, 1982).

O espírito olímpico

Um fato importante na história do tênis foi sua inclusão no evento mais significativo dos esportes de confraternização e de integração entre os diferentes povos, os Jogos Olímpicos. Tratava-se de um esporte que, como muitos outros, estava de acordo com os preceitos de seu revitalizador, o barão Pierre de Coubertain, que fundamentava todo o seu ideal nos princípios de lealdade e de cavalheirismo, não importando qual fosse o resultado da participação.

As características do tênis mostravam peculiaridades que diziam respeito a uma convivência sadia, atlética e educada nos preceitos aristocráticos, dentro dos padrões preconcebidos de etiqueta, cavalheirismo e respeito aos limites do outro. O tênis fez parte dos Jogos Olímpicos nos anos de 1896 em Atenas, de 1900 em Paris, de 1904 em Saint Louis, de 1906 novamente em Atenas, de 1908 em Londres, de 1912 em Estocolmo, de 1920 em Antuérpia e de 1924 em Paris.

Razões externas ao ritual do jogo e da convivência atlética forçaram o afastamento dessa modalidade esportiva dos Jogos Olímpicos depois de 1924. Segundo historiadores, a saída do jogo das competições não teve nada a ver com o jogo propriamente dito, e sim com três fatores de apoio e de estrutura administrativa. Inicialmente, as precárias condições de acompanhamento técnico em relação à arbitragem dos jogos; falhas na organização dos sistemas de disputas; e precárias condições das instalações físicas, como vestiários, quadras e hospedagens.

As regras do amadorismo para os Jogos Olímpicos, de acordo com as quais era ponto de honra os atletas não visarem a lucros, pesavam muito na hora de uma escolha entre os Jogos Olímpicos e outros torneios no mesmo período. Os atletas tendiam a optar por outros eventos, talvez por, já naquela época, existir alguma recompensa financeira, o que não acontecia nas Olimpíadas. Isso foi distanciando os tenistas dos Jogos Olímpicos. Nos jogos de Los Angeles, em 1984, o tênis de campo voltou ao quadro de modalidades olímpicas, como desporto mundialmente reconhecido.

A Taça Davis, uma competição mundial amadora de grande importância, foi criada em 1900, pelo norte-americano Dwight Davis. Esse torneio é considerado tão importante quanto as disputas de tênis dos Jogos Olímpicos.

O jogo de tênis no Brasil

O tênis, no Brasil, é tão antigo quanto a própria história do esporte moderno. Considera-se moderno na história do esporte mundial o período a partir de 1850, com a regulamentação das modalidades esportivas pelas escolas públicas inglesas. Alguns fatos históricos mostram que o tênis esporte chegou ao Brasil trazido pelos filhos dos barões do café e também por imigrantes europeus que vieram para cá como representantes de empresas comerciais, trazendo consigo seus hábitos e práticas de tempo livre.

Esses imigrantes fundaram clubes em suas colônias, nos quais mantinham os hábitos tradicionais de tomar chá, jogar críquete, tênis e futebol. No início, a participação brasileira nesses clubes se restringia à de simples auxiliares na manutenção das instalações esportivas e, o que é muito significativo, os brasileiros eram convidados a completar os grupos necessários para a realização das modalidades coletivas. Nas modalidades individuais, isso não era necessário. Porém, com a convivência e a observação, os brasileiros aprenderam os elementos fundamentais e, assim, passaram a praticar o críquete e o tênis.

Alcides Procópio foi um dos que passaram por essa experiência, introduzindo o elemento brasileiro na história de um esporte estrangeiro de origem aristocrática. Alcançou projeção nacional e mundial, colaborando para a divulgação do jogo de tênis no Brasil. Na década de 1930, sagrou-se campeão sul-americano e participou do torneio de Wimbledon, na Inglaterra.

Aos poucos, o jogo de tênis foi sendo introduzido no universo dos esportes brasileiros. Em 8 de junho de 1914, foi fundada a Federação Brasileira de Sports, com a filiação de dez estados no tênis de campo: Bahia, Distrito Federal, Espírito Santo, Minas Gerais, Pará, Paraná, Pernambuco, Rio Grande do Sul, Rio de Janeiro e São Paulo. Em 1921, foi fundada a Confederação Sul-Americana de *Lawn Tennis*, em Santiago do Chile. Em 6 de março de 1924, foi fundada a Federação Paulista de Tênis. São Paulo contava com 64 clubes filiados. Havia um total de 626 jogadores em todo o estado, com 300 quadras.

Outro fato interessante, que veio fazer parte da história do jogo no Brasil, foi a primeira participação de uma equipe brasileira no primeiro torneio mundial de tênis de campo por equipe, a Taça Davis. Em 1932, o Brasil partiu para o West Side Lawn Tennis Club, em Forest Hills, Nova York, para esse confronto histórico. A equipe navegou durante 14 dias até lá e era formada por Roberto Pernambuco, Nelson Cruz, Ivo Simoni e os reservas Humberto Costa e Roberto Whately. O chefe da delegação era Inácio Nogueira e faziam parte da equipe adversária dois elementos considerados os melhores do mundo na ocasião: Frank Shields e Wilmer Allison.

O personagem de maior significado para nossa história nessa modalidade esportiva foi Maria Ester Bueno, o maior fenômeno no tênis brasileiro. Sagrou-se muitas vezes campeã brasileira e venceu Wimbledon em 1959, 1963, 1964 e 1966. Certamente, promoveu grande avanço no interesse pelo tênis de campo nos clubes brasileiros. Muito importante também foram os feitos de Thomaz Koch e Edison Mandarino, que, na década de 1960, tiveram participação no cenário nacional e internacional, colaborando para a cultura do jogo no Brasil. Já personagens mais recentes, como Gustavo Kuerten e Fernando Meligeni, diferentemente dos anteriores – Alcides Procópio, Maria Ester Bueno, Thomaz Koch, Edison Mandarino e Carlos Alberto Kirmayr –, ganharam mais projeção, impulsionados pela força da economia e do poder das comunicações a que estamos subordinados hoje, trazendo novas tendências e influências para a cultura da prática esportiva.

É importante lembrar que esses fatos tenísticos chegaram até aqui por terem ocorrido no âmbito da alta competição, do espetáculo esportivo, da conquista dos campeões, dos feitos de pessoas diferenciadas dentro do esporte. Essa é uma das características de todos os manuais de tênis já publicados. Contudo, não sabemos se o fenômeno teria as mesmas proporções se fosse propagado no âmbito das atividades do esporte de lazer. Posso arriscar dizer que teríamos muito mais adeptos se o poder das comunicações tivesse auxiliado nesse sentido de mostrar o esporte como espetáculo da população em academias, escolas, praças públicas e clubes.

Resultados de pesquisa que apontam diretrizes

Com muitos anos como jogador e estudioso do tênis de campo, além do trabalho na formação de novos profissionais de educação física e esporte, foi possível coletar muitas informações específicas sobre essa modalidade esportiva. Na observação de projetos desenvolvidos com muitos professores de tênis, constatamos ser primordial intervir nas formas de ensinar essa modalidade.

Conforme expresso anteriormente, apresentamos uma proposta metodológica que nasceu da soma da experiência acumulada com uma pesquisa mais elaborada e criteriosamente analisada, baseada num levantamento do real conhecimento dos professores de educação física sobre o tênis. Os procedimentos metodológicos utilizados em parceria com os professores no desenvolvimento desse trabalho permitiram levantar várias possibilidades, que culminaram na proposta de inclusão desse jogo nos planejamentos de ensino esportivo.

Nessa pesquisa (STUCCHI, 1993), foram utilizadas entrevistas semiestruturadas para coletar os dados relativos ao conhecimento dos sujeitos sobre o jogo de tênis naquele momento. Outras informações surgiram e indicaram categorias de análise importantes para completar o diagnóstico. É fundamental declarar que, a nosso ver, a formação em educação física pode ser a responsável pelo fornecimento de estudos dos conteúdos culturais que incluam a prática do tênis de campo, mesmo que desenvolvida como atividade extracurricular. Em virtude desse entendimento, nossa pesquisa se voltou aos professores de educação física como sujeitos dessa investigação.

Das respostas obtidas, foram retiradas categorias e subcategorias reveladoras de um conjunto integrador das diversas faces do conhecimento desses sujeitos a respeito do jogo de tênis, gerando indicativos. As declarações dos sujeitos denotaram intenções diversas, muitas delas com informações comuns entre si, como: as regras da modalidade, a técnica correta dos fundamentos, as experiências anteriores, as formas de divulgação, a administração do esporte, os aspectos pedagógicos que permeiam a prática, a criatividade nas aulas, para não deixá-las enfadonhas e motivar os alunos, a necessidade de domínio motor para jogar, além do domínio psicológico e do interpessoal.

Indicativos gerados na pesquisa

Segundo os apontamentos com base no discurso dos sujeitos integrantes da pesquisa, as *regras* precisam ser esclarecidas, a fim de suprir uma deficiência de conhecimento. Esse é um aspecto fundamental para o desenvolvimento do esporte.

Desde o primeiro contato com a modalidade, conhecer e respeitar o que é tradicional em seu escopo, sem perder a liberdade de ação, é um fator importante para a qualidade da prática, respeitando a cultura esportiva estabelecida e preservando as especificidades do tênis de campo.

De acordo com os fatos históricos que vimos, depois de muita liberdade na prática do jogo, até meados do século XIX, como marco do esporte moderno (DUMAZEDIER, 1980), foram criadas convenções que, ao longo do tempo, foram sendo modificadas, no sentido de aprimorar a participação dos jogadores numa relação mais ética e duradoura.

Conhecer os procedimentos de contagem, sem alterar a quantificação, simplificar o simbolismo, respeitar o código de conduta oficial são requisitos relevantes na direção de um segundo passo, voltado às adaptações. Num dado momento, chegou-se a um formato de "regras do jogo" que, além de não impedir a participação criativa durante o estágio de aprendizagem, padronizou procedimentos estratégicos que permitem compreender as regras e até mesmo adaptá-las.

Nessa forma de ensinar, outras modalidades de raquete são tomadas por empréstimo, e ajudam sobremaneira nas aproximações da aprendizagem do tênis de campo. Embora esse jogo esteja classificado como esporte individual, ele se torna coletivo, pela necessidade de um opositor. Nossa proposta de trabalho tem um formato que busca sempre atividades coletivas, com grupos compostos por até 48 alunos na mesma aula.

É preciso que o professor ou futuro técnico esportivo conheça, primeiramente, as regras oficiais do jogo, das atitudes comportamentais às determinações estruturais sistematizadas que contemplam uma partida, as quais podem ser aprendidas na leitura de manuais de regras do tênis de campo.

Mesmo criado para atender às exigências de uma modalidade oficial, esse regulamento deve ser aplicado em todos os ambientes. Depois de experimentá-lo e de constatar sua eficácia, esse conhecimento é importante para introduzir os procedimentos pedagógicos no ensino e aprendizagem dos fundamentos do jogo. Dessa forma, garantimos a manutenção dos aspectos lúdicos, sem tocar no movimento corporal como técnica, permitindo autonomia dos sujeitos na ação, para as situações a serem vividas no jogo. Nessa fase, devemos enfatizar a compreensão de uma partida sem a intermediação de um árbitro, apenas com a orientação do professor e dos próprios colegas, observando os possíveis desvios de comportamento e erros nos fundamentos, além da pontuação.

Sintetizando as *regras* necessárias ao conhecimento dos professores, podemos citar o comportamento de quem assiste e dos jogadores, relacionado às questões éticas, de respeito, de conduta durante o jogo, bem como dos organizadores, para que o jogo aconteça: conhecer a dinâmica de uma partida, quem começa, como pontuar os pontos ganhos, por que o jogador perde um ponto e como se estrutura seu desenvolvimento; posicionamentos em quadra que interferem no andamento do jogo e na aplicação dos fundamentos do tênis; reconhecimento do espaço destinado ao jogo simples e em duplas, que implica pontos negativos; e, sobretudo, como são resolvidos os impasses entre os jogadores sobre determinadas situações que possam acontecer sem a presença de um árbitro.

Adaptações necessárias

Após a compreensão dessas regras, também destacamos as *adaptações* dos movimentos presentes no jogo. A preocupação é usar as adaptações de acordo com as características de cada fundamento do tênis de campo. As variações das combinações dos movimentos naturais que executamos associados aos materiais utilizados no jogo são suficientes para obter proveito da modalidade nas suas várias formas de manifestação.

A proposta inicial, tanto para as aulas como para o jogo, passa pela simplificação do material. Com um número mínimo de quatro raquetes, o mesmo usado num jogo de duplas, as dinâmicas de aula deverão permitir a participação de todos os elementos do grupo. Naturalmente que, havendo a possibilidade de um número maior de raquetes, a dinâmica das experiências se agiliza, possibilitando que mais alunos manuseiem o material.

Quanto ao espaço, é possível aplicar essa proposta numa quadra poliesportiva. Mesmo com a precariedade das instalações, esse espaço existe em quase todas as nossas organizações esportivas. Na falta desse recurso, qualquer espaço pode ser dividido em metades, por um fio, corda ou rede, e servir perfeitamente para as primeiras adaptações. A quadra de voleibol, por exemplo, tão corriqueira em espaços esportivos de diferentes ambientes, é um local onde se pode praticar o tênis com facilidade.

Outras adaptações podem ser aplicadas na dinâmica do jogo, proporcionando a participação integrada de muitos jogadores, conforme sugestão apresentada adiante.

As questões da técnica dos movimentos

Mesmo no início da aprendizagem dessa modalidade, a *técnica* específica dos fundamentos do tênis é importante, pois ela permitirá o aprimoramento da execução, aproximando-se da melhor maneira de obter sucesso nas jogadas. Em qualquer atividade que fazemos, é a técnica da execução que permite um resultado positivo. No jogo de tênis também, mas é preciso que quem ensina tenha o cuidado de observar qual o momento exato de inseri-la, mediando a execução de quem aprende de forma extremamente cautelosa, para não desmotivar a atuação. Esse é um dos aspectos pedagógicos mais importantes e deve ser destacado no ensino da modalidade.

Uma proposta pedagógica

Apontamos uma proposta que destaca os elementos usados num jogo, que vão constituir os fundamentos da modalidade, além de apresentarmos sugestões de exercícios para sua aplicação.

Os procedimentos sugeridos estão baseados em experiências anteriores e foram criados para facilitar a organização das ações, a fim de proporcionar ao aluno a aprendizagem dos primeiros movimentos com o material próprio dessa modalidade: bola, raquete, rede, parede, espaços da quadra e outros materiais a serem usados individualmente e em grupo. Mesmo realizadas por meio de procedimentos pedagógicos adaptados, as técnicas dos elementos representam a identidade da modalidade. A cultura estabelecida exige que os procedimentos de ensino e aprendizagem considerem os objetivos técnicos.

Os movimentos que dão identidade ao jogo de tênis são: saque (*service*), direita (*forehand*), esquerda (*backhand*), voleio de direita (*volley forehand*), voleio de esquerda (*volley backhand*) e cortada (*smash*) (Stucchi 2007a). Esses são os movimentos que aparecem de forma subliminar nas explicações das primeiras regras do jogo. Porém, para a proposta ora apresentada, eles vêm num segundo momento, para que não se reproduza a forma arcaica e tecnicista conservadora do modelo atual.

As sugestões aqui descritas seguem uma ordem crescente de dificuldade, com a combinação dos elementos da aprendizagem: do movimento mais simples com a bola até a combinação mais complexa, que envolve bola, raquete, espaços e pessoas, tudo deve ser ensinado com cuidados pedagógicos.

Independentemente da idade do sujeito que aprende, que muitas vezes não tem experiências anteriores nem mesmo de movimentos básicos de controle corporal, as atividades sugeridas precisam suprir deficiências. O gesto de arremessar uma bola pode apresentar deficiência na mecânica, que necessita ser readequada para o uso da raquete. A mesma observação pode ser feita quanto aos deslocamentos com corrida, quando o aprendiz apresenta pouca desenvoltura nessa habilidade, básica nos exercícios planejados, principalmente quando coordenada com a raquete nas mãos.

Pelas experiências em atividades desse tipo já realizadas, foi possível comprovar a eficiência do método na aprendizagem desse jogo como uma prática social e individual, de cooperação e de oposição, no campo do esporte de lazer, que contém a competição para a valorização do resultado, qualquer que seja ele, positivo ou negativo.

Como ponto positivo, observamos a reação dos alunos ao demonstrar suas dificuldades na aprendizagem dos movimentos, mostrando sempre a vontade de acertar, buscando corrigir defeitos na movimentação. O auxílio mútuo entre os participantes nas dinâmicas das aulas, como será mostrado adiante, para turmas grandes, valoriza o trabalho proposto ao longo do processo. Esse fator deve ser sempre estimulado, no sentido de engrandecer o resultado das tentativas de realização das tarefas.

A bola

Para aprender a dominá-la, podemos usar a bola oficial ou qualquer outra similar. As primeiras tarefas estão relacionadas ao controle da bola, com base no emprego de movimentos simples, como, por exemplo, andar, correr, arremessar, receber, quicar e rebater, todos eles combinados com o intuito de obter o domínio corporal com o uso da bola. Porém, é importante que nenhum desses movimentos seja destacado com maior ênfase sobre os outros, ou seja, correr é tão importante quanto rebater.

O aprimoramento de cada movimento associado ao material depende da utilização de seu conjunto, das observações do professor para cada aluno, permitindo as combinações adequadas, no momento mais adequado, acompanhando cada aluno em todas as etapas.

A visão do aluno para o voo da bola é um importante requisito para que ele possa executar os movimentos em razão dos estímulos percebidos no recebimento da bola: ponto de origem, trajetória que ela percorre num arremesso até o contato com o receber e o rebater. Desde os primeiros movimentos, ao olhar para a bola, o aluno deve observar todas as variáveis, pela rebatida das raquetes que dão direção, altura, velocidade e pelos efeitos na trajetória. Esse aspecto é perfeitamente aprendido em atividades ou exercícios educativos.

Essas propostas devem ser trabalhadas numa perspectiva lúdica, antes de propor movimentos de saque, voleio, golpes de direita e esquerda (*forehand* e *backhand*) propriamente ditos, pois, para que esses movimentos sejam aprendidos, planejados e executados, o aluno já deve ter adquirido a percepção da bola com certa intimidade.

Exercícios e atividades com bola:

- Individual: manusear a bola, para senti-la de todas as formas, na textura, na elasticidade, no peso.
- Individual: quicar a bola no chão, para percepção das características de voo.

- Individual: arremessar a bola para cima, com uma das mãos, e receber com a outra.
- Obs.: No exercício individual, outros movimentos ainda podem ser acrescentados para o manuseio da bola, no sentido de ampliar as experiências. Andar com a bola, correr com a bola, saltar com a bola; outras combinações poderão aumentar o grau de dificuldade de execução.
- Em grupo: arremessar e receber a bola, alternando um quicar no chão e com voo direto para um companheiro.
- Obs.: Muitas brincadeiras do folclore infantil podem ser utilizadas no momento de trabalhar com a bolinha de tênis, como por exemplo: queimada, fubeca, ovo choco, tesouro, peteca.
- Em grupo: Na possibilidade de ter uma bola para cada dupla de alunos, é possível obter um trabalho corporal mais completo, visando ao maior domínio da bola. Por exemplo, fazer contato com todas as partes do corpo, no sentido de rebater, receber, arremessar, rolar e transportar a bola, dando ênfase ao rebater com a palma e o dorso das mãos.
- Em seguida, incluir a raquete.

A raquete

Associada à bola, a raquete é um material fundamental para a realização do jogo, mas é necessário muito cuidado ao introduzir a raquete oficial num trabalho de iniciação. Tamanho, peso, formato, flexibilidade e rigidez, elasticidade e material de fabricação são pontos importantes a serem analisados desde o início da aprendizagem. Mais importante ainda é fazer o aluno perceber a raquete como se ela fosse um prolongamento do seu braço e de suas mãos, neutralizando seu peso, a fim de que ele não interfira no movimento que, mais tarde, será usado como recurso para os golpes do jogo. Para isso, uma adaptação lenta e progressiva é fundamental na especialização dos músculos de preensão e transporte pelos dois braços.

O aluno precisa desenvolver total consciência da raquete nos diferentes planos de ação com relação ao corpo. A força muscular do braço, como qualidade física específica e localizada, deverá ser bem dosada e adquirida por meio de uma aproximação progressiva: transportar a raquete, sentindo seu peso de forma sequencial; variar os movimentos, explorando os mais diferentes tipos de deslocamentos, tanto segmentares quanto globais; manusear a raquete, sempre que possível, com as duas mãos, simultânea e alternadamente, com a intenção de compensar a ênfase da prática unilateral que acontece num jogo.

Exercícios e atividades com raquete:

- Individual: da mesma forma que a bola, a raquete deve ser manuseada de todas as formas possíveis, para identificar comprimento, largura, espessura, peso, rigidez, formato e cor. Quando possível, todo o manuseio deve envolver as duas mãos igualmente.
- Obs.: As brincadeiras devem ser feitas segurando a raquete de maneira livre.
- Individual: em seguida, incluir a bola nos exercícios de transportar a raquete, com as seguintes sugestões:
- com a bola parada numa das faces da raquete;
- rolando a bola no chão, impulsionada pela raquete;
- passando a bola da mão para a raquete e vice-versa.
- Obs.: Das habilidades trabalhadas com a bola, somente arremessar, receber e quicar devem ser feitas com a raquete, tanto de forma individual quanto em grupo; para isso, utilizar movimentos livres. Todos os exercícios para o domínio da bola e da raquete devem ser feitos no ambiente da quadra disponível. Se possível, esse ambiente já deve estar dividido em metades.
- Em seguida, a combinação de exercícios com bola e raquete deve ser associada ao espaço disponível. Combinar exercícios nos vários sentidos de deslocamentos dentro do espaço, já considerando a rede como elemento divisor das metades. A percepção do espaço é coletiva, portanto, os exercícios serão realizados por todo o grupo.

A quadra

Sabemos que o espaço específico para o jogo de tênis não é oferecido na mesma proporção do aumento da demanda. Portanto, a dificuldade de obter uma quadra para o jogo oficial é uma realidade em nossas cidades. No entanto, podemos considerar qualquer espaço disponível como possível para promover o ensino do jogo de tênis ou de qualquer adaptação que essa ideia permita para uma primeira ambientação.

A percepção do espaço tem relação direta com os movimentos que o indivíduo deverá utilizar como resposta aos estímulos nas ações. Comprimento, largura, profundidade, altura da rede divisória são elementos constantes do ambiente de quadra. O aluno deve conhecer todos esses fatores tanto visualmente, olhando e sentindo suas dimensões, quanto corporalmente, sabendo qual a intensidade do trabalho em movimentos de locomoção (corridas) e manipulação (rebatidas) que deverá executar para jogar uma partida.

Exercícios e atividades no espaço:

- Andar sobre as linhas da quadra (de vôlei, basquete, tênis adaptada), traçando diferentes percursos, utilizando o elemento que divide o ambiente em metades como referencial, fazendo deslocamentos laterais, de costas e de frente.
- Resgatar brincadeiras infantis para serem utilizadas nos exercícios de quadra como obstáculos na percepção das dimensões: mãe da rua; queimada; amarelinha; pula-sela; corrida de velocidade; pega-pega; salto em distância.
- Combinar exercícios com raquetes e bolas e associá-los aos espaços da quadra.
- Transportar a bola com a raquete nos percursos das linhas da quadra.
- Utilizar os espaços como alvo para os arremessos.
- Dividir todo o espaço em pequenos setores para brincadeiras em duplas, como "desequilibrar", "espelho" e "mestre".

Combinando todos os elementos

Para a organização dos exercícios, três funções deverão ser estabelecidas em três grupos, representadas pelos símbolos constantes no Quadro 1.

Quadro 1: Simbologia para a organização das propostas de atividades

JOGADORES = alunos que realizam o exercício, representados pelo símbolo (Δ).
PARCEIROS = alunos que acompanham visualmente o exercício, representados pelo símbolo (O).
BOLEIROS = alunos que recuperam a bola para o exercício, representados pelo símbolo (☺).
DESLOCAMENTO DO JOGADOR = ————————►
VOO DA BOLA = - ►

Dividir o grupo nos três subgrupos mostrados no Quadro 1, distribuir as três funções e organizar os alunos no espaço. No caso de haver somente uma quadra, utilizá-la no sentido da largura, dividindo-a longitudinalmente por uma corda ou algo que sirva de rede, formando cinco pequenos ambientes que podem servir de miniquadras, de acordo com o diagrama do Quadro 2.

Quadro 2: Exemplo de divisão da quadra em grupos

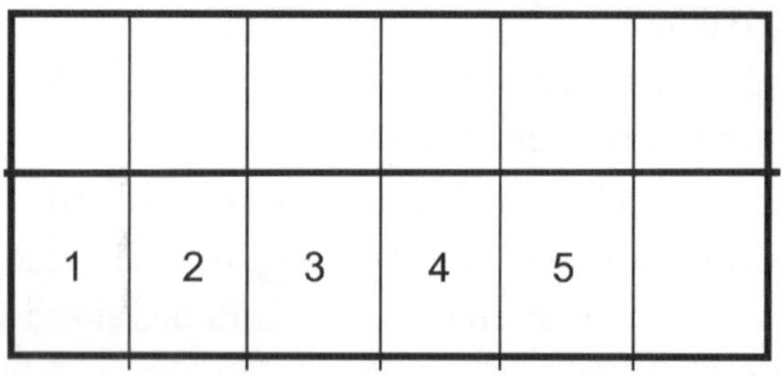

Sugestão 1 – 4 jogadores em "duplas"; 2 parceiros e 2 boleiros x 6 = 48 alunos
Sugestão 2 – 2 jogadores em "simples"; 2 parceiros e 2 boleiros x 6 = 36 alunos

Essa organização espacial permite a participação de um número variado de alunos nas cinco miniquadras, todos envolvidos no mesmo exercício. Com os grupos organizados em cada função, a distribuição pode ser feita por tempo de execução (3') ou por número de repetições (10x). Essa disposição é necessária para exercícios visando aos movimentos mais específicos que serão propostos para aprendizagem. Exemplos:

1) Todos sacando.
2) Rebatidas com direita e esquerda, ambas no fundo da quadra.
3) Um aluno próximo à rede para o voleio, outro no fundo da quadra, de direita e esquerda.
4) Os dois alunos próximos da rede, para voleios de direta e de esquerda.

Obs.: Dez raquetes atendem às necessidades dessas experiências, utilizando-se revezamento do material. Após esse período de adaptação, algumas tendências para os movimentos característicos do jogo de tênis já deverão aparecer. Esses elementos serão demonstrados pela atenção dos alunos aos movimentos que podem ser utilizados, como o saque, para iniciar as jogadas, e as maneiras naturais de rebater a bola, como respostas de direita e esquerda aos saques executados.

Figura 1: Quadra poliesportiva com a quadra de voleibol adaptada para o jogo de tênis

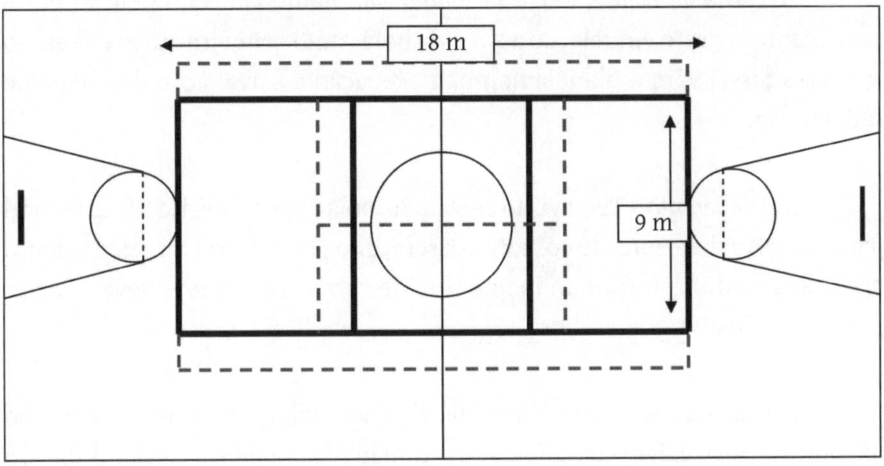

Procedimentos elementares para jogar

Depois de passar pela fase de adaptação e aquisição das habilidades básicas como requisitos para o jogo, alguns elementos serão de grande valia para atingir a realização da tarefa de jogar tênis, elementos comuns a todos e que, se observados, permitem um bom desenvolvimento do domínio das situações que ocorrem no jogo.

É importante lembrar que essas situações são ferramentas úteis. Se adquiridas para o jogo de forma controlada e progressiva, com a colaboração de todos, poderão mostrar possibilidades de o aluno atingir um estágio de alta competição. Para demonstrar que o aluno atingiu essas etapas, podem ser desenvolvidas planilhas de testes (STUCCHI, 2007a).

Segurar a raquete – A maneira como cada um constrói a habilidade de manuseio da raquete depende de questões individuais de formação quanto à distribuição das forças musculares localizadas nas mãos e nos antebraços e no corpo de maneira geral. Observa-se uma diversidade muito grande nas maneiras de segurar a raquete e essa individualidade deve ser respeitada para um bom desenvolvimento da compreensão das mãos como instrumento de jogo.

Percepção da bola – Ver e perceber são habilidades que garantem o movimento correto em relação ao voo da bola como primeira etapa da reação e, depois disso, vêm o planejamento, a execução e a avaliação de um golpe satisfatório.

Zona de contato – Ter a visão central na bola é um requisito fundamental para saber qual é a zona de contato correta, que permite um direcionamento preestabelecido, determinando que tipo de contato a raquete deve realizar para atingir o alvo pretendido.

Retomada de equilíbrio – Ao final de cada golpe planejado, a situação dinâmica de jogo exige uma constante retomada do equilíbrio corporal, dentro dos padrões de movimentos necessários nos deslocamentos usados no tênis. Esse fator está intimamente ligado ao poder de observação das variáveis e dos estímulos significativos, ou seja, à leitura prévia que o jogador faz do ambiente de jogo para uma ação antecipada.

Retorno à base – Em razão da necessidade de cuidar do espaço de sua metade da quadra, o ponto de partida ideal para alcançar todas as bolas é atrás da linha de base, no meio da quadra, de acordo com o diagrama abaixo. Nas primeiras experiências, diante de uma situação de disputa, a ação deve evoluir do domínio desse princípio para a aventura em situações que envolvam golpes especiais, a exemplo dos voleios próximos da rede. O diagrama a seguir mostra possibilidades de deslocamento do jogador, partindo da base.

Figura 2: Possibilidades de deslocamento do jogador, partindo da base

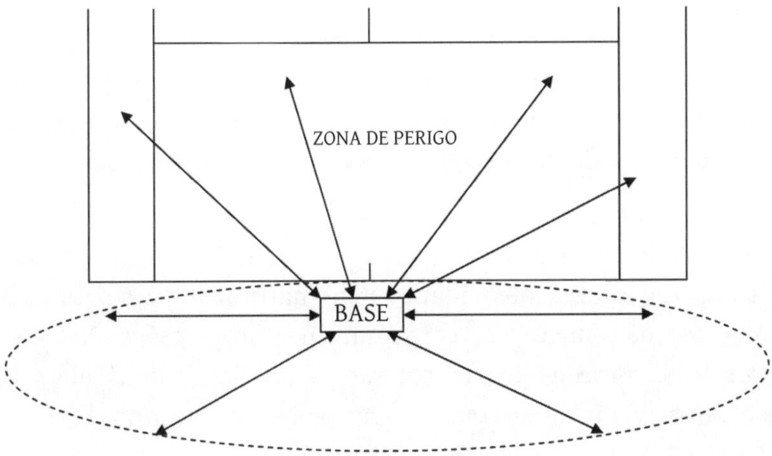

Constantemente, as mudanças de direção durante os deslocamentos acontecem durante a corrida de retorno à base, muitas vezes não permitindo que o jogador tenha tempo de chegar a ela. Em cada um desses determinados pontos de contato com a bola, a raquete rebate a bola com um golpe específico, decorrente do momento de voo da bola e da intenção de golpe. Essas variações devem ser alternativas de escolha nos mais variados planos de movimento e em todas as situações de jogo e de ocupação do espaço da quadra.

A atenção aos movimentos

Novamente, fazendo referência à pesquisa com os professores (Stucchi 1993), estes se reportaram aos movimentos do jogo, demonstrando uma tendência natural de querer mostrar conhecimento técnico. Pudemos perceber a existência de informações pontuais e fracionadas, apreendidas nas poucas transmissões de jogos, nas raras vezes que alguma emissora de televisão aberta divulga partidas de grandes torneios como, por exemplo, nos jogos televisionados de Gustavo Kuerten.

Em nenhum momento, os movimentos corporais para a prática do jogo foram citados livres de preocupação técnica. Todas as falas estavam baseadas na linguagem oficial do jogo, ou seja, *drive*, *backhand*, *top spin*, *games* etc. Mesmo assim, o conhecimento demonstrado era insuficiente para ensinar a jogar tênis.

A fim de mostrar uma sequência lógica das ações que compõem as situações de jogo, de forma global, podemos iniciar sua compreensão pelo movimento que coloca a bola em jogo, ou seja, o saque. Em seguida, vêm os movimentos que poderão ocorrer para a continuidade das ações.

Situação de saque – Como a regra não determina movimentos específicos para a realização de ações, quanto mais natural for a combinação de movimentos, mais sucesso se conseguirá nas progressões. Pode-se usar qualquer tipo de movimento para colocar a bola em jogo, desde que esta seja lançada para o ar e rebatida com a raquete antes de quicar no chão.

O padrão de movimento mais eficiente para o saque é o contato da raquete com a bola no ponto mais alto que o indivíduo alcance em relação à distância e à altura da rede. O movimento é circular, como a raquete passando acima da cabeça, no sentido de ampliar o ângulo de queda da bola em voo descendente para a área de saque.

Em resposta ao saque, a bola será devolvida com um golpe executado pelo outro jogador, com movimento também escolhido convenientemente em razão de sua habilidade. Logicamente, para a resposta a um saque que tem como alvo a área direita de saque, devemos devolvê-lo com um golpe do lado direito do corpo, não importando qual seja nosso lado dominante. Quando o saque é dirigido para a área do lado esquerdo da quadra, utiliza-se um golpe com o lado esquerdo do corpo. Esse procedimento facilita o retorno para a base da quadra.

Observação: como já foi mencionado, a visão é pré-requisito para dominar as ações do jogo de tênis, o que garante consciência e certeza do contato com a bola. O aprendiz deve visualizar todo o espaço do jogo, mantendo a quadra toda dentro de seu campo visual, ao mesmo tempo em que mantém a visão central na bola que está em jogo.

Situação de jogo de base – No "jogo de base", os jogadores se mantêm no fundo da quadra; o percurso longo do voo da bola por toda a quadra permite sincronismo e coordenação dos movimentos de acordo com a bola. Esta realiza dois voos em seu percurso: antes de quicar e depois de quicar. Esse é o maior período de tempo para o planejamento de deslocamentos e a escolha de golpes para uma estratégia tática com certo conforto.

Situação de jogo de rede – Um dos jogadores pode criar situação de ataque, saindo do jogo de base para uma aproximação da rede:

- Logo em seguida à execução do saque, o jogador se desloca para perto da rede (saque-voleio).
- Depois de executada a resposta do saque, o jogador se desloca para a rede.
- Quando uma bola cai próxima à rede, o jogador se vê obrigado a correr para frente, aproximando-se da rede.
  Observação: somente depois do saque, é possível golpear a bola em seu primeiro voo, sem quicar no chão.

Na primeira situação, o jogador já fez o deslocamento e está próximo da rede, sendo levado a golpear a bola em seu primeiro voo com um voleio. Esse deslocamento deverá ser feito obedecendo a um princípio de cobertura dentro do ângulo de dispersão da bola, em razão da origem de seu voo, provocado pelo outro jogador. Para todas as situações de golpear a bola próximo à rede, poderão acontecer diferentes tipos de voleios: o voleio alto, contato com a bola num plano mais alto do que a fita superior da rede; o voleio baixo, em que o mesmo contato acontece num plano inferior à fita superior da rede; e a cortada (*smash*) com a palma ou o dorso da mão.

Na primeira e na segunda situações, o encontro do jogador com a bola pode acontecer quando ela quica no solo, forçando uma rebatida logo após o quicar, consequentemente, o segundo voo da bola fica muito curto. É o chamado "bate-pronto", que pode ser executado dos dois lados do corpo do jogador, exigindo um bom controle da "cabeça da raquete". Normalmente, essa situação ocorre na chamada "zona de perigo" durante o deslocamento para frente, onde a incidência do quicar da bola é muito alta.

Observação: a cortada (*smash*) também pode acontecer após o quicar da bola, ou seja, em seu segundo voo, em qualquer lugar da quadra.

Em contrapartida a essa condição de ataque por parte de um dos jogadores, existem os golpes que neutralizam as intenções do jogador atacante. São as chamadas "passadas laterais" e "passadas acima" (*lobs*). As *passadas laterais* são aquelas que têm voo de bola baixo, próximo à rede, e em que as bolas são colocadas em posições difíceis de serem alcançadas pelo jogador oponente. As *passadas acima* (*lobs*) são as bolas que voam sobre o jogador atacante: voo defensivo e voo ofensivo.

Forma simplificada de jogo

Considerando o espaço da escola e de outros lugares onde se possa desenvolver o jogo de tênis, é necessária uma forma de organização simples, que contemple um número de participantes em quantidade equivalente a uma classe de alunos, em torno de 20 a 30.

- Qualquer espaço retangular e livre pode servir de base para uma quadra que se pareça com a de voleibol, dividida ao meio no sentido longitudinal; esse espaço é suficiente para a proposta de ação.
- O jogo deverá ser organizado, primeiramente, no formato de "duplas", como um processo consequente das estratégias das ações didáticas, em que temos quatro jogadores, respectivamente, para somente depois organizar a utilização do espaço com jogos de "simples".
- Para a pontuação, devemos considerar duas formas distintas: as quatro seções comumente reconhecidas do jogo de tênis oficial, ou seja, *pontos, games, sets* e *jogo* ou a pontuação emprestada do tênis de mesa: a cada cinco pontos, há troca de sacador, até a contagem atingir 21 pontos, terminando a série.

- A pontuação deverá ser a numérica sequencial simplificada: um, dois, três e quatro pontos. O mesmo jogador será sacador por todos os pontos de cada *game*. Quem fizer quatro pontos primeiro vence o *game*. A cada *game*, um jogador será sacador até a contagem de quatro pontos.

Figura 3: Modelo de quadra

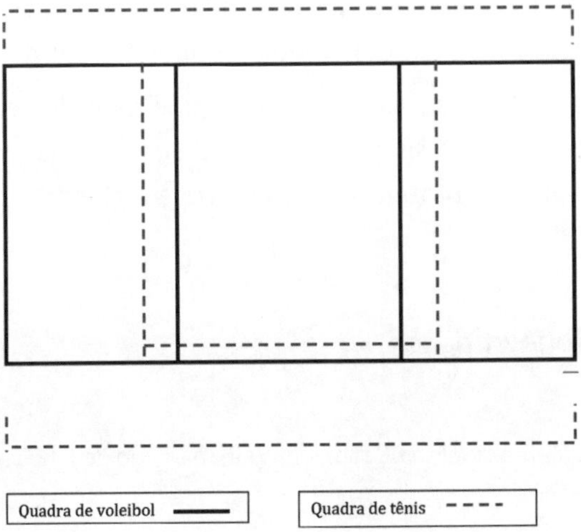

Figura 4: Modelo de raquete

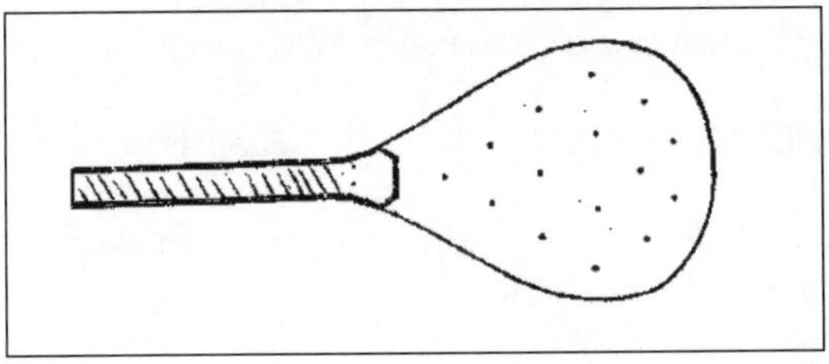

Considerações finais

Com base nessas orientações pedagógicas, esperamos contribuir para a ampliação do conhecimento sobre o tênis entre os professores de educação física. Assim, será possível aumentar a oferta de ensino dessa modalidade esportiva, criando para as pessoas mais e mais oportunidades de contato com essa prática, seja como lazer, seja como iniciação ao tênis de alto rendimento.

Neste capítulo, buscamos enfatizar a importância dos cuidados pedagógicos que precisa tomar quem pretende ensinar o tênis de campo, ressaltando determinados aspectos da atuação docente. Desmistificar a complexidade do ensino dessa prática pode parecer ilusão, mas afirmamos o método proposto como experiência vivida, que, baseado numa pesquisa científica, pode se consolidar em atividades de um programa sistematizado.

Não pretendemos esgotar a temática neste capítulo nem mesmo trazer pontos originais sobre o ensino do tênis, mas, sim, ampliar os subsídios para os professores, fundamentando suas práticas pedagógicas.

Referências bibliográficas

BOURDIER, P. *Questões de sociologia.* Trad. Jeni Vaitsman. Rio de Janeiro: Marco Zero, 1983.

CALLOIS, R. *O homem e o sagrado.* Trad. Geminiano Cascais Franco. Lisboa: Edições 70, 1988.

CASTRO, C.M. *A prática da pesquisa.* São Paulo: McGraw Hill, 1977.

COCHRANE, J.W.; NETTO, J.A.S.P. “Minitenisesc”. São Paulo: Sesc, 1981. (Apostila)

DUMAZEDIER, J. *Valores e conteúdos culturais do lazer.* Trad. Regina Maria Vieira. São Paulo: Biblioteca científica Sesc, 1980.

ESCOBAR, M.O. *Contribuição ao debate do currículo em educação física: Uma proposta para a escola pública.* Recife: Secretaria de Educação/DEE/DEFD, 1990.

ESCORCIA, D.; LÓPES MATTEO, M. (orgs.). *Enciclopedia mundial del tenis*, v. 1. Barcelona: Océano, 1982.

FEIO, N. *Desporto para a liberdade.* Lisboa: Diabril, 1976.

FREIRE, J.B. *De corpo e alma. O discurso da motricidade.* São Paulo: Summus, 1991.

GALLAHUE, D.L. *Compreendendo o desenvolvimento motor: Bebês, crianças, adolescentes e adultos*. Trad. Maria Aparecida da Silva Pereira Araújo. 3ª ed. São Paulo: Phorte, 2005.

GARDNER, H. *Inteligências múltiplas*. Trad. Maria Adriana Veríssimo Veronese. Porto Alegre: Artes Médicas, 1995.

LOYOLA, H. *Tênis, regras e treinamento*. Rio de Janeiro: Companhia Brasil, 1941.

MEYER, M. "O futuro assusta". *Revista Match Point*, São Paulo, v. 4, n. 41, fev., p. 54-55, 1991.

MOREIRA, W.W. "Ação do professor de educação física na escola: Uma abordagem fenomenológica". Tese de doutorado em Psicologia da Educação. Campinas, 1990. Faculdade de Educação, Universidade Estadual de Campinas.

NUNES, W.J. "Tênis de campo: Da elitização à popularização a nível escolar". Dissertação de mestrado em Educação Física. Rio de Janeiro: Universidade Gama Filho, 1990.

OLIVEIRA, P.S. *Brinquedo e indústria cultural*. Rio de Janeiro: Vozes, 1986.

OLIVEIRA, V.M. *Educação física humanista*. Rio de Janeiro: Ao Livro Técnico, 1985.

PARKER, S. *Sociologia do lazer*. Trad. Heloisa Toller Gomes. Rio de Janeiro: Zahar, 1978.

SAVIANI, D. *Educação: Do senso comum à consciência filosófica*. São Paulo: Cortez Autores Associados, 1982.

SERGIO, M. *A prática e a educação física*. Lisboa: Compendium, 1982.

SEVERINO, A.J. *Metodologia do trabalho científico*. São Paulo: Cortez, 1985.

STUCCHI, S. "Jogo de tênis da escola: Tentativa de popularização através da educação física escolar". Dissertação de mestrado em Educação. Piracicaba, 1993. Faculdade de Educação, Universidade Metodista de Piracicaba.

STURM, K.H. *Ténis*. Trad. Ursula Zimmermann e Carlos Figueiredo. Lisboa: Estampa, 1982.

______. "Tênis de campo". *Movimento e Percepção*, v. 7, n. 10, jan.-jun, 2007a.

______. "Tênis de campo II". *Movimento e Percepção*, v. 8, n. 11, jul.-dez., 2007b.

TAFFAREL, C.N.Z. *Criatividade nas aulas de educação física*. Rio de Janeiro: Ao Livro Técnico, 1985.

TILDEN, W.T. *Tênis, como jogá-lo melhor*. Trad. George B. Shales. São Paulo: Pioneira, 1982.

UNITED STATES TENNIS ASSOCIATION – USTA. *Guide to teaching sportsmanship*. Princeton: Center for Education and Recreational Tennis, 1985.

Especificações técnicas

Fonte: Gentium Basic 11 p
Entrelinha: 15 p
Papel (miolo): Offset 75 g
Papel (capa): Supremo 250 g
Impressão e acabamento: Paym